울릉도·독도의 인문과 자연

이 도서는 2023년 (재)독도재단 [동해 및 독도 글로벌 홍보콘텐츠 개발] 사업의 지원을 받아 제작되었음.(독도재단-23-032105)

울릉도·독도의
인문과 자연

권용휘 · 권혁 · 김현희 · 박건우 · 서경순 · 정무열 · 하대성

- 저자 -

- 권용휘 ▶ 동국대학교 지리교육과 강사
- 권 혁 ▶ 중부대학교 학생성장교양학부 조교수
- 김현희 ▶ 경희대학교 지리학과 강사
- 박건우 ▶ 서울과학기술대학교 연구교수
- 서경순 ▶ 부경대학교 대마도연구센터 연구교수
- 정무열 ▶ 경상대학교 지리교육과 강사
- 하대성 ▶ 경북대학교 평화문제연구소 연구원

울릉도·독도의 인문과 자연

2024년 01월 15일 초판 1쇄 발행
저 자 권용휘·권혁·김현희·박건우·서경순·정무열·하대성
펴낸 이 엄승진
책임편집.디자인 도서출판 지성인 편집부
펴낸 곳 도서출판 지성인
주 소 서울 영등포구 여의도동 11-11 한서빌딩 1209호
메 일 Jsin0227@naver.com
연락주실 곳 T) 02-761-5915 F) 02-6747-1612
ISBN 979-11-89766-46-7 9330

정가 28,000

잘못 만들어진 책은 본사나 구입하신 곳에서 교환하여 드립니다.
이 책은 저작권법에 의해 보호를 받는 도서이오니 일부 또는 전부의 무단 복제를 금합니다.

발간사

일본 시마네현은 2005년 '죽도의 날' 지방조례를 제정하고, 2006년 2월 22일부터 18년째 소위 '죽도의 날' 기념식을 개최하고 있습니다. 그리고 일본 중앙 정부인 방위성은 2005년부터 19년째 『방위백서』를, 외무성은 2018년부터 6년째 『외교청서』를 발간하면서 '독도는 일본 땅'이라는 억지 주장을 펼치고 있습니다. 또한 교육을 담당하는 문부성에서도 2005년부터 '독도' 내용이 왜곡된 교과서를 검정 합격시켜, 현재 초·중·고 학생들에게 '독도는 일본 고유영토이고, 한국이 불법점거하고 있다.'라는 내용을 가르치고 있습니다. 이처럼 대한민국 영토인 독도에 대한 일본의 탐욕은 시간이 갈수록 가속화되고 있는 상황입니다.

그러나 단언컨대, 대한민국 정부는 '독도는 역사적·지리적·국제법적으로 대한민국 고유영토이고, 독도에 대한 영유권 분쟁은 존재하지 않으며, 독도는 외교 교섭이나 사법적 해결의 대상이 될 수 없다.'라는 기본입장을 분명히 하고 있습니다. 특히 독도를 행정구역으로 하고 있는 경상북도에서는 2005년 독도 전담부서인 '독도지킴이팀'을 신설한 뒤 명칭은 변경되었지만 지금도 독도해양정책과로 독도관련 업무를 진행하고 있으며, 같은 해 경상북도의회에서도 1900년「대한제국 칙령 제41호」가 제정·반포된 10월을 '독도의 달'로 지정하는 조례를 제정하였습니다.

또한 일본의 역사 왜곡을 통한 억지 독도 영유권 주장에 대응하고 대한민국 동해의 아름다운 섬 독도의 영토주권을 더욱 공고히 하고자 민간차원의 독도수호사업 및 국내외 교육·홍보·탐방·연구·네트워킹 활동을 지속적으로 실시하기 위하여 2009년에 독도재단이 설립되었습니다.

경상북도 출연기관인 독도재단은 지난해에 이어 대한민국 영토인 독도의 수호 및 주권 의식을 고취시키고 독도관련 연구의 지속가능성을 확보하기 위해 연구후속세대인 신진연구자를 대상으로 울릉도·독도관련 연구 과제를 발굴하여 지원하는 학술연구용역 과제공모전을 개최하여, 지리학·사회학·정치학·역사학·군사학 각 1편과 기후학 2편, 총 7편의 신진연구자 연구논문을 모아 재단의 연구총서6 『울릉도·독도의 인문과 자연』을 출판하게 되었습니다.

  독도재단은 신진연구자 지원 사업을 통해 일본의 독도 침탈 야욕에 대응하여 독도의 지리, 역사, 국제법 등의 기본적인 연구주제와 함께 독도의 생물, 해양, 경제, 문화 등 다양한 학문분야에서 활발하게 학술연구가 진행될 수 있도록 장려하고, 미래 연구세대인 신진연구자 양성 및 연구 역량을 배양시켜 나갈 수 있도록 연구기반 조성 사업에 아낌없는 지원을 해 나가겠습니다.

  다시 한 번 더 이번 도서 발간을 위해 애쓰신 신진연구자 분들의 노고에 진심으로 감사의 말씀을 드립니다. 끝으로 독도 영토주권 강화를 위해 최일선에서 노력하고 있는 독도재단에 대한 변함없는 관심과 사랑을 부탁드립니다.

감사합니다.

2023. 12.
독도재단 사무총장 유수호

■ 차 례

들어가기 / 5

제 1장 독도 남부 해안의 파식대 발달과 해식애 후퇴······················ 11
Ⅰ. 서론··· 11
Ⅱ. 독도의 개관·· 13
　1. 독도의 지형과 지질·· 13
　2. 독도의 기후와 바람·· 17
　3. 독도 남부 해안의 파식대 분포와 규모····································· 21
　4. 독도 남부 해안의 파식대 지형 발달·· 38
　5. 요약 및 결론··· 41

제 2장 울릉군·독도의 지역사회 특성이 정주의식에 미치는 영향···· 45
Ⅰ. 서론··· 46
Ⅱ. 이론적 배경 및 문헌연구·· 50
　1. 교통, 교육, 주거 만족도와 정주의식·· 50
　2. 공동체의식 및 도정만족도와 정주의식···································· 57
Ⅲ. 연구설계··· 60
　1. 연구모형··· 60
　2. 연구가설··· 61
Ⅵ. 연구방법··· 62
　1. 자료 수집 및 분석 방법··· 62
　2. 변수의 조작적 정의··· 62
Ⅴ. 실증 분석 및 가설 검증·· 63
　1. 표본의 인구통계학적 특성·· 63
　2. 요인분석 및 신뢰성 분석··· 71
　3. 상관관계 분석··· 73
　4. 연구가설 검증··· 74

Ⅵ. 결론 ··· 75
　　1. 연구결과 요약 및 시사점 ································ 75

제 3장 울릉도의 기후 특성과 변화 ······················ 79
　Ⅰ. 서론 ··· 79
　Ⅱ. 연구지역 및 연구방법 ·· 84
　Ⅲ. 결과 ··· 86
　　1. 기후 특성 ·· 86
　　2. 기후변화 ·· 101
　　3. 요약 및 결론 ·· 123

제 4장 독도 영유권 문제에 관한 인식과 정책 대안에 관한 연구 ·· 127
　Ⅰ. 들어가며 ·· 128
　　1. 연구의 배경 ·· 128
　　2. 연구의 필요성 ·· 131
　　3. 연구의 목적 ·· 133
　　4. 연구의 범위 및 구성 ···································· 134
　Ⅱ. 독도 이슈의 이론적 논의 ································ 134
　　1. 독도관련 주요 개념 및 논의 ························ 134
　　2. 공공외교의 개념적 이해 ······························ 139
　　3. 문헌검토 ·· 142
　Ⅲ. 분석 및 주요 결과 ·· 145
　　1. 연구방법 ·· 145
　　2. 설문조사의 주요 분석 결과 ·························· 147
　　3. 인터뷰 내용 분석 결과 ································ 156
　Ⅵ. 독도 영유권 문제의 인식 개선을 위한 대안 ···· 161
　　1. 공공외교 전략의 활용성 검토 ······················ 161
　　2. 개선방안 및 전략 ·· 162
　Ⅴ. 결론 및 정책적 함의 ······································ 167

제 5장 일제의 수산진흥정책과 울릉도·동해안 일대에 형성된 일본인 이주어촌 ·· 175

Ⅰ. 서론 ··· 175
Ⅱ. 근대 일본의 수산진흥정책 ··· 176
   1. 국내 ·· 176
   2. 국외 ·· 183
   3. 일본 이주어촌건설 ·· 188
Ⅲ. 울릉도·동해안 일대에 형성된 이주어촌 ·································· 197
   1. 일본이주어촌 ·· 200
   2. 주요 수산물 ·· 204
   3. 일본이주어촌의 변화 ·· 212
Ⅳ. 맺음말 ·· 228

제 6장 최근 13년(2010~2022년) 동안의 독도 기후 특성 : 기온 및 강수 ·· 237

Ⅰ. 서론 ··· 237
Ⅱ. 독도 기후에 관한 선행연구 ··· 239
   1. 대중적으로 알려진 독도의 기후 ··· 239
   2. 독도 기후 관련 학술 연구 ·· 243
   3. 독도 기후연구의 문제점과 필요성 ·· 246
Ⅲ. 연구목적 및 방법 ··· 248
Ⅳ. 최근 13년간 독도 기상관측자료의 특성과 데이터 처리 ·········· 249
Ⅴ. 독도의 기후 특성 ··· 253
   1. 최근 13년 동안의 독도 기온과 강수 특성 분석 ···················· 253
   2. 독도의 기후 특성 논의 ··· 259
Ⅵ. 결론 ··· 270

제 7장 하이브리드 전쟁과 독도 사이버 방어전략
- 러시아-우크라이나 정보심리전 사례를 중심으로 - ·················· 273

I. 서론: 전쟁의 진화 및 양상 변화……………………………………… 273
II. 하이브리드 전쟁과 정보심리전 개념 및 유형……………………… 279
   1. 하이브리드 전쟁………………………………………………… 279
   2. 정보심리전 개념………………………………………………… 282
   3. 정보심리전의 유형……………………………………………… 285
III. 러시아-우크라이나 전쟁의 정보심리전 실제와 전세……………… 288
   1. 실제(사례)………………………………………………………… 288
   2. 전세……………………………………………………………… 291
IV. 정보심리전의 독도 적용 및 방어전략……………………………… 294
   1. 한국의 정보심리전 전략과 대비태세 ………………………… 294
   2. 한반도 주변 강대국의 사이버전략과 능력…………………… 299
   3. 사이버 위협요인과 독도 방어전략…………………………… 315
V. 결론……………………………………………………………………… 324

제 1장

독도 남부 해안의 파식대 발달과 해식애 후퇴

권용휘

I. 서론

독도는 동해에 위치한 섬으로 대한민국 영토에 속한다. 이러한 독도는 비교적 작은 화산섬이지만 일본이 영유권을 주장하고 있어, 대한민국의 영유권을 확고히 하기 위해 이와 관련된 역사학적, 정치학적 연구는 비교적 활발하게 진행되고 있다. 그러나 지형, 지질, 기후 등 자연과학 분야에서의 독도에 대한 연구는 현지 야외조사가 중요하나 현지 사정 상 이것이 어려운 관계로 상대적으로 정체되어 있다. 독도의 자연환경과 생태계에 관한 연구는 식물학을 중심으로 이루어졌고, 해저 생물에 대한 연구는 해양학 및 생물학 연구자들에 의해 진행되어왔다. 지질학에서는 독도의 생성과정을 밝히기 위해 독도를 구성하는 암석의 물리, 화학적 특성에 대한 연구가 주를 이룬다. 특히 손영관·박기화(1994)는 독도에 대한 지질과 암석에 관한 조사를 실시하여 현재 해면 위로 노출된 독도의 화산암류가 약 270~210만 년 전에 형성되었음을 밝혔다. 그 외에 독도의 지형에 대한 연구는 황상구·전영권(2003), 전영권(2005)을 시작으로, 황상일·박경근(2007), 강지현 외(2008), 윤순옥·황상일(2008), 황상일 외(2009, 2019, 2022)의 추가적 연구가 행해졌다.

독도에서 확인되는 지형은 해안지형, 화산지형, 구조지형[1], 매스무브먼트[2], 암석풍화지형 등이 있다. 이러한 지형 중 섬의 규모가 달라지는데 직접적으로 영향을 주는 지형은 해안지형이다. 특히 파식대와 해식애가 이에 해당된다. 파식대[3]는 해안에서 파랑의 침식, 즉 파식에 의해 형성되는 기반암의 평평한 침식면을 말한다. 이것은 해식애[4]와 밀접한 관련을 가지고 함께 나타나는데, 해식애가 후퇴함에 따라 파식대가 확장된다. 독도, 울릉도와 같이 심해에 형성된 산지성 섬 해안에서는 파식대가 해수면 아래에 있어서 육안으로 확인되지 않을 수 있으나, 대부분의 파식대는 해수면보다 약간 높게 위치하여 육안으로 쉽게 볼 수 있다. 그리고 파식대는 파식에 의해서만 형성되지 않는다. 파식대가 수면 위로 노출되는 경우 바람, 강우, 그리고 해수의 비말[5] 등에 의한 각종 풍화작용을 받는다. 또한 기반암이 석회암일 경우 용식[6] 작용도 일어나지만 독도의 기반암에는 석회암이 없으므로 독도는 이에 해당되지 않는다.

독도를 구성하는 동도와 서도의 해안은 급경사의 해식애가 분포하며, 해식애 전면의 해수면 수준에는 일부 구간을 제외하고 파랑의 침식에 의해 형성된 파식대가 분포하고 있다. 이 파식대는 원래 해저의 사면과 연속적으로 이어지는 경사진 사면이었으나 파랑의 침식작용으로 해수면보다 높은 부분이 깎여나가면서 현재와 같이 평탄한 지형면이 되었다.

독도에서는 앞으로도 파랑이 해수면과 비슷한 높이에서 해식애의 아랫부분을 침식하면서 해식애가 점차 후퇴하고 동시에 파식대는 점차 확장될 것이다. 이러한 지형 발달 과정은 궁극적으로 독도의 규모가 축소되는 것으

---

1) 지구 내부 힘에 의한 지각운동의 영향으로 생긴 지형.
2) 토양이나 암설(암반에서 풍화 또는 붕괴로 인하여 생기는 암석 조각) 등이 중력에 의해 경사 방향으로 흘러내리거나, 지표면이 수직방향으로 급작스럽게 침하하는 지형. 산사태 등이 이에 해당.
3) 암석해안에서 기반암이 파랑의 침식작용에 의해 해수면과 비슷한 높이로 평탄하게 나타나는 지형.
4) 파랑의 침식작용에 의해 해안에 형성된 절벽 지형.
5) 날아 흩어지거나 튀어 오르는 물방울.
6) 물이 암석을 용해하여 침식하는 현상.

로 이어질 것이다. 우리의 소중한 영토인 독도가 파랑에 의해 점차 축소되어 궁극적으로는 소멸될 수 있다는 것이다. 따라서 파식대의 확장에 대한 연구는 해식애의 후퇴와도 직결되어 독도 지형 변화를 예측하고 독도 보전에 기여할 수 있다. 특히 2023년 가을에는 울릉도 해안의 거북바위 일대에서 갑작스러운 사면, 해식애 붕괴 현상이 일어나 인명, 재산피해가 발생하였다. 독도 해안에서도 파식대가 확장되고 해식애가 후퇴하고 사면의 경사가 더 급해진다면 이러한 현상이 일어날 수 있다. 현재 독도에서는 독도경비대가 주둔하고 관광객, 어민 등이 드나들고 있다. 파식대 확장과 해식애 후퇴 양상을 분석하여 앞으로의 지형 변화를 예측하는 것은 이들의 안전과도 관련이 있다.

본 연구에서는 독도에서 접근하기 쉬운 남부 해안을 대상으로 파식대 분포 특성과 이에 영향을 미치는 요인을 검토하고 신생대 제4기 홀로세(Holocene)[7] 중기 이후 파식대의 평균 확장속도를 정량적으로 파악하였다. 또한 접근하기는 어렵지만 남부 해안과 함께 파식대가 분명히 넓게 형성된 서부 해안의 파식대에 대해서도 추가로 자료를 수집하고 조사하였다. 이와 같은 논의를 위해 1: 1,000 지형도, 위성 사진, 지질도 등을 검토하였고, 현지 조사 및 사진 촬영을 통해 파식대의 형태를 파악하였다. 그리고 본 연구에서 제시한 파식대의 규모는 2007년 이후 현지 조사와 국토지리정보원(http://map.ngii.go.kr)에서 제공하는 위성 사진을 통해 측정하였다.

Ⅱ. 독도의 개관

1. 독도의 지형과 지질

독도는 동해 남서부 지역의 울릉분지 북동쪽 경계부에 위치해 있으며, 신생대 제3기 플라이오세(Pliocene)[8] 후기인 약 460만 년 전부터 250만 년

---

[7] 약 10,000년 전부터 현재까지의 지질 시대로 충적세 혹은 현세라고도 함.

전 사이에 일어난 화산활동에 의해 형성된 화산체가 그 모태이다. 이러한 화산활동으로 생성된 독도는 여러 가지 기반암으로 구성되어 있으며, 이 기반암들은 지금도 독도의 지형 형성 작용에 영향을 미친다. 독도에 분포하는 기반암은 조면암, 각력암, 조면안산암, 스코리아성 층상 라필리응회암, 층상 응회암, 층상 라필리응회암, 괴상응회각력암 등이 있다. 그리고 북서-남동 방향으로 정단층이 다수 발달하고 있다.

독도는 수심 2,000m가 넘는 울릉분지 아래에 높이 약 2,100m, 하부 지름 20~25km 가량의 봉우리의 형태로 솟아있다(해양수산부·한국해양연구소, 2000). 독도의 동쪽 해저에 존재하는 두 개의 해산은 독도와 함께 화산섬 군락을 이룬다. 이들 해산 가운데 유일하게 독도만 현재의 해수면 위로 솟아나 섬이 되었다. 독도보다 생성 시기가 이른 동쪽의 해산들은 한때 해수면 위로 솟아났다 하더라도, 해수면 위로 드러난 부분이 파랑의 침식 작용으로 제거되었기 때문에 지금은 해수면 아래에만 존재하는 것으로 추정된다(황상일·박경근, 2007).

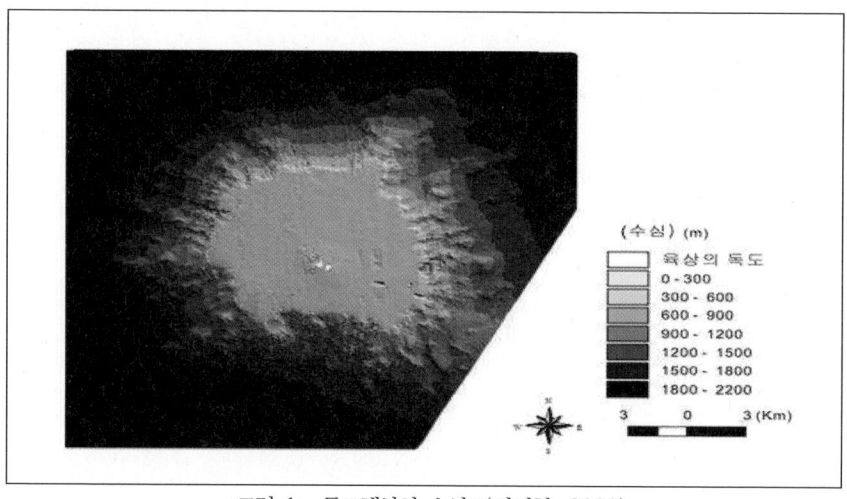

<그림 1> 독도해산의 수심도(강지현, 2008)

독도에서 현재 해수면 위로 노출된 부분은 해발고도 200m 미만에 면적

---

8) 약 533만 년 전부터 258만 년 전까지의 지질 시대로 선신세라고도 함.

이 약 0.18㎢이다. 해저 화산암체가 파랑에 의해 정상부가 침식되어 평탄해진 것을 평정해산 또는 해저평정봉이라고 한다. 독도가 속한 평정해산은 매우 좁은 면적이 수면 위에 드러나 있으며 전체적으로 독도해산이라고 부른다. 독도해산의 정상부는 지름 약 10~11km로 해수면 위로 드러난 부분보다 해수면 아래에 잠긴 부분이 훨씬 더 넓다. 독도해산 정상부 중 해수면 아래에 잠긴 부분은 수심이 150~170m 정도이며, 경사가 매우 완만하여 거의 평탄하다(해양수산부·한국해양연구소, 2000).

반면, 독도해산 사면의 대부분은 30~40°의 급경사로 매스무브먼트가 일어나기 쉽기 때문에 곳곳에 매스무브먼트와 같은 지형이 존재한다(강지현 외, 2008). 독도해산 정상부의 평탄한 부분은 급사면에서 발생하는 매스무브먼트로 가장자리가 붕괴하는 등의 현상으로 인해 계속해서 좁아지고 있다.

마지막 빙기 중에서도 가장 기후가 한랭했던 20,000~18,000년 전에는 해수면이 오늘날보다 140m 정도 아래에 있었다. 이러했던 해수면은 현세인 홀로세에 급격하게 상승하였다(황상일 외, 2013). 〈그림 1〉에서 밝은 회색으로 표시된 현재 독도 해산 정상부부터 수심 150~170m에 잠겨있는 평탄면까지는 해수면이 낮았던 빙기에 대부분 해수면 위로 약간 드러나 있었던 것으로 보인다. 그러다가 해수면이 상승하면서 해수면보다 낮아지게 되었고, 독도해산 사면의 매스무브먼트 현상 등으로 가장자리가 붕괴되면서 조금 더 낮아지게 되었을 것이다. 그렇게 본다면, 이 평탄면은 과거 빙기에는 해수면과 비슷한 높이에서 파랑의 침식을 받아 형성된 파식대가 그 모태라고 볼 수 있다.

독도는 2개의 큰 섬인 동도와 서도, 그리고 80여 개의 작은 암초로 이루어져 있으며, 전체 면적은 약 187,554㎡이다. 섬 곳곳에는 각종 바위들이 시스택[9], 시아치[10] 등의 복잡한 지형 경관을 이룬다. 그리고 동도와 서도 사이는 동도와 서도로부터 내려온 자갈과 같은 퇴적물이 쌓여 대부분 수심

---

[9] 해식애가 파랑의 침식작용으로 후퇴할 때, 약한 부분은 깎이고 단단한 부분만 남아 형성된 작은 바위섬.
[10] 해안 침식지형의 하나로 파랑의 차별 침식으로 암석에 구멍이 생겨 아치 모양을 하고 있는 지형.

5m 이하의 얕은 해역으로 되어 있다(황상일 외, 2022).

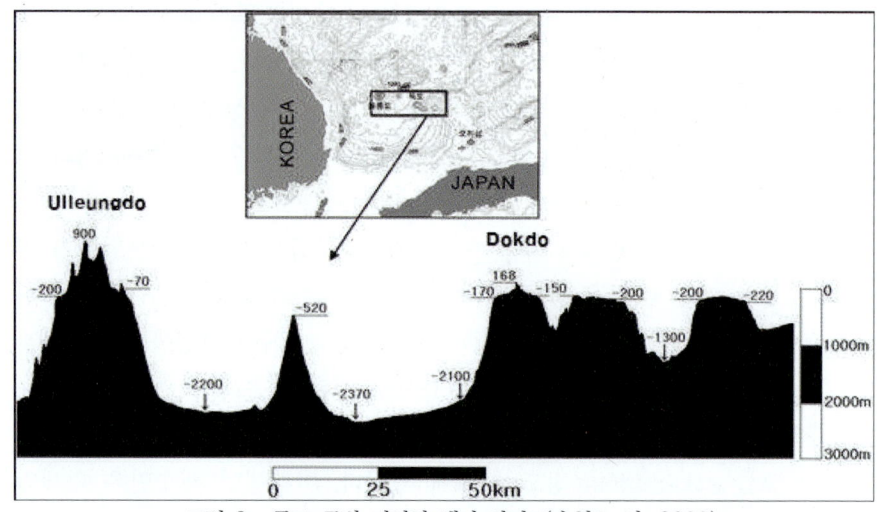

<그림 2> 독도 주변 지역의 해저 단면도(송원오 외, 2000)

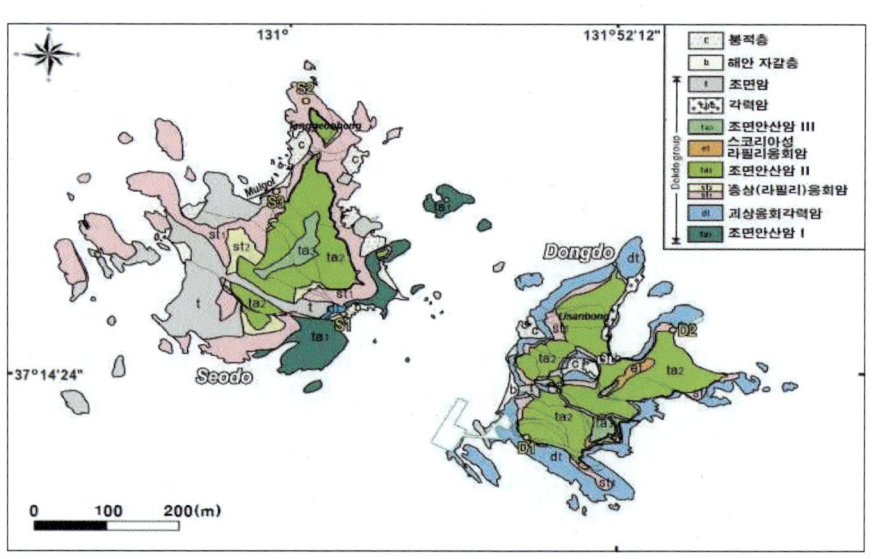

<그림 3> 독도의 기반암 분포(박선인, 2021)

<그림 3>은 독도의 기반암 분포, 즉 지질을 나타낸 것이다. 서도에는 화산 활동과 관련된 조면암(t, trachyte), 층상 라필리응회암(st1, stratified lapilli

tuff), 층상 응회암(st2, stratified tuff), 조면안산암(ta, trachyandesite) 등이 분포한다. 이들 기반암의 퇴적상은 전체적으로 화산쇄설암과 용암류가 번갈아 분출되어 형성된 구조이다. 그 중 조면안산암은 해수면에서 서도 정상부까지 3개의 층으로 나뉘어 분포하는데, 기본적으로 용암류에서 기원한 암석으로서 서도에 분포하는 기반암들 중에서는 풍화와 침식에 강한 편이다. 반면 응회암류는 기본적으로 화산쇄설물에서 기원하였는데 이러한 종류의 암석은 풍화와 침식에 대한 저항력이 약한 편이다. 거기에 절리[11]나 단층[12]이 있다면 저항력이 더욱 약해진다. 독도에는 또한 북서-남동 방향으로 정단층이 다수 발달하고 있어 구조적으로 지반이 안정되어 있다고 보기는 어렵다. 다른 변수가 같다면, 파식대는 침식에 대한 저항력이 강한 환경보다는 약한 환경에서 발달하기 쉽다. 따라서 독도는 파식대가 생성되고 확장되기 용이한 환경으로 볼 수 있으며, 그 중에서도 풍화와 침식에 대한 저항력이 약한 암석을 기반으로 하는 파식대가 더욱 빨리 확장될 수 있다.

2. 독도의 기후와 바람

〈그림 4〉는 독도의 월별 평균기온과 강수량을 나타낸 그래프이다.

독도의 기후는 전체적으로는 한반도, 특히 울릉도와 비슷한 편이다. 기온은 가장 추운 1월에 3℃, 가장 더운 8월에 24℃ 가량으로 연교차가 한반도 육지부에 비해서는 적은 편이다. 독도와 위도가 비슷하면서 한반도 내륙 깊숙한 곳에 위치한 충북 충주의 경우 가장 추운 1월 평균기온이 -4.5℃로 독도보다 약 7.5℃ 낮고, 가장 더운 8월 평균기온이 26℃로 독도보다 약 2℃ 높아 상대적으로 연교차가 크다. 강수량은 태풍이 내습하여 많은 비를 뿌리는 8월을 제외하고는 불규칙적인 주기를 가진 것으로 보인다. 이는 독도의 기상 관측장비가 무인으로 운영되는데, 여기에 독도의 특성 상 바람이 심해 정확한 강수량을 측정하기 어려운 것이 이러한 결과에 영향을 미쳤을 수 있

---

[11] 암석 내에 발달하는 광범위한 균열의 일종으로 암석이 변형을 받는 과정에서 암석 내의 응집력을 상실하여 발생한 불연속면.
[12] 외부의 힘을 받은 지각이 두 개의 조각으로 끊어져 어긋난 지질구조.

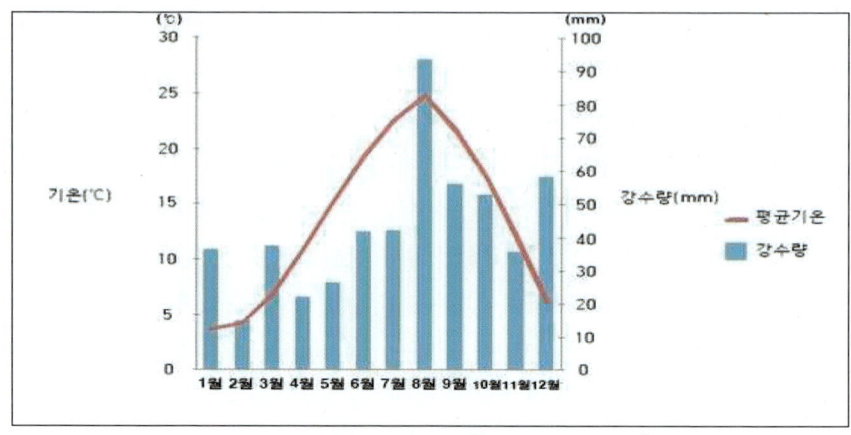
<그림 4> 독도의 기후 그래프

다. 그러나 겨울 강수량이 다른 계절, 특히 여름보다 매우 적은 한반도 육지부에 비해서는 겨울 강수량이 꽤 높은 것은 확실해 보인다. 이는 1년 내내 강수량이 고른 편인 울릉도와 비슷하여, 연교차가 적은 것과 더불어 독도와 울릉도의 기후를 해양성 기후에 가깝다고 볼 수 있는 근거가 된다. 또한 앞서 언급한 바와 같이 8월의 강수량이 많은 것도 확실하며, 이를 통해 독도의 기후에 태풍이 미치는 영향이 결코 적지 않다는 것도 알 수 있다.

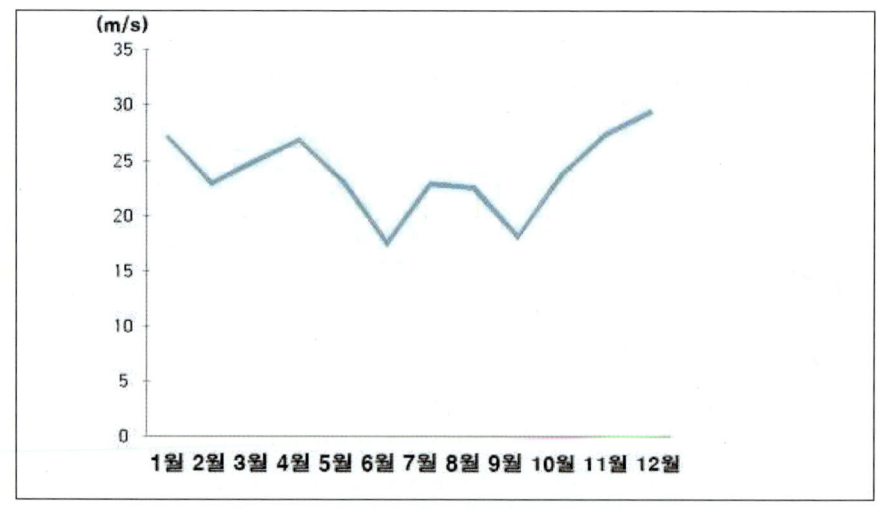
<그림 5> 독도의 월별 평균 순간최대풍속(2013~2017)

〈그림 5〉는 2013년부터 2017년까지 기상청에서 설치한 자동기상관측장비(AWS)에서 관측된 독도의 독도의 월별 평균 순간최대풍속을 나타낸 것이다. 이를 요약하면 독도는 동해의 영향으로 1년 내내 강한 바람이 꾸준히 분다고 볼 수 있다. 특히 태풍이 주로 오는 여름, 가을철의 순간최대풍속 평균치가 봄, 겨울철보다 오히려 낮다는 것은 주목할 만 하다. 이는 태풍 외에도 독도에 강한 바람을 불러오는 요인이 있다는 것을 의미한다. 특히 겨울철에는 시베리아로부터 불어오는 북서 계절풍이 독도에도 강한 바람을 몰고 온다. 봄, 가을철에도 온대저기압 등의 영향으로 꾸준히 강한 바람이 이어진다. 더구나 독도에는 내륙 지역과 달리 이러한 종관규모 바람인 계절풍, 태풍을 약화시키는 지형적 장애물이 사실상 없다. 따라서 독도에는 1년 내내 여러 요인으로 인해 강한 바람이 부는 것이다.

한편, 바다에서 순간최대풍속과 파고는 대체로 정비례하는 특성이 있다. 파고는 파랑의 높이를 의미하는데 파랑은 주로 바람의 힘에 의해 일어나기 때문이다. 이는 풍속이 파랑에너지를 증가시켜 파고가 높아지도록 유도하며, 이것이 더 나아가 파식대의 지형발달을 촉진하는 것을 의미한다.

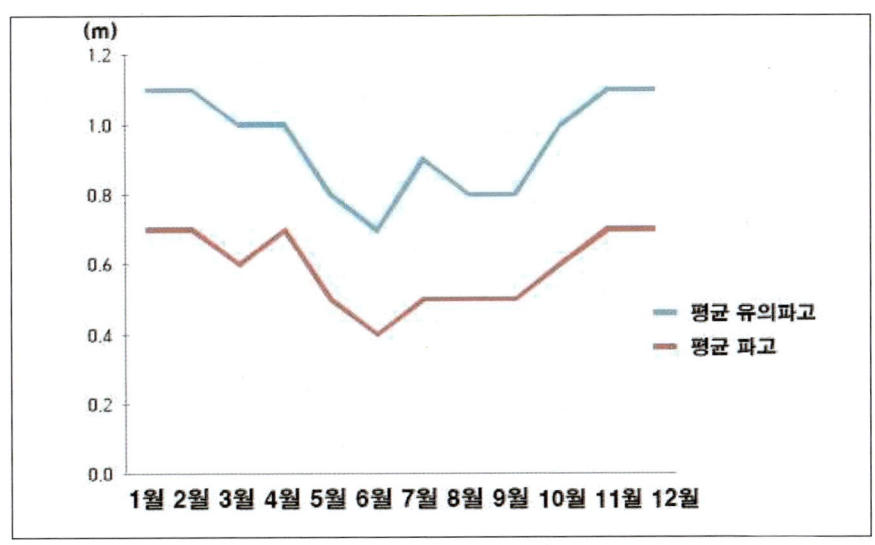

<그림 6> 독도의 월별 평균 유의파고와 평균 파고(2013~2017년)

〈그림 6〉은 역시 2013년부터 2017년까지 기상청에서 설치한 자동기상관측장비(AWS)에서 관측된 독도의 월별 평균 유의파고와 평균 파고를 나타낸 것이다. 앞서 언급한 바와 같이 풍속과 파고가 대체로 비례하는 특징이 반영되어 〈그림 5〉와 〈그림 6〉은 어느 정도 비슷한 주기를 나타낸다. 그러나 풍속은 비교적 빠르게 변화하는 반면, 파고는 한번 변화하는데 더 많은 에너지가 필요하다. 예를 들어서 태풍이 지나갈 때 풍속은 태풍이 지나간 직후 빠르게 낮아지지만, 태풍이 지나갈 때 한번 높아진 파고는 태풍이 지나가기 전의 수준으로 돌아오는데 며칠이 더 걸리는 경우가 많다.

여기서 유의파란 불규칙한 파군을 편의상 단일한 주기와 파고로 선별한 것으로, 하나의 주어진 파군 중 파고가 높은 것부터 세어서 전체 개수의 1/3까지 골라 파고나 주기를 평균한 것이다. 이것은 삼분의 일(1/3) 최대파고라고도 하며 유의파라고도 한다(공길영 외, 2005). 〈그림 6〉의 내용을 정리하면 독도에서는 겨울철과 7월에 전체적으로 파고가 높으며, 단기간에 집중적으로 높은 파고가 발생한다고 볼 수 있다.

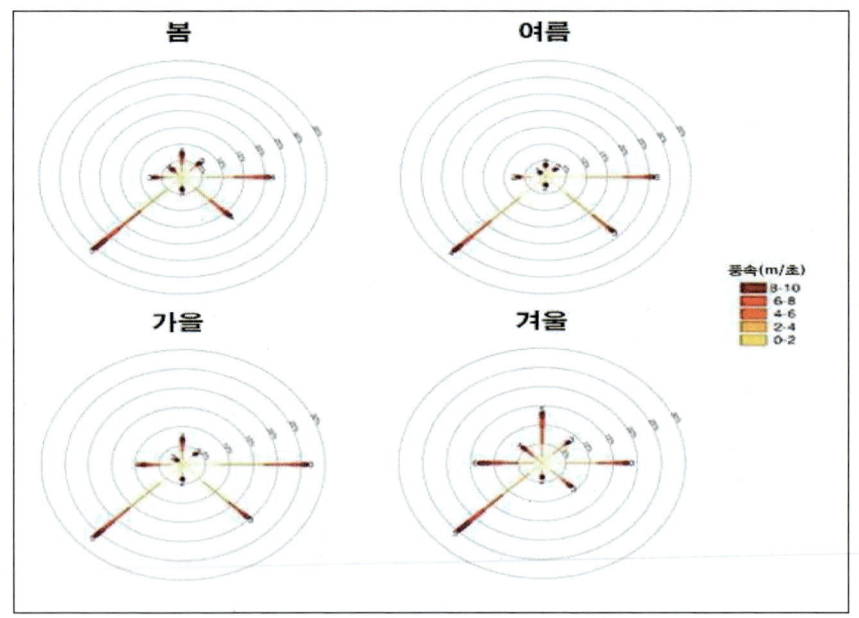

〈그림 7〉 독도의 계절별 바람장미(2010~2016년)
(경북대학교 울릉도·독도연구소, 2017)

〈그림 7〉은 독도의 계절별 바람장미이다. 바람장미는 양궁 과녁과 같은 원에 풍향과 풍속을 함께 표시할 수 있는 그림이다. 이 바람장미는 기상청에서 독도 자동기상관측장비(AWS)에서 관측한 값을 바탕으로 경북대학교 울릉도·독도연구소(2017)에서 정리한 자료이다. 이에 따르면 독도에서는 봄부터 가을까지 풍향과 풍속의 특징이 상당히 유사하다. 풍향의 빈도는 남서풍, 동풍, 남동풍 순으로 나타난다. 그리고 풍속도 봄부터 가을까지는 동안 유사한 경향을 보인다. 다만 여름에는 남동 계절풍의 영향으로 동풍과 남동풍이 좀 더 강해지고, 반대로 북풍, 북서풍은 약해진다. 한편, 겨울은 바람의 특성이 다른 계절과 다소 다르게 나타난다. 다른 계절에 비해 북풍과 서풍의 빈도가 상대적으로 높고 남동풍은 다른 계절에 비해 약하다. 이는 북서 계절풍의 영향으로 보인다.

한편, 모든 계절에 걸쳐서 전반적으로 독도에 많이 부는 방향의 바람은 동풍과 남서풍이다. 그 중에서도 특히 남서풍은 1년 내내 거의 비슷한 수준으로 독도의 지배적인 바람이라고 할 수 있다. 그렇다면 남서풍을 타고 남서쪽에서 북동쪽으로 향하는 파랑도 가장 강할 가능성이 높다. 이는 곧 독도에서 가장 강한 파랑을 맞는 해안이 남부 해안과 서부 해안이라는 것을 의미한다. 특히 독도의 남부 해안은 서도는 주민숙소, 동도는 선착장이 있어 사람의 왕래가 많다. 그러므로 독도 남부 해안의 파식대는 독도의 다른 해안의 파식대에 비해 강한 파랑을 맞으면서도 사람의 안전과도 직결된 파식대라 볼 수 있어서 보다 더 예의주시할 필요가 있다.

3. 독도 남부 해안의 파식대 분포와 규모

〈그림 8〉은 독도 전체의 지형과 주요 파식대의 분포를 표기한 것이다. 그림 상에서 빨간색, 주황색, 노란색으로 표시된 부분이 바로 파식대이다. 빨간색은 인간이 자주 드나드는 파식대, 주황색은 기상 상황이 좋을 때는 인간이 드나들 수는 있으나 평소에는 인간이 드나들 일이 없는 파식대, 노란색은 인간이 드나들 수 없는 파식대를 의미한다. 그리고 A~E로 표기된 파식대는 앞서 언급한 것과 같이 독도에서 가장 중요한 파식대라 할 수 있는 남부 해안의 파식대이다. 이들 5개의 파식대는 빨간색이 4개, 주황색이 1개

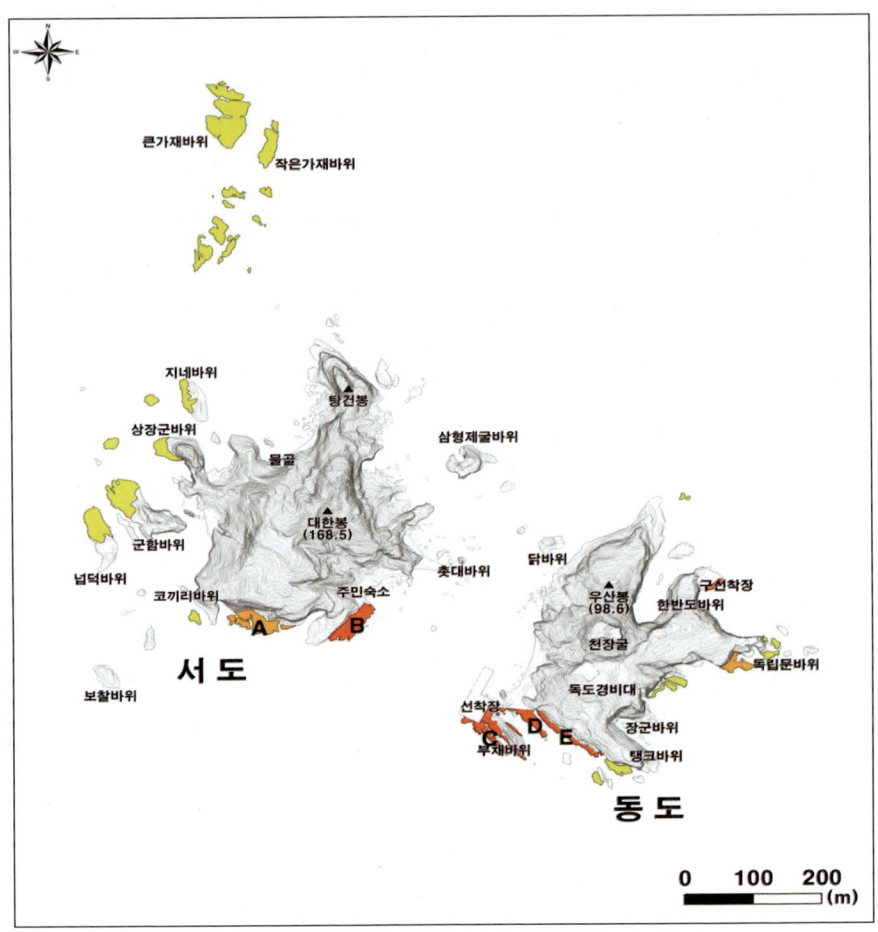

<그림 8> 독도의 지형과 파식대

로 역시 인간의 왕래가 잦은 편임을 알 수 있고, 이들 파식대의 지형 변화는 독도에 거주하거나 왕래하는 인간의 안전과 관련이 있다고 볼 수 있다.

　독도의 파식대는 고도와 표면의 울퉁불퉁한 정도에 따라 두 가지 유형으로 분류된다. 해수면과 비슷한 고도에서 표면이 대체로 평탄한 유형과 해수면보다 조금 더 높은 고도에서 표면이 울퉁불퉁하여 요철 정도가 심한 유형이 그것이다. 전자는 기암반이 비교적 침식에 약하거나 파랑이 강하게 작용한 것으로 편의 상 '평탄형'으로 분류하였다. 후자는 기암반이 비교적 침식에 대한 저항력이 강하거나 파랑이 약하게 작용한 것으로 '요철형'으로 분류하였다〈그림 9~10〉. 이러한 분류는 2015년부터 2021년까지 여러 차례에 걸친 현지 조사에서 육안으로 관측한 결과를 바탕으로 이루어졌다.

독도 남부 해안의 파식대는 대부분 평탄형에 해당한다. 이 파식대들은 연구의 편의를 위해 A부터 E까지 5개 구역으로 나누고〈그림 8〉, 현지 조사 결과와 대축척 지형도로 종단면도를 작성하였다. 그리고 2018년부터 이어진 여러 차례의 현지 조사를 통해 수정하였다.

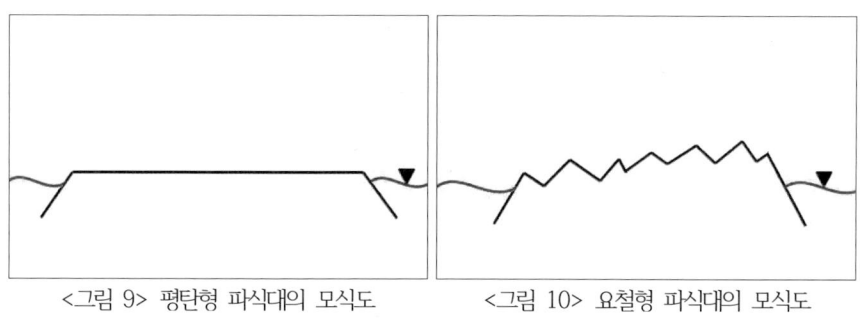

<그림 9> 평탄형 파식대의 모식도   <그림 10> 요철형 파식대의 모식도

1) 파식대 A

파식대 A는 서도 주민 숙소와 코끼리바위 사이에 위치해 있으며 직접 접근이 불가능하여 파식대 B 인근의 사면에서 관측하였다. 파식대 A의 기반암은 층상라필리응회암이다.

파식대 A의 지형면은 평탄형이다〈그림 11〉. 이 곳은 남부, 남서부 해안이 동해에 직접 노출되어 파랑의 영향을 직접 받으며, 기반암이 침식에 대한 저항력이 약하여 표면이 매끈한 파식대가 형성된 것으로 보인다. 이 파식대는 주로 남서풍과 남풍에 의해 형성된 파랑의 작용을 받았다. 파식대의 동쪽에는 해식동이 존재하고, 파식대 뒤편으로는 가파른 해식애가 이어져 있다. 파식대 A가 평탄형으로 분류되면서 해식애의 경사가 북동부 해안보다 대체로 급한 것은 독도에서 가장 지배적인 바람인 남서풍에 의한 파랑의 영향으로 인해 침식이 활발하게 진행된 영향으로 생각된다. 또한 파식대 A 배후의 해식애 뒤쪽 사면에는 탐방로가 개설되어 있다. 파식대의 확장과 해

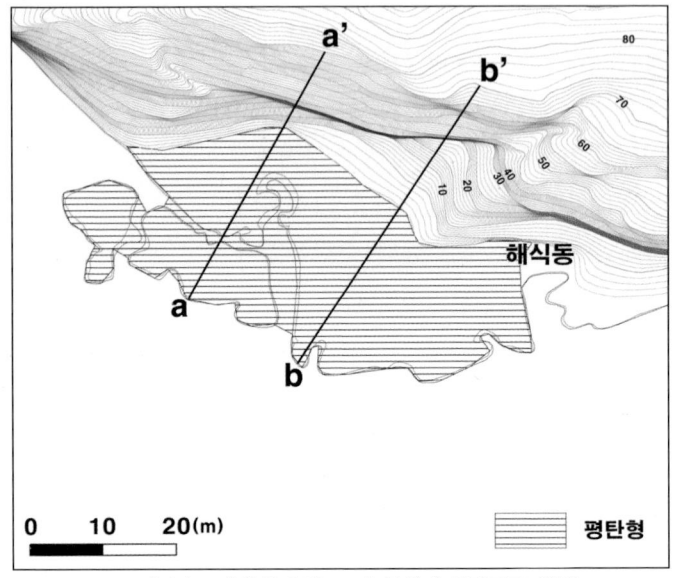

<그림 11> 파식대 A의 표면 특성과 종단면도 위치

식애의 붕괴가 발생할 가능성을 감안하면 탐방로의 안전 문제에 대해 생각해볼 필요가 있다.

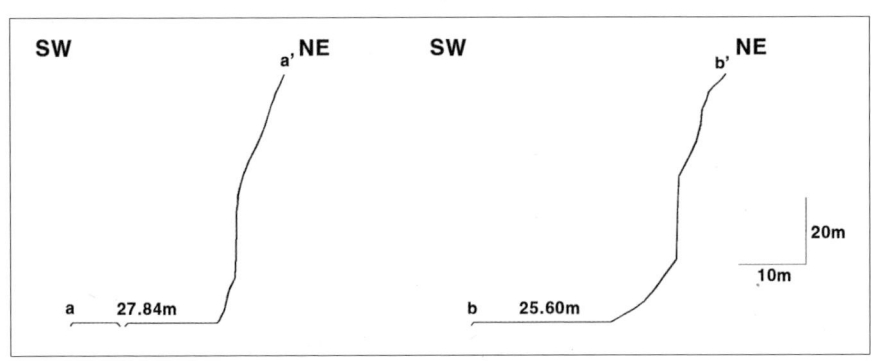

<그림 12> 파식대 A의 종단면도

〈그림 12〉는 파식대 A의 종단면도이다. a-a'는 파식대 서쪽, b-b'는 동쪽에 위치한다. a-a' 종단면도 상에는 바다에 의해 분리된 두 개의 파식대가 존재하는 것으로 보이는데 원래는 서도 본체에 연결되어 있다가 파랑에 의

한 침식으로 인해 섬으로 분리된 것이다. 이것을 통합하여 하나의 파식대로 본다면 지형면 폭은 27.84m이고, b-b' 종단면도 상의 파식대 폭은 25.60m이다.

2) 파식대 B

파식대 B는 서도 주민 숙소 남서쪽에 위치하고 있으며 탐방로가 개설되어 있어 직접 진입하여 관찰하였다. 파식대 B의 기반암은 지질도 상에는 조면안산암으로 분류되어 있으나 현지 조사를 통해 판단한 바로는 응회암 계통일 가능성이 있다.

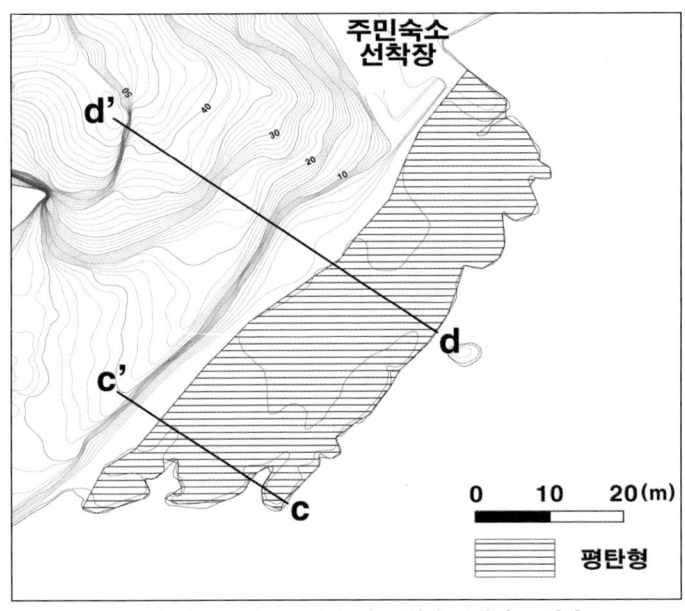

<그림 13> 파식대 B의 표면 특성과 종단면도 위치

파식대 B는 A와 마찬가지로 평탄형으로 분류된다<그림 13>. 파식대 방향은 남동쪽으로 열려있으므로 남동풍의 영향을 받은 것으로 볼 수 있으나, 동도에 의해 파랑에너지가 대부분 차단되었을 가능성이 크다. 따라서 이 파식대는 주로 남서풍과 남풍에 의해 형성된 파랑의 영향을 받은 것으로 파악된다. 파식대 뒤편으로는 역시 해식애가 이어지는데 파식대 남서부보다 북

동부 해식애의 고도가 높다. 그리고 북동부의 해식애에는 중간에 비교적 경사가 완만해지는 지점이 두 군데 있다. 이 파식대에는 탐방로가 해식애 위가 아닌 해식애와 파식대 사이에 위치해 있어, 이 파식대가 계속해서 확장한다면 파식대 A 뒤편의 탐방로보다도 먼저 탐방로의 안전 문제가 발생할 수 있다. 지금도 파식대 B의 탐방로는 기상 상황에 따라 진출입이 불가한 경우가 있다. 파식대 B의 확장은 더 나아가 파식대 북쪽에 위치한 주민숙소의 안전에도 영향을 미칠 수 있다.

한편, 이 파식대에서는 해식애에서 떨어져나온 자갈의 마식[13]과 굴식[14]에 의해 형성된 포트홀[15]이 관찰되었다. 그리고 주민 숙소에 가까운 곳에는 요철형에 가까운 암석 일부가 침식되지 않고 돌출부 형태로 남아있는데 그 크기는 각각 약 70×400cm, 약 180×210cm, 약 280×420cm이다.

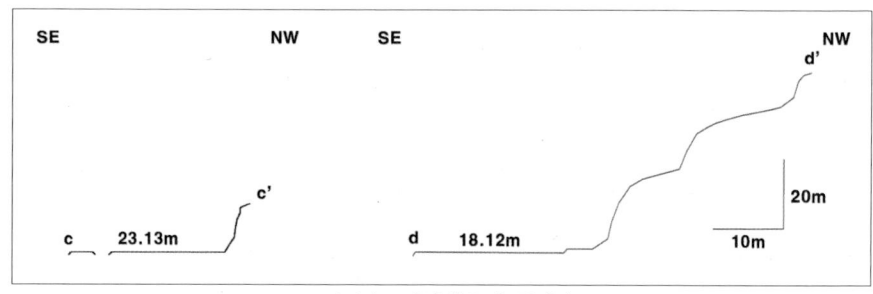

<그림 14> 파식대 B의 종단면도

〈그림 14〉는 파식대 B의 종단면도이다. c-c'은 파식대 남서부, d-d'는 북동부를 기준으로 하였다. c-c' 종단면도 상의 파식대 폭은 23.13m인데, 파식대 A와 마찬가지로 중간에 파랑에 의해 침식되어 분리된 부분도 하나의 파식대로 간주하였다. 그리고 d-d' 종단면도 상의 파식대 폭은 18.12m이다.

〈그림 15〉는 기상이 좋은 날에 촬영한 파식대 B 모습이다. 사진 오른쪽

---

13) 하천, 빙하, 바람, 바다 등이 운반하는 암설에 의하여 암반이 연마되어 점차 마멸되어 가는 침식 작용.
14) 유수의 압력으로 발생하는 침식.
15) 돌개구멍. 유수의 영향을 받는 기반암 하상 혹은 파랑의 영향을 받는 암석 파식대 지표면에서 발달하는 구멍.

<그림 15> 기상이 좋은 날의 실제 파식대 B 모습

으로 파식대와 해식애가 만나는 곳에 탐방로가 조성된 것도 볼 수 있다. 이렇게 기상이 좋아 기압이 높거나 간조인 시기에는 해수면이 일시적으로 내려가고 파랑이 낮아 파랑이 파식대 위로 올라오지 않는다. 그러나 이러한 때에도 파식대 위에 해수가 고여있는 것을 볼 수 있는데, 이를 통해 파랑이

<그림 16> 기상이 좋지 않은 날의 실제 파식대 B 모습

올라오지 않아 파식이 일어나지 않을 때에도 해수에 의한 염풍화작용은 계속될 수 있다는 것을 유추할 수 있다.

〈그림 16〉은 기상이 좋지 않은 날에 촬영한 파식대 B의 모습이다. 이렇게 기상이 좋지 않아 기압이 낮거나 만조인 시기에는 해수면이 일시적으로 올라오고 파랑이 높아 파랑이 파식대 위로 올라온다. 그리하여 파식대 대부분이 침수되고 파랑이 사진 오른쪽의 해식애와 탐방로를 직접 침식한다. 그나마 〈그림 16〉은 기상이 좋지는 않지만 선박이 독도에 드나들 수 있는 날에 촬영한 것이다. 태풍 등으로 인해 선박이 독도에 드나들 수 없을 정도로 기상이 좋지 않은 날에는 〈그림 16〉에서 보이는 것보다 해수면이 더 올라오고 너욱 강한 파랑이 발생할 것이다.

3) 파식대 C

파식대 C는 동도 주민숙소 선착장 남쪽에 위치하고 있으며, 파식대에는 북서-남동 방향으로 좁고 긴 내만 지형이 형성되어 있다. 파식대 C의 기반암은 괴상응회각력암이다.

그리고 파식대 C는 동도 선착장 인근 부채바위와 숫돌바위의 연장선상에서 좁게 발달한 요철형의 파식대와 부채바위와 선착장 사이에 주로 발달한 평탄형 파식대로 구성된다

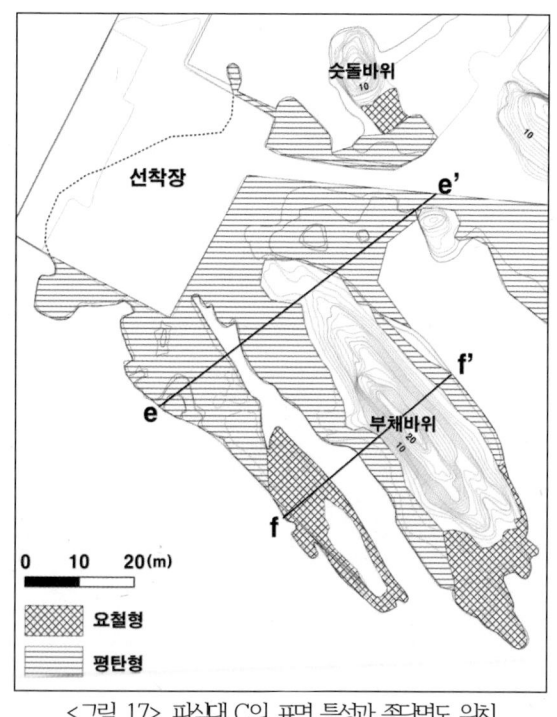

〈그림 17〉 파식대 C의 표면 특성과 종단면도 위치

〈그림 17〉. 그 중 평탄형 파식대의 침식이 더 빠르게 진행되는 것으로 보인

다. 이 파식대는 주로 남쪽과 남서쪽으로 열려있어 주로 남서풍에 의한 파랑의 영향을 받은 것으로 판단된다. 평탄형 파식대는 해수에 침수되어 해조류가 서식하고 있다. 그리고 부채바위 주변에는 가파른 해식애가 있고 양옆으로 좁은 파식대가 발달해 있다. 또 부채바위 남서쪽으로는 그보다 넓고 평탄한 파식대가 분포한다. 이 파식대의 발달 과정은 부채바위의 축소 및 해체 과정과도 관련이 있을 것이다.

파식대 C의 침식 속도를 보다 정확히 계산하고 독도의 원형을 파악하기 위해서는 동도 선착장이 건설되기 전 이 파식대의 원형을 추정하여 보다 정확한 길이와 폭을 조사할 필요가 있다. 이는 향후 연구 과제로 남겨져 있다.

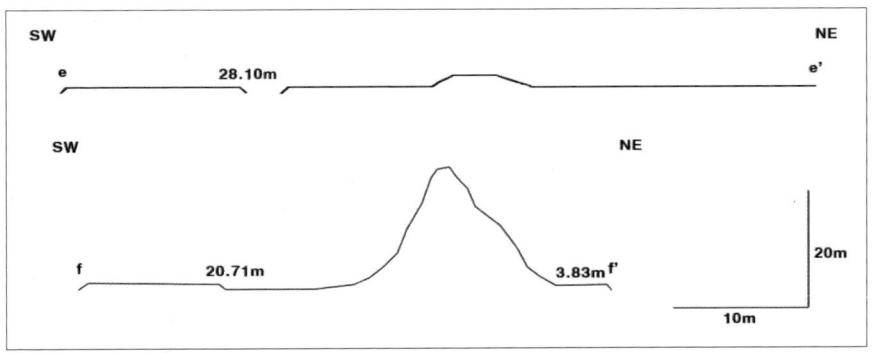

<그림 18> 파식대 C의 종단면도

〈그림 18〉은 파식대 C의 종단면도이다. e-e' 종단면도에서는 부채바위 남서쪽에서 파식대 폭이 가장 넓다. 현재는 두 개의 파식대로 분리되어 있지만 파랑의 침식을 감안하여 하나의 파식대로 본다면 그 폭은 28.10m이다. 부채바위 정상을 기준으로 작성한 f-f' 종단면도에서도 부채바위 남서쪽에 발달한 두 개의 파식대를 하나의 파식대로 볼 경우 지형면 폭은 20.71m이며, 부채바위 북동쪽에 발달한 파식대는 폭이 3.83m이다.

〈그림 19〉는 동도 선착장에서 촬영한 실제 파식대 C와 부채바위 일부의 모습이다. 이 사진을 통해 부채바위 근처와 오른쪽에 분포한 요철형 파식대와 사진 정면 선착장 근처에 분포한 평탄형 파식대의 차이에 대해서도 알 수 있다.

<그림 19> 실제 파식대 C 모습

4) 파식대 D

파식대 D는 선착장 구조물 동쪽 끝 부분의 남쪽에 위치하여 선착장과 직접 연결되어 있다. 파식대 E와의 사이에는 과거 구름다리로 활용 되다가 폐기된 구조물이 남아있다. 기반암은 괴상응회각력암으로 분류된다.

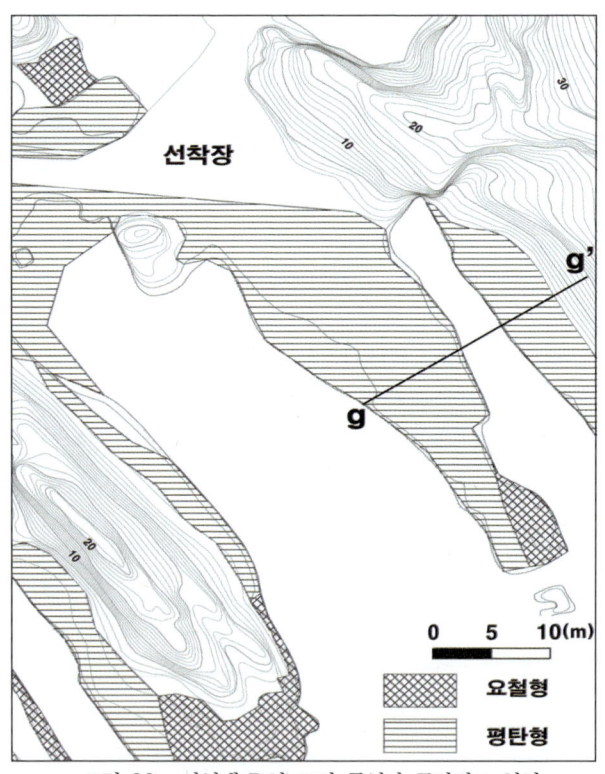

<그림 20> 파식대 D의 표면 특성과 종단면도 위치

파식대 D는 남쪽 끝부분에 요철형 파식대가 분포하고 북쪽의 선착장과 맞닿은 부분에는 평탄형 파식대가 분포한다〈그림 20〉. 그러나 평탄형으로 분류되는 부분에도 요철형에 가까운 크기 약 400×520cm, 높이 약 110cm의 돌출부가 존재한다. 이 파식대는 남쪽으로 열려있어 남풍으로 인한 파랑의 영향이 클 것으로 예상된다. 파식대 D 역시 파식대 C와 마찬가지로 선착장이 건설되기 전의 원형을 밝혀 정확한 길이와 폭을 조사할 필요가 있다.

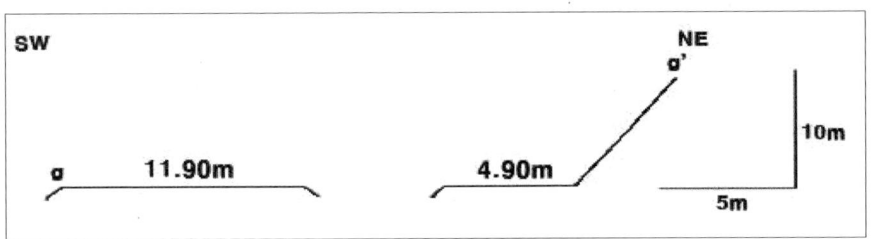

<그림 21> 파식대 D의 종단면도

〈그림 21〉은 파식대 D의 종단면도인데 선착장 남쪽에 독립적으로 발달한 파식대 D는 별다른 기복없이 거의 평탄하다. g-g' 종단면도 상에서 선착장 남쪽에 독립적으로 발달한 파식대의 폭은 11.90m, 동도 본체에 붙어서 발달한 파식대의 폭은 4.90m이다. 후술하는 바와 같이 〈그림 21〉에서 해식애와 직접 연결된 4.90m 폭의 파식대는 D가 아닌 E의 일부로 분류하였다. 이는 두 파식대 사이의 해협의 수심이 비교적 깊어 원래 파식대였다고 보기는 어렵기 때문이다. 따라서 〈그림 12, 14, 18〉과 달리 그림 상의 두 파식대를 하나의 파식대로 볼 경우의 폭은 따로 계산하지 않았다.

〈그림 22〉는 동도 탐방로 중간에서 촬영한 실제 파식대 D의 모습이다. 사진 왼쪽 파식대 끝부분에 요철형 표면이 있는 것과 오른쪽에 과거 구름다리로 사용되다가 폐기된 구조물이 있는 것을 볼 수 있다.

<그림 22> 실제 파식대 D 모습

5) 파식대 E

파식대 E는 선착장 구조물과 인접해 있으므로 직접 진입하여 조사하였다. 이 파식대의 기반암은 괴상응회각력암이다. 파식대 D와의 사이에는 앞서 언급한 과거 구름다리로 활용되다가 폐기된 구조물이 남아있다. 그리고 남쪽의 해녀바위에는 과거 케이블카 시설 혹은 선박 접안 시설로 활용하다가 폐기된 콘크리

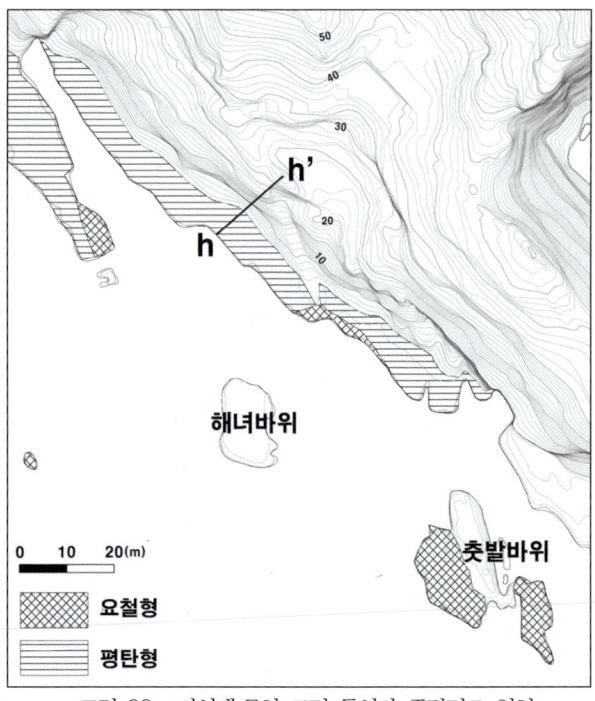

<그림 23> 파식대 E의 표면 특성과 종단면도 위치

트 구조물이 남아있다.

파식대 E는 서도의 파식대 A, B와 유사하게 대부분 평탄형이나, 촛발바위 인근에서 중간의 바다와 맞닿은 부분에는 요철형 표면이 일부 분포한다〈그림 23〉. 그리고 남쪽의 촛발바위 양 측면에서도 요철형 파식대가 확인되었다. 촛발바위는 동도와 다소 떨어져 있으나 파랑으로 인해 침식되기 전에는 하나의 파식대로 이어져 있었을 가능성을 무시할 수 없다고 보아 파식대 E의 일부일 가능성을 열어놓았다. 그리고 해녀바위는 현재는 표면이 평탄하나 이는 인공 콘크리트 구조물에 의한 것으로 해녀바위의 원형을 정확히 파악할 수 없어 파식대에 관련한 논의에서는 일단 제외하였다. 파식대 E는 남풍과 남서풍의 영향을 받은 파랑에 의해 형성되었는데 남서풍이 비교적 강력함에도 불구하고 파식대 C~D에 의해 일부 가로막히고 해녀바위 또한 남서쪽에서 밀려오는 파랑을 일부 막아주어 파식대 E가 좁게 형성된 것으로 보인다. 이러한 좁은 파식대 뒤로는 가파른 해식애가 존재한다. 그런데 이 해식애 위로는 선착장과 경비대 숙소를 연결하는 탐방로가 조성되어 있다. 따라서 파식대 E의 확장과 이에 따른 해식애의 후퇴 현상은 탐방로의 안전과도 관련이 있다.

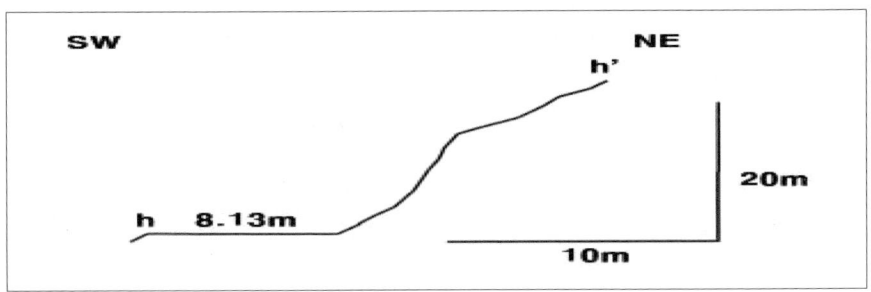

〈그림 24〉 파식대 E의 종단면도

〈그림 24〉는 파식대 E의 종단면도이다. h-h' 종단면도 상에서 파식대의 폭은 8.13m로 역시 파식대 A~D에 비해 좁은 것으로 나타났다.

<그림 25> 실제 파식대 E 모습

〈그림 25〉는 동도 선착장에서 찍은 실제 파식대 E의 모습이다. 사진 오른쪽 옛 구름다리 케이블 뒤로 촛발바위와 해녀바위의 모습도 보인다. 그리고 파식대 E 역시 파랑이 잔잔할 때에도 해수에 의해 침수된 모습도 확인되어 지속적으로 염풍화작용을 받는 것을 시사한다. 파식대 E는 선착장과 다소 떨어져 있음에도 불구하고 여러 인공 구조물이 설치되어 있어 원형이 약간 훼손된 상태이다. 현재 활용하지 않는 구조물이라면 철거하여 지형의 원형을 복원하는 것도 고려해 볼만 하다.

6) 남부 해안 이외 기타 파식대

지금까지 살펴본 독도 남부 해안의 파식대 A~E 외에도 독도 이곳저곳에는 여러 파식대가 산재해 있다〈그림 8〉. 이들 파식대는 독도 남부 해안의 파식대에 비해 독도의 인간 생활과 직접 관련은 없다고 해도 계속해서 살펴볼 필요가 있다. 특히 독도 서부 해안의 파식대는 남부 해안의 파식대와 마찬가지로 독도의 지배적인 풍향인 남서풍의 영향을 직접 받아 비교적 넓게 분포하고 있다.

제 1장 독도 남부 해안의 파식대 발달과 해식애 후퇴 35

<그림 26> 독도 서부 해안의 주요 파식대 분포와 표면 특성 분류

〈그림 26〉은 독도 서부 해안의 주요 파식대 분포와 그 표면 특성을 분류한 자료를 정리한 것이다. 독도 서부 해안은 서도 본체가 직접 외해와 맞닿기보다는 서도의 서쪽에 넙덕바위, 군함바위 등의 바위가 분포하여 이들 바위가 외해와 직접 맞닿아 있다. 서도 본체가 직접 외해와 맞닿아있는 부분은 북쪽의 상장군바위 일대 정도이다. 서도 서부 해안 중 상장군바위보다 남쪽 구간은 넙덕바위, 군함바위에 막혀 외해 파랑의 영향을 직접 받지 않고 있고, 이에 따라 파식대가 거의 발달하지 않고 있다. 그 대신 외해 파랑의 영향을 직접 받는 넙덕바위, 군함바위에 파식대가 비교적 넓게 나타나고 있다.

<그림 27> 서도 탐방로에서 관찰한 넙덕바위와 군함바위

　　서도 서부 해안의 파식대는 남부 해안과 달리 인간 생활과 직접 관련이 없고 인간의 접근도 매우 어렵다. 따라서 직접 접근하여 조사하는 것이 사실상 불가능하다. 따라서 〈그림 27〉과 같이 해발고도 100m 가량 고도에 있는 서도 서부 탐방로에서 내려다보면서 관찰하는 것이 거의 유일한 방법이다. 또한 대부분의 파식대가 서도 혹은 동도와 연결되어 있는 남부 해안과 달리 넙덕바위, 군함바위 등으로 파편화되어 있어 홀로세 해수면 상승 이전의 원형을 알기가 어렵다.

<그림 28> 큰가재바위와 작은가재바위의 파식대 모습

또한 서도 북쪽에는 큰가재바위와 작은가재바위가 있는데 이 또한 파식대로 분류할 수 있다〈그림 28〉. 큰가재바위와 작은가재바위는 남쪽 방향만 서도에 의해 막혀있고 서쪽, 동쪽, 북쪽이 모두 외해를 향해 열려있어 이들 방향으로부터 밀려오는 파랑의 침식을 직접 받고 있다. 그 때문에 파랑의 침식을 활발히 받아 해수면 위에 남아있는 대부분의 지형이 사라져가고, 이제 파식대만 남아있다. 그런데 이 파식대의 면적이 상당히 넓은 것으로 보아 해수면이 지금과 같은 수준으로 상승하기 전에는 꽤 큰 섬이 지금의 큰가재바위와 작은가재바위 위에 남아있었던 것으로 보인다.

서도 서부 해안과 큰가재바위, 작은가재바위의 파식대는 독도의 지배적인 풍향인 남서풍이 불러온 파랑의 침식을 직접 받았다는 의미가 있다. 실제로 독도 서부 해안의 파식대는 남부 해안의 파식대와 비슷하거나 더 넓게 분포한다. 따라서 해저 지형을 보다 면밀히 조사하여 해수면 상승 이전의 지형을 추정하고, 드론 탐사 등의 기술을 통해 남부 해안과 마찬가지로 더욱 정확한 조사가 이루어질 필요가 있다.

〈그림 29〉 독도 정상부에서 관찰한 구선착장과 그 일대의 파식대

그 외에는 동도 구선착장 일대의 파식대 등이 있다〈그림 29〉. 이들 파식대는 남서풍의 영향을 직접 받지 않아 면적이 비교적 작고 파식대 확장 속

도를 추정하는 의의가 적다. 그러나 동도 구선착장 일대에는 오늘날에도 현 선착장을 이용하기 어려운 경우에 계속해서 선박이 정박하고 있다. 따라서 이곳에도 계속해서 인간이 드나들기 때문에 안전 문제가 중요하다. 구선착 장은 7×14m의 인공 콘크리트 구조물로 이루어져 있다. 이 인공 구조물이 설 치되기 전 지형의 원형을 알아내는 것도 구선착장 일대의 파식대 확장과 해 식애 후퇴 양상을 파악하여 구선착장을 이용하는 선박과 인간의 안전을 도 모하는데 도움이 될 것이다.

4. 독도 남부 해안의 파식대 지형 발달

1) 독도의 파식대와 해수면 변동

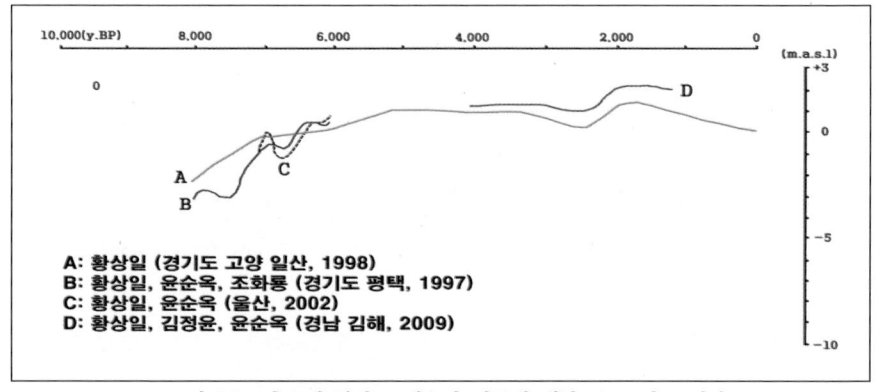

<그림 30> 홀로세 한반도 해수면 변동에 대한 주요 연구 결과

지금 파식대로 분류되는 지형은 현재의 해수면 수준에서 파랑의 침식작 용으로 형성된다. 독도 남부 해안선에 직교하여 파식대 폭이 가장 넓은 곳 은 파식대 A에서 북동-남서 방향으로 27.8m, 파식대 B에서 북서-남동 방향 으로 23.1m, 파식대 C에서 북동-남서 방향으로 28.1m이다.

앞서 빙기에 지금보다 낮았던 해수면이 홀로세에 이르러 상승하여 지금 의 수준에 이르렀다는 내용을 언급한 바 있다. 이에 대해 한반도에서는 홀 로세 해수면 상승이 어떤 양상으로 나타났는지에 대한 주요 연구를 종합하 였다<그림 30>. 이에 따르면 마지막 빙기에 현재보다 140m 정도 낮았던 평균해수면은 홀로세 동안 급격하게 상승하여 약 7,000년 전에 현재 수준 부근에 이르렀으며, 이후 ±1m 이내에서 상승과 하강을 반복하는 약간의 변동을 하면서 현재 수준에 도달하였다.

　빙기 이후 해수면이 급격하게 상승하여 현재 수준에 도달한 시기에는 파식대 형성 속도가 빨랐으나, 이후에는 파랑에너지가 파식대를 통과하면서 감소하므로 점차 그 속도가 느려졌다. 원운동으로 이루어진 파랑에너지는 원운동 지름이 클수록 파랑에너지가 증가하며 원의 지름이 클수록 파고가 높아져 파랑의 침식력도 증가한다. 따라서 해수면 부근에서 파식대 위를 통과하는 파랑은 에너지가 급격하게 감소하므로, 규모가 큰 파식대일수록 해식애에 도달하는 파랑에너지는 작아진다. 즉, 해식애와 파식대 너머 바다 사이의 거리가 멀수록 해식애가 직접 받는 파랑이 약해지는 셈이다. 다만 현재 해식애 기저부에 도달하는 파랑에너지 양과 파식대 확장속도가 어느 정도인지 알 수 있는 자료는 없다.

　그러므로 시간의 경과에 따른 파식대의 확장과 해식애의 후퇴속도를 계산하지 않고 얻은 파식대의 평균 확장 속도는 파식대 A와 파식대 C의 경우 연평균 4.0mm, 파식대 B의 경우 연평균 3.3mm이다.

　앞서 밝힌 바와 같이 독도 해안의 파식대 중 폭이 20m 이상인 경우 현재 파식대의 확장 속도는 수천 년 전에 비해 현저하게 느려졌다고 볼 수 있다. 그러나 기후 변화로 해수면이 상승하고 더 강한 태풍이 불어온다면, 더 강한 파랑이 파식대를 통과하여 해식애까지 도달하는 현상이 잦아져 파식대의 확장 속도가 다시 빨라질 수 있다. 아울러 파식대가 없는 해안은 수심이 깊어지므로 해식애에 직접 도달하는 파랑에너지가 커지면서 새로운 파식대가 형성될 수 있다.

2) 파식대와 기반암 분포

　파식대는 암석이 파랑에 의한 침식 작용을 받아 만들어지는 지형이다. 그러므로 기반암의 침식에 대한 저항력은 파식대의 형성과 크기에 직접적인 영향을 미친다. 즉, 침식에 대한 저항력이 약한 기반암일수록 파식대가 형성되기 용이하다. 만약 침식에 대한 저항력 이외의 다른 변수가 없다면,

침식에 대한 저항력이 낮은 기반암에서 더 넓은 파식대가 형성될 가능성이 높다(Trenhaile, 2018). 독도에 분포하는 파식대의 규모를 비교, 평가하기 위해 파식대가 형성되는 해안의 기반암 종류와 파식대 분포와의 상관관계를 검토하면, 서도는 해수면 부근에 조면암, 층상라필리응회암, 조면안산암이 혼재되어 있다. 그 중 비교적 침식에 대한 저항력에 약한 층상라필리응회암으로 된 해안에서 파식대의 폭이 넓다. 또한 동도 해안 지역은 괴상응회각력암이 주를 이루고 그 외엔 조면암, 각력암이 일부 분포되어 있다. 동도에서 파식대는 주로 섬의 서부와 남부, 동부의 괴상응회각력암 해안에 분포하며, 이 파식대의 기반암을 이루는 암석은 서도의 남부 해안 파식대의 응회암 계통의 암석과 침식에 대한 저항력이 유사하다. 따라서 독도의 파식대는 침식에 대한 저항력이 약한 암질을 반영하여 대부분 평탄형으로 나타난다. 또한 동도에 비해 서도 해안에서 파식대의 규모가 보다 크고, 평탄형의 파식대 지형 발달이 탁월하다. 요철형은 동도의 C~E 파식대의 일부 구역에서만 확인되는데 이것은 풍화에 대한 저항력이 강한 암석이 기반암이기 때문인 것으로 판단된다.

3) 독도 해안의 파식대 분포에 영향을 미친 요소

서도에서는 서북쪽의 큰 가재바위와 작은 가재바위 일대, 서쪽의 지네바위, 상장군바위, 군함바위, 넙덕바위 일대, 그리고 남쪽의 주민숙소와 코끼리바위 그리고 이들 사이에 파식대가 분포한다. 이들 파식대는 폭이 상대적으로 넓은 편이며, 전체적으로 파식대 규모가 크다.

동도는 서도보다 파식대의 규모가 상대적으로 작다. 섬 서부에는 선착장과 부채바위 일대에 파식대가 길게 연장된 형태로 발달하고 있다. 그리고 동부의 독립문바위와 구선착장 일대에도 파식대가 소규모로 분포하고 있다. 한편 동도와 서도의 북부 해안에는 주로 규모가 작은 파식대가 분포한다.

이와 같은 파식대의 분포는 독도의 풍향 분포와 어느 정도 관계있는 것으로 생각된다. 독도에서는 남서풍의 빈도가 가장 높으며 봄부터 가을까지는 동풍, 남동풍이 그 다음으로 높다. 반면 북풍, 북서풍, 북동풍, 서풍의 빈도는 상대적으로 낮다.

그러나 풍향과 파식대 분포와의 관계가 완전히 일치하는 것은 아니다. 서풍의 빈도는 겨울을 제외하면 매우 낮지만, 서풍의 영향을 직접 받는 서도 서부 지역에는 파식대가 넓게 발달한다. 반면 동풍은 봄부터 겨울에 걸쳐 높은 빈도로 불지만, 동풍의 영향을 직접 받는 동도 동부 지역의 파식대는 상대적으로 규모가 작다. 이것은 서부 해안에는 지네바위부터 넙덕바위까지 일련의 시스템이 있어서 이들이 헤드랜드(headland)[16] 역할을 하여 파식대가 형성되었으며, 동부 해안에는 탱크바위와 독립문바위 사이에 만입 지형이 분포하며 북쪽 해안에도 여러 개의 만입 지형들이 분포하므로 이러한 만이 외해의 파랑에너지가 해안으로 들어오는 것을 어느 정도 막아주어 파식대의 규모가 작은 것으로 생각된다.

파랑에너지는 주로 파고에 의해 결정된다. 독도에서는 11월부터 이듬해 2월까지, 그리고 7월에 파고가 높고, 이 기간에는 단기간에 높은 파고가 집중적으로 발생한다. 이와 같은 경향은 풍속과 어느 정도 비례한다. 풍속이 빠른 겨울의 바람 방향은 다른 계절에 비해 서풍과 북풍이 상대적으로 우세하지만 남서풍과 동풍도 다른 계절과 마찬가지로 강한 편이다. 따라서 독도에서 남서풍과 동풍이 강한 것을 통해 남부 해안의 파식대 형성 과정을 어느 정도 설명할 수 있다. 또한 북서 계절풍이 부는 겨울철에 유독 파고가 높아지는 것은 서도 서부 해안과 큰가재바위, 작은가재바위에 분포하는 넓은 파식대의 형성 과정과 어느 정도 관련이 있는 것으로 보인다.

5. 요약 및 결론

독도는 화산활동으로 지표면, 해수면 위로 솟아난 이후 파랑의 침식 작용을 받아 지속적으로 축소되어 왔다. 특히 독도 경관을 구성하는 해안지형 가운데 파식대, 해식애는 이와 같은 독도의 축소 현상을 보여주는 대표적인 지형이다. 파식대가 확장될수록 해식애는 후퇴하는데, 이러한 과정은 곧 섬의 면적이 축소됨을 의미한다. 단기적으로는 독도에 설치된 인공 구조물과 독도 거주민 및 방문객의 안전, 장기적으로는 독도의 규모가 축소되는 양상

---

16) 드나듦이 심한 해안 지형에서 불쑥 튀어나온 부분.

을 예측하기 위하여 동도와 서도의 남쪽 해안에 분포하는 5개 구역을 중심으로 여러 파식대를 통해 그 발달 과정을 살펴보았다.

독도의 남부 해안에서 파식대가 가장 넓은 곳의 폭은 약 28m이다. 파식대는 해수면이 현재 수준에 도달한 약 7,000년 전부터 형성되기 시작하였으므로 파식대 평균 확장속도는 연평균 4.0mm가 된다. 독도 남부 해안의 파식대는 침식에 대한 저항력이 약한 암석의 특징을 반영하여 대부분 평탄형으로 나타난다. 파식대의 폭이 넓은 서도는 해수면 부근에 비교적 침식에 대한 저항력에 약한 층상라필리응회암이, 동도는 주로 괴상응회각력암으로 이루어져 있다. 해안선 부근에서 침식에 대한 저항력이 약한 기반암으로 되어있는 환경에서 기후 변화에 따라 해수면이 상승하고 더 강한 태풍이 내습한다면 파식대의 확장 속도는 다시 빨라질 것으로 예상된다.

파식대의 분포는 독도의 풍향 분포와 어느 정도 관계있는 것으로 생각된다. 독도에서는 남서풍의 빈도가 가장 높으며 봄부터 가을까지는 동풍, 남동풍이 그 다음으로 높다. 반면 북풍, 북서풍, 북동풍, 서풍의 빈도는 낮다. 그러나 풍향의 빈도와 파식대의 분포와의 관계가 완전히 일치하는 것은 아니다. 서풍의 직접 영향을 받는 파식대는 서풍이 겨울 이외의 계절에 약함에도 불구하고 넓게 발달한다. 반면 동풍의 직접 영향을 받는 파식대는 동풍이 연간 높은 빈도로 불어옴에도 불구하고 상대적으로 규모가 작다. 이것은 암석별로 풍화에 대한 저항력에 차이가 있기 때문이다. 그리고 서쪽 해안에는 지네바위부터 넙덕바위까지 일련의 시스택이 있어서 이들이 헤드랜드 역할을 하므로 파식대가 형성되었으며, 동쪽은 탱크바위와 독립문 바위 사이 해안이 내만 지형이고, 북쪽 해안에도 내만 지형이 다수 분포하므로 파식대의 규모가 작은 것으로 생각된다.

참고문헌

강지현, 2008, 독도해산의 사면침식으로 인한 지형변화와 독도사면안정성 분석, 석사학위논문, 이화여자대학교 대학원, 서울.

강지현·성효현·박찬홍·김창환·정의영, 2008, 독도해산의 사면침식으로 인한 지형변화, 대한지리학회지, 43(6), 791-807.

공길영·김세원·조익순, 2005, 선박·항해 용어사전(Dictionary of Ship Navigation Terms), NRF KRM(Korean Research Memory).

경북대학교 울릉도·독도연구소, 2017, (6th) 독도 천연보호구역 모니터링, 대전, 문화재청.

박선인, 2021, 독도 서도응회암의 분출 및 퇴적작용, 석사학위논문, 경상국립대학교 대학원, 경남.

손영관·박기화, 1994, Geology and Evolution of Tok Island, Korea, 지질학회지, 30(3), 242-261.

손영관, 2005, 독도의 지질과 형성과정, Koreana(Korean), 19(3). 8-13.

윤순옥·황상일, 2008, 한국 독도 동도의 고식생, 식물분류학회지, 38(4), 583-599.

전영권, 2005, 독도의 지형지(地形誌), 한국지역지리학회지, 11(1), 19-28.

해양수산부·한국해양연구소, 2000, 독도 생태계 등 기초조사 연구, 서울, 해양수산부.

황상구·전영권, 2003, 독도 화산의 분출윤회와 화산형태, 자원환경지질, 36(6), 527-536.

황상일, 1998, 일산충적평야의 홀로세 퇴적환경변화와 해면변동, 대한지리학회지, 33(2), 143-163.

황상일·권용휘·윤순옥, 2019, 독도 서도 및 동도 남부 해안의 파식대 지형 발달, 한국지형학회지, 26(4), 33-45.

황상일·김정윤·윤순옥, 2009, 고김해만 북서지역의 Holocene 후기 환경변화와 지형발달, 한국지형학회지, 16(4), 85-99.

황상일·김정윤·윤순옥, 2013, 창녕 비봉리 지역의 Holocene 중기 해수면변동, 대한지리학회지, 48(6), 837-855.

황상일·박경근, 2007, 독도 동도 서쪽 해안의 타포니 지형 발달, 한국지역지리학회지, 13(4), 422-437.

황상일·박경근·윤순옥, 2009, 독도 서도 북서 해안의 Holocene 기후변화와 타포니 지형발달, 한국지형학회지, 16(1), 17-30.

황상일·윤순옥, 2002, 울산시 황성동 세죽 해안의 Holocene 중기 환경변화와 인간생활, 한국고고학보, 48, 35-57.
황상일·윤순옥·권용휘, 2022, 독도 서도 남동해안의 애추 지형발달, 한국지형학회지, 29(1), 13-30.
황상일·윤순옥·조화룡, 1997, Holocene 중기에 있어서 도대천유역의 퇴적 환경 변화, 대한지리학회지, 32(4), 403-420.
Trenhaile, A. S., 2018, Shore platform erosion and evolution: Implications for cosmogenic nuclide analysis, Marine Geology, 403, 80-92.

제 2장

울릉군 · 독도의 지역사회 특성이 정주의식에 미치는 영향

권혁*

　전국 출산율 최하위권이면서 고령화 지수가 높은 울릉군은 천연보호 및 자연환경보전지역으로 지정되어 관리되고 있는 독도를 보유한 지역으로 종합 발전 계획 수립, 주거환경 개선, 교육 지원 등을 할 수 있도록 2023년 3월 울릉도 · 독도 지원을 위한 특별법 발의를 하였지만 아직 계류 중에 있다. 그리고 그동안 한국 정부가 독도 등 도서지역의 생태계 보전에 관한 특별법(공표 번호: 제17326호), 독도의용수비대 지원법(공표 번호: 제19228호), 독도의 지속 가능한 이용에 관한 법률(제12147호)에서와 같이 법령도 제정해 나가면서 독도에 대한 확고한 영토주권을 행사하며, 주권을 수호해 나가고 있지만 독도가 더욱 발전해야 한다는 공감대가 형성되고 있는 것도 사실이다. 이처럼 울릉군과 같이 열악한 재정 여건과 지역 군민의 정주여건 개선이 필요한 지역은 정부 및 지자체에서 다양한 지원을 해야 할 것으로 판단된다. 이에 본 연구에서는 '울릉군'을 중심으로 울릉군민의 교통 만족도, 교육 만족도, 주거 만족도, 공동체의식, 도정만족도가 정주의식에 어떤 영향을

---

* 중부대학교, 조교수, khjb0830@joongbu.ac.kr

미치는지 파악해 보고자 한다. 본 연구를 위해 울릉군이 만 15세 이상 가구주 및 가구원을 응답 대상으로 확정하여 360가구를 대상으로 2021년 09월 2일부터 09월 17일까지 16일간 조사한 설문조사 데이터 495부를 바탕으로 연구를 수행하였다. 연구 분석은 SPSS 통계 프로그램을 가지고 실증 분석을 실시하였다. 그 결과 첫째, 교통 만족도와 교육 만족도는 정주 의식에 유의한 영향을 미치지 않는 것으로 분석되었다. 둘째, 주거 만족도, 공동체의식, 도정만족도는 정주의식에 유의한 영향을 미치는 것으로 분석되었다. 이처럼 군민들의 정주성을 높이기 위해선 주거의 질을 높일 수 있는 방안을 강구하고, 주거 만족도를 높이기 위한 정책을 실현해야 할 것으로 판단된다. 특히 인구 유입을 위해선 청년 등 연령층에 맞는 맞춤형 주거 지원 정책 등이 필요할 것으로 보인다. 그리고 공동체의식을 높일 수 있는 지역 맞춤형 특화 문화 프로그램을 개발 및 운영하고, 군민들이 지자체가 제공하는 행정 서비스에 대해 느끼는 불편한 점들을 면밀히 파악하여 개선한다면 정주의식이 높아질 것으로 판단된다.

I. 서론

저출산, 고령화 시대를 맞아 한국 정부는 지자체가 스스로 성장 동력을 발굴하고 소멸 위기에 대응할 수 있도록 지역 스스로 발전전략을 결정하고 실현하는 지역주도 균형 발전을 위해 노력하고 있다. 그리고 최근 4차 산업혁명 기술이 발전하면서 지역사회의 범위가 크게 변화하고 있는 것도 특징이다. 과거 일정한 지역을 중심으로 지역 공동체가 구성이 되었지만 현대적 지역사회에서는 물리적 공간을 넘어 가상공간으로 지역공동체가 확대되고 있는 것이다. 이처럼 특정 목표를 공유하는 사람들의 집단으로 현대적 공동체가 재구성되고, 지리적 경계가 불분명해지면서 사이버 범죄 등 다양한 부작용이 발생되고 있으며, 이를 해결하기 위해 전통적 지역사회 공동체의 회복 필요성이 강조되고 있다. 더 나아가 급격한 도시화와 산업화로 파괴된 공동체 의식을 회복하고, 정부의 대응 미흡에 대한 사회(복지, 교육, 안전)

문제의 자발적 해결을 위해 전통적 지역 공동체의 복원이 필요할 것으로 보인다(권혁 외, 2022).

그리고 특정 지역에 사는 사람들이 정주 공간에 대해 인식하는 정주성이 향상되기 위해선 다양한 복지 서비스가 확충되어야 하며, 구체적으로 교통, 교육, 주거 등 물리적 환경에 따라 거주지를 결정하는 특징이 있다(Alan Murie and Sako Musterd, 2004).

다음으로 지역민과의 공동체의식이 낮을수록 주거이동의 직접적인 영향을 주는 것으로 나타났고, 지역주민 간의 신뢰감이 형성될수록 삶에 만족도가 올라가는 것으로 분석되었다(Fokkema et. al. 1996; Holder & Coleman, 2009).

이처럼 삶의 만족도와 정주의식에 영향을 미치는 지역 사회 특성은 다양하고, 결과적으로 정부 및 지자체가 양질의 공공서비스를 어떻게 제공하는지에 따라 정주성이 달라질 것으로 보인다. 이처럼 공공서비스는 시민들이 일상생활을 하기 위해 필수적으로 요구되는 교통, 통신, 금융, 교육 등에 대한 서비스를 의미한다(Lucy, Gilbert, & Birkhead, 1977).

그동안 정주의식에 미치는 지역사회 특성에 대한 연구를 살펴보면 경기북부 지역민의 교통, 교육 만족도는 정주성에 긍정적인 영향을 주고, 생활환경은 정주의식 향상에 유의한 영향을 주지 않는 것으로 나타났다(이희창 외, 2004). 그리고 교통 및 안전사고에 대한 안전성이 확보될 때 정주의식이 향상되는 것으로 파악되었다(배은석 외, 2019).

한편, 전국 출산율 최하위권이면서 고령화 지수가 높은 울릉군은 천연보호 및 자연환경보전지역으로 지정되어 관리되고 있는 독도를 보유한 지역으로 종합발전 계획 수립, 주거환경 개선, 교육 지원 등을 할 수 있도록 2023년 3월 울릉도·독도 지원을 위한 특별법 발의를 하였지만 아직 계류 중에 있다(정용태, 2023).

그동안 한국 정부가 독도 등 도서지역의 생태계 보전에 관한 특별법(공표 번호: 제17326호), 독도의용수비대 지원법(공표 번호: 제19228호), 독도의 지속 가능한 이용에 관한 법률(제12147호)에서와 같이 법령도 제정해 나가면서 독도에 대한 확고한 영토주권을 행사하며, 주권을 수호해 나가고 있지만(국가법령정보센터, 2023). 독도가 더욱 발전해야 한다는 공감대가 형성되고 있는 것도 사실이다. 이처럼 울릉군과 같이 열악한 재정 여건과 지역 군민의 정주여건 개선이 필요한 지역은 정부 및 지자체에서 다양한 지원을 해야 할 것으로 판단된다.

한편, 울릉군민이 독도의 발전을 위해 접안시설, 편의시설, 탐방로 확대, 체류시간 연장 등을 개선해야 한다고 밝혔으며, 자세한 내용은 아래 〈표 1〉과 같다(국가통계포털, 2023).

〈표 1〉 독도 발전방향

특성별		발전방향				
		접안시설	편의시설	탐방로 확대	체류시간 연장	기타
성별	남자	31.5	6.0	36.4	19.7	6.4
	여자	31.0	6.2	38.5	18.3	6.0
연령별	29세 이하	8.9	9.2	35.1	37.7	9.2
	30~39세	37.8	6.3	33.7	22.1	0.0
	40~49세	35.7	8.7	31.3	18.9	5.4
	50~59세	34.6	5.1	36.0	16.8	7.6
	60~69세	31.4	3.6	41.3	19.2	4.5
	70세 이상	38.6	5.0	38.2	8.3	9.8

그리고 현재 울릉군의 주민등록 인구 및 세대 현황을 〈표 2〉에서 보면 총인구수가 꾸준하게 감소하고 있는 것으로 확인할 수 있다(행정안전부, 2023).

〈표 2〉 울릉군 주민등록 인구 및 세대현황

연도 및 월	총 인구수	세대수	세대당 인구	남자 인구수	여자 인구수	남녀 비율
2013년 12월	10,524	5,400	1.95	5,573	4,951	1.13

2014년 12월	10,264	5,364	1.91	5,477	4,787	1.14
2015년 12월	10,153	5,319	1.91	5,435	4,718	1.15
2016년 12월	10,001	5,323	1.88	5,430	4,571	1.19
2017년 12월	9,975	5,435	1.84	5,441	4,534	1.2
2018년 12월	9,832	5,490	1.79	5,328	4,504	1.18
2019년 12월	9,617	5,426	1.77	5,230	4,387	1.19
2020년 12월	9,077	5,312	1.71	4,956	4,121	1.2
2021년 12월	8,867	5,258	1.69	4,851	4,016	1.21
2022년 12월	8,996	5,479	1.64	4,976	4,020	1.24

다음으로 울릉군의 주민등록 인구 및 세대 현황(2022년 12월 기준)을 행정구역별로 살펴보면 다음 〈그림 1〉과 같다(행정안전부, 2023).

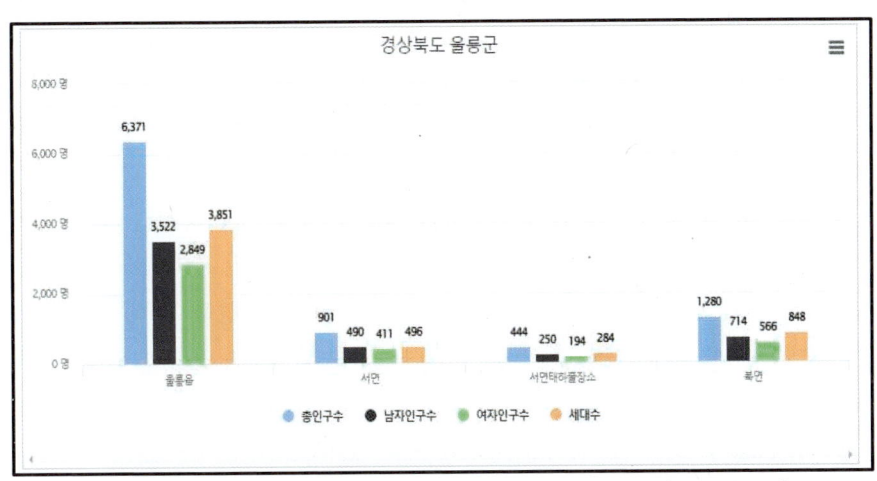

〈그림 1〉 경상북도 울릉군 주민등록 인구 및 세대현황(행정구역별)

이처럼 대표적인 인구 소멸 지역이면서 역사적, 지리적, 국제법적으로 고유한 대한민국의 영토인 독도가 속한 '울릉군'을 중심으로 울릉군민의 교통 만족도, 교육 만족도, 주거 만족도, 공동체의식, 도정만족도가 정주의식에 어떤 영향을 미치는지 파악해 보고자 한다.

Ⅱ. 이론적 배경 및 문헌연구

1. 교통, 교육, 주거 만족도와 정주의식

교통은 사람 및 재화의 장소적 이동에 관한 행위를 뜻하며, 교통수단의 발달로 인해 지역 도시에 경제적, 비경제적인 영향을 미치게 되었고, 지역에서 살아가는 사람들의 삶을 변화시키는 영향 요인으로도 확인되고 있다(명묘희, 2013).

특히 정주의식에 영향을 미치는 요인 분석에 대한 문헌 연구를 살펴보면 김수영 외(2017)은 부산 시민 60세 이상 고령자의 경우 대중교통 이용에 대한 만족 정도가 높을수록 정주의식에 긍정적인 정(+)의 영향을 미치는 것으로 분석하였고, 황윤원 외(2014)는 정부 출연연구기관 소속 연구원들이 세종시로 이주하는 과정에서 정주 의사에 미치는 영향력을 분석한 결과 도시 공공 서비스 영역 중 교통 편리성이 높아도 정주 의사에 긍정적인 영향을 미치지 않는 것으로 분석하였다. 이처럼 지역의 물리적 특성과 지역민의 상황 및 여건에 따라 교통이 정주성에 미치는 영향력은 달라지는 것으로 확인되었다.

한국 국민의 시도별 대중교통 만족도를 살펴보면 '경북'이 대중교통 이용에 대한 만족도가 가장 낮은 것으로 나타났으며, '매우 만족한다'를 7점으로 한 평균 점수로 측정한 자세한 조사 결과는 아래 〈표 3〉과 같다(국가지표체계, 2023).

〈표 3〉 시도별 대중교통 만족도

전국 시도별	2011	2013	2015	2017	2019	2021
전국	4.84	4.78	4.78	4.87	4.87	4.83
서울	4.96	5.07	4.93	5.04	5.10	4.93
부산	5.23	4.83	4.81	4.91	4.98	4.92
대구	4.98	4.76	4.77	4.86	5.02	4.89
인천	4.81	4.76	4.64	4.79	4.73	4.78
광주	4.79	4.75	4.76	4.81	4.96	4.95
대전	5.16	4.88	4.81	4.86	5.13	5.04
울산	4.80	4.75	4.56	4.69	4.74	4.86
세종	–	–	4.57	4.86	4.87	4.85
경기	4.79	4.86	4.77	4.76	4.81	4.76
강원	4.38	4.57	4.62	4.66	4.84	4.88
충북	4.82	4.71	4.52	4.58	4.67	4.71
충남	4.80	4.45	4.45	4.75	4.68	4.73
전북	4.54	4.36	4.36	4.64	4.74	4.85
전남	4.94	4.51	4.63	4.68	4.89	4.80
경북	4.54	4.43	4.53	4.62	4.51	4.69
경남	5.24	4.67	4.55	4.81	4.79	4.75
제주	5.19	4.68	4.67	5.16	4.85	4.93

다음으로 교육 만족도가 정주 의식에 미치는 영향력에 대한 연구를 살펴보면 이지은&이경은(2020)은 성별, 연령, 학력, 소득, 혼인상태, 주택 소유, 유형, 거주 지역, 거주 기간, 종교 등 다양한 인구통계학적 특성과 정치 성향, 이웃 및 정부 신뢰 등 정치사회적 요인을 통제한 상태에서 교육 환경 만족 정도가 높을수록 정주성에 긍정적인 영향을 미치는 것으로 확인되었다. 이번 연구 결과는 만 34세 이하 청년 집단에서 확인된 실증 결과로 청년 세대는 자신의 교육과 더불어 미래 자녀 교육에 대해 중요하게 생각하기 때문

에 나타난 결과로 해석된다. 그리고 중, 장년층의 교육 환경 만족도는 정주성의 유의미한 영향을 미치지 않는 것으로 분석되어 35세에서 64세 이하의 낮은 표본 수집으로 추출된 연구로 인해 나타난 결과로 보이기 때문에 이에 대한 명확한 분석이 추가적으로 필요할 것으로 보인다. 다음으로 경상북도 거주 지역 보육환경 만족도에 대해 시군별로 살펴보면 다음 〈표 4〉와 같다 (국가통계포털, 2023). 울릉군은 전체 평균 보다 낮은 2.83점으로 나타났고, 다른 시군에 비해 가장 만족도가 낮은 지역으로 확인되었다.

〈표 4〉 경상북도 지역별 보육환경 만족도

전체 시군별	거주지역 보육환경(어린이집, 유치원 등)					
	매우 불만족 (%)	약간 불만족 (%)	보통 (%)	약간 만족 (%)	매우 만족 (%)	평균 (점)
전체	3.1	8.7	45.1	25.3	17.7	3.46
포항시	4.7	8.6	54.2	15.1	17.4	3.32
경주시	4.0	7.5	49.6	25.5	13.5	3.37
김천시	4.3	11.0	39.9	17.4	27.4	3.53
안동시	2.1	3.3	43.8	31.0	19.8	3.63
구미시	2.3	7.6	48.3	24.6	17.2	3.47
영주시	8.8	31.3	28.6	28.4	2.9	2.85
영천시	4.0	6.3	41.6	26.9	21.2	3.55
상주시	5.9	20.6	35.3	29.4	8.8	3.15
문경시	0.0	12.4	41.9	17.2	28.5	3.62
경산시	0.0	2.4	33.3	46.3	18.0	3.80
군위군	0.0	0.0	77.4	0.0	22.6	3.45
의성군	0.0	0.0	64.8	0.0	35.2	3.70
청송군	0.0	11.8	44.3	16.0	27.8	3.60
영양군	6.3	5.3	33.7	28.4	26.3	3.63
영덕군	0.0	14.1	31.6	40.3	14.1	3.54
청도군	0.0	9.6	29.5	50.6	10.3	3.62

고령군	3.2	10.0	50.3	19.0	17.6	3.38
성주군	16.8	5.5	30.5	41.6	5.5	3.13
칠곡군	0.0	13.7	39.1	22.5	24.6	3.58
예천군	7.6	3.8	43.3	25.9	19.4	3.46
봉화군	0.0	20.8	45.4	26.3	7.5	3.20
울진군	3.0	12.0	52.0	13.0	19.9	3.35
울릉군	5.7	34.3	42.9	5.7	11.4	2.83

다음으로 경상북도 거주 지역 공교육 환경 만족도에 대해 시군별로 살펴보면 다음과 〈표 5〉와 같다(국가통계포털, 2023). 울릉군은 전체 평균과 비슷한 3.14점으로 나타났고, 다른 시군에 비해 가장 만족도가 보통 수준인 것으로 확인되었다.

〈표 5〉 경상북도 지역별 공교육 환경 만족도

전체 시군별	거주지역 공교육 환경(시설, 프로그램, 교육내용 등)					
	매우 불만족 (%)	약간 불만족 (%)	보통 (%)	약간 만족 (%)	매우 만족 (%)	평균 (점)
전체	4.1	13.3	54.2	22.3	6.2	3.13
포항시	5.8	13.0	59.5	17.4	4.3	3.01
경주시	3.6	12.6	57.2	21.8	4.8	3.11
김천시	1.9	15.3	46.5	26.6	9.6	3.27
안동시	1.0	7.2	66.7	21.0	4.0	3.20
구미시	5.8	14.4	56.5	16.3	7.0	3.04
영주시	8.1	28.1	46.3	16.5	1.0	2.74
영천시	0.0	4.5	65.2	16.7	13.5	3.39
상주시	5.4	14.1	56.5	19.6	4.3	3.03
문경시	5.4	16.6	53.4	13.6	11.0	3.08
경산시	0.0	7.3	40.2	45.4	7.0	3.52

군위군	2.6	6.6	61.8	15.7	13.2	3.30
의성군	0.0	17.3	52.4	20.3	10.1	3.23
청송군	1.3	15.4	49.9	29.6	3.9	3.19
영양군	0.0	17.9	42.5	24.2	15.4	3.37
영덕군	1.4	12.8	37.9	34.7	13.2	3.46
청도군	1.8	23.4	40.6	30.3	4.0	3.11
고령군	6.1	7.7	46.8	29.2	10.2	3.30
성주군	7.7	25.6	42.3	24.4	0.0	2.83
칠곡군	4.1	13.6	59.8	16.6	5.9	3.07
예천군	2.7	16.6	40.7	32.5	7.4	3.25
봉화군	5.9	18.4	32.5	28.7	14.4	3.27
울진군	1.6	20.9	45.5	23.4	8.6	3.16
울릉군	2.8	16.9	49.3	25.3	5.6	3.14

다음으로 경상북도 거주 지역 학교 교육 이외 필요로 하는 교육 기회에 대해 시군별로 살펴보면 다음과 〈표 6〉과 같다(국가통계포털, 2023). 울릉군은 전체 평균 보다 낮은 2.51점으로 나타났고, 다른 시군에 비해 가장 만족도가 낮은 지역으로 확인되었다.

〈표 6〉 경상북도 거주지역 학교 교육 이외 필요로 하는 교육기회

전체 시군별	거주지역 학교 교육 이외 필요로 하는 교육기회					
	전혀 그렇지 않다 (%)	그렇지 않은 편이다 (%)	보통이다 (%)	그런 편이다 (%)	매우 그렇다 (%)	평균 (점)
전체	8.9	27.3	44.0	15.6	4.2	2.79
포항시	11.3	26.4	43.0	14.6	4.7	2.75
경주시	7.1	34.3	42.6	13.3	2.7	2.70
김천시	6.8	28.2	43.0	14.1	8.0	2.88

안동시	3.0	17.0	57.9	19.0	3.0	3.02
구미시	10.3	24.7	50.3	9.7	4.9	2.74
영주시	13.3	47.9	26.4	12.4	0.0	2.38
영천시	1.1	9.0	66.3	19.1	4.5	3.17
상주시	13.0	33.6	41.3	8.7	3.3	2.56
문경시	17.5	27.8	40.4	8.5	5.8	2.57
경산시	1.8	21.5	36.4	36.1	4.3	3.20
군위군	9.2	22.3	55.3	5.2	7.9	2.80
의성군	13.1	35.1	38.1	10.1	3.6	2.56
청송군	11.6	32.1	41.0	11.6	3.9	2.64
영양군	9.2	42.5	33.3	12.9	2.1	2.56
영덕군	21.9	36.5	21.9	14.6	5.0	2.44
청도군	9.3	47.7	19.6	23.5	0.0	2.57
고령군	9.6	30.1	37.0	16.7	6.5	2.80
성주군	12.8	32.0	48.8	6.4	0.0	2.49
칠곡군	8.8	27.2	51.0	10.1	3.0	2.71
예천군	13.5	38.8	28.4	15.1	4.3	2.58
봉화군	15.1	30.0	30.6	16.4	7.8	2.72
울진군	11.8	38.5	36.4	12.3	1.1	2.52
울릉군	14.1	38.0	33.8	11.3	2.8	2.51

다음으로 경상북도 거주 지역 학교 교육 이외 필요로 하는 교육 기회에 대해 시군별로 살펴보면 다음 〈표 7〉과 같다(국가통계포털, 2023). 울릉군은 전체 평균 보다 낮은 2.55점으로 나타났고, 다른 시군에 비해 만족도가 낮은 지역으로 확인되었다.

〈표 7〉 경상북도 지역별 평생교육 기회 충분 정도

전체 시군별	거주지역 평생교육 기회 충분						평균 (점)
	전혀 그렇지 않다 (%)	그렇지 않은 편이다 (%)	보통 이다 (%)	그런 편이다 (%)	매우 그렇다 (%)	잘 모르 겠다 (%)	
전체	6.9	17.8	31.5	15.1	2.6	26.0	2.85
포항시	7.8	20.7	36.5	14.2	2.8	18.0	2.80
경주시	11.5	18.4	28.5	11.6	2.0	28.0	2.64
김천시	8.6	17.1	18.3	23.5	3.4	29.1	2.94
안동시	3.0	14.9	34.0	16.9	2.0	29.2	3.00
구미시	7.3	18.8	37.2	12.5	2.4	21.9	2.80
영주시	8.9	26.6	25.2	12.7	0.5	26.0	2.59
영천시	2.9	11.9	39.8	15.2	2.3	27.9	3.03
상주시	6.7	18.9	29.0	12.3	3.5	29.6	2.82
문경시	7.6	16.2	31.9	15.0	3.0	26.2	2.86
경산시	3.4	12.3	29.4	24.6	4.2	26.0	3.19
군위군	1.8	15.1	44.7	14.3	1.9	22.3	2.99
의성군	3.5	12.4	36.2	16.6	2.7	28.6	3.04
청송군	5.6	23.3	23.6	12.6	2.3	32.6	2.74
영양군	8.7	27.2	16.0	6.7	0.7	40.7	2.38
영덕군	23.5	28.9	10.4	15.5	1.5	20.2	2.28
청도군	1.5	11.3	22.2	23.9	2.4	38.7	3.24
고령군	2.2	15.3	34.7	14.8	2.2	30.8	2.99
성주군	4.1	20.1	39.3	13.4	2.1	21.1	2.86
칠곡군	7.0	16.3	27.0	9.4	3.1	37.2	2.77
예천군	6.1	13.0	28.4	15.6	3.8	33.2	2.97
봉화군	10.0	16.8	24.6	10.5	1.6	36.5	2.64
울진군	5.0	20.4	29.0	6.7	0.6	38.4	2.63
울릉군	11.8	20.1	18.0	11.5	1.7	36.9	2.55

다음으로 주거 만족도가 정주 의식에 미치는 영향력에 대한 연구를 살펴보면 박해옥(2014)은 대전시의 주거와 정주의식과의 관계에 대한 실증 분석 연구에서 주민들의 주거의 질은 정주의식에 유의한 영향을 미치지 않지만 주거 만족도에 긍정적인 영향을 미치고, 주거만족도가 높을수록 정주의식에 긍정적인 영향을 미치는 것으로 분석하였다. 이에 따라 정주 안정성을 높이기 위해서 1차적으로 주거의 질을 높일 수 있는 방안을 마련하고, 2차적으로 주거만족도를 높여 정주의식을 함양해야 한다고 주장하였다. 따라서 교통, 교육, 주거 만족도가 높을수록 정주의식에 함양될 것으로 판단된다.

2. 공동체의식 및 도정만족도와 정주의식

한 사회집단 구성원이 지역사회의 조화로운 발전과 다양한 문제를 해결하기 위해 함께 참여하는 의식인 공동체의식은 지역민의 사회적 정체성을 확립하고 더 나아가 삶의 만족도에 긍정적인 영향을 미치는 것으로 나타났다(Han& Kemple, 2006). 그리고 국내 여러 공동체의식과 관련된 연구에서도 공동체의식이 향상될수록 삶의 질과 삶의 만족도에 유의한 영향을 미치는 것으로 분석되었다(이은아, 2021; 김은정&이상수, 2018; 김태량, 2023). 이에 따라 지역사회를 살아가는 구성원들의 공동체의식이 높아질수록 정주의식이 함양될 것으로 보인다.

한편, 미국 지방정부가 제공하는 공공서비스에 대한 만족도가 높을수록 시민들의 만족도와 지역사회 삶의 질이 향상되는 것으로 분석되었다(고광용, 고명철, 2017). 그리고 한국 정부가 제공하는 공공서비스에 대한 시민들의 만족도가 높을수록 정부 성과와 국민들의 삶의 질에 긍정적인 영향을 주는 것으로 나타났고, 한국의 지방정부가 제공하는 서비스에 대한 인식이 높을수록 주민들의 행복감이 향상되는 것으로 파악되었다(고명철, 2013; 김병섭, 강혜진, 김현정, 2015). 이에 따라 도정이 제공하는 정책과 행정서비스에 대한 시민들의 만족도가 높을수록 삶의 질과 행복감이 향상되고, 더 나아가 정주성도 높아질 것으로 판단된다. 여기서 도정만족도는 경북 도정 정책과 행정 서비스에 대한 만족도를 뜻하며, 경상북도 전체 시군별 도정 정책에 대한 만족도 조사 결과는 다음 〈표 8〉과 같다. 울릉군은 평균 대비 높은 도정 만족을 보이는 것으로 파악되었다.

〈표 8〉 경상북도 시군별 도정 정책 만족도

전체 시군별	도정정책					
	매우 불만족 (%)	약간 불만족 (%)	보통 (%)	약간 만족 (%)	매우 만족 (%)	평균 (점)
전체	3.6	16.3	64.8	13.9	1.5	2.93
포항시	5.7	20.8	62.0	9.9	1.6	2.81
경주시	4.1	15.6	69.8	9.7	0.8	2.87
김천시	2.7	15.6	58.9	21.0	1.8	3.04
안동시	3.6	14.9	60.1	18.6	2.7	3.02
구미시	5.8	20.0	66.4	7.0	0.8	2.77
영주시	2.4	21.4	62.5	13.6	0.1	2.88
영천시	1.0	10.4	75.1	12.7	0.7	3.02
상주시	1.1	11.9	67.4	18.9	0.8	3.06
문경시	2.4	11.9	70.8	13.3	1.6	3.00
경산시	2.1	14.2	67.0	16.5	0.3	2.99
군위군	0.1	7.0	88.6	4.3	0.1	2.97
의성군	1.1	6.6	55.6	27.0	9.8	3.38
청송군	1.1	11.5	64.7	20.7	2.0	3.11
영양군	1.0	14.2	72.0	12.2	0.7	2.98
영덕군	2.1	15.1	32.1	46.0	4.7	3.36
청도군	0.7	5.3	56.5	34.8	2.7	3.33
고령군	1.6	9.6	72.1	15.6	1.0	3.05
성주군	1.8	11.7	66.0	18.9	1.6	3.07
칠곡군	3.9	20.1	68.9	6.4	0.5	2.79
예천군	3.4	13.9	50.7	27.7	4.2	3.15
봉화군	3.7	18.6	64.1	10.7	2.9	2.90
울진군	0.6	9.1	72.0	15.5	2.8	3.11
울릉군	2.3	10.4	71.9	14.8	0.6	3.01

다음으로 도정에서 제공하는 행정 서비스에 대한 경상북도 전체 시군별 만족도 조사 결과는 다음 〈표 9〉와 같다. 울릉군은 평균 대비 낮은 행정서비스 만족을 보이는 것으로 파악되었다. 따라서 공동체의식과 도정만족도가 높을수록 정주의식이 향상될 것으로 판단된다.

〈표 9〉 경상북도 시군별 도정 행정서비스 만족도

전체 시군별	도정정책					
	매우 불만족 (%)	약간 불만족 (%)	보통 (%)	약간 만족 (%)	매우 만족 (%)	평균 (점)
전체	4.1	18.7	60.3	15.2	1.7	2.92
포항시	7.2	23.5	54.7	12.7	1.9	2.79
경주시	4.5	17.7	65.4	11.5	0.9	2.86
김천시	2.8	16.8	55.6	22.3	2.5	3.05
안동시	3.5	14.4	59.6	19.3	3.2	3.04
구미시	5.8	22.0	62.6	8.6	1.0	2.77
영주시	4.0	27.4	54.3	14.2	0.1	2.79
영천시	1.7	12.3	72.0	13.0	0.9	2.99
상주시	1.1	15.2	63.8	19.2	0.8	3.04
문경시	2.1	13.8	69.0	13.6	1.5	2.99
경산시	2.4	17.9	63.7	15.8	0.3	2.94
군위군	0.7	11.1	75.0	12.7	0.4	3.01
의성군	1.4	7.5	53.3	27.7	10.1	3.38
청송군	1.3	14.9	60.7	20.7	2.4	3.08
영양군	1.3	19.1	67.5	11.5	0.6	2.91
영덕군	2.9	18.2	29.2	45.0	4.6	3.30
청도군	2.1	9.5	50.8	35.1	2.6	3.27
고령군	2.6	13.6	62.9	18.8	2.1	3.04
성주군	2.4	14.6	59.0	21.9	2.1	3.07
칠곡군	3.9	22.4	64.1	8.9	0.7	2.80

예천군	3.0	12.8	52.2	27.5	4.4	3.17
봉화군	3.9	18.5	60.7	14.1	2.8	2.93
울진군	0.6	15.8	65.5	15.3	2.8	3.04
울릉군	3.2	13.2	67.4	15.7	0.6	2.97

Ⅲ. 연구설계

1. 연구모형

본 연구 모형은 울릉군의 지역사회 특성 중 교통, 교육, 주거, 공동체의식, 도정만족도을 중심으로 구성하였다. 즉, 정주의식에 가장 영향을 미칠 수 있는 요인을 파악하기 위해 교통 만족도, 교육 만족도, 주거 만족도, 공동체의식, 도정만족도를 독립변수로 설계하였고, 종속변수로 정주의식을 설정한 것이다. 따라서 이번 연구 모형은 울릉군의 지역사회 특성과 정주의식과의 영향 관계를 파악하기 위해 다음 〈그림 2〉와 같이 모형을 설계하였다.

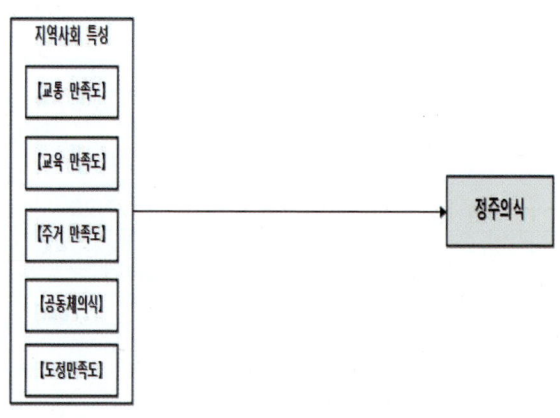

〈그림 2〉 연구모형

2. 연구가설

1)교통, 교육, 주거만족도와 정주의식

김수영 외(2017)은 부산 시민 60세 이상 고령자의 경우 대중교통 이용에 대한 만족 정도가 높을수록 정주의식에 긍정적인 정(+)의 영향을 미치는 것으로 분석하였다. 다음으로 이지은&이경은(2020)은 성별, 연령, 학력, 소득, 혼인상태, 주택 소유, 유형, 거주 지역, 거주 기간, 종교 등 다양한 인구통계학적 특성과 정치 성향, 이웃 및 정부 신뢰 등 정치사회적 요인을 통제한 상태에서 교육 환경 만족 정도가 높을수록 정주성에 긍정적인 영향을 미치는 것으로 확인되었다. 그리고 박해옥(2014)은 대전시의 주거와 정주의식과의 관계에 대한 실증 분석 연구에서 주거만족도가 높을수록 정주의식에 긍정적인 영향을 미치는 것으로 분석하였다. 이상의 문헌연구를 바탕으로 아래와 같이 연구 가설을 설정하였다.

  H1 울릉군 지역민의 교통 만족도는 정주의식에 정(+)의 영향을 미칠 것이다.
  H2 울릉군 지역민의 교육 만족도는 정주의식에 정(+)의 영향을 미칠 것이다.
  H3 울릉군 지역민의 주거 만족도는 정주의식에 정(+)의 영향을 미칠 것이다.

2)공동체의식 및 도정만족도와 정주의식

공동체의식이 향상될수록 삶의 질과 삶의 만족도에 유의한 영향을 미치는 것으로 분석되었다(이은아, 2021). 다음으로 한국 정부가 제공하는 공공서비스에 대한 시민들의 만족도가 높을수록 정부 성과와 국민들의 삶의 질에 긍정적인 영향을 주는 것으로 나타났다(고명철, 2013). 이상의 문헌연구를 바탕으로 아래와 같이 연구 가설을 설정하였다.

H4 울릉군 지역민의 공동체의식은 정주의식에 정(+)의 영향을 미칠 것이다.

H5 울릉군 지역민의 도정만족도는 정주의식에 정(+)의 영향을 미칠 것이다.

Ⅳ. 연구방법

1. 자료 수집 및 분석 방법

본 연구를 수행하고자 울릉군이 만 15세 이상 가구주 및 가구원을 응답 대상으로 확정하여 360가구를 대상으로 2021년 09월 2일부터 09월 17일까지 16일간 조사한 설문조사 데이터 495부를 바탕으로 연구를 수행하였다. 그리고 연구의 자료 분석과 가설 검정을 위해 SPSS 통계 프로그램을 가지고 실증 분석을 실시하였다.

2. 변수의 조작적 정의

이번 연구의 측정 변수는 교통 만족도, 교육 만족도, 주거 만족도, 공동체의식, 도정만족도, 정주의식이며, 요인별 변수에 대한 상세한 조작적 정의에 대한 내용은 다음 〈표 10〉과 같다.

〈표 10〉 조작적 정의

변수군	변수	변수의 조작적 정의
지역사회 특성	교통 만족도	시내, 마을버스, 시외, 고속버스, 택시, 기차, 선박 이용 등
	교육 만족도	초등학교 교육 내용, 방법, 학교시설 및 설비, 주변 환경 등
	주거 만족도	주택, 상하수도, 주거지역 주차장 이용 등

	공동체의식	지역 행사 참여, 주민 간 소통, 순찰 활동 참여 등
	도정만족도	도정 정책 만족도 및 행정서비스 만족도
정주의식		지역 정주의사

V. 실증 분석 및 가설 검증

1. 표본의 인구통계학적 특성

수집된 자료의 특성을 확인한 결과는 다음과 같다. 성별을 보면 남성 234명(47.3%), 여성 261명(52.7%)로 여성의 응답률이 더 높았다. 다음으로 연령별로는 29세 이하 20명(4.0%), 30~39세 48명(9.7%), 40~49세 86명(17.4%), 50~59세 114명(23.0%), 60~69세 98명(19.8%), 70-79세 73명(14.8%), 80세 이상 56명(11.3%)으로 나타나 50-59세 연령층의 응답률이 가장 높은 것으로 확인되었으며, 자세한 인구통계학적 특성은 아래 〈표 11〉과 같다.

〈표 11〉 인구통계학적 특성

항목		빈도(N)	비율(%)
・성별	・남성	234	47.3
	・여성	261	52.7
・연령	29세 이하	20	4.0
	30-39세	48	9.7
	40-49세	86	17.4
	50-59세	114	23.0
	60-69세	98	19.8
	70-79세	73	14.8
	80세 이상	56	11.3
주택형태	단독주택	343	69.2

	아파트	37	7.5
	연립/다세대	74	15.0
	기타	41	8.3
점유형태	자기집	261	52.8
	전세	27	5.4
	보증금 있는 월세	30	6.1
	보증금 없는 월세	92	18.6
	무상	85	17.1

1)교통 만족도

 다음 교통 만족도에 대한 특성은 다음과 같다. 첫째, 시내/마을버스는 매우 불만족 19명(3.9%), 약간 불만족 55명(11.0%), 보통 181명(36.6%), 약간 만족 87명(17.6), 매우 만족 45명(9.1%)으로 나타나 대체적으로 보통 수준의 만족 정도를 보이는 것으로 파악되었다. 둘째, 시외/고속버스는 매우 불만족 4명(0.8%), 약간 불만족 10명(2.0%), 보통 126명(25.4%), 약간 만족 75명(15.2%), 매우 만족 37명(7.5%)으로 나타나 대체적으로 보통 수준 이상의 만족 정도를 보이는 것으로 파악되었다. 셋째, 택시는 매우 불만족 10명(2.1%), 약간 불만족 60명(12.1%), 보통 192명(38.8%), 약간 만족 108명(21.9), 매우 만족 28명(5.6)으로 나타나 대체적으로 보통 수준 이상의 만족 정도를 보이는 것으로 파악되었다. 넷째, 기타(기차/선박 등)는 매우 불만족 95명(19.3%), 약간 불만족 144명(29.0%), 보통 189명(38.2%), 약간 만족 44명(8.9), 매우 만족 14명(2.8)으로 나타나 대체적으로 불만족하는 것으로 파악되어 교통 중 선박에 대해 군민이 느끼는 불편함을 파악하여 개선해야 할 것으로 보인다. 보통 수준 이상의 만족 정도를 보이는 것으로 파악되었다.

〈표 12〉 교통 만족도 특성

변수		빈도(N)	비율(%)
・시내/마을버스	・매우 불만족	19	3.9

	• 약간 불만족	55	11.0
	• 보통	181	36.6
	• 약간 만족	87	17.6
	• 매우 만족	45	9.1
	• 해당 없음	108	21.7
• 시외/고속버스	• 매우 불만족	4	0.8
	• 약간 불만족	10	2.0
	• 보통	126	25.4
	• 약간 만족	75	15.2
	• 매우 만족	37	7.5
	• 해당 없음	243	49.0
• 택시	• 매우 불만족	10	2.1
	• 약간 불만족	60	12.1
	• 보통	192	38.8
	• 약간 만족	108	21.9
	• 매우 만족	28	5.6
	• 해당 없음	97	19.5
• 기타 (기차/선박 등)	• 매우 불만족	95	19.3
	• 약간 불만족	144	29.0
	• 보통	189	38.2
	• 약간 만족	44	8.9
	• 매우 만족	14	2.8
	• 해당 없음	9	1.8

2)교육 만족도

다음 교육 만족도에 대한 특성은 다음과 같다. 첫째, 교육내용/수준은 매우 불만족 23명(4.7%), 약간 불만족 22명(4.4%), 보통 193명(38.9%), 약간 만족 194명(39.1%), 매우 만족 63명(12.8%)으로 나타나 대체적으로 불만족 정도를 보이는 것으로 파악되었다. 둘째, 교육 방법은 매우 약간 불만족 45명 (9.1%), 보통 192명(38.9%), 약간 만족 206명(41.6%), 매우 만족 52명(10.4%)으로 나타나 대체적으로 만족하고 있는 것으로 파악되었다. 셋째, 학교시설 및 설비는 약간 불만족 34명(6.9%), 보통 230명(46.5%), 약간 만족 183명(37.0%), 매우 만족 48명(9.6%)으로 나타나 대체적으로 만족하고 있는 것으로 파악되었다. 넷째, 학교 주변 환경은 매우 불만족 12명(2.5%), 약간 불만족 67명 (13.4%), 보통 221명(44.7%), 약간 만족 171명(34.5%), 매우 만족 24명(4.9%)으로 나타나 대체적으로 만족하고 있는 것으로 파악되었다. 이에 교육내용 및 수준과 교육 방법에 대해 개선책을 강구해야 할 것으로 보인다.

〈표 13〉 교육 만족도 특성

변수		빈도(N)	비율(%)
・교육내용/수준	・매우 불만족	23	4.7
	・약간 불만족	22	4.4
	・보통	193	38.9
	・약간 만족	194	39.1
	・매우 만족	63	12.8
・교육방법	・매우 불만족	0	0.0
	・약간 불만족	45	9.1
	・보통	192	38.9
	・약간 만족	206	41.6
	・매우 만족	52	10.4
・학교시설 및 설비	・매우 불만족	0	0.0
	・약간 불만족	34	6.9
	・보통	230	46.5
	・약간 만족	183	37.0
	・매우 만족	48	9.6
・학교주변 환경	・매우 불만족	12	2.5
	・약간 불만족	67	13.4

	• 보통	221	44.7
	• 약간 만족	171	34.5
	• 매우 만족	24	4.9

3) 주거 만족도

다음 주거 만족도에 대한 특성은 다음과 같다. 첫째, 주택(시설, 면적, 구조 등)은 매우 불만족 12명(2.4%), 약간 불만족 63명(12.7%), 보통 180명(36.4%), 약간 만족 177명(35.8%), 매우 만족 63명(12.7%)으로 나타나 대체적으로 만족하고 있는 것으로 파악되었다. 둘째, 상하수도, 도시가스, 도로 등 기반 시설은 매우 불만족 14명(2.9%), 약간 불만족 58명(11.7%), 보통 227명(45.8%), 약간 만족 138명(27.9%), 매우 만족 58명(11.6%)으로 나타나 대체적으로 보통 수준 이상의 만족 정도를 보이는 것으로 파악되었다. 셋째, 주거지역 내 주차장 이용(공간, 시설, 접근성 등)은 매우 불만족 85명(17.2%), 약간 불만족 115명(23.2%), 보통 170명(34.3%), 약간 만족 90명(18.1%), 매우 만족 33명(6.8%)으로 나타나 대체적으로 불만족하고 있는 것으로 파악되었다. 이에 주거지역 내 주차장 이용 시설(공간, 시설, 접근성 등)에 대해 개선책을 강구해야 할 것으로 보인다.

〈표 14〉 주거 만족도 특성

변수		빈도(N)	비율(%)
• 주택(시설, 면적, 구조 등)	• 매우 불만족	12	2.4
	• 약간 불만족	63	12.7
	• 보통	180	36.4
	• 약간 만족	177	35.8
	• 매우 만족	63	12.7
• 상하수도, 도시가스, 도로 등 기반시설	• 매우 불만족	14	2.9
	• 약간 불만족	58	11.7
	• 보통	227	45.8

	· 약간 만족	138	27.9
	· 매우 만족	58	11.6
· 주거지역 내 주차장 이용(공간, 시설, 접근성 등)	· 매우 불만족	85	17.2
	· 약간 불만족	115	23.2
	· 보통	170	34.3
	· 약간 만족	90	18.1
	· 매우 만족	33	6.8
	· 잘 모름	2	0.4

4) 공동체의식

다음 공동체의식에 대한 특성은 다음과 같다. 첫째, 서로 잘 알고 지낸다에 대한 응답은 전혀 그렇지 않다 1명(0.3%), 그렇지 않은 편이다 28명(5.7%), 보통이다 136명(27.4%), 그런 편이다 220명(44.4%), 매우 그렇다 110명(22.3%)으로 나타났다. 둘째, 동네 이야기를 자주 한다에 대한 응답은 전혀 그렇지 않다 8명(1.6%), 그렇지 않은 편이다 48명(9.7%), 보통이다 148명(29.8%), 그런 편이다 203명(41.1%), 매우 그렇다 88명(17.9%)으로 나타났다. 셋째, 지역 행사에 참여한다에 대한 응답은 전혀 그렇지 않다 17명(3.5%), 그렇지 않은 편이다 102명(20.7%), 보통이다 141명(28.5%), 그런 편이다 146명(29.4%), 매우 그렇다 89명(17.9%)으로 나타났다. 넷째, 범죄 예방 활동에 참여 의향이 있다에 대한 응답은 전혀 그렇지 않다 71명(14.3%), 그렇지 않은 편이다 96명(19.4%), 보통이다 147명(29.6%), 그런 편이다 120명(24.2%), 매우 그렇다 61명(12.5%)으로 나타났다.

〈표 15〉 공동체의식

변수		빈도(N)	비율(%)
· 서로 잘 알고 지낸다	· 전혀 그렇지 않다	1	0.3
	· 그렇지 않은 편이다	28	5.7

	· 보통이다	136	27.4
	· 그런 편이다	220	44.4
	· 매우 그렇다	110	22.3
· 동네 이야기를 자주 한다	· 전혀 그렇지 않다	8	1.6
	· 그렇지 않은 편이다	48	9.7
	· 보통이다	148	29.8
	· 그런 편이다	203	41.1
	· 매우 그렇다	88	17.9
· 서로 돕는다	· 전혀 그렇지 않다	2	0.5
	· 그렇지 않은 편이다	52	10.4
	· 보통이다	155	31.4
	· 그런 편이다	184	37.2
	· 매우 그렇다	102	20.5
· 지역 행사에 참여한다	· 전혀 그렇지 않다	17	3.5
	· 그렇지 않은 편이다	102	20.7
	· 보통이다	141	28.5
	· 그런 편이다	146	29.4
	· 매우 그렇다	89	17.9
· 범죄 예방 활동에 참여 의향이 있다.	· 전혀 그렇지 않다	71	14.3
	· 그렇지 않은 편이다	96	19.4
	· 보통이다	147	29.6
	· 그런 편이다	120	24.2
	· 매우 그렇다	61	12.5

5) 도정만족도

다음 도정만족도에 대한 특성은 다음과 같다. 첫째, 도정 정책은 매우 불만족 11명(2.3%), 약간 불만족 52명(10.4%), 보통 356명(71.9%), 약간 만족 73명(14.8%), 매우 만족 3명(0.6%)으로 나타났다. 둘째, 행정서비스는 매우 불만족 16명(3.2%), 약간 불만족 65명 (13.2%), 보통 333명(67.4%), 약간 만족 78명(15.7%), 매우 만족 3명(0.6%)으로 나타나 만족하는 비율보다 불만족의 비율이 높게 나타나 행정서비스의 질을 높일 수 있도록 개선책을 강구해야 할 것으로 보인다.

〈표 16〉 도정만족도

변수		빈도(N)	비율(%)
• 도정 정책	• 매우 불만족	11	2.3
	• 약간 불만족	52	10.4
	• 보통	356	71.9
	• 약간 만족	73	14.8
	• 매우 만족	3	0.6
• 행정서비스	• 매우 불만족	16	3.2
	• 약간 불만족	65	13.2
	• 보통	333	67.4
	• 약간 만족	78	15.7
	• 매우 만족	3	0.6

6) 정주의식

다음 정주의식에 대한 특성은 다음과 같다. 첫째, 향후 10년 거주 희망 의사(경북)에 대한 응답은 전혀 그렇지 않다 17명(3.4%), 그렇지 않은 편이다 40명(8.0%), 보통이다 83명(16.7%), 그런 편이다 213명(43.2%), 매우 그렇다 142명(28.8%)으로 나타났다. 둘째, 향후 10년 거주 희망 의사(현재 시군)에 대한 응답은 전혀 그렇지 않다 39명(7.8%), 그렇지 않은 편이다 59명

(11.9%), 보통이다 83명(16.9%), 그런 편이다 186명(37.6%), 매우 그렇다 128명(25.8%)으로 나타났다.

〈표 17〉 정주의식

변수		빈도(N)	비율(%)
• 향후 10년 거주 희망 의사(경북)	• 전혀 그렇지 않다	17	3.4
	• 그렇지 않은 편이다	40	8.0
	• 보통이다	83	16.7
	• 그런 편이다	213	43.2
	• 매우 그렇다	142	28.8
• 향후 10년 거주 희망 의사 (현재 시군)	• 전혀 그렇지 않다	39	7.8
	• 그렇지 않은 편이다	59	11.9
	• 보통이다	83	16.9
	• 그런 편이다	186	37.6
	• 매우 그렇다	128	25.8

2. 요인분석 및 신뢰성 분석

앞서 설계한 연구 가설을 검증하고자 SPSS 통계 프로그램을 통해 탐색적 요인 분석과 신뢰성 분석을 진행하였고, 자세한 분석 결과는 다음 〈표 18〉과 같다. 첫째, 요인 분석 결과 교통 만족도, 교육 만족도, 주거 만족도, 공동체의식, 도정만족도, 정주의식 모두 타당성에 문제가 없는 것으로 확인되었다. 둘째, 신뢰성 분석 결과 전반적으로 설문 문항에 신뢰도가 확보되어 연구를 수행하는 데 문제가 없는 것으로 확인되었다.

〈표 18〉 타당성 및 신뢰성 분석

항목	성분						cronbach's α	적재값(%)
	1	2	3	4	5	6		
교통 만족도	.016	-.088	.010	.140	.900	.136	.495	22.727
	-.196	.118	.151	-.149	.668	-.464		
	-.167	.056	.037	.289	.797	.110		
	.184	.106	.173	.124	.190	-.098		
교육 만족도	.845	.262	.226	-.014	-.103	.033	.913	51.494
	.803	.224	.304	.099	-.087	.027		
	.910	.035	-.217	.056	-.028	-.031		
	.882	-.051	-.218	.178	-.129	-.035		
	.792	.147	.273	-.163	-.018	.024		
	.660	.014	.271	-.140	.228	-.031		
	.512	-.050	.036	-.075	-.030	.244		
	.851	.207	.273	.077	-.066	.108		
주거 만족도	-.042	.286	.035	.774	.165	.202	.652	60.974
	-.072	.180	.026	.875	.248	.220		
공동체 의식	.291	.739	.328	.098	-.105	-.161	.853	70.177
	.136	.839	.031	.204	-.038	.226		
	.133	.920	.079	.215	-.049	.147		
	.141	.920	.040	.160	-.073	.089		

	.057	.851	.072	-.228	.266	-.113		
도정만족도	.151	.144	.870	.203	-.021	-.211	.923	79.250
	.179	.179	.889	.125	.027	.192		
정주의식	.182	.179	.162	.149	.066	.425	.880	85.189
	-.003	-.048	-.137	.115	.020	.700		
	.076	.105	.425	.069	.083	.872		
KMO and Bartlett test of sphericity test	KMO	.580						
	Chi-square	866.259						
	df(p)	253						
	유의확률	.000						

3. 상관관계 분석

다음으로 변수들의 독립성과 연관성을 확인하고자 Pearson 상관 분석을 실시하였다. 그 결과 주거 만족도는 모든 변수와 유의한 상관관계를 보이는 것으로 나타났으며 자세한 결과는 다음 〈표 19〉와 같다.

〈표 19〉 변수의 상관관계 분석

구분	교통만족도	교육만족도	주거만족도	공동체의식	도정만족도	정주의식
교통 만족도	1	.179	.156**	.040	-.017	.055
교육 만족도	.179	1	.426	.400	.652*	.191
주거 만족도	.156**	.426	1	.230**	.109*	.265**
공동체의식	.040	.400	.230**	1	-.017	.354*

도정만족도	−.017	.652	.109	−.017	1	.070	
정주의식	.055	.191	.265**	.354**	.070	1	

**. 상관계수는 0.01 수준(양쪽)에서,
*. 상관계수는 0.05 수준(양쪽)에서 유의

4. 연구가설 검증

1) 지역사회 특성과 정주의식

울릉군의 지역사회 특성이 정주의식에 미치는 영향력을 분석한 결과 교통 만족도와 교육 만족도는 정주의식에 유의한 영향을 미치지 않는 것으로 파악되어 가설 1, 가설 2는 기각되었고, 주거 만족도와 공동체의식, 도정만족도가 정주의식에 유의한 영향을 미치는 것으로 나타나 가설 3, 가설 4, 가설 5는 채택되었다.

〈표 20〉 지역사회 특성이 정주의식에 미치는 영향

모형		비표준화 계수		표준화 계수	t	유의 확률	B에 대한 95.0% 신뢰구간		공선성 통계량	
		B	표준 오차	베타			하한 값	상한 값	공차	VIF
1	(상수)	−21.966	22.553		−.974	.375	−79.941	36.009		
	교통	−1.995	.875	−.367	−2.280	.072	−4.245	.254	.697	1.435
	교육	−2.038	.970	−.421	−2.101	.090	−4.530	.455	.450	2.221
	주거	−6.530	1.744	−1.120	−3.745	.013	−11.013	−2.048	.202	4.949
	공동체의식	3.438	1.085	.650	3.170	.025	.650	6.226	.429	2.330
	도정만족도	24.454	4.387	1.618	5.575	.003	13.178	35.730	.214	4.665
	−종속변수: 정주의식									

Ⅵ. 결론

1. 연구결과 요약 및 시사점

본 연구에서는 대표적인 인구 소멸 지역이면서 역사적, 지리적, 국제법적으로 고유한 대한민국의 영토인 독도가 속한 '울릉군'을 중심으로 울릉군민의 교통 만족도, 교육 만족도, 주거 만족도, 공동체의식, 도정만족도가 정주의식에 어떤 영향을 미치는지 파악해 보고자 한다. 현재 전국 출산율 최하위권이면서 고령화 지수가 높은 울릉군은 천연보호 및 자연환경보전지역으로 지정되어 관리되고 있는 독도를 보유한 지역으로 종합발전 계획 수립, 주거환경 개선, 교육 지원 등을 할 수 있도록 2023년 3월 울릉도·독도 지원을 위한 특별법 발의를 하였지만 아직 계류 중에 있다(정용태, 2023).

그동안 한국 정부가 독도 등 도서지역의 생태계 보전에 관한 특별법(공표 번호: 제17326호), 독도의용수비대 지원법(공표 번호: 제19228호), 독도의 지속 가능한 이용에 관한 법률(제12147호)에서와 같이 법령도 제정해 나가면서 독도에 대한 확고한 영토주권을 행사하며, 주권을 수호해 나가고 있지만(국가법령정보센터, 2023). 독도가 더욱 발전해야 한다는 공감대가 형성되고 있는 것도 사실이다. 이처럼 울릉군과 같이 열악한 재정 여건과 지역 군민의 정주여건 개선이 필요한 지역은 정부 및 지자체에서 다양한 지원을 해야 할 것으로 판단된다.

본 연구의 결과 및 시사점은 다음과 같다. 첫째, "H1 울릉군 지역민의 교통 만족도는 정주의식에 정(+)의 영향을 미칠 것이다."라는 가설은 기각되었다. 이는 60세 이상 고령자의 경우 대중교통 이용에 대한 만족 정도가 높을수록 정주의식에 긍정적인 정(+)의 영향을 미치는 것으로 분석한 김수영 외(2017)의 연구와 일치하지 않는 연구 결과로 선박을 제외한 다른 교통수단에 대해 이미 어느 정도 만족하고 있기 때문에 나타난 결과로 해석할 수 있다.

둘째, "H2 울릉군 지역민의 교육 만족도는 정주의식에 정(+)의 영향을 미칠 것이다."라는 가설은 기각되었다. 이는 성별, 연령, 학력, 소득, 혼인상태, 주택 소유, 유형, 거주 지역, 거주 기간, 종교 등 다양한 인구통계학적 특성과 정치 성향, 이웃 및 정부 신뢰 등 정치사회적 요인을 통제한 상태에서 교육 환경 만족 정도가 높을수록 정주성에 긍정적인 영향을 미치는 것으로 확인한 이지은&이경은(2020)과 다른 연구 결과로 주요 설문 표본 연령층이 65세 이상 고령층이기 때문에 나타난 결과로 해석된다.

셋째, "H3 울릉군 지역민의 주거 만족도는 정주의식에 정(+)의 영향을 미칠 것이다."라는 가설은 채택되었다. 이는 주거만족도가 높을수록 정주의식에 긍정적인 영향을 미치는 것으로 분석한 박해옥(2014)과 같은 연구 결과로 정주의식을 높이기 위해 주거의 질을 높일 수 있도록 방안을 강구하고, 주거 만족도를 높일 수 있는 정책을 실현해야 할 것으로 판단된다. 특히 인구 유입을 위해선 청년 등 연령층에 맞는 맞춤형 주거 지원 정책 등이 필요할 것으로 보인다.

넷째, "H4 울릉군 지역민의 공동체의식은 정주의식에 정(+)의 영향을 미칠 것이다."라는 가설은 채택되었다. 이는 공동체의식이 향상될수록 삶의 질과 삶의 만족도에 유의한 영향을 미치는 것으로 분석한 이은아(2021)와 같은 연구 결과로 누구나 편안하게 참여할 수 있는 지역 맞춤형 특화 문화 프로그램을 개발 및 운영하고, 주민들 간 소통할 수 있는 다양한 창구를 운영해야 정주성이 높아질 것으로 보인다.

다섯째, "H5 울릉군 지역민의 도정만족도는 정주의식에 정(+)의 영향을 미칠 것이다."라는 가설은 채택되었다. 이는 한국 정부가 제공하는 공공서비스에 대한 시민들의 만족도가 높을수록 정부 성과와 국민들의 삶의 질에 긍정적인 영향을 주는 것으로 분석한 고명철(2013)의 연구와 일치하는 결과로 특히 지자체가 제공하는 행정서비스에 대해 군민들이 불편하게 느끼는 점들을 면밀하게 파악하여 개선한다면 정주의식이 높아질 것으로 판단된다.

참고문헌

권혁·서경화·오현규·전미옥, 2022, 「JB지역사랑프로젝트지역(지역에 대한 관심과 문제해결적 실천)」, 백산출판사.
김수영·오찬옥·문경주, 2017, 「거주지역의 물리적 환경특성에 대한 인식이 고령자의 정주의식에 미치는 영향에서의 삶의 만족도의 매개효과」, 한국주거학회논문집, 28(3): pp.35-43.
김병섭·강혜진·김현정, 2015, 「지방정부서비스가 주민행복에 미치는 영향: 주거영역 삶의 질의 조절효과에 대한 검증을 중심으로」, 행정논총, 53(3): pp.29-56.
고광용·고명철, 2017, 「미국 지방정부의 공공서비스 만족도와 지역사회 삶의 질 간 상관성 분석 : Peterson의 정책유형론을 중심으로」, 사회과학연구, 29(2): pp.27-55.
고명철, 2013, 「공공서비스 만족도, 정부성과, 그리고 삶의 질 간 영향관계 분석: 상향확산식 접근을 토대로」, 한국행정학보, 47(2): pp.1-30.
김태량, 2023, 「청소년의 가족건강성과 공동체의식이 삶의 만족도에 미치는 영향」, 한국청소년활동연구, 9(1): pp.41-68.
김은정·이상수, 2018, 「고등학생의 공감적 학교공동체 역량, 공동체의식 및 삶의 만족도 간의 구조적 관계」, 학습자중심교과교육연구, 18(15): pp.917-936.
국가법령정보센터, 2023, 「독도 관련 법령」, 세종특별자치시: 법제처.
국가지표체계, 2023, 「시도별 대중교통 만족도」. 대전광역시: 통계청.
명묘희, 2013, 「교통수단의 구분 및 관리에 대한 도로교통 관계법령 개정방안 연구」, 경찰학연구, 13(1): pp.127-151.
배은석·박해긍·송영지·이용호, 2019, 「구도심 지역주민의 안전감이 정주의식에 미치는 영향 -부산광역시 A구를 중심으로-」, 인문사회 21, 73(2): pp.1185-1196.
박해옥, 2014, 「생활권의 주거의 질이 정주 안정성에 미치는 영향연구 - 대전시를 사례로 -」, 한국지역경제연구, 12(3): pp.193-214.
이희창·박희봉,·정우일, 2004, 「지역주민의 정주의식에 미치는 영향요인 분석」, 한국정책학회보, 13(3): pp.147-168.
이은아, 2021, 「마을주민의 공동체 의식과 주거만족도가 삶의 질에 미치는 영향」, 산업융합연구, 19(6): pp.197-204.
이지은·이경은, 2020, 「주거환경만족도와 지역주민의 정주의도: 연령집단 간 비교를 중심으로」, 지방정부연구, 24(2): pp.57-86.

정용태, 2023, 「[취재수첩] 울릉도·독도 지원 특별법」, 영남일보, 발행일 2023-09-21 제22면
행정안전부, 2023, 「주민등록 인구통계, 주민등록 인구 및 세대현황」.
행정안전부, 2023, 「주민등록 인구통계, 주민등록 인구 및 세대현황(행정구역별)」.
국가통계포털, 2023, 「경상북도 사회조사 거주지역 보육환경 만족도 2021」.
국가통계포털, 2023, 「경상북도 사회조사 거주지역 지역별 공교육 환경 만족도 2021」.
국가통계포털, 2023, 「경상북도 거주지역 학교 교육 이외 필요로 하는 교육기회 2021」.
국가통계포털, 2023, 「경상북도 지역별 평생교육 기회 충분 정도 2021」.
국가통계포털, 2023, 「경상북도 사회조사 거주지역 도정정책 및 행정서비스 만족도 2021」.
국가통계포털, 2023, 「경상북도 사회조사 거주지역 독도발전방향 2021」.
황윤원·임장근,·송용찬 2014, 「혁신도시 이전기관 직원의 지역통합방안 연구: 정주의사 영향요인을 중심으로」, 국가정책연구, 28(4): pp.141-163.

Alan Murie and Sako Musterd, 2004, Social Exclusion and Opportunity Structures in European Cities and Neighbourhoods, Urban Studies, 41(8):pp1441-1459.

Fokkema, T., Gierveld, J., Nijkamp, P., 1996, Big Cities, Big Problems: Reson for the Elderly to Move?, Urban Studies, 33(2):pp.353-377.

Lucy, W. H., Gilbert, D., & Birkhead, G. S. 1977. Equity in local service distribution, Public Administration Review, 37(6):pp. 687-697.

Holder, M. D. and Coleman, B, 2009. The contribution of social relationships to children's happiness, Journal of Happiness Studies, 10(3):pp. 329-349

Han, H. S. and Kemple, K. M. 2006, Components of social competence and strategies of support: Considering what to teach and how, Early Childhood Education Journal, 34(3):pp.241-246.

제 3장

울릉도의 기후 특성과 변화

김현희*

I. 서론

    섬은 지리적으로 매우 특이하고 또 특별한 공간이다. 바다에 의해 육지와 격리되어 있으며, 그 면적과 해발고도, 지형적 형태 등이 매우 다양하다. 또한 강한 바람과 부족한 지표수, 가파른 경사 등 식물이 자생하고 동물이 서식하는데 그 물리적 환경이 육지와 비교하여 매우 열악하다. 따라서 현재 자생하고 있는 생물들은 그러한 열악한 환경에 적응한 종들로 환경적 평형 상태에 있다고 봐야 한다 (Kim et al. 2023). 그러나 역설적으로 섬은 지리적 격리로 인해 육지에서는 볼 수 없는 희귀·보호식물이 많이 자생하고 있고, 또 지구상에서 특정 지역에서만 볼 수 있는 특산식물(endemic plant species) 또한 풍부하다. 이러한 지리적 특성으로 인해 일부 섬은 전 세계 생물다양성의 hot spots으로 널리 알려져 있다. 에콰도르의 갈라파고스는 그 대표적인 예이다. 우리나라의 섬 또한 생물지리적으로 그 의미가 작지 않다. 남쪽의 마라도에서부터 북쪽의 백령도까지 직선거리는 550km 정도에 불과하지

---

* 경희대학교 지리학과

만, 난온대 기후에서부터 냉대기후까지 다양한 기후가 나타나 식물종다양성이 높다. 또한 한반도 도서지역은 유라시아 대륙과 일본 열도를 연결하는 생태적 통로의 역할로 지질사적으로도 매우 흥미로운 공간이다. 더불어 섬의 형성 과정이 다양하고 주변의 해양 물리학적 환경 또한 서로 달라 자연지리학적 관점에서 매우 주목되는 곳이다.

우리나라 섬 대부분은 서해와 남해에 많이 분포하고 있으며, 특히 전라남도 신안군으로 대표되는 서남 해안은 섬의 수가 1,000여 곳이 훌쩍 넘는다. 이들 섬은 과거 빙하기 이후 본격적인 해수면 상승으로 인해 침수된 리아스식 해안의 일부분이다. 그러나 우리나라 동해를 대표하는 유일한 섬인 울릉도와 독도는 그 형성 원인이 270만 년 전 해저 화산폭발로 형성되어 섬의 기원 자체가 서남해의 섬들과는 다르다 (Song et al. 2006; Kim et al. 2022). 서해와 남해의 섬들이 과거 빙하기 대륙의 한 부분으로 산지의 정상이었던 것과는 달리 울릉도와 독도는 화산폭발과 융기로 인해 형성된 섬으로 섬이 만들어진 초기에는 어떤 식물과 동물도 분포하지 않은 상태에서 자연사가 시작되었다고 봐야 할 것이다. 따라서 현재의 울릉도와 독도의 생태계는 1차 천이가 교과서적으로 진행된 매우 흥미로운 공간이다. 특히 울릉도는 가장 가까운 육지인 경상북도 울진군 죽변항에서 직선거리로 약 130km나 떨어져 있고, 주변에 독도를 제외한 크고 작은 섬이 전혀 없는 그야말로 섬다운 섬이다. 이러한 높은 지리적 격리와 고립은 유일하게 울릉도에서만 볼 수 있는 많은 특산식물을 만들어내는 공간적 원천이 되었다. 멸종위기 야생생물 Ⅱ급인 섬개야광나무(*Cotoneaster wilsonii*)와 섬말나리(*Lilium hansonii*), 섬초롱꽃(*Campanula takesimana*) 등 30여 종의 울릉도 특산식물은 우리나라의 소중한 자연유산이다.

울릉도의 독특한 식물상에 영향을 준 것은 섬이라는 지리적 요인도 있지만, 울릉도의 특별한 기후도 중요한 환경 요인으로 작용했다. 울릉도 주변 수심은 서해와 남해와는 비교되지 않을 만큼 깊은 바다로 온도 변화가 다른 해역과 비교해 상대적으로 적고 따뜻한 쿠로시오 해류의 직접적인 영향으로 기후가 동일 위도 대비 온화하다. 최근 Kim 등(2022)의 연구에 따르면 우리나라 도서지역 평균기온은 위도 1°가 높아지는 동안 약 1℃가 낮아지는

규칙적인 기온 분포가 나타나는 것으로 밝혀졌다. 그러나 예외적으로 북위 37°에 속하는 울릉도는 북위 34°에 해당하는 전라남도 신안군과 한반도 남해 도서지역의 평균기온과 유사한 것으로 보고되었다. 이 때문에 울릉도에는 동일 위도의 서해 백령도에서 볼 수 없는 후박나무(*Machilus thunbergii*)를 비롯한 다양한 난대성 식물이 자생하고 있다. 또한 울릉도는 겨울철 우리나라 최대 다설지로 겨울철 강수량이 압도적으로 많다. 이 때문에 울릉도의 독특한 전통 가옥인 우데기를 볼 수 있다. 울릉도의 겨울철 강수량은 같은 시기 우리나라 평균값 보다 약 4배 이상 많다. 그리고 기온의 연교차가 작고 연중 비슷한 양의 강수량이 분포해 한반도에서는 매우 독특하고 유일한 기후 그래프를 보이는 곳이 울릉도이다. 이러한 독특한 기후 환경 때문에 울릉도 곳곳에서는 다양한 형태의 기후 경관을 볼 수 있는데, 우데기와 같은 문화경관과 상록활엽수림과 같은 자연경관은 대표적인 사례다.

한편 기후와 관련된 분야 중 기후변화는 전 지구적인 단위에서 국가 단위로 그리고 또 지역 단위에서 매우 중요하고도 심각한 환경 담론임에는 논란의 여지가 없다. 기후변화는 당장 우리에게 다가온 가장 체험적인 환경 문제라 해도 과언이 아니다. 올해 초 개최되었던 세계경제포럼인 다보스포럼(Davos Forum)에서는 향후 2년과 향후 10년의 글로벌 리스크(Global Risks Report)를 제시하였다. 그 내용을 살펴보면 기후변화와 생물다양성 소실 등 환경 분야가 향후 2년간 그리고 10년간 글로벌 리스크 순위 상위권에 대부분 올라 있다. 특히 향후 10년 기준 1위는 기후변화 완화 실패, 2위는 기후변화 적응 실패로 기후변화에 따른 생물다양성 소실과 생태계 훼손 문제가 정말 중요하고 또 위험 과제로 우리에게 다가온 것을 알 수 있다. 특히 울릉도 같은 섬 지역은 그 면적이 작고 또 물리적 환경이 열악하여 기후변화에 따른 생태계 변화와 그에 따른 인간 활동의 변화가 육지와 비교해 매우 민감한 공간이다. 울릉도의 경우 해수 기온변화에 따른 어종의 변화는 직접적인 거주민의 삶의 방식에 영향을 줄 수 있다. 2022년 어업생산동향조사 결과보고서(통계청)에 따르면 울릉도 근해의 대표 어종인 살오징어의 생산량이 작년 한 해 급감한 것으로 보고하고 있다. 2017년부터 2021년까지 평균 생산량은 60.6천톤이었으나, 2022년에는 거의 절반 수준인 36.5천톤으로 급감하였다. 이는 불법 어선의 무분별한 남획 등이 그 원인으로 지목될 수 있겠으나, 해수 온도 상승에 따른 해양 생태계 변화 또한 그 원인 중 하나로 꼽힌다. 이처럼 울릉도를 포함한 주변의 물리적 환경은 매우 불안정한 상황이다. 특히 울릉도는 한반도 어느 지역에서도 볼 수 없는 독특한 기후 환경을 가지고 있다는 점에서 울릉도의 기후변화는 더욱 주목할 필요성이 있다.

그럼에도 불구하고 기후변화를 포함한 보다 자세한 울릉도의 기후 특성과 변화에 관한 연구는 아직 많지 않다. 한국 학술지 인용색인(Korea Citation Index)에서 '울릉도의 기후'로 검색하면 울릉도와 관련된 직접적인 연구 결과물은 찾을 수 없다. 같은 조건으로 다양한 연구 성과가 검색되는 제주도와는 매우 대조적이다. 이런 관점에서 본 연구는 울릉도의 기후에 관한 전반적인 특성을 관측자료에 기반해 다시 한번 정리하고, 지금까지 없었던 울릉도의 기후변화에 관해 살펴보고자 한다. 이를 통해 좁게는 울릉도의 기후 특성과 변화 양상을 이해하고 넓게는 기후 환경에 적응해 살아가는 다양한 생물들의 지속가능성을 위한 기초자료를 제공하고자 한다. 물론 여기는 울릉도를 터전으로 살아가는 우리 인간도 포함된다.

그림 1은 울릉도에서 볼 수 있는 대표적인 경관 중 일부다. 울릉도에 자생하는 동백나무(*Camellia japonica*)는 우리나라를 대표하는 난대수종 중 하나로 따뜻한 지역을 상징하는 수종이자 기후변화 지표식물 중 하나다. 울릉도 내수전 일대에는 건강한 동백나무 군락이 형성되어 있다. 울릉도의 동백나무는 섬을 포함했을 때 우리나라의 북한계선 중 한 곳이다. 울릉도를 대표하는 수종으로 마가목(*Sorbus commixta*)을 빼놓을 수 없는데 한약재로 인기가 많다. 그리고 솔송나무(*Tsuga sieboldii*)는 우리나라에서는 울릉도에만 자생하고 있는 종으로 식물지리 그리고 생물종다양성 관점에서 주목되는 종 중 하나이다.

울릉도에서 볼 수 있는 투막집(우데기)은 울릉도의 겨울철 많은 눈에 적응하고자 만든 전통가옥이다. 너와집 또한 주변 환경에서 쉽게 구할 수 있는 재료로 만든 가옥이다. 이러한 투막집과 너와집은 인간이 자연환경에 적응하고 순응해 살아가는 자연경관이자 문화경관이다.

울릉도 내수전 일대 동백나무 숲과 저동항쪽 경관

울릉도 마가목과 솔송나무

나리분지의 우데기(복원)와 너와집

그림 1. 울릉도의 주요 식물과 전통 가옥 (2022년 6월 촬영)

Ⅱ. 연구지역 및 연구방법

본 연구의 최종 목적은 울릉도의 기후 특성과 기후변화에 관해 정량적인 자료를 구축하고 분석해 울릉도 기후 환경의 전반적인 내용을 규명하는 데 있다. 이를 위해 울릉도와 비슷한 위도대에 속하는 지역을 별도로 구분하고 비교하여 울릉도의 기후 특성을 깊이 있게 다루고자 하였다. 이에 더해 우리나라 전 지역을 대상으로 관련 기후 값에 대해서도 동일하게 정리하고 분석하여 울릉도와 비교하였다. 관측소 기준 북위 37.481°의 울릉도와 비슷한 위도대에 속하는 지역은 인천(북위 37.478°), 서울(북위 37.571°), 양평(북위 37.489°), 원주(북위 37.338°), 대관령(북위 37.677°), 강릉(북위 37.752°)이다. 서해안(인천)과 동해안(강릉) 그리고 내륙지역(양평, 원주)을 포함하고 있고, 대관령은 해발고도가 높은 곳으로 다양한 지리적 특성을 반영하여 살펴보고자 하였다. 특히 울릉도와 같은 도서지역인 제주도도 연구지역으로 포함해 비교 분석하였다. 제주도의 경우 제주와 서귀포 관측소의 기상 자료를 평균하여 제주로 인용하였다 (그림 2).

관측 기간은 1973년부터 2022년까지 총 50년으로 통일하였다. 울릉도는 1939년부터 기상 관측 자료가 누락 없이 기록되어 있고, 서울, 인천, 강릉 등 100년 가까이 되는 기상 자료가 확보된 지역도 있으나, 더 많은 지역의 관측 자료를 확보 함으로써 자료의 풍부성과 신뢰도를 높이고자 하였다. 전국 평균값은 지난 50년간(1973년~2022년) 관측자료가 확보되는 60곳을 그 대상으로 하였다. 다만 다른 지역과 비교하지 않은 울릉도의 기후변화 특성과 울릉도와 제주도 두 지역만을 비교한 부분은 1939년부터 2022년까지 84년간의 자료를 활용하였다 (그림 2).

분석에 활용된 기후자료는 기상청(https://data.kma.go.kr)에서 제공하는 종관기상관측(ASOS) 자료를 원자료(raw-data)로 인용하였다. 종관기상관측은 종관규모의 날씨를 파악하기 위하여 정해진 시각에 모든 관측소에서 같은 시각에 실시하는 지상관측을 말한다. 종관규모는 일기도에 표현되어 있는 보통의 고기압이나 저기압의 공간적 크기 및 수명을 말하며, 주로 매일의 날씨 현상을 뜻한다(기상청 기상자료 개방 포털). 분석에 인용된 기상 관

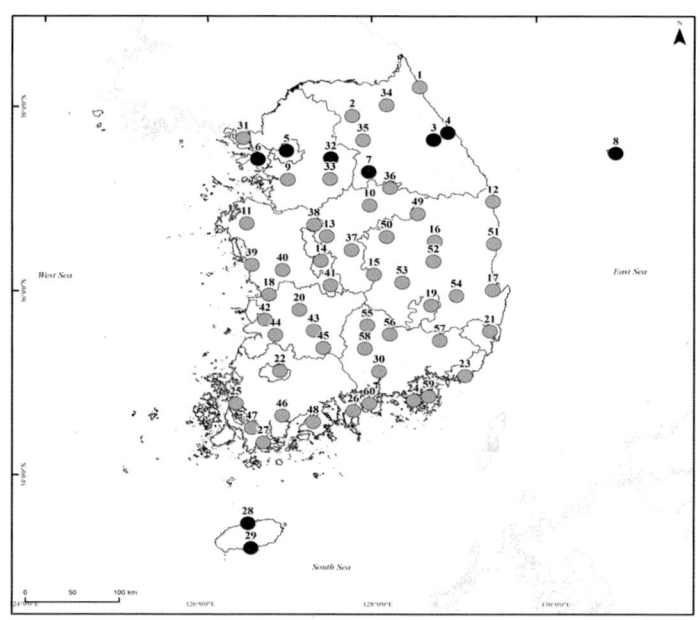

그림 2. 본 연구에서 활용된 기상 자료가 관측된 관측소들로 1973년부터 2022년까지 지난 50년간 관측자료가 확보된 전국 60개 지점 (검은색으로 표기된 지점은 울릉도와 별도로 구분하여 비교한 관측소)

측 요소는 평균기온(℃), 평균 최저기온(℃), 평균 최고기온(℃), 합계 강수량(mm), 평균 상대습도(%), 평균 풍속(㎧)의 6개 항목이다. 분석 범위는 먼저 연 단위에서 기후 특성을 살피고, 다시 월 단위로 구분하여 더 구체적으로 분석하였다. 울릉도를 포함한 기상관측소는 그림 2와 같다.

울릉도의 기후 특성과 더불어 지난 50년 동안(1973년~2022년)의 기후자료들을 토대로 울릉도와 비교 지역 7곳, 총 8곳의 기후변화 양상을 분석하기 위하여 피어슨 상관분석을 실시하였다. 1973년 1월부터 2022년 12월까지의 기상 관측값으로 연간 비교 및 월별 비교를 통해 50년이라는 긴 시간에 따른 기후 값의 유의미한 변화를 설명하고자 하였다.

1 속초, 2 춘천, 3 대관령, **4 강릉**, **5 서울**, **6 인천**, **7 원주**, **8 울릉도**, 9 수원, 10 충주, 11 서산, 12 울진, 13 청주, 14 대전, 15 추풍령, 16 안동, 17 포항, 18 군산, 19 대구, 20 전주, 21 울산, 22 광주, 23 부산, 24 통영, 25 목포, 26 여수, 27 완도, **28 제주**, **29 서귀포**, 30 진주, 31 강화, **32 양평**, 33 이천, 34

인제, 35 홍천, 36 제천, 37 보은, 38 천안, 39 보령, 40 부여, 41 금산, 42 부안, 43 임실, 44 정읍, 45 남원, 46 장흥, 47 해남, 48 고흥, 49 영주, 50 문경, 51 영덕, 52 의성, 53 구미, 54 영천, 55 거창, 56 합천, 57 밀양, 58 산청, 59 거제, 60 남해 (해당 관측소는 검은색 지점은 울릉도와 비교 지역)

Ⅲ. 결과

1. 기후 특성

1) 기온

지난 50년간(1973년~2022년) 울릉도의 평균기온은 12.52℃(표준편차 7.75), 평균 최고기온 15.81℃(표준편차 7.78), 평균 최저기온 9.92℃(표준편차 7.78)로 조사되었다. 같은 기간 우리나라 전국 평균기온은 12.59℃(표준편차 9.25), 평균 최고기온 18.06℃(표준편차 9.02), 평균 최저기온 7.87℃(표준편차 9.74)이다. 전국 관측값과 비교하여 울릉도의 평균기온은 0.07℃ 낮았으며, 평균 최고기온은 2.25℃ 낮았고, 평균 최저기온은 2.05℃ 높았다. 평균기온은 전국 평균과 유사하였지만, 평균 최고기온은 전국 평균보다 낮았고 반대로 평균 최저기온은 전국 평균보다 높았다. 울릉도의 연교차(최난월 8월 평균기온과 최한월 1월 평균기온의 차)는 22.4℃로 우리나라 연교차 26.07℃보다 크게 낮았다. 울릉도의 평균기온은 3월부터 9월까지는 전국과 비교해 기온이 낮았으나, 10월부터 다음 해 2월까지는 전국 평균보다 높다. 3월에 울릉도와 전국 평균기온 차가 0.5℃로 가장 작았으며, 12월은 2.78℃로 가장 크게 벌어졌다. 6월(2.35℃)과 1월(2.26℃) 그리고 7월(2.05℃)에 2℃ 이상 기온차가 났다. 6월은 본격적으로 기온이 높아지면서 울릉도보다 전국 평균값이 빠르게 높아진 결과이며, 12월은 그 반대로 기온이 빠르게 낮아지면서 울릉도보다 전국 평균값이 빠르게 낮아진 결과이다 (그림 3) (표 1). 평균 최고기온의 경우 6월 4.17℃ 차이로 그 차이가 가장 크다. 반면 1월은 0.13℃ 차이로 그 차가 가장 작았다. 4월부터 7월까지 평균 최고기온 차이는 크게 벌어졌다가 이후 그 차이는 감소한다 (그림 4) (표2). 반면 평균 최저기온의 경우 12월 4.99℃ 차이로 가장 크며, 6월은 0.6℃로 그 차이가 가장 작아 평균 최고기온과 완전히 반대되는 결과를 보였다 (그림 5) (표 3). 이와 같은 결과는 울릉도의 기온변화 폭이 전국 평균보다 상대적으로 작음을 잘 보여준다. 이는 기온 편차에서도 확인되는데 울릉도의 기온 편차는 평균기온 1.23, 평균 최고기온 1.36, 평균 최저기온 1.22이며, 전국 평균의 경우 평균기온 2.10, 평균 최고기온 2.13, 평균 최저기온 2.61로 울릉도의 기온 편차가 전국 대비 상대적으로 작았다.

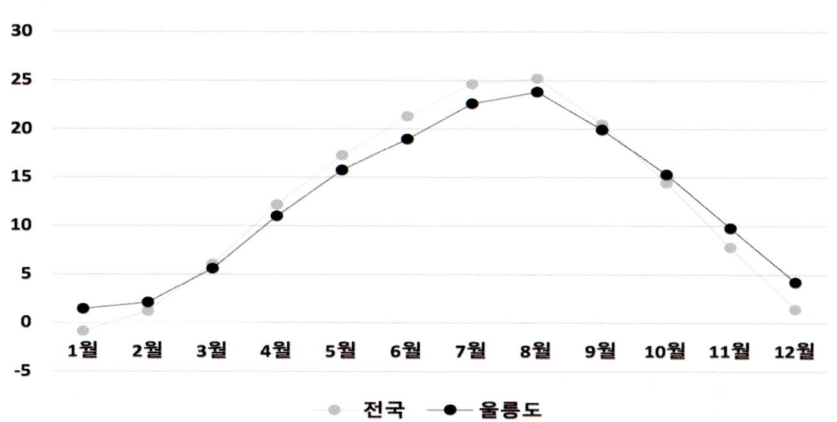

그림 3. 전국 평균값과 비교한 울릉도의 지난 84년간의 월평균 기온 (단위 ℃)

[표 1] 전국 대비 울릉도의 월별 평균기온 및 기온 차 비교 (단위 ℃)

	1월	2월	3월	4월	5월	6월	7월	8월	9월	10월	11월	12월
전국	−0.86	1.21	6.1	12.17	17.25	21.31	24.63	25.21	20.51	14.43	7.8	1.41
울릉도	1.4	2.07	5.6	10.98	15.71	18.96	22.58	23.8	19.91	15.28	9.75	4.2
차	2.26	0.86	−0.5	−1.19	−1.54	−2.35	−2.05	−1.41	−0.6	0.85	1.95	2.79

(차: 울릉도 관측값 − 전국 관측값)

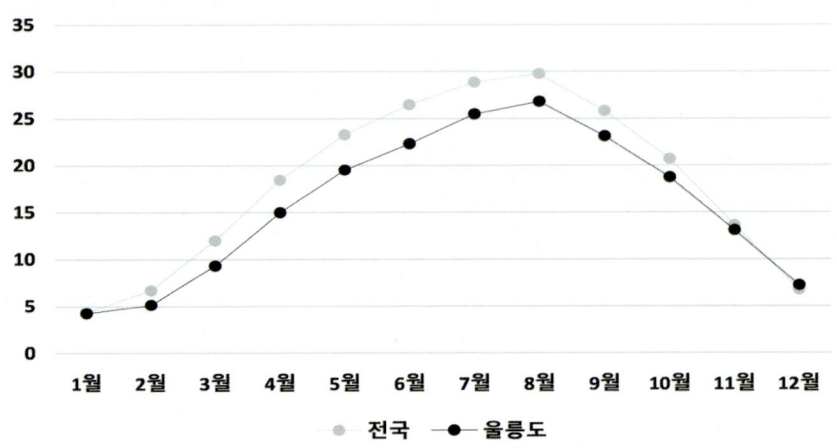

그림 4. 전국 평균값과 비교한 울릉도의 지난 84년간의 월평균 최고기온 (단위 ℃)

[표 2] 전국 대비 울릉도의 월별 평균 최고기온 및 기온 차 비교 (단위 ℃)

	1월	2월	3월	4월	5월	6월	7월	8월	9월	10월	11월	12월
전국	4.37	6.71	11.98	18.43	23.28	26.47	28.86	29.76	25.82	20.72	13.61	6.75
울릉도	4.24	5.12	9.28	14.96	19.5	22.3	25.46	26.8	23.1	18.7	13.08	7.21
차	-0.13	-1.59	-2.7	-3.47	-3.78	-4.17	-3.4	-2.96	-2.72	-2.02	-0.53	0.46

(차: 울릉도 관측값 - 전국 관측값)

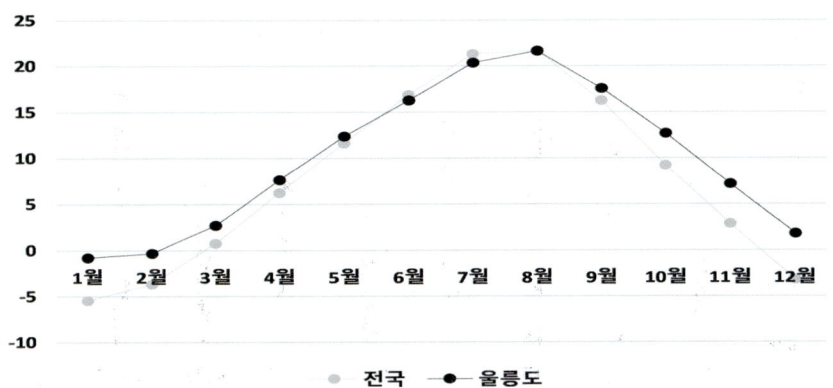

그림 5. 전국 평균값과 비교한 울릉도의 지난 84년간의 월평균 최저기온 (단위 ℃)

[표 3] 전국 대비 울릉도의 월별 평균 최저기온 및 기온 차 비교

	1월	2월	3월	4월	5월	6월	7월	8월	9월	10월	11월	12월
전국	-5.46	-3.68	0.76	6.23	11.61	16.87	21.29	21.66	16.23	9.22	2.85	-3.19
울릉도	-0.8	-0.33	2.68	7.63	12.38	16.27	20.33	21.6	17.57	12.71	7.17	1.8
차	4.66	3.35	1.92	1.4	0.77	-0.6	-0.96	-0.06	1.34	3.49	4.32	4.99

(차: 울릉도 관측값 - 전국 관측값)

동일 위도대에 해당하는 지역들과 비교해 울릉도는 전국 평균 비교와 마찬가지로 평균기온은 비슷했으나, 최고기온은 낮았고, 최저기온은 높은 양상을 보였다. 물론 해발고도가 높은 대관령은 평균기온, 최고기온, 최저기온 모두 가장 낮았다. 울릉도의 연교차는 22.4로 인천 27.36, 서울 28.22, 양평 29.13, 원주 28.96, 대관령 26.93, 강릉 24.33과 비교해 작았다. 울릉도와 같은 도서지역인 제주도의 연교차는 20.66으로 울릉도보다 작았다. 이는 위도가 반영된 결과이다 (그림 6) (표 4).

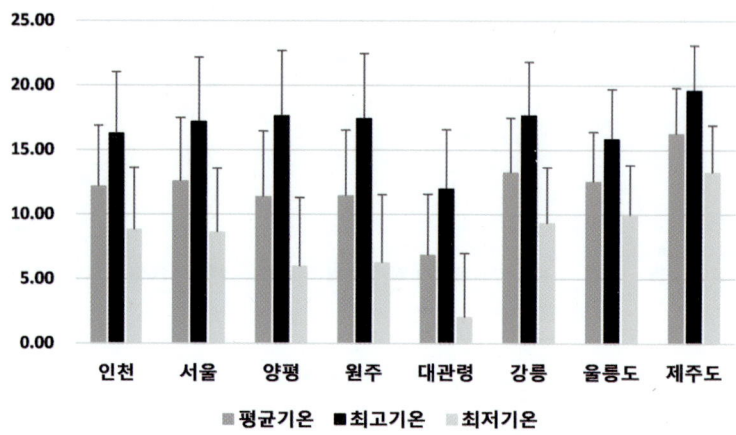

그림 6. 울릉도와 비슷한 위도대에 속하는 지역들과 제주도의 평균기온, 평균 최고기온, 평균 최저기온 비교(단위 ℃) (관측기간: 1973년~2022년)

[표 4] 울릉도와 비교 지역 7곳의 지난 50년(1973년~2022년)간 월별 평균기온, 평균최저기온, 평균최고기온 (단위 ℃)

월별 평균기온								
	인천	서울	양평	원주	대관령	강릉	울릉도	제주도
1월	−2.06	−2.42	−4.20	−3.99	−7.36	0.52	1.40	6.32
2월	0.12	0.17	−1.07	−1.01	−5.20	2.10	2.07	7.09
3월	5.19	5.78	4.97	4.94	−0.01	6.62	5.60	10.10
4월	11.22	12.41	11.69	11.86	6.87	12.90	10.98	14.38
5월	16.45	17.90	17.24	17.43	12.37	17.93	15.71	18.27
6월	20.92	22.36	21.91	21.95	16.03	21.05	18.96	21.61
7월	24.23	25.16	24.78	24.86	19.51	24.40	22.58	25.79
8월	25.30	25.80	24.93	24.97	19.57	24.85	23.80	26.98
9월	21.21	21.33	19.62	19.62	14.37	20.35	19.91	23.42
10월	15.00	14.81	12.62	12.73	8.56	15.42	15.28	18.82
11월	7.63	7.24	5.38	5.47	2.07	9.36	9.75	13.59
12월	0.51	0.00	−1.68	−1.63	−4.70	3.16	4.20	8.55

제 3장 울릉도의 기후 특성과 변화 91

	월별 평균최고기온							
	인천	서울	양평	원주	대관령	강릉	울릉도	제주도
1월	1.72	1.68	1.81	1.77	-2.17	5.02	4.24	9.46
2월	4.15	4.65	5.15	4.93	0.00	6.62	5.12	10.46
3월	9.58	10.78	11.60	11.26	5.06	11.27	9.28	13.70
4월	15.90	17.83	19.01	18.83	12.84	17.87	14.96	18.09
5월	21.14	23.31	24.21	24.00	18.27	22.75	19.50	21.92
6월	25.23	27.27	27.98	27.70	21.09	25.13	22.30	24.73
7월	27.66	28.97	29.62	29.54	23.43	28.00	25.46	28.66
8월	28.88	29.79	30.25	30.03	23.52	28.57	26.80	29.93
9월	25.43	26.00	26.11	25.66	19.23	24.60	23.10	26.54
10월	19.59	20.03	20.07	19.70	14.46	20.22	18.70	22.37
11월	11.74	11.76	11.69	11.62	7.30	13.89	13.08	17.15
12월	4.27	4.02	3.93	3.91	0.33	7.70	7.21	11.89
	월별 평균최저기온							
	인천	서울	양평	원주	대관령	강릉	울릉도	제주도
1월	-5.38	-6.01	-9.64	-9.10	-12.54	-3.12	-0.80	3.44
2월	-3.27	-3.65	-6.70	-6.29	-10.47	-1.78	-0.33	3.93
3월	1.74	1.60	-1.11	-0.81	-5.02	2.24	2.68	6.66
4월	7.60	7.72	4.64	5.15	1.06	7.96	7.63	10.84
5월	12.81	13.16	10.62	11.16	6.40	13.20	12.38	14.96
6월	17.71	18.33	16.56	16.85	11.34	17.28	16.27	18.97
7월	21.74	22.15	20.97	21.12	16.33	21.35	20.33	23.48
8월	22.61	22.62	20.95	21.07	16.31	21.74	21.60	24.47
9월	17.68	17.34	14.78	14.86	10.03	16.72	17.57	20.68
10월	11.06	10.31	7.01	7.10	3.16	11.23	12.71	15.61
11월	4.04	3.28	0.21	0.33	-2.87	5.37	7.17	10.31
12월	-2.89	-3.60	-6.57	-6.39	-9.61	-0.61	1.80	5.45

2) 합계 강수량

1973년부터 2022년까지 50년간 기상 자료가 관측된 60곳의 자료를 기준으로 우리나라 평균 연 강수량은 1,317.88㎜였다. 같은 기간 울릉도는 1,395.84㎜로 전국 평균과 큰 차이는 없다 (그림 7). 울릉도와 동일 위도에 속하는 지역의 연 강수량은 인천 1,173.43㎜, 서울 1,368.08㎜, 양평 1,354.35㎜, 원주 1,292.88㎜, 대관령 1,633.20㎜, 강릉 1,428.09㎜, 울릉도 1,395.81㎜, 제주도 1,698.97㎜다. 울릉도는 제주도와 대관령, 강릉과 비교했을 때 연 강수량이 적었고, 인천, 서울, 양평, 원주와 비교해서는 연 강수량이 많았다 (표 5) (그림 8).

그러나 울릉도의 월별 강수 패턴은 우리나라의 전형적인 강수 분포와는 매우 다르다. 일반적으로 우리나라 연 강수량은 장마와 태풍의 영향을 받는 여름철에 집중된다. 전국 단위에서 우리나라 여름철 강수 집중률은 52.91%(697.64㎜)로, 다른 계절(봄 19.38%, 가을 20.35%, 겨울 7.36%)과 비교해 월등히 높다. 울릉도와 동일한 위도대에 속하는 지역들도 이러한 경향은 뚜렷하다. 서울(61.05%)과 양평(61.64%)의 여름철 강수 집중률은 60%가 넘으며, 인천(58.01%), 원주(59.48%), 대관령(50.45%)은 50% 이상이다. 강릉이 44.36%, 제주도가 43.95%로 조사되어 여름철 강수 집중도가 상대적으로 낮았다. 그러나 울릉도의 여름 강수 집중률은 30.86%에 불과해 다른 지역과 비교해 압도적으로 낮다. 이와 반대로 울릉도의 겨울 강수 집중률은 23.98%로 전국 평균 7.36%과 비교에 매우 높다. 서울(4.95%)과 양평(4.85%)이 5% 미만인 것과 비교하면 그 차이는 더욱 극명하다. 울릉도의 계절별 강수 집중률은 봄 18.44%, 여름 30.86%, 가을 26.72%, 겨울 23.98%로 우리나라에서 유일하게 강수의 계절적 편중이 나타나지 않는다. 여름 강수 집중률이 낮고, 겨울 강수 집중률이 상대적으로 높은 것이 그 원인이다. 이것은 겨울철 압도적으로 많은 강설량에 따른 결과로 특히 울릉도의 12월과 1월 강수량은 전국 평균의 3배 이상이다 (표 6). 동일 위도 지역들과 제주도를 비교한 울릉도의 월별 강수량 순위는 1월, 2월, 11월, 12월에 1위였으며, 반대로 6월은 7위, 7월과 8월은 8위로 가장 적었다 (표 7).

강수량의 월별 편차는 울릉도가 70.2로 전국 평균 75.9 보다는 작다. 그러나 겨울철(12월, 1월, 2월) 강수 편차는 울릉도가 크고(울릉도 52.51, 전국 평균 30.03), 반대로 여름철(6월, 7월, 8월) 편차는 울릉도가 작다(울릉도 96.34, 전국 평균 143.18). 이러한 결과 또한 강수의 계절별 집중률 차이에 따른 것이다.

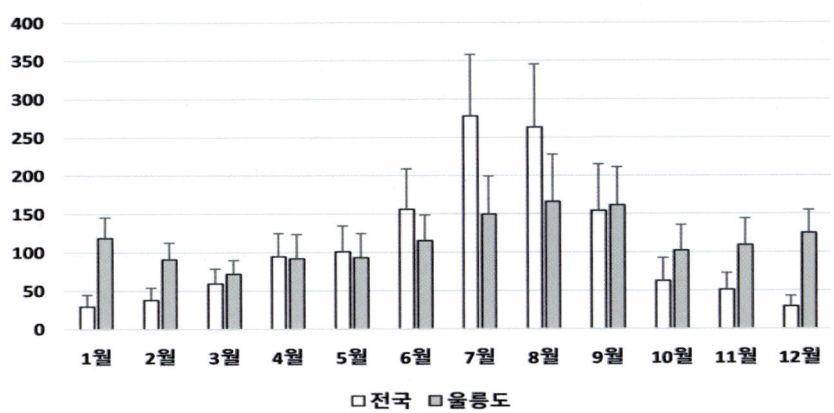

	1월	2월	3월	4월	5월	6월	7월	8월	9월	10월	11월	12월
전국	29.78	38.03	59.55	94.69	100.85	155.9	278.03	263.41	154.22	62.85	51.06	29.24
울릉도	118.86	90.93	72.16	91.89	93.31	115.39	149.37	166.01	161.38	102.18	109.45	124.87
차	89.08	52.9	12.61	-2.8	-7.54	-40.51	-112.02	-97.4	7.16	39.33	58.39	95.63

(차: 울릉도 관측값 - 전국 관측값)

그림 7. 전국 평균값과 비교한 울릉도의 지난 84년간의 월별 합계 강수량 (단위 ㎜)

[표 5] 울릉도와 비교 지역 7곳의 지난 50년(1973년~2022년)간 월별 합계 강수량 (단위 ㎜)

강수량	인천	서울	양평	원주	대관령	강릉	울릉도	제주도
1월	17.87	18.98	18.98	20.07	47.87	51.54	118.86	60.09
2월	22.48	25.3	25.2	26.45	46.18	52.39	90.93	71.76
3월	38.57	43.41	43.65	48.15	67.18	69.07	72.16	105.25

4월	70.03	77.98	77.23	78.49	93.52	82.57	91.89	138.31
5월	91.41	98.87	92.78	86.85	103.49	77.64	93.31	151.54
6월	111.05	137.78	141.41	141.45	166.84	120.13	115.39	224.94
7월	303.09	374.05	379.34	348.8	310.87	231.2	149.37	250.11
8월	266.6	323.33	314.06	281.76	346.25	281.42	166.01	271.63
9월	129.42	141.71	146.42	147.86	242.47	220.74	161.38	212.08
10월	49.87	50.76	47.48	50.6	105.95	120.34	102.18	89.48
11월	50.69	52.43	46.26	43.14	71.15	80.68	109.45	74.09
12월	22.35	23.48	21.54	24.27	31.44	38.79	124.87	49.67

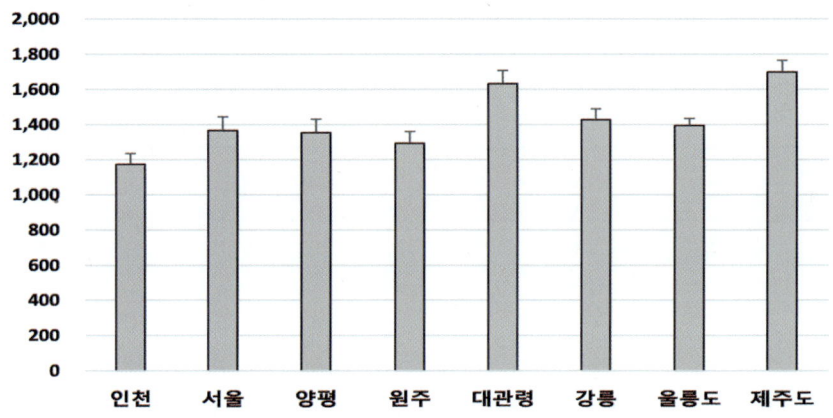

그림 8. 울릉도와 비교 지역 7곳의 평균 연 강수량 비교(단위 ㎜)
(관측 기간: 1973년~2022년)

[표 6] 계절별 강수 비율 (단위 %)

	인천	서울	양평	원주	대관령	강릉	울릉도	제주도	전국
봄	17.04	16.10	15.78	16.45	16.18	16.07	18.44	23.26	19.38
여름	58.01	61.05	61.64	59.48	50.45	44.36	30.86	43.95	52.91
가을	19.60	17.90	17.73	18.61	25.69	29.57	26.72	22.11	20.35
겨울	5.34	4.95	4.85	5.45	7.68	10.00	23.98	10.68	7.36

[표 7] 울릉도와 비교 지역들의 월별 합계 강수량 상대 비교표 (순위)

	1월	2월	3월	4월	5월	6월	7월	8월	9월	10월	11월	12월
1위	울릉도	울릉도	제주도	제주도	제주도	제주도	양평	대관령	대관령	강릉	울릉도	울릉도
2위	제주도	제주도	울릉도	대관령	대관령	대관령	서울	서울	강릉	대관령	강릉	제주도
3위	강릉	강릉	강릉	울릉도	서울	원주	원주	양평	제주도	울릉도	제주도	강릉
4위	대관령	대관령	대관령	강릉	울릉도	양평	대관령	원주	울릉도	제주도	대관령	대관령
5위	원주	원주	원주	원주	양평	서울	인천	강릉	원주	서울	서울	원주
6위	서울	서울	양평	서울	인천	강릉	제주도	제주도	양평	원주	인천	서울
7위	양평	양평	서울	양평	원주	울릉도	강릉	인천	서울	인천	양평	인천
8위	인천	인천	인천	인천	강릉	인천	울릉도	울릉도	인천	양평	원주	양평

3) 상대습도

지난 50년간 울릉도의 평균 상대습도는 73.46%로 조사되었다. 7월이 평균 85.22%로 1년 중 가장 높았고, 12월이 67.62%로 가장 낮았다. 월별 편차는 평균 4.83이다. 같은 기간 우리나라 전국 평균 상대습도는 69.44%이다. 7월이 평균 80.54%로 가장 높았고, 4월이 62.17%로 가장 낮았다. 월별 편차는 7.15이다. 울릉도의 평균 상대습도는 전국 평균 대비 4.02% 높았다. 다양한 지리적, 지역적 특성이 반영된 전국 평균보다 편차는 작았다. 울릉도의 상대습도가 7월 최고, 12월 최저인 것에 반해 전국 평균값은 7월 최고, 봄철인 4월이 최저인 것이 특징적이다. 울릉도의 상대습도는 우리나라의 일반적으로 건조한 봄철과는 달랐다. 전국 평균값과 울릉도의 상대습도 차이는 2월 6.72%로 가장 컸고, 10월 0.36%로 가장 작았다. 2월부터 6월까지 그 차이가 컸으며 9월부터 12월은 상대적으로 차이가 작았다 (그림 9).

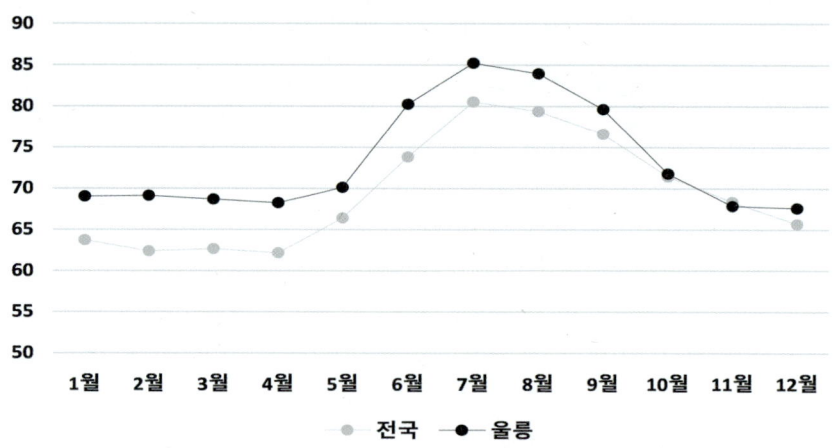

	1월	2월	3월	4월	5월	6월	7월	8월	9월	10월	11월	12월
전국	63.74	62.4	62.69	62.17	66.4	73.82	80.54	79.38	76.6	71.44	68.37	65.71
울릉도	69.02	69.12	68.68	68.24	70.1	80.26	85.22	83.96	79.62	71.8	67.88	67.62
차	5.28	6.72	5.99	6.07	3.7	6.44	4.68	4.58	3.02	0.36	-0.49	1.91

(차: 울릉도 관측값 - 전국 관측값)

그림 9. 전국 평균과 비교한 울릉도의 지난 84년간의 월평균 상대습도 (단위 %)

같은 기간 동일 위도에 속하는 지역들의 평균 상대습도는 인천 69.56%, 서울 64.11%, 양평 70.23%, 원주 68.25%, 대관령 74.20%, 강릉 61.20%로 울릉도는 대관령을 제외하고 가장 높았다. 제주도는 70.83%로 울릉도보다 낮았다 (그림 10) (표 8). 울릉도의 상대습도는 1월부터 6월까지 제주도가 가장 높았던 5월 두 번째로 높았던 것을 제외하고 비교 지역들 중 가장 높았다.

7월부터 9월도 지형성 강수량이 많은 대관령 다음이었다. 단 10월, 11월, 12월은 울릉도의 비교 지역별 상대습도 순위가 4위로 다소 낮아졌다 (표 9).

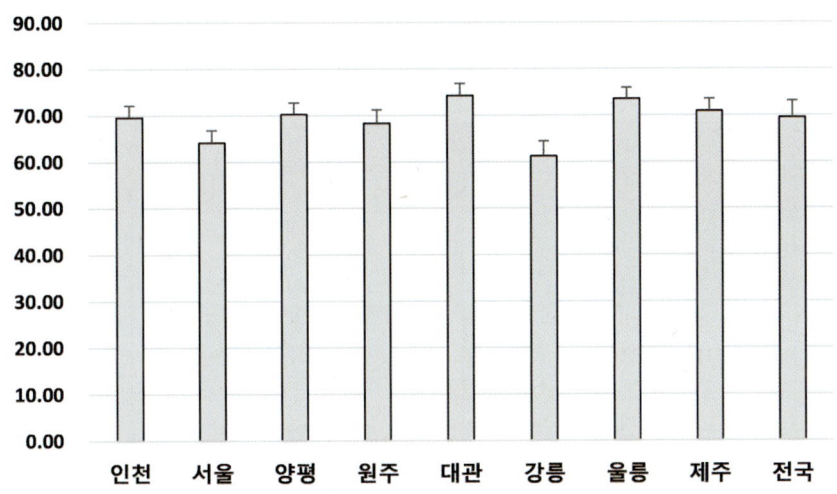

그림 10. 울릉도와 비교 지역 7곳의 평균 상대습도 비교(단위 %)
(관측 기간: 1973년~2022년)

[표 8] 울릉도와 비교 지역 7곳의 지난 50년(1973년~2022년)간 월평균 상대습도 (단위 %)

습도	인천	서울	양평	원주	대관령	강릉	울릉도	제주도
1월	62.34	59	67.5	65.6	67.48	48.48	69.02	65.43
2월	62.46	57.54	64.34	62.36	67.44	51.76	69.12	65.05
3월	64.68	57.68	61.86	60.44	68.28	55.86	68.68	64.97
4월	65.32	56.84	59.68	58.04	63.52	54.6	68.24	67.28
5월	70.08	61.48	64.94	62.3	67.62	59.42	70.1	71.18
6월	76.36	68.22	70.36	68.86	79.8	71.14	80.26	79.9
7월	83.16	77.78	79.28	77.26	86.22	76.64	85.22	82.98
8월	80.24	75.26	79.46	77.18	87.24	77.42	83.96	79.49
9월	73.5	68.52	77.54	75.14	85.56	74.04	79.62	74.86
10월	67.98	63.92	75.3	72.86	77.44	63.02	71.8	67.4

11월	65.28	62.34	72.18	70.46	71.6	54.36	67.88	66.15
12월	63.3	60.7	70.32	68.54	68.24	47.66	67.62	65.21
평균	69.56	64.11	70.23	68.25	74.20	61.20	73.46	70.83

[표 9]. 울릉도와 비교 지역들의 월별 평균 상대습도 비교표 (순위)

	1월	2월	3월	4월	5월	6월	7월	8월	9월	10월	11월	12월
1위	울릉도	울릉도	울릉도	울릉도	제주도	울릉도	대관령	대관령	대관령	대관령	양평	양평
2위	양평	대관령	대관령	제주도	울릉도	제주도	울릉도	울릉도	울릉도	양평	대관령	원주
3위	대관령	제주도	제주도	인천	인천	대관령	인천	인천	양평	원주	원주	대관령
4위	원주	양평	인천	대관령	대관령	인천	제주도	제주도	원주	울릉도	울릉도	울릉도
5위	제주도	인천	양평	양평	강릉	양평	양평	제주도	인천	제주도	제주도	제주도
6위	인천	원주	원주	원주	양평	서울	강릉	강릉	제주도	인천	인천	
7위	서울	서울	서울	서울	원주	원주	원주	인천	서울	서울	서울	
8위	강릉	강릉	강릉	강릉	서울	강릉	서울	서울	강릉	강릉	강릉	

4) 풍속

울릉도의 연평균 풍속은 3.87㎧이며 4월 평균 4.64㎧로 가장 강했고 9월이 3.52㎧로 가장 약했다. 이어 5월(4.30㎧)과 3월(4.25㎧)도 평균 4㎧ 이상으로 다른 월과 비교해 풍속이 강했다. 봄철 강한 풍속을 제외하면 다른 월별 평균 풍속은 비교적 비슷하였다. 같은 기간 우리나라 전 지역 평균 풍속은

2.05㎧로 울릉도와 비교해 풍속은 약했다. 봄철인 4월 2.41㎧로 가장 바람이 강했고 3월(2.39㎧)과 5월(2.13㎧)도 상대적으로 풍속이 강했다. 9월은 1.72㎧로 가장 약한 월이었다. 월별 편차는 울릉도가 평균 0.66으로 전국 평균 0.96 보다 작았다 (그림 11).

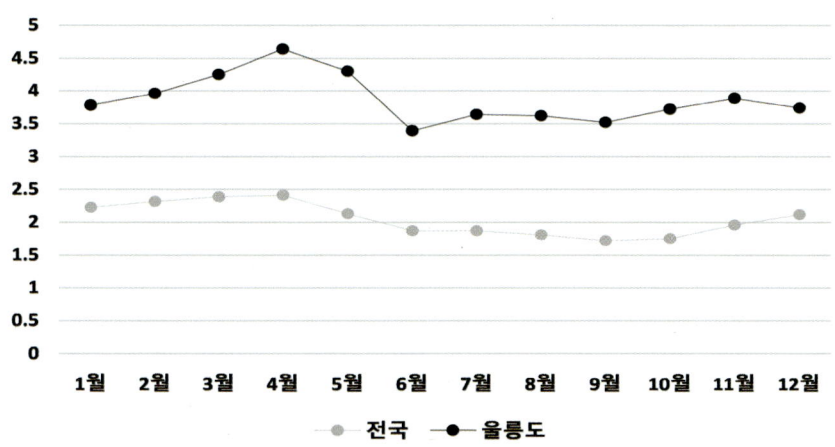

	1월	2월	3월	4월	5월	6월	7월	8월	9월	10월	11월	12월
전국	2.23	2.32	2.39	2.41	2.13	1.87	1.87	1.81	1.72	1.75	1.96	2.12
울릉도	3.78	3.96	4.25	4.64	4.3	3.39	3.64	3.62	3.52	3.72	3.89	3.74
차	1.55	1.64	1.86	2.23	2.17	1.52	1.77	1.81	1.8	1.97	1.93	1.62

(차: 울릉도 관측값 - 전국 관측값)

그림 11. 전국 평균값과 비교한 울릉도의 지난 84년간의 월평균 풍속 (단위㎧)

제주도를 포함한 비슷한 위도에 해당하는 지역과 울릉도의 풍속을 비교한 결과 울릉도는 연평균 풍속 3.87㎧로 풍속이 가장 강한 것으로 파악되었다. 강한 바람으로 유명한 제주도(3.14㎧)보다 울릉도의 평균 풍속이 강했으며, 높은 해발고도로 바람이 강한 대관령(3.76㎧)과의 비교에서도 울릉도의 평균 풍속이 강했다. 내륙지역인 양평(1.26㎧)과 원주(1.16㎧)는 풍속이 전국 평균보다 약한 것으로 조사되었으며, 울릉도와는 약 3배 이상 차이가 나타났다 (그림 12) (표 10). 풍속의 평균 편차는 울릉도가 0.66으로 전국 평균 0.96, 대관령 0.93, 제주도 0.70보다 작아 월별 편차는 작았다. 다른 지역과 비교한 울릉도의 풍속은 3월부터 10월까지 가장 강했으며, 11월부터 2월의 겨울에는 대관령에 이어 두 번째로 풍속이 강했다 (표 11).

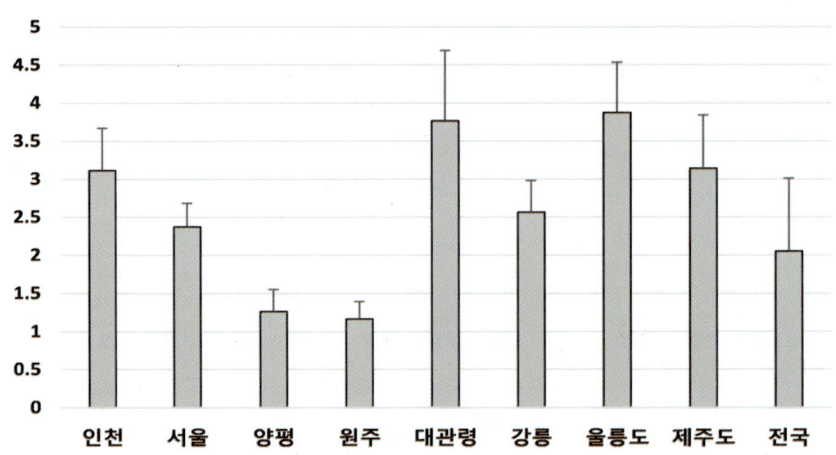

그림 12. 울릉도와 비교 지역 7곳의 평균 풍속 비교(단위 ㎧)
(관측 기간: 1973년~2022년)

[표 10] 울릉도와 비교 지역 7곳의 지난 50년(1973년~2022년)간 월별 평균 풍속 (단위 ㎧)

풍속	인천	서울	양평	원주	대관령	강릉	울릉도	제주도
1월	3.43	2.4	1.28	1.04	4.72	3.41	3.78	3.56
2월	3.64	2.62	1.47	1.25	4.35	3.08	3.96	3.52
3월	3.76	2.77	1.63	1.51	4.05	2.8	4.25	3.39
4월	3.69	2.83	1.65	1.61	4.31	2.82	4.64	3.18
5월	3.12	2.55	1.35	1.36	3.94	2.48	4.3	2.79
6월	2.6	2.25	1.19	1.19	2.89	1.84	3.39	2.71
7월	2.74	2.25	1.07	1.09	3.2	1.76	3.64	2.76
8월	2.62	2.14	1.05	1.01	2.8	1.77	3.62	2.95

9월	2.39	1.98	0.96	0.92	2.46	2.01	3.52	3.06
10월	2.57	2.01	0.99	0.89	3.17	2.47	3.72	3.06
11월	3.24	2.26	1.22	1.01	4.27	2.9	3.89	3.2
12월	3.46	2.32	1.26	1.02	4.9	3.39	3.74	3.48
평균	3.11	2.37	1.26	1.16	3.76	2.56	3.87	3.14

[표 11] 울릉도와 비교 지역들의 월별 평균 풍속 상대 비교표 (순위)

	1월	2월	3월	4월	5월	6월	7월	8월	9월	10월	11월	12월
1위	대관령	대관령	울릉도	울릉도	울릉도	울릉도	울릉도	울릉도	울릉도	울릉도	대관령	대관령
2위	울릉도	울릉도	대관령	대관령	대관령	대관령	대관령	제주도	제주도	대관령	울릉도	울릉도
3위	제주도	인천	인천	인천	인천	제주도	제주도	대관령	대관령	제주도	인천	제주도
4위	인천	제주도	제주도	제주도	제주도	인천	인천	인천	인천	인천	제주도	인천
5위	강릉	강릉	강릉	서울	서울	서울	서울	강릉	강릉	강릉	강릉	강릉
6위	서울	서울	서울	강릉	강릉	강릉	강릉	서울	서울	서울	서울	서울
7위	양평	양평	양평	양평	원주	원주	양평	양평	양평	양평	양평	양평
8위	원주	원주	원주	원주	양평	양평	원주	원주	원주	원주	원주	원주

2. 기후변화

　지구온난화에 따른 기후변화는 오늘날 우리 인류에게 직면한 가장 직접적이고 또 중요한 환경 이슈 중 하나로 기후변화와 그에 따른 다양한 분야에서의 영향은 전 세계적인 환경 담론으로 자리매김하였다. 특히 기후변화는 환경문제라는 특정 분야에 국한되지 않고, 사회, 경제, 문화 등 매우 다양한 분야에 직간접인 영향을 주고 있는 것이 현실이다. 본 연구에서는 그동안 주목받지 못했던 울릉도의 기후변화에 관해 다루고자 하였다. 같은 도서지역인 제주도와 비교하고 또 울릉도와 비슷한 위도대에 속하는 지역들과 비교해 울릉도 기후변화의 현황과 그 특징에 대해 살펴보고자 하였다. 특히 피어슨 상관분석을 통해 시간과 기후요소들 간의 상관성을 비교 분석하였다.

1) 제주도와 비교한 울릉도의 기온변화

지난 84년간 울릉도의 평균기온은 12.3℃였으며, 표준편차는 0.65였다. 가장 기온이 높았던 해는 2019년으로 13.7℃였으며, 가장 기온이 낮았던 해는 1947년으로 10.5℃였다. 기온이 높았던 상위 10년은 2019년 13.7℃, 2022년 13.6℃, 2021년 13.5℃, 2007년 13.4℃, 2020년 13.4℃, 1990년 13.3℃, 1998년 13.3℃, 2016년 13.2℃, 1994년 13.1℃, 2004년 13.1℃, 2015년 13.1℃, 2017년 13.1℃ 순이었다. 반대로 기온이 낮았던 상위 10년은 1947년 10.5℃, 1945년 11℃, 1963년 11.1℃, 1974년 11.2℃, 1980년 11.2℃, 1986년 11.2℃, 1956년 11.3℃, 1969년 11.3℃, 1957년 11.4℃, 1981년 11.4℃ 순이었다. 이들 연도를 단순 평균으로 비교하면 가장 더웠던 10년은 평균 2010.3년, 가장 추웠던 10년은 평균 1965.8년으로 그 시기에 극명한 차이가 있음이 확인된다.

지난 84년간 울릉도의 평균기온은 지속해 상승하고 있다(p<0.01, r=0.556). 최저 10.5℃(1947년)에서 최대 12.9℃(1959년, 1961년, 1978년) 사이에서 형성되던 울릉도의 평균기온은 1986년 11.2℃를 마지막으로 11.5℃ 이하의 평균기온이 관측된 적은 없었다. 또한 2012년 11.9℃를 마지막으로 울릉도의 평균기온은 매년 12℃ 이상으로 관측되었다. 특히 2015년부터 2022년까지 최근 8년 연속 평균기온은 13℃ 이상으로 기상관측 이래 가장 높은 기온이 유지되고 있다 (그림 13). 10년 단위로 살펴보면 울릉도의 평균기온은 1940년대(1939년~1950년) 11.88℃, 1950년대(1951년~1960년) 12.18℃, 1960년대(1961년~1970년) 11.86℃, 1970년대(1971년~1980년) 12.06℃, 1980년대(1981년~1990년) 12.16℃, 1990년대(1991년~2000년) 12.59℃, 2000년대(2001

년~2010년) 12.58℃, 2010년대(2011년~2022년) 13.01℃였다. 1960년대가 11.86℃로 가장 낮았던 반면 최근인 2010년대는 13.01℃로 평균기온 13℃를 넘어섰다. 특히 2000년대와 비교해 2010년대는 0.43℃가 높아져 기온 증가 폭이 다른 기간과 비교해 가장 높았다 (그림 14). 기온변화 양상을 더 구체적으로 살펴보기 위하여 다시 5년 단위로 구분하여 울릉도의 평균기온을 분석하였다. 1966년부터 1970년 사이 평균기온은 11.72℃로 가장 낮았던 반면 가장 최근인 2016년부터 2022년 사이는 13.36℃로 가장 기온이 높았다. 1939년부터 1975년까지는 11℃에서 12℃ 사이에서 평균값이 분포했으나, 1976년 이후에는 12℃ 이하로 기온이 떨어지지 않았으며, 2011년에서 2015년 사이 12.52℃였던 기온은 이후 빠르게 올라 13℃를 넘어섰다 (그림 15).

평균기온과 함께 평균 최저기온과 평균 최고기온도 지난 84년간 계속해 높아지고 있는 것이 확인된다. 그러나 다른 지역들이 최저기온이 빠르게 높아지는 경향을 나타나는 반면 울릉도는 평균 최저기온의 상승 폭(p⟨0.01, r=0.521)과 평균 최고기온의 상승 폭(p⟨0.01, r=0.524)의 차이가 미미하게 산출된 것이 특징적이다.

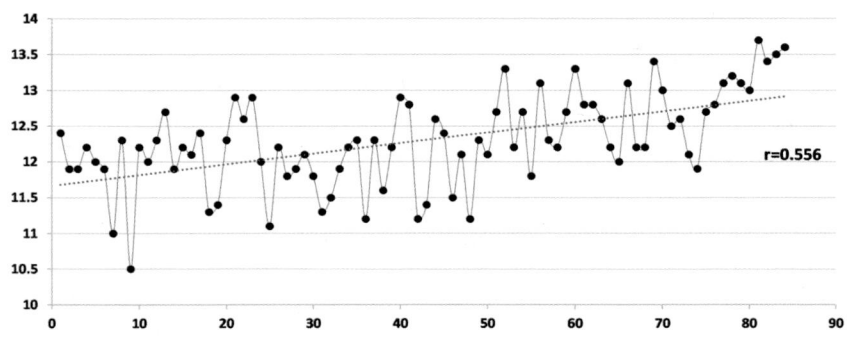

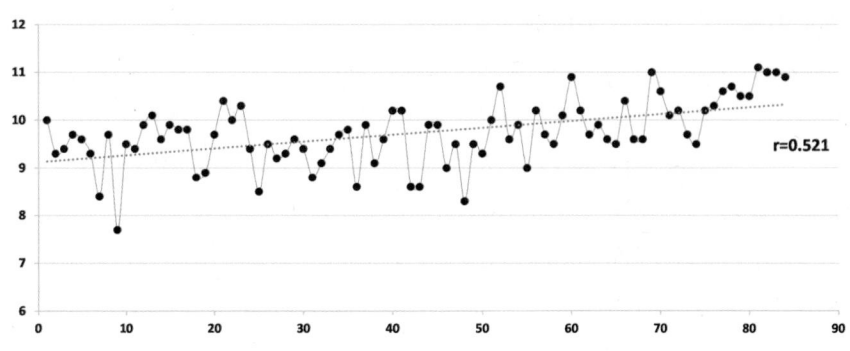

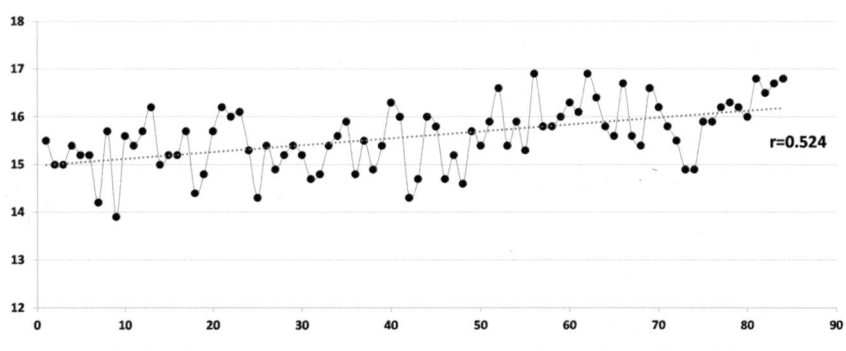

그림 13. 지난 84년간(1939년~2022년) 울릉도의 평균기온, 평균 최저기온, 평균 최고기온 변화 추이 (단위 ℃)

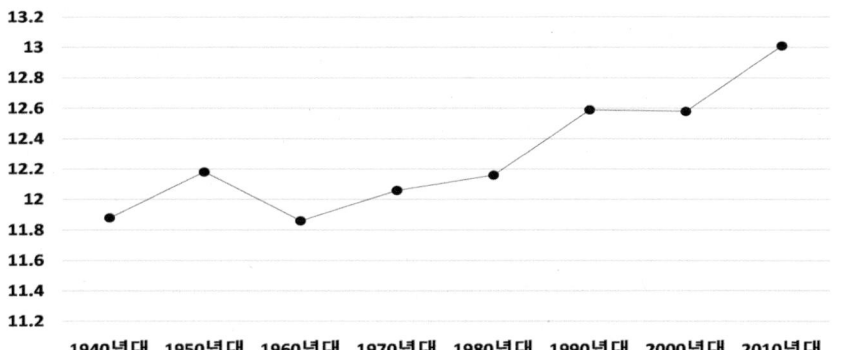

그림 14. 10년 단위에서 울릉도의 평균기온 변화 (단위: ℃)

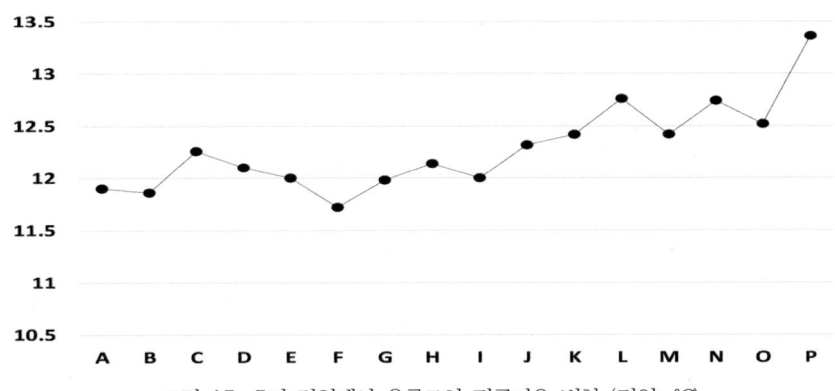

그림 15. 5년 단위에서 울릉도의 평균기온 변화 (단위: ℃)
(A: 1939년~1945년, B: 1946년~1950년, C: 1951년~1955년, D: 1956년~1960년, E: 1961년~1965년, F: 1966년~1970년, G: 1971년~1975년, H: 1976년~1980년, I: 1981년~1985년, J: 1986년~1990년, K: 1991년~1995년, L: 1996년~2000년, M: 2001년~2005년, N: 2006년~2010년, O: 2011년~2015년, P: 2016년~2022년)

울릉도와 같은 기간인 지난 84년간(1939년~2022년) 제주도의 평균기온은 15.75℃였으며, 표준편차는 0.84였다. 위도가 낮아 울릉도보다 평균기온이 높았으며, 평균기온의 편차도 제주도가 컸다. 가장 기온이 높았던 해는 2021년으로 17.5℃였으며, 울릉도의 기온이 가장 높았던 2019년은 17.05℃로 여섯 번째로 기온이 높은 해였다. 반면 기온이 가장 낮았던 해는 1947년으로 13.9℃였다. 제주도의 연평균 기온이 13℃대를 기록한 것은 그때가 유일했으며, 울릉도 또한 1947년이 가장 기온이 낮았었다. 기온이 높았던 상위 10년은 2021년 17.5℃, 1998년 17.25℃, 2004년 17.1℃, 2022년 17.1℃, 2019년 17.05℃, 2016년 17℃, 2007년 16.95℃, 2013년 16.95℃, 2017년 16.9℃, 1994년 16.8℃ 순이었다. 반대로 기온이 낮았던 상위 10년은 1947년 13.9℃, 1945년 14.3℃, 1957년 14.3℃, 1956년 14.4℃, 1940년 14.5℃, 1941년 14.5℃, 1943년 14.5℃, 1944년 14.6℃, 1949년 14.6℃, 1939년 14.7℃ 순이었다. 이들 연도를 단순 평균으로 비교하면 가장 더웠던 10년은 2011.1년, 가장 추웠던 10년은 1946.1년으로 제주도 역시 그 기간의 차이가 명확하다.

지난 84년간 제주도의 평균기온 역시 지속해 상승하고 있다(p<0.01, r=0.884). 울릉도와 제주도의 상관계수를 비교하면 제주도의 기온 상승이 울

릉도(r=0.556)보다 더 뚜렷한 것이 확인된다. 1980년 14.95℃를 마지막으로 제주도의 연평균 기온은 15℃ 이하로 떨어지지 않았다. 그리고 1995년 15.8℃를 마지막으로 제주도의 연평균 기온은 16℃ 이상을 유지하고 있다. 17.25℃로 역대 두 번째로 평균기온이 높았던 1998년 처음 17℃를 넘어섰고 이후 2004년(17.1℃), 2016년(17℃), 2019년(17.05℃), 2021년(17.5℃), 2022년(17.1℃)에도 17℃ 이상의 평균기온이 관측되었다 (그림 16).

10년 단위로 살펴보면 제주도의 평균기온은 1940년대(1939년~1950년) 14.63℃, 1950년대(1951년~1960년) 14.95℃, 1960년대(1961년~1970년) 15.41℃, 1970년대(1971년~1980년) 15.59℃, 1980년대(1981년~1990년) 15.76℃, 1990년대(1991년~2000년) 16.28℃, 2000년대(2001년~2010년) 16.61℃, 2010년대(2011년~2022년) 16.80℃였다. 10년 단위에서도 1940년대 이후 지속해 기온이 상승하고 있음이 확인된다. 1960년대 평균기온은 15℃를 넘었고, 1990년대 16℃를 넘었으며 10년 동안 약 0.3℃ 상승하고 있다. 특히 1980년대는 1970년대에 비해 0.52℃가 높아져 그 증가 폭이 가장 컸다 (그림 17). 좀 더 구체적으로 살펴보기 위하여 5년 단위로 구분하여 제주도의 평균기온을 분석하였다. 1939년부터 1945년 사이 평균기온은 14.56℃로 가장 낮았던 반면 가장 최근인 2016년부터 2022년 사이는 16.99℃로 가장 기온이 높았다. 1939년부터 1955년까지는 평균 14℃대, 1956년부터 1990년까지는 평균 15℃대 그리고 1991년부터 2022년까지는 5년 단위에서 16℃대였다. 특히 1986년부터 1990년과 1991년부터 1995년 사이의 기온 차가 0.48℃로 가장 컸으며, 최근인 2011년부터 2015년과 2016년부터 2022년 사이의 기온 차도 0.47℃로 매우 컸다 (그림 18).

평균기온과 함께 평균 최저기온과 평균 최고기온도 지난 84년간 계속 높아지고 있다. 특히 최저기온의 상승($p<0.01$, $r=0.914$)이 최고기온의 상승($p<0.01$, $r=0.788$)보다 더 뚜렷한 것이 확인되었다.

제 3장 울릉도의 기후 특성과 변화 107

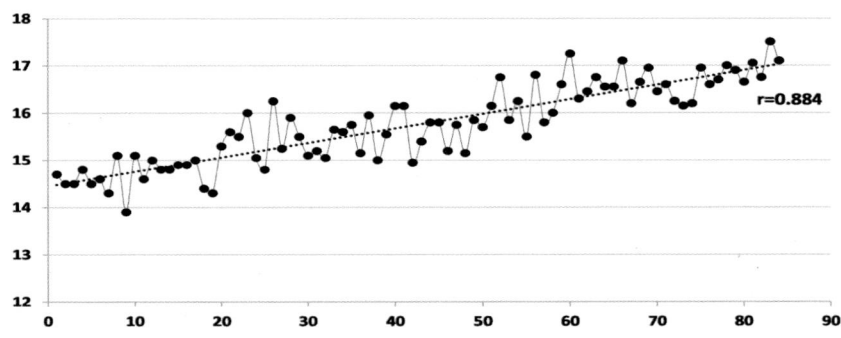

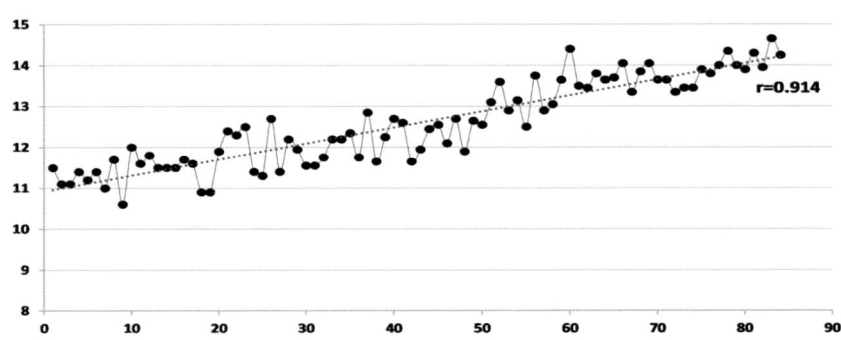

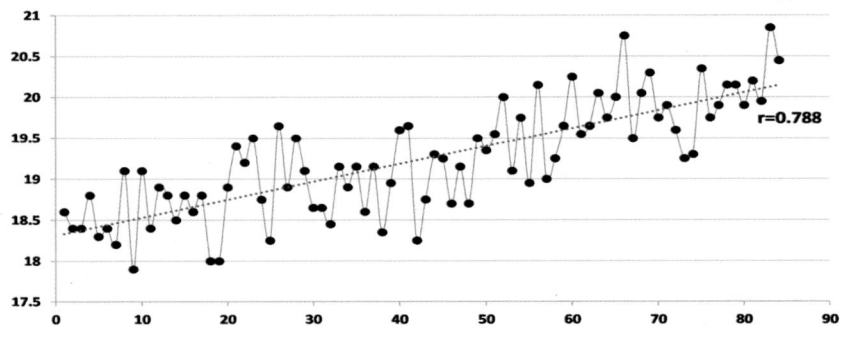

그림 16. 지난 84년간(1939년~2022년) 제주도의 평균기온, 평균최저기온, 평균최고기온 변화 추이 (단위: ℃)

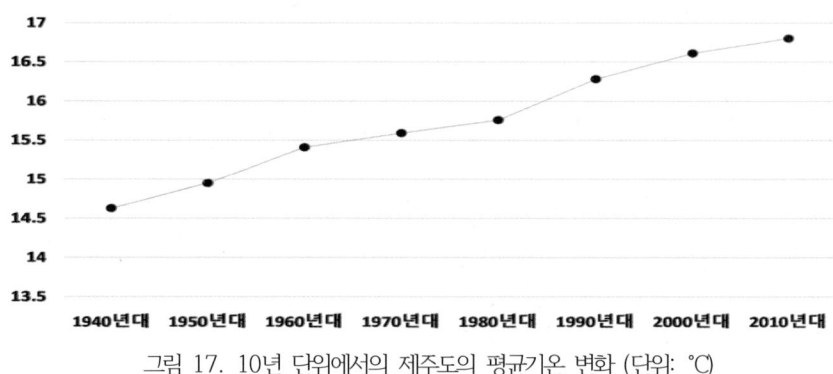

그림 17. 10년 단위에서의 제주도의 평균기온 변화 (단위: ℃)

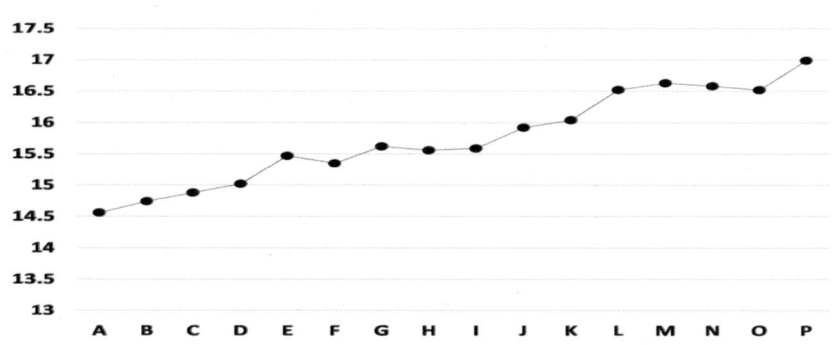

그림 18. 5년 단위에서의 제주도의 평균기온 변화 (단위: ℃)
(A: 1939년~1945년, B: 1946년~1950년, C: 1951년~1955년, D: 1956년~1960년, E: 1961년~1965년, F: 1966년~1970년, G: 1971년~1975년, H: 1976년~1980년, I: 1981년~1985년, J: 1986년~1990년, K: 1991년~1995년, L: 1996년~2000년, M: 2001년~2005년, N: 2006년~2010년, O: 2011년~2015년, P: 2016년~2022년)

2) 상관계수 비교를 통한 지역 비교

울릉도의 기후변화 특징을 비교 분석하기 위하여 동일 위도대에 속하는 지역(인천, 서울, 양평, 원주, 대관령, 강릉)과 울릉도와 같은 도서지역인 제주도의 기온변화를 상관계수(r)를 통해 비교 분석하였다. 지점별 관측 기간을 통일하기 위하여 1973년부터 2022년까지 지난 50년간의 관측자료를 인용하였다. 기온변수는 평균기온과 평균 최저기온 그리고 평균 최고기온을 그 대상으로 하였다. 이를 통해 장기간에 걸친 대략적인 기온변화 경향성을 비교 분석하고자 하였다.

　지난 50년간 울릉도를 포함한 비교 지역 8곳 전부 평균기온 상승은 유의미한 것으로 조사되었다($p<0.01$). 지역별 평균기온의 상관계수는 인천 0.726, 서울 0.652, 양평 0.782, 원주 0.836, 대관령 0.717, 강릉 0.656, 울릉도 0.602, 제주도 0.777이다. 울릉도는 동일 위도상의 다른 지역과 비교해 상관계수가 가장 작았으며, 같은 도서지역인 제주도와 비교해서도 작았다. 내륙지역인 원주와 양평의 상관계수가 다른 지역과 비교해 상대적으로 컸으며, 제주도도 0.777로 다른 지역과 비교해 상관계수가 컸다. 평균 최저기온도 지난 50년간 울릉도를 포함하여 조사지역 8곳 모두 기온이 상승했다($p<0.01$). 지역별 평균 최저기온의 상관계수는 인천 0.764, 서울 0.687, 양평 0.818, 원주 0.836, 대관령 0.618, 강릉 0.712, 울릉도 0.633, 제주도 0.864이다. 평균기온과 마찬가지로 원주, 양평이 높았으며, 제주도도 높았다. 평균 최고기온 또한 지난 50년간 8곳의 전 지역에서 기온 상승은 유의미하였다($p<0.01$). 지역별 평균 최고기온의 상관계수는 인천 0.478, 서울 0.572, 양평 0.586, 원주 0.671, 대관령 0.655, 강릉 0.547, 울릉도 0.474 그리고 제주도 0.716이다. 제주도(0.716)가 가장 컸으며, 원주(0.671)와 대관령(0.655)의 평균 최고기온 상관계수가 상대적으로 컸다. 고도가 높은 대관령을 제외한 모든 지역에서 평균 최저기온의 상관계수(평균 $r=0.745$)가 평균 최고기온 상관계수(평균 $r=0.587$)보다 높았다. 이를 통해 지난 50년간 기온은 평균 최저기온의 상승이 평균 최고기온 보다 뚜렷하게 높아졌음이 확인된다 (표 12).

[표 12] 울릉도를 포함한 비교지역 8곳의 지난 50년간 평균기온, 평균 최저기온, 평균 최고기온 상관분석 결과

		인천	서울	양평	원주	대관령	강릉	울릉도	제주도
평균 기온	상관계수	0.726**	0.652**	0.782**	0.836**	0.717**	0.656**	0.602**	0.777**
	유의확률	0.000	0.000	0.000	0.000	0.000	0.000	0.000	0.000
최저 기온	상관계수	0.764**	0.687**	0.818**	0.863**	0.618**	0.712**	0.633**	0.864**
	유의확률	0.000	0.000	0.000	0.000	0.000	0.000	0.000	0.000

최고기온	상관계수	0.478**	0.572**	0.586**	0.671**	0.655**	0.547**	0.474**	0.716**
	유의확률	0.000	0.000	0.000	0.000	0.000	0.000	0.000	0.000

*: 상관계수는 0.05 수준에서 유의, **: 상관계수는 0.01 수준에서 유의

기온자료와 함께 울릉도를 포함한 비교 지역의 합계 연강수량(㎜), 평균 상대습도(%), 평균 풍속(㎧)에 대해서도 상관분석을 통해 지난 50년간의 관측값을 분석하고 그 상관계수(r)를 산출하여 비교하였다.

합계 연강수량의 경우 강수 집중률의 차이가 있을 수 있겠으나 지난 50년간 큰 변화는 없었던 것으로 보이며 유의미한 증감을 설명하기는 어려웠다. 대부분 강수량의 소폭 증가로 보여지나 원주와 대관령의 경우 연강수량의 감소가 나타나기도 하였다. 그러나 8곳의 지역 중 유일하게 울릉도의 경우 합계 연강수량의 유의미한 증가를 확인하였다(p〈0.01, r=0.391). 실제 울릉도는 2002년 이후 단 5차례(2013년, 2015년, 2017년, 2019년, 2022년)를 제외하고 지난 50년 평균보다 연 강수량이 많은 해가 많았다.

합계 강수량과 달리 평균 상대습도의 경우 조사지역 8곳 모두 지난 50년간 유의미한 감소가 나타났다. 그중에서도 서울, 양평, 원주, 대관령, 강릉, 울릉도의 상대습도 감소(p〈0.01)가 인천과 제주도(p〈0.05)에 비해 현저하다. 특히 서울(r=-0.772)과 원주(r=-0.750) 그리고 강릉(r=-0.692)의 평균 상대습도 감소가 뚜렷하게 확인된다. 울릉도 또한 상대습도는 감소하는 경향(r=-0.429)이 뚜렷하지만, 동일 위도의 서울(r=-0.772), 양평(r=-0.546), 원주(r=-0.750), 강릉(r=-0.692)보다는 상대적으로 크지 않았다.

지난 50년의 평균 풍속은 지역에 따른 차이가 다른 기후요소 보다 뚜렷하게 나타났다. 지리적으로 바다를 끼고 있는 인천(r=-0.613), 울릉도(r=-0.502), 제주도(r=-0.928)는 평균 풍속의 감소가 확인되었으며(p〈0.01) 특히 제주도의 풍속 감소가 확연하게 나타났다. 이들 외의 지역들은 양평을 제외하고 풍속은 감소한 것으로 보이나 유의미한 증감을 설명하기는 어려웠다. 울릉도는 인천, 제주도와 함께 풍속의 감소가 확인된다 (표 13).

[표 13] 울릉도를 포함한 비교지역 8곳의 지난 50년간 합계 연강수량, 평균 상대습도, 평균 풍속 상관분석 결과

		인천	서울	양평	원주	대관령	강릉	울릉도	제주도
연강수량	상관계수	0.212	0.183	0.189	−0.005	−0.133	0.091	0.391**	0.161
	유의확률	0.140	0.202	0.188	0.972	0.358	0.530	0.005	0.264
상대습도	상관계수	−0.334*	−0.772**	−0.546**	−0.750**	−0.401**	−0.692**	−0.429**	−0.333*
	유의확률	0.018	0.000	0.000	0.000	0.004	0.000	0.002	0.018
풍속	상관계수	−0.613**	−0.161	0.086	−0.030	−0.011	−0.213	−0.502**	−0.928**
	유의확률	0.000	0.264	0.557	0.837	0.941	0.137	0.000	0.000

*: 상관계수는 0.05 수준에서 유의, **: 상관계수는 0.01 수준에서 유의

3) 월별 비교

 울릉도와 동위도 지역 그리고 제주도의 지난 50년간 기후변화를 더 자세하게 분석하기 위하여 관측자료를 월별로 세분화하여 살펴보았다. 평균 기온은 2월, 3월, 5월, 6월, 9월, 11월에 비교 지역 8곳 모두에서 유의미한 기온 상승이 확인되었다(p<0.01 또는 p<0.05). 특히 그중에서도 3월의 기온 상승이 가장 두드러지는 것으로 조사되었다. 3월의 8곳의 평균 상관계수는 0.623으로 다른 월과 비교해 가장 컸다. 원주가 0.768로 최고였으며, 울릉도는 0.529로 가장 작았다. 3월 다음으로는 6월(0.585)과 5월(0.565) 그리고 9월(0.521)의 상관계수가 0.5 이상으로 높았다. 다음으로 8월과 10월은 비교 지역 중 울릉도만 제외하고 기온 상승이 확인되었으며, 1월은 서울과 울릉도 그리고 7월은 대관령과 울릉도를 제외하고 기온은 높아졌다. 4월의 경우 서울, 대관령, 강릉, 울릉도의 기온 상승을 설명하기는 어려웠으며 12월의 경우에는 비교 지역 중 유일하게 원주(r=0.312)만 기온이 상승했다.
 지역별로는 원주가 12개월 모두 유의미한 기온 상승이 확인되었으며, 인천과 양평 그리고 제주도는 12월을 제외한 모든 달에서 기온이 높아졌다.

강릉은 2개월(4월, 12월), 서울(1월, 4월, 12월)과 대관령(4월, 7월, 12월)이 각 3개월을 제외하고 기온이 상승했다. 울릉도는 12개월 중 절반인 6개월(2월, 3월, 5월, 6월, 9월, 11월)만 기온 상승이 확인되어 다른 지역과 그 차이가 뚜렷했다. 또한 울릉도는 기온 상승이 확인된 월(月)도 그 유의확률과 상관계수가 다른 지역과 비교해 낮았다. 예를 들어 기온 상승이 가장 뚜렷했던 것으로 조사된 3월도 울릉도의 상관계수는 0.529로 비교 지역 8곳 중 가장 낮았다(p<0.01) (표 14).

[표 14] 울릉도를 포함한 비교지역 8곳의 지난 50년간 월별 평균기온 상관분석 결과

		인천	서울	양평	원주	대관령	강릉	울릉도	제주도
1월	상관계수	0.294*	0.204	0.381**	0.459**	0.309*	0.338*	0.273	0.342*
	유의확률	0.038	0.156	0.006	0.001	0.029	0.016	0.055	0.015
2월	상관계수	0.383**	0.313*	0.484**	0.542**	0.427**	0.430**	0.369**	0.407**
	유의확률	0.006	0.027	0.000	0.000	0.002	0.002	0.008	0.003
3월	상관계수	0.652**	0.534**	0.693**	0.768**	0.645**	0.604**	0.529**	0.649**
	유의확률	0.000	0.000	0.000	0.000	0.000	0.000	0.000	0.000
4월	상관계수	0.390**	0.264	0.429**	0.472**	0.208	0.275	0.248	0.480**
	유의확률	0.005	0.064	0.002	0.001	0.148	0.054	0.082	0.000
5월	상관계수	0.621**	0.581**	0.621**	0.720**	0.510**	0.371**	0.452**	0.722**
	유의확률	0.000	0.000	0.000	0.000	0.000	0.008	0.001	0.000
6월	상관계수	0.671**	0.664**	0.641**	0.757**	0.435**	0.489**	0.464**	0.598**
	유의확률	0.000	0.000	0.000	0.000	0.002	0.000	0.001	0.000

7월	상관계수	0.372 **	0.382 **	0.306 *	0.426 **	0.270	0.280 *	0.261	0.306 *
	유의확률	0.008	0.006	0.031	0.002	0.058	0.049	0.067	0.031
8월	상관계수	0.424 **	0.429 **	0.409 **	0.490 **	0.347 *	0.330 *	0.271	0.414 **
	유의확률	0.002	0.002	0.003	0.000	0.014	0.019	0.057	0.003
9월	상관계수	0.636 **	0.608 **	0.618 **	0.682 **	0.464 **	0.452 **	0.290 *	0.464 **
	유의확률	0.000	0.000	0.000	0.000	0.001	0.001	0.041	0.001
10월	상관계수	0.417 **	0.336 *	0.539 **	0.629 **	0.323 *	0.296 *	0.243	0.516 **
	유의확률	0.003	0.017	0.000	0.000	0.022	0.037	0.089	0.000
11월	상관계수	0.400 **	0.322 *	0.495 **	0.579 **	0.423 **	0.421 **	0.380 **	0.507 **
	유의확률	0.004	0.023	0.000	0.000	0.002	0.002	0.006	0.000
12월	상관계수	0.11	−0.060	0.209	0.312 *	0.002	0.019	−0.21	0.177
	유의확률	0.939	0.677	0.145	0.027	0.991	0.897	0.884	0.218

*: 상관계수는 0.05 수준에서 유의, **: 상관계수는 0.01 수준에서 유의

    평균 최고기온은 2월, 3월, 5월, 6월에 8곳 전 지역에서 유의미한 기온 상승이 확인되었다(p<0.01 또는 p<0.05). 특히 3월의 상관계수가 평균 0.551로 유일하게 0.5 이상으로 높았으며, 다음으로 6월(0.441), 5월(0.429), 2월(0.398) 순이었다. 11월은 인천을 제외한 7곳의 지역에서 기온이 상승했다. 반면 12월은 비교 지역 단 한 곳에서도 유의미한 기온 상승이 나타나지 않아 대조적이다. 그리고 7월과 10월은 유일하게 제주도에서만 기온 상승이 확인되었고, 울릉도와 동일 위도에 속하는 지역은 기온 상승이 확인되지 않았다.
    지역별로는 제주도가 1월과 12월을 제외한 모든 월에서 기온이 상승한 것으로 나타났다. 다음으로 대관령이 8회(1월, 2월, 3월, 5월, 6월, 8월, 9월,

11월), 원주가 7회(1월, 2월, 3월, 5월, 6월, 9월, 11월)에 해당하는 월에 기온이 높아졌다. 8월 최고기온 상승이 유의미한 곳은 제주도를 제외하고 대관령(r=0.031)이 유일하다. 대관령 다음으로 기온 상승 횟수가 많은 원주는 8월을 제외하고 대관령과 기온 상승 월(1월, 2월, 3월, 5월, 6월, 9월, 11월)이 같다. 울릉도의 경우 평균기온과 마찬가지로 평균 최고기온 또한 그 상승 정도가 다른 지역과 비교해 뚜렷하지 않다. 유의미한 기온 상승이 확인된 것은 5회(2월, 3월, 5월, 6월, 11월)였으며, 그중 유의확률 0.01 미만은 3월, 5월, 6월 3회였다. 특히 같은 도서지역인 제주도의 최고기온 상승이 총 10회(유의확률 0.01 미만 6회)와 비교하면 그 차이가 현격하다 (표 15).

[표 15] 울릉도를 포함한 비교지역 8곳의 지난 50년간 월별 평균 최고기온 상관분석 결과

	최고 기온	인천	서울	양평	원주	대관령	강릉	울릉도	제주도
1월	상관 계수	0.228	0.210	0.329 **	0.375 **	0.371 **	0.315 *	0.168	0.225
	유의 확률	0.111	0.143	0.020	0.007	0.008	0.026	0.244	0.117
2월	상관 계수	0.361 *	0.357 *	0.420 **	0.485 **	0.499 **	0.449 **	0.327 *	0.349 *
	유의 확률	0.010	0.011	0.002	0.000	0.000	0.001	0.020	0.013
3월	상관 계수	0.553 **	0.477 **	0.564 **	0.630 **	0.625 **	0.541 **	0.481 **	0.653 **
	유의 확률	0.000	0.000	0.000	0.000	0.000	0.000	0.000	0.000
4월	상관 계수	0.255	0.180	0.230	0.210	0.195	0.183	0.248	0.505 **
	유의 확률	0.074	0.210	0.108	0.143	0.175	0.204	0.083	0.000
5월	상관 계수	0.411 **	0.446 **	0.370 **	0.448 **	0.436 **	0.295 *	0.384 **	0.715 **
	유의 확률	0.003	0.001	0.008	0.001	0.002	0.037	0.006	0.000

6월	상관계수	0.430**	0.513**	0.394**	0.583**	0.362**	0.392**	0.414**	0.512**
	유의확률	0.002	0.000	0.005	0.000	0.010	0.005	0.003	0.000
7월	상관계수	0.237	0.275	0.085	0.240	0.225	0.173	0.193	0.287*
	유의확률	0.097	0.054	0.556	0.094	0.117	0.231	0.179	0.043
8월	상관계수	0.218	0.268	0.075	0.216	0.305*	0.216	0.194	0.335*
	유의확률	0.128	0.060	0.606	0.131	0.031	0.132	0.178	0.017
9월	상관계수	0.317*	0.435**	0.238	0.317*	0.385**	0.188	0.073	0.328*
	유의확률	0.025	0.002	0.096	0.025	0.006	0.190	0.614	0.020
10월	상관계수	0.155	0.263	0.198	0.240	0.273	0.158	0.056	0.369**
	유의확률	0.283	0.065	0.169	0.093	0.055	0.274	0.699	0.008
11월	상관계수	0.274	0.318*	0.362**	0.394**	0.407**	0.367**	0.301*	0.442**
	유의확률	0.054	0.024	0.010	0.005	0.003	0.009	0.033	0.001
12월	상관계수	−0.069	−0.043	0.005	0.097	−0.020	−0.022	−0.138	0.012
	유의확률	0.635	0.767	0.971	0.505	0.891	0.882	0.339	0.932

*: 상관계수는 0.05 수준에서 유의, **: 상관계수는 0.01 수준에서 유의

평균 최저기온은 최고기온과 비교해 지난 50년간 기온 상승이 더 확연한 것으로 분석되었다. 1월, 2월, 4월, 12월을 제외한 모든 월에서 비교 지역 8곳 전부에서 유의한 기온 상승이 확인되었다($p<0.01$ 또는 $p<0.05$). 특히 3월(r=0.604), 5월(r=0.637), 6월(r=0.617), 9월(r=0.567) 평균 최저 기온 상승이 더 뚜렷한 것으로 조사되었다. 이와 반대로 12월은 양평(r=0.371), 원주(r=0.407), 제주도(r=0.352)에서만 유의미한 기온 상승이 확인되었다. 12월

(r=0.354)과 함께 1월(r=0.364)과 2월(r=0.416)의 평균 상관계수도 다른 계절과 비교해 상대적으로 작았다. 특징적으로 1월과 2월은 서울과 대관령의 기온 상승은 유의하지 않았다.

지역별로 양평, 원주 그리고 제주도는 12개월 모두 평균 최저기온의 상승이 확인되었으며, 인천과 강릉은 12월 기온을 제외한 11개월, 그리고 울릉도는 4월과 12월을 제외한 10개월의 기온이 상승했다. 서울은 9개월 대관령은 8개월로 단순 횟수로만 보면 대관령의 최저기온 상승이 가장 작다. 울릉도의 경우 다른 지역과 비교해 상관계수가 상대적으로 낮은 편이다. 울릉도의 최저기온 상승이 가장 높은 6월(r=0.513)의 경우도 강원도 원주(r=0.726) 및 제주도(r=0.730)와 비교해 상대적으로 상관계수는 작았다 (표 16).

[표 16] 울릉도를 포함한 비교지역 8곳의 지난 50년간 월별 평균 최저기온 상관분석 결과

		인천	서울	양평	원주	대관령	강릉	울릉도	제주도
1월	상관계수	0.290 *	0.180	0.369 **	0.455 **	0.148	0.302 *	0.322 *	0.456 **
	유의확률	0.041	0.212	0.008	0.001	0.304	0.033	0.023	0.001
2월	상관계수	0.355 *	0.239	0.449 **	0.516 **	0.254	0.367 **	0.367 **	0.500 **
	유의확률	0.012	0.094	0.001	0.000	0.075	0.009	0.009	0.000
3월	상관계수	0.608 **	0.490 **	0.713 **	0.778 **	0.499 **	0.614 **	0.504 **	0.692 **
	유의확률	0.000	0.000	0.000	0.000	0.000	0.000	0.000	0.000
4월	상관계수	0.492 **	0.352 *	0.546 **	0.628 **	0.176	0.354 *	0.248	0.583 **
	유의확률	0.000	0.012	0.000	0.000	0.221	0.012	0.083	0.000
5월	상관계수	0.664 **	0.632 **	0.716 **	0.810 **	0.558 **	0.522 **	0.494 **	0.789 **
	유의확률	0.000	0.000	0.000	0.000	0.000	0.000	0.000	0.000

6월	상관계수	0.702 **	0.700 **	0.669 **	0.726 **	0.402 **	0.530 **	0.513 **	0.730 **
	유의확률	0.000	0.000	0.000	0.000	0.004	0.000	0.000	0.000
7월	상관계수	0.411 **	0.426 **	0.444 **	0.515 **	0.336 *	0.376 **	0.349 *	0.407 **
	유의확률	0.003	0.002	0.001	0.000	0.017	0.007	0.013	0.003
8월	상관계수	0.486 **	0.490 **	0.580 **	0.596 **	0.372 **	0.403 **	0.315 *	0.601 **
	유의확률	0.000	0.000	0.000	0.000	0.008	0.004	0.026	0.000
9월	상관계수	0.696 **	0.582 **	0.627 **	0.700 **	0.418 **	0.528 **	0.395 **	0.622 **
	유의확률	0.000	0.000	0.000	0.000	0.003	0.000	0.005	0.000
10월	상관계수	0.492 **	0.376 **	0.617 **	0.690 **	0.377 **	0.432 **	0.384 **	0.640 **
	유의확률	0.000	0.007	0.000	0.000	0.007	0.002	0.006	0.000
11월	상관계수	0.423 **	0.311 *	0.527 **	0.623 **	0.290 *	0.457 **	0.404 **	0.559 **
	유의확률	0.002	0.028	0.000	0.000	0.041	0.001	0.004	0.000
12월	상관계수	0.017	−0.094	0.371 *	0.407 **	−0.038	0.003	0.010	0.352 *
	유의확률	0.907	0.514	0.025	0.003	0.793	0.982	0.948	0.012

*: 상관계수는 0.05 수준에서 유의, **: 상관계수는 0.01 수준에서 유의

 연 합계 강수량은 다른 기후요소와 달리 지난 50년간의 변화가 가장 적은 것으로 분석되었다. 주로 겨울과 봄에는 강수량이 감소했고, 7월부터 9월 사이에는 증가하는 경향이 나타났으나 이를 통계적으로 설명하기에는 부족해 보인다. 하지만 그중에서도 9월 제주도(r=0.321, p<0.05)와 10월 울릉도(r=0.370, p<0.01)는 연 합계 강수량의 유의미한 증가가 확인되었다. 12월 원주(r=-0.287, p<0.05)는 유일하게 강수량의 감소로 분석되었다. 강수량은 합

계 강수량에 관한 것으로, 일 편차, 계절적 편차 등을 고려해야 그 현황과 특징을 보다 자세히 분석할 수 있을 것으로 본다 (표 17).

[표 17] 울릉도를 포함한 비교지역 8곳의 지난 50년간 월별 강수량 상관분석 결과

		인천	서울	양평	원주	대관령	강릉	울릉도	제주도
1월	상관계수	-0.087	-0.130	-0.109	-0.192	-0.124	-0.203	0.072	0.069
	유의확률	0.548	0.367	0.452	0.183	0.392	0.157	0.621	0.635
2월	상관계수	0.091	0.072	0.080	0.063	-0.137	-0.174	0.201	-0.127
	유의확률	0.532	0.617	0.580	0.666	0.344	0.226	0.162	0.380
3월	상관계수	0.055	0.026	0.060	-0.032	-0.003	0.023	0.177	0.105
	유의확률	0.704	0.857	0.677	0.825	0.983	0.874	0.219	0.470
4월	상관계수	-0.229	-0.186	-0.151	-0.203	-0.171	-0.002	0.136	0.004
	유의확률	0.110	0.195	0.297	0.158	0.235	0.991	0.346	0.978
5월	상관계수	0.038	-0.004	-0.061	-0.129	-0.132	-0.092	0.109	-0.070
	유의확률	0.793	0.979	0.675	0.371	0.360	0.523	0.453	0.629
6월	상관계수	0.027	0.063	0.038	-0.058	-0.139	-0.057	0.055	-0.019
	유의확률	0.852	0.665	0.794	0.687	0.335	0.697	0.703	0.898
7월	상관계수	0.179	0.167	0.096	0.074	0.064	0.200	0.213	-0.78
	유의확률	0.215	0.246	0.508	0.611	0.661	0.165	0.137	0.591
8월	상관계수	0.092	0.077	0.169	0.036	-0.065	0.085	0.106	0.087
	유의확률	0.527	0.594	0.242	0.804	0.655	0.556	0.465	0.549

9월	상관계수	0.081	0.064	0.063	0.031	0.029	0.098	0.078	0.321*
	유의확률	0.578	0.657	0.663	0.833	0.842	0.498	0.590	0.023
10월	상관계수	0.064	0.143	0.088	0.047	-0.102	0.102	0.370**	0.132
	유의확률	0.658	0.322	0.544	0.744	0.480	0.480	0.008	0.360
11월	상관계수	0.228	0.148	0.170	0.088	-0.145	-0.070	0.133	0.077
	유의확률	0.111	0.305	0.237	0.544	0.315	0.628	0.357	0.595
12월	상관계수	-0.080	-0.187	-0.164	-0.287*	-0.167	-0.164	0.193	0.134
	유의확률	0.580	0.192	0.256	0.043	0.247	0.259	0.179	0.353

*: 상관계수는 0.05 수준에서 유의, **: 상관계수는 0.01 수준에서 유의

지난 50년간 큰 변함이 없었던 합계 강수량과 달리 상대습도의 변화는 매우 광범위하게 나타났다. 특이하게도 지난 50년간 상대습도는 전 지역에서 감소하는 경향이 뚜렷하다. 같은 기간 평균 상대습도 증가가 유의미한 곳은 단 한 곳도 없었다. 1월과 12월은 비교 지역 8곳에서 전부 상대습도의 감소가 확인되었고, 2월과 3월 그리고 4월은 7곳에서 감소가 확인되어 겨울과 봄에 상대적으로 상대습도의 감소가 뚜렷하였다. 반면 9월은 2곳(서울, 원주), 7월은 3곳(서울, 원주, 강릉), 8월 4곳(서울, 원주, 강릉, 울릉도)으로 상대습도 감소지역이 상대적으로 적었다.

지역별로는 서울과 원주가 1월부터 12월까지 전 월에서 상대습도의 감소가 뚜렷하게 확인되었다. 반면 인천은 1월, 4월, 10월, 12월 단 4개월만 상대습도가 감소해 대조적이다. 울릉도는 7월, 9월, 10월을 제외한 모든 월에서 유의미한 상대습도 감소가 있었다. 하지만 서울과 원주 등과 비교했을 때 울릉도의 유의확률이 상대적으로 커 그 설명력은 떨어진다 (표 18).

[표 18] 울릉도를 포함한 비교지역 8곳의 지난 50년간 월별 상대습도 상관분석 결과

		인천	서울	양평	원주	대관령	강릉	울릉도	제주도
1월	상관계수	-0.368**	-0.666**	-0.464**	-0.615**	-0.380**	-0.454**	-0.282*	-0.359*
	유의확률	0.009	0.000	0.001	0.000	0.007	0.001	0.047	0.010
2월	상관계수	-0.256	-0.623**	-0.506**	-0.616**	-0.396**	-0.381**	-0.357*	-0.401**
	유의확률	0.072	0.000	0.000	0.000	0.004	0.006	0.011	0.004
3월	상관계수	-0.209	-0.617**	-0.525**	-0.637**	-0.421**	-0.480**	-0.435**	-0.282*
	유의확률	0.144	0.000	0.000	0.000	0.002	0.000	0.002	0.047
4월	상관계수	-0.339*	-0.595**	-0.584**	-0.615**	-0.266	-0.482**	-0.420**	-0.388**
	유의확률	0.016	0.000	0.000	0.000	0.062	0.000	0.002	0.005
5월	상관계수	-0.157	-0.459**	-0.268	-0.496**	-0.129	-0.255	-0.323*	-0.309*
	유의확률	0.275	0.001	0.060	0.000	0.372	0.074	0.022	0.029
6월	상관계수	-0.091	-0.511**	-0.319*	-0.607**	-0.079	-0.454**	-0.283*	0.085
	유의확률	0.530	0.000	0.024	0.000	0.587	0.001	0.046	0.557
7월	상관계수	0.001	-0.638**	-0.098	-0.504**	-0.042	-0.388**	-0.168	-0.102
	유의확률	0.992	0.000	0.498	0.000	0.775	0.005	0.244	0.482
8월	상관계수	-0.052	-0.412**	-0.015	-0.522**	-0.025	-0.465**	-0.294*	-0.125
	유의확률	0.722	0.003	0.918	0.000	0.861	0.001	0.038	0.387
9월	상관계수	-0.275	-0.495**	-0.162	-0.557**	0.204	-0.257	-0.121	0.086

	유의 확률	0.053	0.000	0.260	0.000	0.155	0.072	0.403	0.553
10 월	상관 계수	-0.3 60*	-0.4 80**	-0.0 25	-0.6 18**	0.122	-0.2 08	-0.2 03	-0.2 89*
	유의 확률	0.010	0.000	0.861	0.000	0.400	0.146	0.157	0.042
11 월	상관 계수	-0.1 72	-0.3 54*	-0.3 71**	-0.6 09**	-0.2 36	-0.3 10*	-0.3 06*	-0.1 81
	유의 확률	0.232	0.012	0.008	0.000	0.099	0.029	0.031	0.208
12 월	상관 계수	-0.4 20**	-0.6 27**	-0.4 79**	-0.6 15**	-0.4 90**	-0.5 48**	-0.2 96*	-0.4 03**
	유의 확률	0.002	0.000	0.000	0.000	0.000	0.000	0.037	0.004

*: 상관계수는 0.05 수준에서 유의, **: 상관계수는 0.01 수준에서 유의

마지막으로 평균 풍속은 월별로 그리고 지역별로 다양한 양상이 나타났다. 전반적으로 지난 50년간 겨울과 봄철 풍속은 약해지는 경향이 나타났으나, 여름과 이른 가을 일부 지역에서 풍속이 강해지는 경향도 보였다. 여름보다는 겨울철 풍속이 더 약해졌다. 풍속의 변화는 지역별 차이가 매우 주목된다. 제주도는 유일하게 1월부터 12월까지 평균 풍속이 매우 뚜렷하게 감소했음이 확인되었다. 인천 또한 12개월 모두 풍속이 약해지는 경향이 나타났으며, 9월과 10월을 제외하고는 그 결과가 유의미하였다. 상대적으로 내륙(양평, 원주)보다는 해안 지역(인천, 강릉) 및 도서지역(울릉도, 제주도)의 풍속이 더 약해지고 있다. 동해안의 강릉과 서해안의 인천을 비교하면 서해의 인천이 동해의 강릉보다 풍속의 감소가 확연하다. 특징적으로 서울은 1월부터 4월까지만 풍속이 유의미하게 약해졌으며, 강릉은 겨울 풍속이 약해진 반면 여름인 7월에는 풍속이 강해졌다. 여름철 일부 지역은 풍속이 강해졌는데, 양평은 6월에서 9월, 원주는 7월에서 9월이 해당 월이다. 유일하게 대관령은 풍속의 증감을 설명하지 못했다. 울릉도의 경우 모든 월에서 풍속은 약해지는 양상이 나타났다. 특히 겨울과 봄철 풍속이 유의미하게 약해졌음이 확인된다. 여름인 8월 풍속도 감소하였는데 같은 기간 인천과 제주도는 풍속이 약해졌지만 양평과 원주는 강해진 것이 특징적이다 (표 19).

[표 19] 울릉도를 포함한 비교지역 8곳의 지난 50년간 월별 평균 풍속 상관분석 결과

		인천	서울	양평	원주	대관령	강릉	울릉도	제주도
1월	상관계수	-0.627**	-0.308*	-0.145	-0.223	-0.081	-0.368**	-0.514**	-0.815**
	유의확률	0.000	0.029	0.315	0.120	0.575	0.009	0.000	0.000
2월	상관계수	-0.656**	-0.385**	-0.239	-0.194	0.005	-0.219	-0.395**	-0.831**
	유의확률	0.000	0.006	0.095	0.178	0.973	0.127	0.004	0.000
3월	상관계수	-0.641**	-0.301*	-0.184	-0.145	0.219	-0.078	-0.200	-0.814**
	유의확률	0.000	0.034	0.200	0.314	0.126	0.589	0.164	0.000
4월	상관계수	-0.614**	-0.354*	-0.158	-0.101	-0.011	-0.189	-0.490**	-0.751**
	유의확률	0.000	0.012	0.274	0.486	0.937	0.189	0.000	0.000
5월	상관계수	-0.635**	-0.214	0.155	-0.002	0.028	-0.056	-0.495**	-0.682**
	유의확률	0.000	0.135	0.284	0.989	0.845	0.699	0.000	0.000
6월	상관계수	-0.495**	-0.038	0.373**	0.170	0.036	0.216	-0.222	-0.660**
	유의확률	0.000	0.794	0.008	0.238	0.803	0.132	0.122	0.000
7월	상관계수	-0.490**	0.031	0.497**	0.291*	0.048	0.354*	-0.257	-0.545**
	유의확률	0.000	0.831	0.000	0.040	0.739	0.012	0.071	0.000
8월	상관계수	-0.350*	0.070	0.541**	0.426**	0.034	0.263	-0.380**	-0.697**
	유의확률	0.013	0.631	0.000	0.002	0.813	0.065	0.007	0.000
9월	상관계수	-0.212	0.217	0.443**	0.332*	-0.128	0.102	-0.112	-0.566**
	유의확률	0.140	0.130	0.001	0.018	0.377	0.480	0.437	0.000

10월	상관계수	-0.276	0.032	-0.004	-0.127	-0.153	-0.180	-0.214	-0.780**
	유의확률	0.052	0.825	0.978	0.379	0.290	0.210	0.135	0.000
11월	상관계수	-0.539**	-0.139	-0.188	-0.229	-0.083	-0.393**	-0.445**	-0.849**
	유의확률	0.000	0.334	0.191	0.110	0.565	0.005	0.001	0.000
12월	상관계수	-0.462**	-0.142	0.021	-0.172	-0.006	-0.403**	-0.442**	-0.696**
	유의확률	0.001	0.327	0.886	0.232	0.965	0.004	0.001	0.000

*: 상관계수는 0.05 수준에서 유의, **: 상관계수는 0.01 수준에서 유의

3. 요약 및 결론

1) 본 연구는 울릉도의 기후특성과 변화를 동일 위도에 해당하는 지역들과 울릉도와 같은 도서지역인 제주도와의 비교를 통해 살펴보고자 하였다. 지난 50년간 울릉도의 평균기온은 전국 대비 그 차이가 크지 않았으나, 평균 최고기온은 낮았고 반대로 평균 최저기온은 높았다. 이러한 결과를 반영해 1년 중 가장 더운 달(8월) 평균기온과 가장 추운 달(1월) 평균기온 차이인 연교차도 울릉도가 전국 대비 작았다. 이러한 울릉도의 상대적으로 작은 기온변화는 해양의 영향을 지배적으로 받기 때문이며, 여름에 상대적으로 천천히 뜨거워지고 겨울에는 상대적으로 천천히 식기 때문이다. 이러한 경향은 위도가 비슷한 지역들과의 비교에서도 동일하게 확인되었다.

2) 울릉도의 연강수량은 전국 평균과 큰 차이는 없었다. 그러나 울릉도의 강수패턴은 우리나라의 전형적인 그것과는 전혀 다른 경향이 나타났다. 일반적으로 우리나라 대부분 지역은 여름 강수가 1년 전체의 절반 이상을 차지한다. 그러나 울릉도는 여름 강수 집중률이 30%대로 매우 낮다. 반면 겨울 강수 집중률은 약 24%로 우리나라 평균 겨울 강수 집중률 7.36%와 비교해 3배 이상 높다. 이러한 결과는 겨울철 많은 양의 강설량에 따른 것으로 차가운 겨울 계절풍인 북서풍이 상대적으로 따뜻한 동해를 지나며 수증기를 공급받고, 해발고도 986m의 울릉도에 지형성 강우로 나타난 결과다. 이러한 울릉도의 많

은 강설은 우데기라는 독특한 가옥구조를 발달시킨 원인이기도 하다.

3) 울릉도 상대습도의 경우 10월과 11월을 제외하면 전국 대비 높은 편이다. 해발고도가 높은 대관령을 제외하면 비교 지역 중에서도 울릉도의 상대습도가 가장 높다. 월별로는 봄철과 여름철에 상대적으로 높은데, 특히 연중 가장 건조한 봄철의 경우는 이전 겨울 동안 내린 강설에 따른 영향으로 해석된다. 일반적으로 풍속은 인천, 대관령, 강릉, 울릉도, 제주도 같은 해안을 끼고 있는 지역이나, 해발고도가 높은 지역에서 강했다. 섬인 울릉도의 풍속은 전국 대비 그리고 비교 지역 중에서도 압도적으로 강한 것으로 조사되었다. 특히 3월부터 5월까지는 평균 4㎧ 이상의 풍속이 관측되었으며, 나머지 기간에서도 겨울철 대관령을 제외하면 울릉도의 풍속은 매우 강하다.

4) 지난 84년간 울릉도의 연 평균기온은 통계적으로 유의한 수준에서 지속해 높아졌다. 특히 2015년 이후 8년 연속 연 평균기온 13℃ 이상을 유지하고 있고 또 계속해 높아지는 추세가 이어지고 있다는 점이 매우 주목된다. 이러한 경향은 평균 최고기온과 최저기온에서도 확인된다. 한가지 눈여겨볼 점은 우리나라 대부분의 지역에서 나타나는 기온 상승과 비교해 울릉도의 기온 상승 폭은 상대적으로 작다는 점이다. 이는 섬이라는 울릉도의 지리적 특성 때문으로 해양성기후가 뚜렷하기 때문이다. 특히 울릉도 주변 수역은 수심이 깊고, 쿠로시오 해류에서 분류된 지배적인 난류가 흐르며, 육지와의 거리도 멀어서 그 고립도가 매우 높은 섬이기 때문이기도 하다. 이처럼 울릉도의 기온 상승은 제주도나 동일 위도의 다른 지역과 비교해 그 정도가 상대적으로 뚜렷하지 않다.

5) 본 연구에서는 울릉도를 포함해 연평균 최고기온 보다는 연평균 최저기온의 지속적 상승이 더 뚜렷했음이 확인되었다. 더불어 우리나라의 평균 연 강수량은 지난 50년간 큰 변화가 없었지만, 상대습도는 지속해 감소하고 있음도 밝혔다. 이는 우리나라의 강수 패턴이 특정 시점에 집중되고 있음을 간접적으로 보여주는 지표로 홍수와 가뭄과 같은 자연재해로 연결될 수 있다는 점을 살펴보아야 할 것이다. 더불어 울릉도를 포함해 제주도와 인천의 유의미한 풍속의 감소도 주목된다. 풍속의 감소는 상대습도와 기온 상승과도 관계가 있을 것으로 본다. 후속 연구를 통해 이와 관련한 내용을 규명할

필요성이 제기된다.

6) 그리고 이번 연구에서는 기후자료를 월별로 세분화하여 더 자세한 기후변화 양상을 분석하였다. 그 결과를 토대로 3월과 5월, 6월, 9월, 11월의 기온변화에 특히 주목할 것을 제언하는 바이다. 이들 해당 월은 계절이 바뀌는 그 경계에 해당되며, 그중에서도 3월 기온 상승이 가장 유의미하다. 이는 울릉도는 물론이며 본 연구에서 다룬 모든 지역에 해당하는 것으로, 그동안 기온 상승을 여름 기온과 겨울 기온 중심으로 바라보던 관점이 일부 전환되어야 할 것으로 보인다.

7) 울릉도의 기후는 작은 연교차, 높은 상대습도, 강한 풍속 등 전형적인 도서지역 기후 특성이 나타난다. 하지만 비교적 풍부한 강수량과 위도 대비 높은 기온 등 울릉도의 물리적 환경은 우리나라에 비슷한 지역을 찾기 힘든 매우 독특한 환경이라는 점을 주목할 필요가 있다. 비록 울릉도의 기온 상승이 우리나라의 다른 지역과 비교해 그 정도가 크지 않다고 할지라도 울릉도의 기온 상승 또한 현재 진행형이며, 향후 그 변화를 지속해 추적 관찰할 필요성이 있다. 특히 강수량의 균등한 계절적 분포 패턴, 상대습도와 풍속의 통계적으로 유의미한 감소 등 다양한 기후요소들이 복합적으로 작용해 울릉도의 기후변화에 영향을 줄 가능성이 크다. 따라서 많은 기후변수를 고려한 종합적인 관점에서의 연구가 더 많이 있어야 할 것으로 판단된다.

울릉도의 독특한 지리적 특성(지역성)은 우리가 가지고 있는 소중한 자연자본이자 문화자원이다. 앞으로 현재와 같은 온난화가 지속되고 인간의 간섭이 심해지면 울릉도는 원래 모습을 빠르게 상실할 가능성이 크다. 오랜 세월 주어진 환경에 적응한 울릉도의 자연생태계는 교란의 가능성을 배제할 수 없는데 고립된 섬이라는 환경이 이를 더 가속화하고 극대화시킬 수 있다. 또한 코로나 유행 이후 최근 울릉도를 찾는 관광객 수가 증가하고 그에 따른 개발 등 인간의 간섭도 향후 울릉도의 기후변화에 부정적 의미에서의 촉매제 역할로 작용할 수 있음을 잊지 말아야 한다. 결국 우리가 예상할 수 없는 환경 변화는 울릉도 생물다양성에 직접적인 영향을 주는 것은 물론이며, 나아가 울릉도를 삶의 터전으로 살아가는 인간의 삶에도 직접적인 영향을 줄 수 있다는 점도 놓쳐서는 안 될 것이다.

참고문헌

김기범 외 3인, 2022, 『동해 울릉도-독도 화산그룹 분화사 다중스케일 연구』, 한국지구과학학회지 43권 1호, pp. 140-150.

김현희 외 2인, 2022, 『AWS 관측자료로 분석한 한국 도서지역 기후 특성』, 한국기후변화학회지 13권 4호, pp. 399-408.

김현희 외 2인, 2023, 『Present status and distribution of naturalized plants in the island regions of the South Korea』, BioInvasions Records 12권 1호, pp. 31-42.

송용선 외 2인, 2006, 『울릉도와 독도 화산암의 생성연대 및 진화사』, 암석학회지 15권 2호, pp. 72-80.

통계청, 2022, 『어업생산동향조사 결과보고서』, 통계청.

제 4장

독도 영유권 문제에 관한 인식과 정책 대안에 관한 연구

박건우

　　이 연구는 독도 영유권 문제를 중심으로 한일관계의 역사적인 갈등과 화해 과정을 조망한다. 한일관계의 진전에 따른 상호 신뢰 및 협력을 위한 지속적 노력이 필요하다. 또한, 독도 영유권 문제의 건설적인 해결을 위해서, 공공외교적 접근의 중요성을 강조할 수 있다. 분석을 위해서, 독도문제와 관련하여 공공의 인식과 태도를 조사하고 분석하여, 이를 바탕으로 한일관계 개선방안을 공공외교적 함의를 고려해 다양한 제언을 살펴본다. 분석 결과에 따르면, 설문조사에서는 국민의 의견이 대부분 한일관계에 있어 독도영유권과 같은 문제의 해결이 미비하며, 아직 개선이 필요하다고 인식하고 있다. 인터뷰 내용에서는 다양한 결과가 나타났으나, 일본의 미흡한 대응과 더불어, 공공외교가 중요한 해결책 중 하나가 될 수 있음을 시사하고 있다. 이러한 연구 결과는 독도 영유권에 대한 문제해결의 긍정적 접근을 통해, 한일 양국의 상호 이해 증진을 높이는 데 기여할 것으로 기대된다.

I. 들어가며

1. 연구의 배경

　독도(獨島)는 한반도의 동해안에서 약 87.4km 떨어진 작은 섬이다. 이 섬은 역사적으로 한반도의 중요한 일부로 인식됐으며, 여러 세기에 걸쳐 한반도의 정치, 경제 및 문화와 깊은 연관성을 지니고 있다. 그러나, 독도는 한국과 일본의 영토분쟁의 중심에 있어, 두 나라의 관계를 형성하는데 큰 영향을 미치고 있다. 독도 문제는 두 나라 간의 복잡한 역사적 배경과 국제법, 해양 자원 및 지역 안보에 관한 다양한 이슈를 포함하고 있다. 이에 따라 독도문제는 단순한 영토 분쟁을 넘어 국제사회의 평화와 안정, 그리고 동아시아 지역의 미래에 있어 중요한 도전 과제(challenge)로 부각되고 있다.

　독도문제는 대한민국의 독도 영유권에 대한 일본의 주장으로 시작된 분쟁이다. 대한민국은 1948년 정부 수립 이후 독도에 대한 실효적인 지배를 지속하며, 국제법상 평화적인 지배가 영토권을 주장할 수 있는 확실한 근거라고 판단하여 독도에 대한 외교적 공론화를 피해왔다. 2000년대 초, 일본과 한국 사이에서 독도문제에 대한 비판이 증가하였으며, 일본 내 여론조사에서도 독도를 일본의 영토로 인식하는 의견이 다수를 차지하였다. 특히 2008년 2월에는 일본 외무성이 독도 영유권을 주장하는 책자를 발간하고 배포했다. 이와 더불어, 일본은 2008년 7월에 중학교 사회 교과서의 학습지도요령 해설서에 독도를 일본 영토로 표기하였고, 2012년부터는 독도를 일본 고유의 영토라는 내용을 포함하여 교육을 수행할 것을 발표하기도 했다. 무엇보다 최근 독도문제와 관련하여 심각한 이슈가 논란이 되기도 했다. 일본의 국립 전시관에서는 독도에 대한 홍보 비디오를 유튜브 계정에 업로드했는데, 영상에서 한 아이가 아버지에게 "북방영토(쿠릴열도 남쪽 4개 섬을 지칭)와 다케시마(일본이 주장하는 독도의 명칭)에 일본인임에도 방문할 수 없는 장소가 있다"고 말했다. 이 말을 들은 어머니는 영토 및 주권 전시관을 방문한 후 아들에게 "일본인이 열심히 일궈온 땅에 지금은 방문할 수 없지만, 너희 세대에는 반드시 방문할 수 있을 것이다"라며 강조하는 내용이 담거 있었다. 더불어, 전시관의 한글 홈페이지에서 "북방영토·다케시마·센카쿠 열도는 일본의 고유한 영토이며, 다른 나라의 일부였던 적이 없다"는 표현이 있어 논쟁이 있었다.[1] 이처럼 일본은 독도에 대해서 오도하고 왜곡하는 등 지속적으로 문제를 일으키는 것으로 나타났다.[2]

이러한 문제에 대해서, 국내에서는 독도 교육의 중요성을 인식하면서도, 의무교육이 아닌 권장교육으로 독도 교육이 실시되고 있어, 실제 독도 교육의 진행이 어려운 상황이다. 특히, 일선 교사들은 독도 교육이 학교 교육과정에서 소외되어 있으며, 독도 교육을 깊이 있게 다루지 못하고 있다는 문제를 지적되기도 했다. 민간에서 외교 역할을 수행하는 반크(Voluntary Agency Network of Korea, VANK)는 대한민국을 알리는 민간 사회 기여 단체로, 독도 관련 활동을 중점적으로 수행하고 있다. 독도와 동해 표기 정정을 위한 활동을 예로 들 수 있으며, 해외에서 독도와 동해의 올바른 표기를 홍보하려 노력하고 있다. 일례로, 애플(Apple)은 반크의 요청에 따라 독도 표기 문제를 시정하였으며, 공신력 있는 정보를 교차 검증하여 표기하는 방식을 도입해야 한다는 항의와 시정요청을 제출했다. 이처럼, 국내에서도 독도문제에 대한 인식과 이를 개선하기 위한 노력이 다양한 방향으로 이루어지는 것을 알 수 있다.

이러한 문제인식에 더해서, 최근 공공외교(public diplomacy)[3]와 관련한 학술적 중요성이 확대되면서 다양한 논의가 이루어지고 있다. 특히, 기존의 전통적인 외교뿐만 아니라, 공공외교의 국제정치적 그리고 지정학적 중요성이 부각됨에 따라 학술적 연구의 지속적인 필요성이 증대되고 있다. 공공외교는 이론적 의의뿐만 아니라 실천적 차원에서도 유의미하기 때문에, 정책의 방향성을 설정하기 위한 이론의 체계적 접근 및 개념화가 다양하게 모

---

1) 파이낸셜뉴스(2023.04.12.) "日 국립전시관 "독도는 일본땅, 미래엔 꼭 갈 수 있을 것". (https://www.fnnews.com/news/202304122119521321)
2) 뉴시스(2023.05.10.)서경덕 "일본 국립전시관 독도 퍼즐, 어린이 세뇌 작업" (https://newsis.com/view/?id=NISX20230510_0002297138&cID=10701&pID=10700)
3) Nye(2004)의 저서에서는 9.11사태에 따라서 미국의 외교 패러다임이 전면적으로 변화했으며, 기존의 하드파워에서 소프트 파워로의 전환이 요구되었다고 설명한다. 그리고, 이러한 소프트 파워에 기초한 공공외교의 재등장으로 전통적 외교 활동에서 확장된 형태의 활동이 증가가 나타난다.

색되고 있다. 공공외교가 주목하는 대상은 특정 학문 또는 이슈에 국한되지 않고 다양하게 논의됐다. 이를테면, 문화외교, 보건외교, 디지털 외교 등과 국가 간 관계 및 소프트 파워(soft power), 그리고 국제개발협력(international development cooperation) 등 오늘날 글로벌 국제관계와 관련한 현상에 다양하게 주목되어왔다. 이와 관련하여, 특히, 독도문제를 포함해서, 한일관계는 오랫동안 '단단히 꼬인 매듭'과 같이 풀기 어려운 숙제로 인식되고 있다. 한일관계의 개선은 다양한 노력이 경주될 수 있는데, 본 연구에서 주목하는 공공외교적 접근도 그중 하나로 볼 수 있다.

한일관계는 역사적, 문화적, 경제적, 그리고 정치적으로 다양한 측면에서 복잡한 양상을 보인다. 즉, 갈등과 화해의 반복과 같은 부침이 지속해서 나타나는데, 미래지향적 태도를 보이는 동시에 과거로 회귀할 수 밖에 없는 다양한 이벤트가 발생하기도 한다. 이러한 복잡성은 한일 양국의 인식과 태도에도 큰 영향을 미치며, 공공외교에도 중요한 변수로 작용한다. 한일관계의 개선을 위해서는 양국의 국민이 상호 호감을 가지는 것이 중요한데, 이 과정에서 존재하는 서로에 대한 미움과 증오, 그리고 혐오 등 부정적 인식을 완화해야 한다. 일각에서는 한국의 반일감정이 역사적으로 뿌리깊은, 즉 이미 주어진(given) 것이거나 내재되었다고 보는 시각도 존재한다.(최종호외, 2014).

실제로, 한일관계의 개선에 문제가 되는 이슈는 매우 다양하다. 가장 최근의 2023년 8월 일본의 '후쿠시마 오염수' 방류 결정[4]부터, 위안부, 독도와 같은 역사 및 영토 문제, 재일 한국인에 대한 차별 문제 등이 있다. 이러한 문제들이 해결되었다고 생각하는지에 대해 한국과 일본의 양국 시민에게 물었을 때, 양국 시민 모두에서 해결되지 않았다는 응답이 대부분이었으며, 일본 시민과 우리나라 시민 간에는 의견 차이가 큰 것으로 나타났다.[5] 따라

---

4) BBC News Korea(https://www.bbc.com/korean/articles/cpv2zn9enqlo) 일본은 2023년 8월 24일부터 후쿠시마 원자력 발전소의 오염수를 정화 처리한 뒤 태평양으로 방류할 계획이며, 이 결정은 국제원자력기구(IAEA)의 국제 기준에 부합한다는 평가를 받았다. 후쿠시마 원자력 발전소는 2011년 쓰나미로 큰 피해를 입었으며, 현재까지 축적된 오염수는 약 134만 톤에 이른다. 오염수는 앞으로 30년 동안 방류될 예정이다.

5) 이를테면, 이를테면, 한일 간 주요 문제에 대한 의견 조사 결과, 해결되지 않았다고 응답한 한국 시민의 비율이 일본 시민보다 높았다. 특히, 영토 문제와 역사 문제에 대해 해결

서, 한일 갈등의 완화와 관계 개선은 관련 사항이나 이슈에 대한 시민의 인식을 확인하는 것에서 시작되어야 한다(김위근, 2020).

이처럼, 한일관계의 개선은 양국 국민의 인식의 전환이 중요한 과제로 볼 수 있다. 이를 위해 다양한 노력이 경주될 수 있는데, 공공외교도 그중 하나로 기능할 수 있다. 하지만, 공공외교에 대한 학술적 논의는 그 중요성에도 불구하고, 기존의 연구에서는 공공외교 수행의 주체로서 일본에 주목하고 있으며(정기웅, 윤석상, 2009; 박창건, 2017; 박명희, 2022), 한일관계 개선을 위한 공공외교적 측면에서의 국민의 인식 전환과 관련한 논의는 상대적으로 미비한 것으로 나타나고 있다. 일본은 한국과 관련한 역사문제를 일본의 측면에서, 이를 이해하고 확대하기 위한 대미 공공외교가 관심의 대상으로 인식된다는 주장도 있었다(박명희, 2022). 이를테면, 위안부 문제 등은 양국의 공통된 역사적 갈등인데, 이러한 문제를 대미 공공외교에 포함하는 것은 한일관계의 개선에 부정적인 영향을 미칠 수 있다. 따라서, 이러한 문제의 해결을 위한 한일관계의 개선은 국민의 인식 전환과 더불어 공공외교적 관점에서 어떠한 접근이 효과성을 가지는지 대한 논의가 필요하다.

2. 연구의 필요성

한국과 일본은 1951년 10월 '제1차 한일국교 정상화 회담'을 개최하여 건설적인 발전을 위해 시도했으나, 당시에도 한국 대표인 양유찬과 일본 대표인 이구치 사다오(井口貞夫)는 상호간 인식의 차이가 나타났는데, 양국이 근본적으로 과거와 역사를 다르게 바라보고 있다는 것을 보여주었다. 이러한 역사 인식과 더불어, 독도 문제도 마찬가지로, 우리나라의 일반적 인식과는 다르게, 일본은 국제법상 식민지배와 더불어 합법적으로 조선을 지배했으며, 독도에 관한 영유권도 1905년 문제없이 확보되었다는 것이다. 이러한 일본의 독도 문제에 관한 인식은 오늘까지도 한일관계의 경색과 갈등을 지속하는 중요한 이슈이자 사회현상으로 나타나고 있다. 즉, 한일관계의 건강

되지 않았다고 응답한 한국 시민은 90%를 상회하는 등 매우 높았지만, 일본은 76.8% 수준으로 나타났다.

한 발전은 회담에서도 보여주듯이, 처음부터 마찰과 대립 등 갈등이 지속하는 양상을 보여왔다.

이러한 상황에서, 다가오는 2025년은 한국과 일본이 국교를 정상화한지 60주년을 맞이하는 의미있는 해로, 그간의 갈등과 대립을 극복하고 화해의 분위기 속에서 상호 발전을 위한 노력이 더욱 요구된다. 하지만, 독도 문제를 중심으로 한일관계를 악화시킬 수 밖에 없는 중요한 계기 또는 사례가 여전히 해결되지 못했기 때문에 협력적 관계를 모색하는 것이 난항을 겪는 것은 어찌보면 당연한 결과인 것으로 평가될 수도 있다. 독도가 역사적, 지리적, 국제법적으로 대한민국 영토임을 논리적 증명하는 것과 더불어 중요하게 인식될 문제는 독도에 관한 우리 국민의 인식과 관심이다. 일련의 조사에 따르면, 한·일 갈등에 대한 인식은 한국인이 월등히 높은 것으로 나타나고 있다. 이를테면, 독도 등 영토 문제와 관련해 한국인은 89.9%가 독도문제가 한일갈등에 영향을 미친다고 응답하였으며, 일본인은 64.8% 수준으로 나타났다. 무엇보다 독도 등 영토 문제, 위안부 등 역사 문제, 재일 한국인에 대한 차별 문제와 관련해 독도와 관련한 문제가 91.0% 수준으로 가장 해결되지 못한 이슈라고 응답하고 있다(김위근, 2020). 즉, 우리 국민 10명 중 9명은 한일간 독도문제가 여전히 미해결된 내용으로 인식하고 있는 것이다.

이처럼 독도는 역사적으로 우리나라의 고유한 영토이지만, 일본은 1905년 독도편입 등을 근거로 영유권을 주장하고 있다. 따라서, 우리 국민과 정부의 입장에서는 독도문제의 양상과 현황을 관심있게 인식할 필요가 있다. 독도에 관한 관심은 한국인이라는 정체성과 애국심의 형성에도 중요한 영향을 미칠 수 있으며, 국가 안보의 구축에도 중요하다. 즉, 독도는 명실상부한 대한민국의 영토이지만, 일본의 주장으로 한일갈등을 심화시키는 상황이기 때문에, 우리 국민의 독도에 관한 관심을 높이는 것이 중요한 과제로 볼 수 있다.

독도 등 국가 영토에 관한 국민의 관심이 확대됨으로써 우리 정부는 보다 목소리를 높여 국제사회에서의 대응력을 강화할 수 있으며, 국민과 시민사회를 중심으로 독도에 관한 일본의 잘못된 주장을 시정하는데도 중요한 역할을 수행할 수 있다. 따라서, 우리 국민의 독도 인식 및 관심의 활성화는 어찌 보면 당연한 과제이기도 하지만, 향후 일본에 대응하기 위한 전략을 마련하는 것으로도 중요한 의미를 지닌다. 무엇보다 국가 영토에 관한 국민적 관심이 부족할 경우, 주권침해 위기 등 국가 안보에도 부정적일 수 있으며, 한일 갈등도 극복하지 못할 가능성이 크다.

3. 연구의 목적

이러한 상기 연구배경과 필요성을 중심으로 본 연구는 우리 국민의 독도와 독도문제에 관한 인식을 살펴보고, 실질적인 관심의 증대와 더불어 이를 독려할 수 있는 정부차원의 정책적 노력을 살펴보는 것을 목적으로 하고 있다. 이를 위해서, 설문조사를 활용한 실증분석과 인터뷰 조사 등 질적분석을 통해, 우리 국민이 독도 문제를 어떻게 인지하고 있는지를 살펴본다.

　　　연구문제1: 독도문제는 어떻게 논의되고 있으며, 이에 대한 국민의 인식은 어떠한가?
　　　연구문제2: 공공외교의 이론적 틀을 바탕으로, 독도문제 인식의 개선방안을 제시하기 위한 공공외교의 이론적 그리고 정책적 함의는 어떻게 논의될 수 있는가?

즉, 본 연구는 독도 문제의 인식과 이에 대한 정책 대안을 탐구하고자 한다. 먼저, 독도 문제의 역사적 배경과 현 상황에 대한 깊이 있는 분석을 통해 독도 문제의 본질과 중요성을 이해하려고 한다. 둘째, 우리 국민의 독도에 대한 인식과 태도를 조사하여, 독도 문제의 의미와 해결방안을 분석하려고 한다. 이를 통해 독도 문제의 해결 방안을 모색하고, 이 지역의 평화와 협력을 촉진하기 위한 기반을 마련할 수 있을 것이다. 또한, 독도 문제의 복잡성과 이에 대한 체계적이고 실질적인 접근 방식의 필요성을 강조함으로써, 독도 문제의 더 나은 이해와 해결을 위해 기여할 수 있다.

4. 연구의 범위 및 구성

연구의 목적인 개인 수준에서 독도문제에 관해 어떻게 인지하고 받아들이는지를 살펴보고, 독도 문제 관한 범국민적 차원의 관심 확대와 중앙-지방정부의 정책 노력을 제고하기 위한 대안을 마련하는 것을 목적으로 한다. 따라서, 연구의 주요 대상은 우리나라 국민 개인이며, 연구의 범위는 독도문제 및 독도의 영유권과 관련된 역사학적·사회과학적 연구결과와 연구논문, 보고서 등을 활용하며, 이와 관련한 설문조사와 인터뷰 조사 결과 등도 분석에 추가적으로 활용한다. 이를 위한 연구의 구성은 다음과 같다. 첫째, 독도의 역사적 배경과 문제, 그리고 이론적 논의와 선행연구를 분석한다. 둘째, 독도문제에 대한 인식과 태도를 설문조사와 인터뷰 조사를 통해 그 내용을 이해하고 분석한다. 셋째, 독도문제의 해결을 위한 정책 대안을 제시한다. 넷째, 본 연구의 결론과 정책적 함의를 제시한다.

Ⅱ. 독도 이슈의 이론적 논의

1. 독도관련 주요 개념 및 논의

1) 독도의 일반적 현황[6]

독도는 대한민국의 고유 영토로, 1982년에 천연기념물로 지정된 섬이며, 울릉도 동남쪽에 위치해 있다. 이 섬은 동도와 서도를 포함해 총 89개의 작은 섬들로 이루어져 있다. 총면적은 187,554㎡이며, 2023년 8월 기준, 상주 인원은 26명으로 주민 1명, 독도경비대원 20명, 울릉군청 독도관리사무소 직원 2명 등 대관리원 3명 등 거주 중이다. 서도에는 주민숙소, 음용시설이 있고, 동도에는 독도등대, 위성안테나, 경비대가 위치해있다. 역사적으로 신라(新羅)의 지증왕(智證王) 시기에 우산국(于山國)이 신라에 편입되면서 독도도 함께 편입되었고, 이후 고려(高麗)와 조선(朝鮮) 시대에도 한국의 영토로 지속되었다.

---

[6] 외교부(http://dokdo.mofa.go.kr)의 내용을 토대로 저자 재구성 발췌 후 정리

독도영유권의 근거와 관련해, 한국과 일본의 고문헌에서의 한국 영토 기록을 살펴볼 수 있다. 삼국사기(三國史記)에 따르면, 512년에 신라의 이사부(異斯夫)가 우산국을 정벌하여, 이에 따라 신라가 우산국을 복속하였다는 기록이 있다. 세종실록(世宗實錄) 지리지(1454년)에서는 울릉도와 독도가 강원도 울진현에 속한 두 섬으로 기록되어 있으며, 동국문헌비고(東國文獻備考)의 여지고(1770년)에서는 '울릉과 우산은 모두 우산의 땅이며, 우산은 일본이 말하는 송도다'라고 기록되어 있다. 그리고, 태정관지령(1877년)에서는 '다케시마(울릉도)와 일도(독도)는 본방(일본)과는 관계가 없다'라는 지시를 내무성에서 내렸다는 기록이 있다. 이처럼 독도 영유권에 대한 근거는 역사적 근거를 통해서, 대한민국의 영토로 여겨져 왔다. 그리고, 지리적으로 독도와 울릉도의 거리가 87.4km로, 일본의 오키제도(隱岐諸島)와는 157.5km 라는 거리적인 차이가 있다. 또한, 실질적인 지배도 대한민국이 하고 있다. 또한, 국제법적으로도 1900년 대한제국 칙령 제41호와 2차세계대전 이후 연합국의 여러 각서를 통해 독도의 영유권이 대한민국에 있음을 국제적으로 인정받았다.[7] 그러나, 일제강점기가 끝난 후에도 일본은 독도의 소유권에 대해 도발적인 주장을 계속하고 있다.[8]

<그림 1> 칙령 제41호

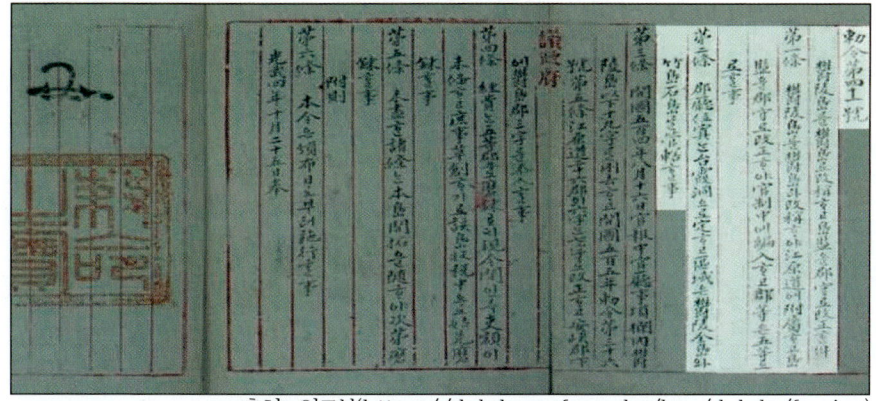

출처: 외교부(https://dokdo.mofa.go.kr/kor/dokdo/faq.jsp)

---

7) 대한민국 정부(2016.10.25.) "독도를 우리 땅이라고 주장하는 방법", (https://www.korea.kr/news/reporterView.do?newsId=148823496#goList)
8) 한국민족문화대백과사전(2023.06.04), https://encykorea.aks.ac.kr/Article/E0015953,

<그림 2> 독도의 지정학적 위치

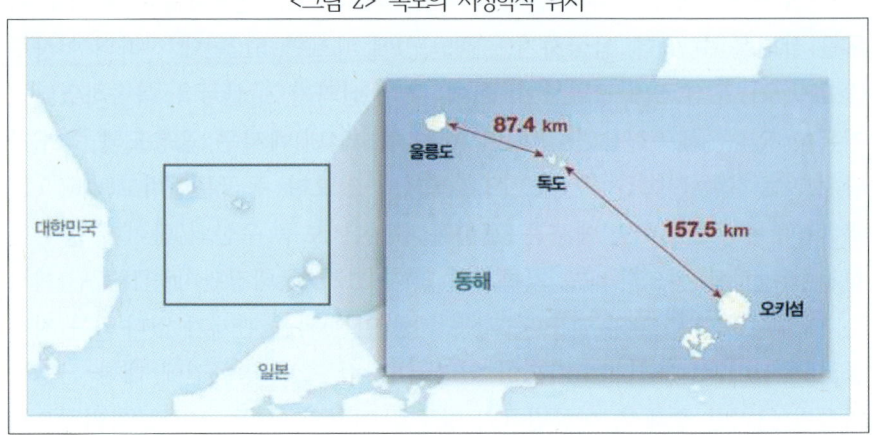

출처: 외교부(https://dokdo.mofa.go.kr/kor/introduce/location.jsp)

독도는 남북에서 만나는 한류와 난류의 중심지로 황금어장, 미생물 보고, 해양심층수를 포함하며, 지하에는 가스하이드레이트와 인산염암이 존재한다. 또한 군사 요충지로서 지정학적 중요성과 함께 기상관측과 천문 관측 기지로의 가치를 지니며, 육지와의 통신 연계에 유리한 위치를 가지고 있어, 이는 해양 및 지질 연구의 중요한 자원으로 독도의 경제적 지정학적 가치가 높다(김군수, 한영숙, 2015). 이에 대해서 정부는 독도를 「국유재산법」에 따라 '행정재산'으로, 「문화재보호법」에 의해 '천연기념물 제336호 독도천연보호구역'으로 분류하였으며, 「독도등도서지역의생태계보전에관한특별법」에 의해 '특정도서'로 지정하였으며, 「국토이용관리법」에 따라 '자연환경보전지역'으로 분류하였고, 「독도의 지속가능한 이용에 의한 법률」에 따라 독도와 주변해역을 보전 및 관리하고 있다. 이처럼 독도는 다양한 법률적 근거가 존재한다.9)

2) 독도관련 문제

독도와 관련한 이슈와 문제는 군사적 긴장, 역사적 이해의 차이, 자원의

---

9) 국토교통부 국토지리정보원 독도지리넷 (http://dokdo.ngii.go.kr)

경제적 가치 등을 들 수 있다. 먼저, 군사적 긴장과 관련해, 독도 주권 분쟁은 한일 양국 사이의 군사 동원 및 훈련을 유발하며, 이에 따라 독도 주변의 군사적 긴장을 유발할 수 있는 상황이 존재한다.[10] 이는 지역 안보에 부정적 영향을 미칠 수 있으며, 한국과 일본의 평화와 안정을 위협할 수 있다. 그리고 역사적 이해의 차이와 관련해, 한국과 일본은 독도의 역사적 소유권과 지리적 위치에 대해 서로 상반된 주장을 하고 있다. 한국은 고려 시대부터 독도가 한국의 영토였음을 주장하며, 일본은 독도를 '다케시마'라고 부르며 일본의 영토로 주장한다. 이러한 역사적 이해 차이는 양국 사이의 관계를 더욱 복잡하게 만든다. 또한 자원과 경제적 가치에 대해서, 독도와 인접 해역은 어업과 자원 개발의 중요한 지역으로, 독도 문제는 이러한 자원과 경제적 이익에 대한 불필요한 경쟁으로 이어질 수 있다. 이는 독도 영유권 문제의 복잡성을 높이는 요인으로 작용한다.

보다 구체적으로, 독도 영유권 분쟁은 한국의 영토인 독도에 대해 일본이 영유권을 주장하며 발생한 문제이다. 1952년 1월 18일, 한국 정부는 '인접 해양의 주권에 관한 대통령 선언'을 발표하고 독도를 평화선 안에 포함시켰다. 이에 일본이 영유권을 부정하는 외교문서를 보내면서 분쟁이 시작되었다. 한국 정부는 국제법상 평화적 지배가 영토권 주장의 확실한 근거라고 판단하며, 독도에 대한 외교적 공론화를 피하려 했다. 그러나 일본은 외교적 공론화를 지속하고, 최근에는 외무성 책자 발행과 교과교육 강화로 도발을 이어갔다.[11] 이 이슈의 중요성은, 일본의 지속적인 도발로 인해 독도에 대한 국민의 관심이 줄어들면 일본의 영유권 주장이 강화될 수 있으며, 이에 따라 분쟁이 더욱 심화될 수 있기 때문이다. 이처럼 독도 영유권 문제는 한일 간의 복잡한 이슈로, 양국은 외교적 해결을 위해 노력하고 있으나 아직 합의점을 찾지 못했다.

이러한 문제와 연관하여, 인도 쿠룩쉐트라 대학교(Kurukshetra University)의 Madan Mohan Goel 교수는 Korea Times의 기고에서 다음과 같이 밝히고

---

10) 이와 연관해, 과거 우리 정부는 독도 영유권 수호를 위해 영공영해 방어훈련을 1997년 9회 실시했으나, 2004년에는 1회로 감소한 바 있다(국회의원 송영선 보도자료 2005.03.28.)
11) https://encykorea.aks.ac.kr/Article/E0066369

있다.12) 해당 내용에서는 일본의 이러한 인식과 행동이 양국의 관계에 부정적일 수 있으며, 식민지 지배의 유산으로 지속적인 역사왜곡이라고 밝히고 있다. 하지만, 이에 대해서 상대적으로 국제사회는 이를 잘 인식하지 못하는 문제가 존재한다고 설명한다.

"저는 독도 논쟁에 있어 일본의 영유권 주장과 관련된 특별한 전문 지식이나 자료를 가지고 있지 않습니다. 한국의 주장을 정당화할 수 있는 역사적 근거는 역사학자들의 몫이라 생각합니다. 일본 학자들 중 일부가 한국을 지지하는 것은 흥미로운 상황이라고 생각됩니다. 제 개인적인 의견으로는 이 논쟁에 대한 국제사회의 인식은 매우 낮다고 느껴집니다. 독도에 대한 일본의 역사왜곡 및 부당한 영유권 주장은 제3자의 개입 없이도 해결할 수 있는 문제로 보입니다. 이는 경제적, 정치적, 외교적 측면에서 불합리한 행동으로 비춰집니다. 독도 분쟁은 한-일 관계의 불안정을 크게 촉진시킨 역사왜곡의 한 사례입니다. 일본의 35년간의 한국 식민지 지배의 유산으로 인해 이 문제에 대한 논쟁은 한일 양국 사이에서 끊임없이 발생하고 있습니다. 국제사회가 한국의 독도 영유권 주장을 이해하고 분석하며 지지하도록 해야 합니다."

또한, 독도문제와 관련하여, 「한일어업협정」을 살펴볼 필요가 있다. 1965년과 1998년에 「한일어업협정」이 체결되었는데, 이는 한국과 일본 간의 어업 환경 조정을 위한 조치였다. 처음 1965년 협정은 국교 정상화의 일환으로 체결되었고, 이후 1998년에는 국제 어업 환경의 변화에 따라 새롭게 협정이 이루어졌다. 이 협정들은 주로 동해와 제주도 남부 수역에서의 어업 활동을 규정하며, 불법 조업 단속과 어업공동위원의 설치 등을 포함한다. 그러나, 협정은 독도의 영유권에 대해 명확히 하지 않아 독도 영유권 분쟁의 소지를 남겨두었다. 특히 독도 해역을 중간지역으로 포함시킴으로써 일본에게 독도 영유권 주장의 기회를 제공했다. 이에 따라 일본은 독도를 자신

---

12) The Korea Times (2011.07.21) (https://www.koreatimes.co.kr/www/opinion/2023/10/137_91346.html)

들의 영토라고 주장하며 분쟁을 유발한다. 1998년 협정 체결 후 양국은 2016년까지 매년 조업 협정을 갱신했으나, 현재는 협정이 중단되어 양국 간의 어업 활동에도 영향을 미치고 있다.13)

이러한 독도문제는 교과서 및 국제사법재판소 제소문제와도 연관이 있다. 2011년 일본은 중학생을 대상으로 한 사회 교과서에 독도를 일본 영토로 표기하였다. 이는 한국에서 큰 논쟁을 일으켰으며, 한국교원단체총연합회는 일본에 대해 역사 왜곡을 즉각 중단하고 검정 통과를 철회할 것을 요구하기도 했다. 그러나 일본은 이러한 요구에 응하지 않고 더 많은 교과서에 독도를 일본의 고유 영토로 기술하며, 독도의 영유권을 주장하였다. 이후, 일본은 독도의 영유권 문제를 국제사법재판소에 제기하고자 하였으며, 이는 독도문제를 세계화하려는 시도로 보여졌다. 만약 국제사법재판소에서 승소한다면, 독도가 일본의 영토로 인정받게 되고, 일본은 이를 통해 다른 영역에서도 이익을 얻을 수 있을 것이라고 판단한 것으로 추정된다. 반면 한국은 독도의 영유권이 분명하므로 국제사법재판소에 제소할 필요가 없다고 주장하였으며, 분쟁을 피하고자 독도에 군대를 배치하지 않고 경비대만을 배치하였다. 이는 일본과의 영토 분쟁을 크게 확대시키지 않으려는 한국의 노력을 반영하는 것으로 해석되었다.

2. 공공외교의 개념적 이해

공공외교의 이해에 대해서, 한국 정부는 공공외교를 이렇게 정의하고 있다. 공공외교는 외국의 국민들과 직접 소통함으로써 우리나라의 역사, 전통, 문화, 예술의 가치, 정책 및 비전 등에 대한 공감대를 늘리고 신뢰를 구축함으로써 외교 관계를 강화하고, 우리의 국가 이미지와 국가 브랜드(brand)를 향상시켜 국제사회에서 우리나라의 영향력을 제고하는 외교활동이라고 할 수 있다.14) 이러한 공공외교를 활용하여, 현재 진행 중인 공공외교의 일환

---

13) 한국민족문화대백과사전, 한일어업협정 (韓日漁業協定)
 (https://encykorea.aks.ac.kr/Article/E0066905)

14) 외교부(https://www.mofa.go.kr/www/wpge/m_22709/contents.do)

으로 독도를 알리는 방법은 아래와 같이 제시할 수 있다. 일본의 오염수 태평양 방류 계획이 독도의 해양 생태계에 끼칠 영향을 디지털 콘텐츠로 제작하고, 이를 디지털 플랫폼을 통해 공개함으로써 공공외교 활동을 진행할 수 있다. 독도 이슈를 중심으로 생태계 보호, 기후 변화, 경제 안보 등 글로벌 현안에 대해 인식을 높이는 세미나와 포럼을 개최하여, 이러한 이슈들과 연관 지어 독도의 중요성을 알리는 다양한 노력이 필요하다.

제도적 개념을 통해 먼저 공공외교의 개념을 살펴보면, 우리나라 공공외교에 대한 제도적 근거인「공공외교법」및 동법의 시행령에서 그 내용을 찾을 수 있다.「공공외교법」의 제2조(정의) 및 제1조(목적)의 내용에 따르면, "'공공외교'란 국가가 직접 또는 지방자치단체 및 민간부문과 협력하여 문화, 지식, 정책 등을 통하여 대한민국에 대한 외국 국민들의 이해와 신뢰를 증진시키는 외교활동"을 말하며,「공공외교법」은 "공공외교 활동에 필요한 사항을 규정하여 공공외교 강화 및 효율성 제고의 기반을 조성함으로써 국제사회에서 대한민국의 국가이미지 및 위상 제고에 이바지하는 것을 목적"으로 한다고 명시하고 있다. 그리고, 공공외교의 기본 원칙에 대해서 우리나라의 독특한 특성과 인류의 보편적 가치를 균형 있게 통합하여 추구해야 하며, 지속 가능한 국제 협력과 우호 관계 증진에 초점을 맞추고, 공공외교의 활동은 특정 국가나 지역에 치우치지 않고 균등하게 이루어져야 한다는 내용을 포함한다. 이를 위해서 정부는 공공외교의 효율성과 강화를 위해 체계적인 전략과 정책의 구축 및 실행, 행정적 및 재정적 지원을 제공, 지방자치단체와 민간부문과의 협력체계 구축과 국민 참여 증진을 위한 교육 및 홍보 활동 등의 책무를 수행한다.[15]

이론적으로 공공외교는 "국제관계에 있어 전통적 외교를 넘어서는 범위를 포함하는데, 이를테면, 외국 국민들의 여론을 환기시키려는 정부의 노력, 각 국가내의 민간단체와 이익집단들 간의 상호작용, 외교문제의 언론보도와 이것이 정책에 미치는 영향, 외교관과 해외주재원 등 커뮤니케이션을 직업으로 가진 사람들 간의 의사소통, 그리고 각 문화 간의 커뮤니케이션 과

---

15) 국가법령정보센터(http://www.law.go.kr)「공공외교법」

정들을 포함한다."(김명섭, 안혜경, 2007: 302 재인용) 하지만, 이러한 공공외교가 전통적인 외교와 차별성을 가지고 있음에도 불구하고, 완전히 대립되는 개념이라기보다 넓은 범위의 개념으로 이해할 필요가 있다(김명섭, 안혜경, 2007).

이러한, 공공외교는 외국 대중과의 직접적인 소통을 통해 국가 이미지와 브랜드를 높이는 외교 활동이다. 이는 전통적인 정부간 외교와는 달리, 문화, 예술, 원조 등 다양한 수단을 활용한다. 그리고 소프트파워의 중요성이 강조되는 현대에서, 공공외교는 다양한 주체가 참여하는 복합적인 활동으로 이해되며, 이를 통해 상호 이해와 협력이 강화된다.16) 이러한 공공외교를 전통적인 외교와 구분해서 살펴볼 수 있다. 먼저, 전통외교에서는 주체가 정부이며, 대상은 상대국 정부로 한정되어 있다. 이에 사용되는 자원과 자산은 하드파워(hard power)에 중점을 두고, 매체는 정부간의 공식 협상과 대화를 통해 이루어진다. 한편, 20세기의 공공외교에서는 주체는 여전히 정부이지만, 대상에는 상대국 대중이 추가적으로 고려되며 자국민은 불포함된다. 자원과 자산은 하드파워에서 소프트파워로의 전환을 보이며, 매체는 선전(propaganda)과 PR(public relation) 캠페인 등이 사용된다. 관계유형은 수직적이고 일방향적이며, 소통의 양식은 폐쇄적인 커뮤니케이션이다. 그리고, 최근 정부가 추진하고 있는 21세기의 신공공외교에서는 주체가 정부와 다양한 민간주체로 확장되며, 대상에는 상대국 대중과 자국민이 모두 포함된다. 자원과 자산은 소프트파워가 하드파워보다 중요하게 여겨지며, 매체는 인터넷, SNS 등 디지털 매체가 다양하게 활용된다. 관계유형은 수평적이고 쌍방향적이며, 소통의 양식은 개방적인 커뮤니케이션이 발생한다.

〈표 1〉 전통외교와 공공외교의 요소별 비교

외교의 요소	전통외교	20세기 공공외교	21세기 신공공외교
주체	정부	정부	정부와 다양한 민간주체
대상	상대국 정부	타국 정부 및 대중	타국 정부 및 대중

---

16) 외교부(https://www.mofa.go.kr/)

		(자국민은 불포함)	(자국민도 포함)
자원과 자산	하드파워	하드파워 > 소프트파워	하드 파워 < 소프트파워
매체	정부간 현상, 대화	선전, PR캠페인, 구미디어	인터넷, SNS 등 디지털 매체 등 다양화
관계유형	수평적 (정부간)	수직적, 일방향적, 비대칭적	수평적, 쌍방형적, 대칭적
소통의 양식	Closed Negotiation	Closed Communication	Open Communication

출처: 외교부(https://www.mofa.go.kr/www/wpge/m_22713/contents.do)

공공외교는 환경적 요인, 정치체제, 정책과정 및 중개변인과 환류를 통해 설명될 수 있다. 이는 다양한 국가와 유형의 사례를 통해 공공외교의 개념화 및 국가별 전략과 노력을 살펴보는 데 긍정적일 수 있다. 또한, 공공외교는 자국의 매력과 영향력을 확산하여 국가 간 경쟁이 심화되는 상황에서 가치와 규범을 창출하는 수단으로 인정받고 있다. 이는 전통적 외교활동을 넘어서, 국제사회에서의 소통과 교류를 통한 국제적 협력을 촉진하는 대안으로 고려될 수 있다. 결국, 이러한 인식은 공공외교가 전통적 외교에서 확장되어 외교행위의 주체, 대상, 수단, 목표 등이 다양화될 가능성을 제시하는 것으로 유의미한 정책수단으로 활용될 수 있다(이재묵, 2021; 조기숙, 김화정, 2022).

3. 문헌검토

먼저, 독도 및 독도 문제 인식과 관련 선행연구를 살펴보았다. 독도의 국제적 인식 개선 필요성과 독도개발정책의 문제점을 살펴본 이재하(2013)는 독도는 국제사회에서 대체로 리앙쿠르 암석(Liancourt Rocks)으로 표기되며, 한국의 독도로 인식 받지 못하고 있다고 설명한다. 이는 한국 정부가 독도를 가치 있는 유인도(island)로 적극적으로 개발하지 않아서 발생한 문제로 지적되고 있다고 밝혔다. 독도의 한일 간 영유권 논쟁은 1953년부터 한국이 실효적 지배를 하는 독도에 대한 정부의 영유권 행사와 강화에 직결된 독도

개발정책 추진의 잘못에 그 원인이 있다고 주장한다. 그리고, 최장근(2014)은 지방정부 수준에서의 인식과 영토정책에 대한 연구에서는 경상북도의 독도 인식과 정책을 중심으로 분석한 바 있다. 독도 이슈에 대해서 정치학적 맥락에서 접근한 Kim(2010)은 자유주의 접근의 비판적 검토가 필요하다고 설명한다. 동시에 이러한 접근은 문제의 본질을 무시하고 갈등 해결의 대상으로만 취급하여 문제를 해결하려는 시도로 보일 수도 있는 문제가 존재한다. 따라서, 현실주의적 접근과 구성주의적 접근이라는 두 가지 접근이 독도문제를 다루는 가장 좋은 방법이라고 주장한다. 이 문제의 유일한 해결책은 일본이 독도 영유권 주장을 철회하는 것이며, 이를 한국 국민들은 일본이 행동 방향을 바꾸겠다는 의지의 표시로 받아들일 것이고, 그렇게 함으로써 양국 관계가 개선될 수 있다고 설명한다.

이와 관련해 대한민국 정부의 독도에 대한 기본 입장은 이미 2010년에, 독도에 대한 지리적 인식, 우리 옛 문헌 속의 독도, 일본 에도 및 메이지 시대의 독도 소속에 대한 기본 인식, 대한제국의 독도에 대한 확고한 인식과 통치, 일본의 불법적인 독도 영토 편입, 제2차 세계대전 이후 대한민국의 독도 영유권 재확인 등이 대한민국 정부의 독도에 대한 기본 입장으로 제시되어 있었다.17)

한편, 최근의 공공외교 관련 연구는 정책검토, 한류 활용, 지자체 공공외교 등 다양한 방향성을 분석하고 있다. 김태환(2021)은 한국 공공외교의 역할과 방향성에 대해 비판적으로 검토하며, 일관성과 지속성의 부족을 지적하고, 규범 공공외교와 평화 공공외교의 필요성을 강조한 바 있다. 고정민(2022)은 한류를 통한 서비스 산업의 해외 진출 전략과 기업 경영 방안을 제시하며, 한류의 지속 가능한 발전을 위한 정책과 전략을 논의하였다. 그리고, 나용우(2022)는 서울시 도시외교 모델을 사례로 들며, 지자체 공공외교로서의 평화공공외교 방안과 방향성을 제시한 바 있다.

김수진, 이혜은(2023)의 연구에서는 K-POP, 특히 BTS가 한국의 국가 이

---

17) 대한민국 정부(2010.01.06.) "대한민국정부의 독도에 대한 기본입장(국·영문)" (https://www.korea.kr/archive/expDocView.do?docId=28342#:~:text=,%EC%A0%95%EC%B1%85%EB%B8%8C%EB%A6%AC%ED%95%91)

미지에 미치는 영향을 분석한 연구를 수행했다. 미국 내 BTS 팬들을 대상으로 한 온라인 설문조사를 통해, BTS와의 준사회적 관계가 한국의 국가 명성에 긍정적인 영향을 미친다는 결론을 도출했다. 이는 한국의 문화와 관련한 공공외교 방향성에 중요한 시사점을 제공하고 있다.

또한, 한일관계에 대한 다양한 연구들이 진행되었다다(이원덕, 2014; 전재은, 강규원, 2017; 최은미, 2018; 최종호 외, 2014; 이문영, 2023; 이숙종, 2017; 서정욱·김동욱, 2020; 기미야 다다시, 2018). 특히, 이원덕(2014)은 한일관계와 역사적 갈등을 분석하며 대통령의 리더십이 중요한 요인임을 주장한 바 있다. 최은미(2018)는 한일 갈등 사안에 대한 인식차이를 국가정체성 관점에서 분석했으며, 한국과 일본의 역사적 배경이 국가정체성 형성에 영향을 미친다고 주장했다. 전재은, 강규원(2017)은 일본에서 유학한 한국인의 일본에 대한 국가 이미지 변화를 분석하여 긍정적 효과를 확인한 바 있다. 그리고, 최종호 외(2014)의 연구는 한국인의 대일본 감정에 영향을 미치는 요인들을 다각도로 분석했다. 일본의 군사화, 경제협력, 개인 정체성을 중심으로 한국인의 반일 감정이 어떻게 형성되는지 실증적으로 조사했는데, 일본의 군사화에 대한 우려와 한일 경제협력에 대한 반대가 있는 한국인들이 일본에 대해 부정적인 감정을 가질 가능성이 높음을 밝혔다. 또한, 폐쇄적인 정체성을 가진 사람들이 일본에 대한 반감이 높은 반면, 일본 방문 경험은 대일 감정에 유의미한 영향을 미치지 않는 것으로 나타났다.

또한, 이문영(2023)의 연구는 한국 청년들의 중국과 일본에 대한 인식을 실증적으로 분석했는데, 한국 청년들이 중국에 대해 비호감을 느끼며, 일본에 대해서는 역사적, 정치적 문제에 대해 강경한 입장을 취하는 경향이 있음을 밝혔다. 이숙종(2017)의 연구는 한국과 일본 간의 신뢰 차이를 분석하였으며, 민주주의에 대한 긍정적 평가가 공적 기관에 대한 신뢰도와 연관이 있다고 제시한 바 있다. 서정욱, 김동욱(2020)은 청년층을 중심으로 한일 문제에 대한 남북공동 인식을 조사했으며, 일본군 성노예 문제에 대한 인식과 참여 의향이 중요한 요소로 나타났다. 김위근(2020)은 한일 갈등에 대한 양국 시민의 인식을 분석하여, 특히 한국에서는 일본 상품 불매 운동 이후 상품 구매와 콘텐츠 이용이 감소했다는 결과를 밝히고 있다. 마지막으로, 기미야 다다시(2018)는 탈냉전 이후 한중일 간의 외교 관계 변화를 분석하였으며, 한일 간의 인식 괴리와 이를 극복할 수 있는 가능성에 대해 논의하였다.

선행연구의 내용을 정리하면, 공공외교와 한일관계 등과 관련하여, 기존의 연구는 다양하게 진행되어온 것을 알 수 있다. 특히 한일관계를 다룬 연구들은 실증적 분석도 다수 존재하는 것으로 밝혀졌다. 하지만, 공공외교적 관점을 활용한 독도문제의 개선에 주목한 연구는 아직 상대적으로 미비한 것으로 나타나고 있다. 따라서, 본 연구는 설문조사 자료를 활용하여 우리 국민들이 독도문제를 어떻게 인식하고 있으며, 이를 개선하기 위한 노력과 공공외교적 시사점은 무엇인지를 논의하도록 한다.

본 연구는 다음에 관련해 기존 연구와 차별성을 가진다. 독도문제와 관련한 기존의 연구는 지속해서 논의됐으며, 주로 다양한 문헌자료와 사료에 근거하여 한국 또는 일본의 인식을 살펴보거나, 일본의 독도 영유권 주장에 관한 우리의 대응 등 국제법적 관점에서 접근하고 있다. 즉, 기존의 독도문제의 담론은 역사적 또는 국제법적 시각에서, 문제의 해결을 위한 바람직한 방향을 제시하거나, 국제법적 범위 안에서 일본의 주장에 관한 제도적 논의를 살펴보았다. 하지만, 독도문제의 당사자는 근본적으로 우리 국민으로서, 우리 국민이 이에 대해서 어떻게 인지하고 문제를 수용하고 있는지를 선제적으로 살펴볼 필요가 있다. 이에 관해서 기존의 연구는 그 담론을 형성하고 의미있는 정책적 함의를 제시하는데 제한적이다. 그 이유는 이와 같은 접근이 상대적으로 많이 수행되지 못했기 때문이다.

Ⅲ. 분석 및 주요 결과

1. 연구방법

본 연구는 연구목적을 달성하기 위해 다음과 같은 방법론을 활용하였다. 첫 번째는 실증분석에 관한 것이다. 우리나라 국민이 인지하고 있는 독도문제의 인식과 심각성을 분석한다. 독도 문제에 있어 개인의 다양한 특성(연령, 성별, 교육 수준, 소득 수준 그리고 정치적 성향 등)은 이를 인지하는데 차이를 가져올 가능성이 존재한다. 따라서 이러한 인구통계학적 특성과 요인들이 독도문제에 대한 태도와 인식을 살펴보도록 한다.

본 연구는 한국언론진흥재단이 조사한 '한·일 갈등에 대한 양국 시민 인식 조사'를 분석자료로 활용하였다. 해당 조사 자료는 2020년 8월 수행되었으며, 20세 이상부터 69세까지의 남성과 여성을 대상으로 인터넷 설문을 통해 수집되었다. 조사의 기본적인 목적은 한국과 일본 국민 간의 상호 인식을 분석하는 것이다. 조사에 포함되는 주요 내용은 국가 및 국민에 대한 호감도, 일본 정치·경제·사회·문화에 대한 신뢰도, 우리나라 입장에서 일본의 이미지, 한·일 갈등에 미치는 영향과 문제의 해결 정도, 한·일 양국 정치·경제·문화적 관계 변화 예상 정도, 한·일 관계 관련 의견 동의 정도 그리고 뉴스 및 언론 등에 관련한 내용을 포함하고 있다.

참여 대상은 성별, 연령, 거주 지역별로 분류하여 모집되었다. 최초, 이메일 발송을 통해 9,584건과 조사 접속자 2,055명에 대해서 조사가 실시되어, 최종적으로 분석에 포함된 대상은 1,000명으로 집계되었다. 최종 응답률은 10.4% 수준이며, 표본오차는 95% 신뢰수준에서 ±3.1%p이다. 구체적으로, 응답자 1,000명의 인구통계학적 데이터를 보면, 남성은 51.1%, 여성은 48.9%이며, 연령 분포는 20대가 18.3%, 30대가 18.7%, 40대가 22.2%, 50대가 23.4%, 그리고 60대가 17.4%였다. 학력 수준은 고등학교 이하가 19.1%, 대학(재학 및 졸업)이 72.3%, 그리고 대학원 이상이 8.6%였다(표 2 참조).

〈표 2〉 응답자의 특성

	구분	빈도(명)	비중(%)	누적 비중(%)
성별	남성	489	48.90	48.90
	여성	511	51.10	100.00
연령	20대	183	18.30	18.30
	30대	187	18.70	37.00
	40대	222	22.20	59.20
	50대	234	23.40	82.60
	60대	174	17.40	100.00

학력	고졸 이하	191	19.10	19.10
	대학 재학	80	8.00	27.10
	대학 졸업	643	64.30	91.40
	대학원 이상	86	8.60	100.00

변수의 측정과 관련하여, 문제 해결정도는 우리 국민이 인식하는 독도 등 영토 문제 문항에 대한 것으로, ① 전혀 해결되지 않았다, ② 해결되지 않은 편이다, ③ 보통이다, ④ 해결된 편이다 등 4점 척도로 측정되었다. 그리고 독도문제가 한일갈등에 미치는 영향에 대해서는 ① 전혀 영향을 미치지 않는다, ② 영향을 미치지 않는 편이다, ③ 보통이다, ④ 영향을 미치는 편이다, ⑤ 매우 심각한 영향을 미친다 등 5점 척도로 측정되었다.

그리고 인터뷰 조사를 통해서, 독도문제에 대한 인식과 태도를 어떻게 이해할 수 있는지에 대해서 살펴보았다. 이를 위해서, 대학교 학생들을 대상으로 공공외교와 독도에 대해서 사전에 내용을 설명하고 주제를 학습하게 하였다. 학생들은 독도문제에 대한 기존의 연구자료, 논문, 보고서 등을 수집하여 기본적인 배경지식을 이해하였으며, 이를 통해, 독도문제에 대한 인터뷰를 통해 얻고자 하는 정보와 분석의 목표를 명확히 정의하였다. 인터뷰 질문은 개방 형태로 독도 문제에 대한 다양한 측면과 의견을 들을 수 있도록 질문을 구성하였으며, 이에 수집된 데이터를 통해서, 학생들이 인지하는 독도문제에 대해서 의견과 인식을 파악하였다. 이를 통해서, 분석 결과를 해석하고, 독도 문제에 대한 다양한 시각과 의견을 논의할 수 있다.

2. 설문조사의 주요 분석 결과

먼저 설문조사의 주요 분석에 따르면, 대다수의 응답자(63.2%)가 문제에 '매우 심각한 영향을 미친다'고 응답했는데, 전체 평균 점수는 4.48 수준이었으며, 이 문제의 중요성을 잘 보여주고 있다. 여성은 '매우 심각한 영향을 미친다'에 대해서 남성보다 조금 더 심각하게 생각하며, 65.2% 수준을 보이고 있었다. 이에 대한 평균 점수는 4.54로 나타났다. 한편, 연령별로는 50대가

'매우 심각한 영향을 미친다'에 대한 응답 비율이 68.4%로 가장 높았으며, 평균 점수도 4.59로 가장 높은 것을 알 수 있다. 반면, 60대는 57.5% 수준으로, 평균 점수는 4.32로 가장 낮았다. 그리고, 학력별로는 대학원 이상 학력을 가진 사람들의 응답 비율이 67.4% 수준이었으며, 평균 점수는 4.62로 가장 높았다. 마지막으로, 정치적 성향별로는 진보 성향의 응답자가 70.1%로 '매우 심각한 영향을 미친다'에 대해서 응답했으며, 평균 점수는 4.58로 가장 높았다. 즉, 이는 독도문제가 한일갈등에 미치는 영향에 대한 인식과 관련해, 상대적으로 진보 성향을 가진 사람들이 높은 관심을 나타내는 것을 알 수 있다.

〈표 3〉 독도문제가 한·일 갈등에 미치는 영향(단위: %)

		전혀 영향을 미치지 않는다	영향을 미치지 않는 편이다	보통이다	영향을 미치는 편이다	매우 심각한영향을 미친다
전체		1.5	1.8	6.8	26.7	63.2
성별	남성	2.2	2.2	7.8	26.6	61.3
	여성	.8	1.4	5.7	26.8	65.2
연령	20대	.5	1.6	7.7	34.4	55.7
	30대	2.7	1.6	5.9	21.4	68.4
	40대	.9	.9	7.2	27.0	64.0
	50대	1.3	.9	4.3	25.2	68.4
	60대	2.3	4.6	9.8	25.9	57.5
학력	고졸 이하	1.6	3.7	12.0	20.4	62.3
	대학 재학 및 졸업	1.5	1.5	5.9	28.1	62.9
	대학원 이상	1.2	0.0	2.3	29.1	67.4
정치 성향	보수 성향	2.2	1.7	6.2	28.7	61.2
	중도	1.3	1.5	9.2	27.7	60.3
	진보 성향	1.4	2.5	2.5	23.5	70.1

주: 한일갈등은 1~5점 척도로 측정되었으며, 점수가 높을수록 매우 심각한 영향을 미친다고 인식하는 것을 의미.

출처: 한국언론진흥재단(2020)의 내용을 재구성

전체 응답자 중 67.3%가 문제가 '전혀 해결되지 않았다'고 답하며, 평균 점수는 1.44로 문제의 심각성을 나타냈다. 여성은 남성보다 약간 높은 68.5%로 '전혀 해결되지 않았다'고 응답했고, 평균 점수는 남성보다 약간 낮은 1.40 수준이다. 연령별로는 50대의 응답이 73.9%로 가장 높고, 평균 점수는 1.35로 가장 낮았으며, 반면 20대의 응답은 56.8%로 가장 낮고, 평균 점수는 1.56으로 가장 높았다. 학력별로는 대학 재학 및 졸업자와 대학원 이상 학력자의 평균 점수는 동일한 1.42였지만, '전혀 해결되지 않았다'는 응답 비율에서는 약간의 차이가 있었다. 정치성향별로는 진보 성향의 응답이 79.0%로 가장 높고, 평균 점수는 1.29로 가장 낮아, 진보 성향의 사람들이 이 문제에 대해 가장 부정적인 것으로 나타났다.

〈표 4〉 독도문제에 대한 해결 인식 수준(단위: %)

		전혀 해결되지 않았다	해결되지 않은 편이다	보통이다	해결된 편이다	완전히 해결됐다
	전체	67.3	24.5	5.5	2.2	.5
성별	남성	66.1	24.3	6.1	2.5	1.0
	여성	68.5	24.7	4.9	1.8	0.0
연령	20대	56.8	32.2	8.7	2.2	0.0
	30대	65.2	24.1	7.0	2.7	1.1
	40대	71.6	20.7	5.4	1.4	.9
	50대	73.9	19.7	3.8	2.6	0.0
	60대	66.1	28.2	2.9	2.3	.6
학력	고졸 이하	60.7	30.4	5.2	3.1	.5
	대학 재학 및 졸업	68.7	23.2	5.5	2.1	.4
	대학원 이상	69.8	22.1	5.8	1.2	1.2
정치 성향	보수 성향	63.5	23.6	6.7	5.6	.6
	중도	62.5	29.2	6.5	1.7	.2
	진보 성향	79.0	16.0	2.8	1.1	1.1

주: 문제해결 수준은 1~4점 척도로 측정되었으며, 점수가 높을수록 해결되었다고 인식하는 것을 의미함

출처: 한국언론진흥재단(2020)의 내용을 재구성

20대에서 여성의 평균 점수는 1.51, 남성의 평균 점수는 1.61로 남성이 더 높으며, 30대에서 여성의 평균 점수는 1.38, 남성의 평균 점수는 1.62로 남성이 더 높았다. 40대에서 여성의 평균 점수는 1.34, 남성의 평균 점수는 1.44로 남성이 더 높으며, 50대에서 여성의 평균 점수는 1.42, 남성의 평균 점수는 1.28로 여성이 더 높았다. 한편, 60대에서 여성의 평균 점수는 1.36, 남성의 평균 점수는 1.5로 남성이 더 높았다. 전반적으로 여성의 평균 점수는 1.4, 남성의 평균 점수는 1.48로 남성이 더 높은 것을 알 수 있는데, 이러한 결과는 남성이 여성보다 독도문제에 대한 해결이 근소하게 더 잘 되었다고 인식하는 것으로 볼 수 있지만, 전체적으로 독도문제는 해결되지 않은 것으로 보는 것이 직관적 결과로 해석된다.

〈표 5〉 성별 및 연령에 따른 독도문제에 대한 해결 인식 수준

		20대	30대	40대	50대	60대	전체
여성	AVG	1.50	1.37	1.34	1.42	1.36	1.40
	SD	.745	.680	.613	.73	.550	.67
	Freq	87	90	108	116	88	489
남성	AVG	1.61	1.61	1.43	1.27	1.5	1.47
	SD	.745	.929	.831	.611	.850	.801
	Freq	96	97	114	118	86	511
전체	AVG	1.56	1.50	1.39	1.35	1.43	1.441
	SD	.745	.825	.733	.678	.715	.740
	Freq	183	187	222	234	174	1000

주: 문제해결 수준은 1~4점 척도로 측정되었으며, 점수가 높을수록 해결되었다고 인식하는 것을 의미함

20대에서 여성의 평균 점수는 4.41, 남성의 평균 점수는 4.45로 남성이 약간 높았으며, 30대에서 여성의 평균 점수는 4.6, 남성의 평균 점수는 4.43으로 여성이 더 높았다. 40대에서 여성의 평균 점수는 4.56, 남성의 평균 점수는 4.48로 여성이 더 높았으며, 50대에서 여성의 평균 점수는 4.59, 남성의 평균 점수는 4.58으로 거의 유사하였다. 60대에서 여성의 평균 점수는 4.51, 남성의 평균 점수는 4.12로 여성이 더 높았다. 전체적으로 여성의 평균 점수

는 4.54, 남성의 평균 점수는 4.43으로 여성이 조금 더 높았으며, 50대 그룹이 상대적으로 높은 인식을 보여주었다.

〈표 6〉 성별 및 연령에 따른 독도 등 영토 문제가 한·일 갈등에 미치는 영향

		20대	30대	40대	50대	60대	전체
여성	AVG	4.41	4.6	4.56	4.59	4.51	4.54
	SD	.770	.761	.752	.709	.711	.740
	Freq	87	90	108	116	88	489
남성	AVG	4.447	4.432	4.482	4.57	4.11	4.426
	SD	.7379	.988	.743	.755	1.172	.888
	Freq	96	97	114	118	86	511
전체	AVG	4.43	4.51	4.522	4.58	4.31	4.483
	SD	.751	.888	.747	.731	.984	.821
	Freq	183	187	222	234	174	1000

주: 한일갈등은 1~5점 척도로 측정되었으며, 점수가 높을수록 매우 심각한 영향을 미친다고 인식하는 것을 의미

다음은 성별과 정치적 성향에 따라서 분석해 보았다. 매우 보수적 성향에서 여성의 평균 점수는 4, 남성의 평균 점수는 4.25로 남성이 높았으며, 보수 성향에서 여성의 평균 점수는 4.59, 남성의 평균 점수는 4.43으로 여성이 조금 더 높았다. 중도 성향에서 여성의 평균 점수는 4.5, 남성의 평균 점수는 4.38으로 여성이 높았다. 진보 성향에서 여성의 평균 점수는 4.64, 남성의 평균 점수는 4.54로 여성이 조금 더 높았으며, 매우 진보적 성향에서는 여성과 남성의 평균 점수는 각각 4.5와 4.45로 거의 유사하였다. 전체적으로 여성의 평균 점수는 4.54, 남성의 평균 점수는 4.43으로 여성이 높게 나타났으며, 정치적 성향에서는 상대적으로 진보적일수록 독도문제가 한일갈등에 대해서 심각한 영향을 미친다고 인식하는 것으로 나타났다.

〈표 7〉 성별 및 정치적 성향에 따른 독도문제가 한·일 갈등에 미치는 영향

		매우 보수	보수	중도	진보	매우 진보	전체
여성	AVG	4	4.58	4.5	4.641	4.5	4.541
	SD	1.15	.848	.731	.676	.707	.740
	Freq	7	56	282	134	10	489
남성	AVG	4.25	4.43	4.37	4.53	4.454	4.426
	SD	.856	.847	.908	.854	1.213	.888
	Freq	16	99	259	126	11	511
전체	AVG	4.17	4.49	4.44	4.592	4.476	4.483
	SD	.936	.847	.822	.768	.980	.8212
	Freq	23	155	541	260	21	1000

주: 한일갈등은 1~5점 척도로 측정되었으며, 점수가 높을수록 매우 심각한 영향을 미친다고 인식하는 것을 의미, 문제해결 수준은 1~4점 척도로 측정되었으며, 점수가 높을수록 해결되었다고 인식하는 것을 의미함

다음으로, 성별 및 정치적 성향에 따라서 독도문제 해결 인식에 대해서 살펴보았다. 매우 보수적 성향에서는 여성의 평균 점수는 약 1.43, 남성의 평균 점수는 약 2.13으로 남성이 높았으며, 보수적 성향에서는 여성의 평균 점수는 약 1.46, 남성의 평균 점수는 약 1.54로 남성이 조금 더 높았다. 한편, 중도적 성향에서 여성의 평균 점수는 약 1.45, 남성의 평균 점수는 약 1.51으로 남성이 높았으며, 진보 성향에서 여성의 평균 점수는 약 1.27, 남성의 평균 점수는 약 1.29로 거의 유사하였다. 매우 진보적 성향에서는 여성의 평균 점수는 1.3, 남성의 평균 점수는 약 1.64로 남성이 높았다. 전체적으로 여성의 평균 점수는 약 1.4, 남성의 평균 점수는 약 1.48로 남성이 조금 더 높았으며, 진보적 성향보다 보수적 성향을 가진 응답자가 독도문제 해결 수준에 대해서 상대적으로 잘 해결되지 못했다고 인식하고 있다. 그리고, 남성이면서 매우 보수적 성향을 가진 사람들이 상대적으로 높은 인식을 보이고 있었다.

〈표 8〉 성별 및 정치적 성향에 따른 문제 해결 정도 독도문제의 해결 수준 인식

		매우 보수	보수	중도	진보	매우 진보	전체
여성	AVG	1.42	1.46	1.45	1.26	1.3	1.40
	SD	.786	.873	.658	.590	.483	.670
	Freq	7	56	282	134	10	489
남성	AVG	2.125	1.535	1.50	1.28	1.63	1.47
	SD	1.087	.848	.759	.679	1.43	.801
	Freq	16	99	25	126	11	511
전체	AVG	1.913	1.50	1.478	1.27	1.47	1.441
	SD	1.040	.855	.708	.633	1.07	.740
	Freq	23	155	541	260	21	1000

주: 문제해결 수준은 1~4점 척도로 측정되었으며, 점수가 높을수록 해결되었다고 인식하는 것을 의미함

다음으로 성별 및 교육수준을 고려하여 독도문제가 한일갈등에 미치는 영향에 대해서 살펴보았다. 고졸 이하 학력을 가진 경우 여성의 평균 점수는 약 4.48이었으며, 남성은 약 4.26으로 여성이 근소하게 더 높았다. 대학 재학 중인 경우 여성의 평균 점수는 4.4, 남성의 평균 점수는 4.44로 거의 비슷하며, 대학 졸업자의 경우 여성의 평균 점수는 약 4.55, 남성의 평균 점수는 약 4.46으로 여성이 조금 더 높았다. 대학원 이상 학력을 가진 경우 여성의 평균 점수는 약 4.77, 남성의 평균 점수는 약 4.49로 여성이 높았다. 전체적으로 여성의 평균 점수는 약 4.54, 남성의 평균 점수는 약 4.43으로 여성이 조금 더 높았으며, 대학원 이상의 집단이 다른 집단에 비해 독도문제가 한일갈등에 심각한 요인이라고 인식하는 것으로 나타났다.

〈표 9〉 성별 및 교육 수준에 따른 독도문제가 한·일 갈등에 미치는 영향

		고졸이하	대학 재학	대학 졸업	대학원 이상	전체
여성	AVG	4.48	4.4	4.54	4.76	4.54
	SD	.805	.723	.746	.426	.740

	Freq	102	30	318	39	489
남성	AVG	4.26	4.44	4.45	4.48	4.42
	SD	1.07	.786	.861	.776	.888
	Freq	89	50	325	47	511
전체	AVG	4.38	4.42	4.50	4.616	4.48
	SD	.943	.759	.807	.653	.821
	Freq	191	80	643	86	1000

주: 한일갈등은 1~5점 척도로 측정되었으며, 점수가 높을수록 매우 심각한 영향을 미친다고 인식하는 것을 의미

성별과 교육 수준에 따른 독도문제의 해결 수준에 관한 인식은 다음과 같다. 고졸 이하 여성의 평균은 1.5, 남성의 평균은 1.55이며, 남성이 조금 더 높은 것으로 나타났다. 대학에 재학중인 여성의 평균은 약 1.76, 남성의 평균은 1.52으로 두 집단 모두 독도문제의 해결이 거의 안된 것으로 인식했다. 한편, 대학을 졸업한 여성과 남성의 평균은 각각 약 1.34와 1.45로 나타났으며, 대학원 이상의 여성과 남성의 평균은 각각 약 1.33과 1.49으로 남성이 조금 더 높았다. 전체적으로, 여성의 평균은 약 1.4, 남성의 평균은 약 1.48 나타났으며, 남성이 조금 더 높은 것으로 이해되며, 대학재학 그룹이 독도문제 해결 수준에 대한 인식이 높았다.

〈표 10〉 성별 및 교육 수준에 따른 문제 해결 정도 독도문제의 해결 수준 인식

		고졸이하	대학 재학	대학 졸업	대학원 이상	전체
여성	AVG	1.5	1.76	1.34	1.33	1.40
	SD	.7278	.897	.629	.529	.670
	Freq	102	30	318	39	489
남성	AVG	1.55	1.52	1.45	1.48	1.479
	SD	.839	.81	.774	.905	.801
	Freq	89	50	325	47	511

전체	AVG	1.52	1.61	1.39	1.41	1.441
	SD	.780	.849	.708	.758	.740
	Freq	191	80	643	86	1000

주: 문제해결 수준은 1~4점 척도로 측정되었으며, 점수가 높을수록 해결되었다고 인식하는 것을 의미함

다음으로, 직업별 독도문제가 한일갈등과 문제해결 수준에 대한 인식에 대해서 살펴보았다. 먼저, 독도문제가 한일갈등에 미치는 영향에 대해서, 대부분의 직업군에서 평균 값이 4.5 수준이며, 표준편차는 대체로 1 미만으로 나타나고 있다. 이는 대부분의 응답자가 한일 갈등에 대해 비슷한 견해를 가지고 있음을 의미한다. 문제해결 수준의 인식은 평균 값은 대체로 1.4~1.5 범위에 있고, 표준편차는 1 미만이었다. 이 역시 대부분의 직업군에서 비슷한 수준의 문제 해결 능력을 가지고 있음을 의미한다.

보다 구체적으로, 대부분의 직업군에서 한일갈등에 대한 응답은 평균 4.5 근처에 몰려 있으며, 문제해결 수준에 대한 응답도 평균 1.4~1.5 범위에 집중되어 있다. 이러한 패턴은 사무 종사자, 가정주부, 전문가, 무직 및 취업준비생 등 다양한 직업군에서 일관되게 나타났다. 판매 종사자에서는 한일갈등에 대한 평균 응답이 3.9로 상대적으로 낮았고, 문제해결 수준은 평균 1.7로 다른 직업군에 비해 높게 나타났다. 특이점은 관리자 직업군에 대해서 한일갈등의 평균은 5.00, 문제해결 수준의 평균은 3.00으로 다른 직업군과 차이가 나타난다. 하지만 이는 표본이 2명이므로 일반화하기 어렵다. 이러한 결과는 각 직업군의 특성과 문화, 그리고 일상 업무에서의 문제해결 능력 등 다양한 요인에 의해 영향을 받을 수 있음을 의미한다.

〈표 11〉 직업별 독도 문제가 한·일 갈등에 미치는 영향과 해결 수준 인식

직업	빈도 (명)	한일갈등		문제해결 수준	
		Mean	Std. Dev.	Mean	Std. Dev.
사무 종사자	64	4.47	0.85	1.42	0.75
가정주부	127	4.47	0.85	1.43	0.71

전문가 및 관련 종사자	291	4.53	0.73	1.42	0.73
무직, 취업준비생	73	4.49	0.88	1.47	0.87
서비스 종사자	40	4.45	0.75	1.48	0.72
관리자	2	5.00	0.00	3.00	2.83
학생	33	4.52	0.80	1.55	0.97
판매 종사자	20	3.90	1.29	1.70	0.98
단순노무 종사자	36	4.64	0.68	1.33	0.63
기능원 및 관련 기능 종사자	168	4.55	0.73	1.40	0.65
장치, 기계 조작 및 조립 종사자	64	4.55	0.73	1.41	0.64
농림, 어업 숙련 종사자	82	4.21	1.10	1.55	0.77
전체	1,000	4.48	0.82	1.44	0.74

주: 한일갈등은 1~5점 척도로 측정되었으며, 점수가 높을수록 매우 심각한 영향을 미친다고 인식하는 것을 의미, 문제해결 수준은 1~4점 척도로 측정되었으며, 점수가 높을수록 해결되었다고 인식하는 것을 의미함

3. 인터뷰 내용 분석 결과

다음은 인터뷰 내용에 대한 분석 결과이다. 인터뷰에서는 52명의 학생이 응답하였으며, 거의 모든 학생이 독도문제에 대해서 일본이 잘 못하고 있다는 인식을 보여주고 있다. 그리고 정책 대안이 필요함을 제시하고 있었다. 아래 내용은 인터뷰의 주요 내용을 정리 및 요약한 것이다.

독도문제에 대한 인터뷰 응답 주요 내용 정리

◆ 1박 2일과 같은 프로그램을 통해 독도가 대한민국의 영토임을 증명하고, 이를 통해 독도에 대한 관심을 높일 수 있다.
◆ 공공 외교적 관점에서 독도에 발달장애 학생들이 방문한 것은 독도와 관련된 문제에 대한 국제적인 이해와 관심을 높일 수 있으며, 독도의 중요성과 평화 유지의 중요성을 강조하는 기회가 된다.
◆ 과거에는 힘이 없어 항의를 하지 못했지만, 지금은 국력이 강해

져 항의를 할 수 있다는 점에서 나라가 힘이 있는 것이 중요하다는 것을 다시 한번 깨닫게 되었고, 따라서 우리나라가 더욱 성장하여 불공평한 것에 어떻게 대응할 것인지 대응 방법을 계획해 놓아야 한다는 생각이 들었다.

◆ 국가법령에 따라 일본은 독도의 정당한 소유자가 아닌, 한국이 독도의 정당한 소유자임을 명확히 알려야 한다. 나는 이를 위해 국가법령에 따라 일본이 독도를 정당하게 소유하고 있다는 사실을 인정하도록 해야 한다고 생각한다.

◆ 그리고 독도에 대한 홍보와 일본의 독도에 대한 반응도 우리나라가 적극적으로 대응하여 합니다. 외교부에서도 민간적인 측면에서 중요하며 독도에 대한 프로그램이 적극적으로 이루어질 수 있게 정부에서도 지원해줘야 합니다.

◆ 대중들의 인식을 개선하기 위해서는 국가 간의 외교보다는 공공외교가 더욱 효과적일 수 있겠다는 같다는 생각을 했다.

◆ 대한민국 정부와 민간단체는 독도문제를 해결하기 위해 국내외적으로 다양한 홍보 캠페인을 진행하고 국민의 인식 제고에 노력해야 한다.

◆ 대한민국의 국민이라면 독도의 위치와 "독도는 우리땅"노래를 따라 부를 수 있다.

◆ 독도 서포터즈의 활동을 더욱 확대하여 독도에 대한 인식을 높이는 데에도 노력해야 한다.

◆ 독도 영유권 문제는 줄다리기와 같다고 생각한다.

◆ 독도 영유권에 대한 문제점들 중 가장은 중요한 역사 왜곡이란 사실입니다.

◆ 독도가 우리나라 영토라는 증거가 무수히 많지만 여전히 일본은 독도가 자신의 영토라고 우기고 있다.

◆ 독도는 대한민국의 영토이며, 이를 지키기 위해 국민과 정부가 함께 노력해야 한다. 일본의 왜곡된 역사 교육과 행사에 대항하기 위해 바른 역사를 공부하고 알려야 한다.

◆ 독도는 역사적으로 지리적으로 또 국제법적으로 명백하게 우리나라의 고유 영토이다.
◆ 독도는 역사적으로 한국의 영토로 인식되어 온 지역이며, 한국인들에게는 역사적, 문화적으로 중요한 곳입니다.
◆ 독도는 우리 대한민국 땅이다.
◆ 독도는 울릉도에 종속된 섬이다.
◆ 독도는 지금도, 앞으로도 명백히 우리 땅이다.
◆ 독도문제에 관련한 가장 큰 이슈라고 생각하는 것은 당연히 일본과의 영토분쟁 문제라고 생각합니다.
◆ 독도문제에 대해서 정부는 혼자의 힘이 아닌 지방자치단체나 민간단체와 적극 협력할 때 더욱 다양하고 효과적인 정책이 추진될 수 있을 것이다.
◆ 독도에 관련하여 영토분쟁과 외교문제들을 해결하기 위해서는 독도에 대한 인식을 내외국인들에게 독도가 한국땅이라는 것을 계속 보여주고 끝까지 관심을 가져주는 것이라고 생각합니다.
◆ 독도에 대한 공공 외교가 더욱 활성화되어야 할 시기이다. 현 시점에서 '세계 평화의 시작'을 위해서도 독도 공공 외교에 우리 모두가 많은 관심을 가지고 참여해야 할 것이다.
◆ 독도에 대한 올바른 인식을 확립하기 위해 계속해서 관심을 가져야 하며, 이를 통해 일본과의 영토 분쟁을 해결할 수 있다.
◆ 독도에 대한 외국의 인식 문제가 심각하다고 판단하였다.
◆ 독도에 대해서 많은 문제들이 있다는 것을 알고 있었지만 바쁜 생활로 인해서 독도에 대해서 관심을 가지지 못하고 있었지만 이 수업을 계기로 우리가 몰랐지만 아직까지 우리 영토에 대해서 힘써주시는 분들이 많고 나라를 위해서 헌신하시는 분들이 있다는 것에 대해서 감사하고 나중에 꼭 독도를 가서 체험해 볼 수 있는 경험이 있었으면 좋겠다.
◆ 독도에서 할 수 있는 다양한 프로그램을 국립청소년해양센터와 관련 기관들이 협력하여 개발하고 운영해야 한다.

◆ 독도의 영유권 문제를 해결하기 위해서는 역사적 사실을 바로잡아야 한다고 생각합니다.
◆ 또한, 이와 더불어 타국의 대중들에게 효과적으로 독도가 한국 땅임을 알릴 수 있는 방법이 있을지 생각해봐야겠다는 생각이 들었다.
◆ 사이버 독도 학교는 온라인을 통해 국내외에 독도를 홍보하고, 다양한 활동을 통해 독도에 대한 올바른 인식을 확립하려고 노력하고 있다.
◆ 역사를 통해 알 수 있듯이 독도는 오래전부터 한국의 영토였다.
◆ 영토는 국가가 가진 가장 기본적인 조건 중에 하나다.
◆ 외교적 측면에서 우호적인 관계를 유지하며 미래지향적으로 서로 발전을 도모할 수 있는 교류가 있어야 하는 상황에, 일본은 항시 독도의 소유권 주장과 더불어 일제 강점기 강제 동원 피해자 분들 앞에서도 뻔뻔함을 앞세운다. 일본에 있어 더 강력한 대응을 하는 상황을 갖기 위해서는 한국이 더욱 크게 발전하고 성장해야 한다고 생각한다.
◆ 외국인 유학생 평화 기고단은 독도 탐방을 통해서 우리의 역사와 문화를 체험하며, 독도는 우리 나라의 영토라는 사실을 더욱 이해하고자 국에 널리 알리게 될 것이다. 이러한 점은 제3자의 입장에서 바라본 것이기 때문에 더 강한 효과로 독도가 우리 땅이라는 것을 알릴 수 있는 좋은 활동이다.
◆ 외국인 유학생 평화 리포트단은 한국의 문화를 체험하고, 독도에 관한 역사를 배워 그들의 시각에서 알릴 수 있어 더욱 공공 외교로서의 의미를 갖는다.
◆ 우리나라 사람이라면 독도문제는 아주 민감한 주제이다.
◆ 우리나라도 내국인뿐만 아니라 외국인에게 독도는 대한민국의 영토임을 알려야 한다.
◆ 일반 시민들이 독도에 대한 상세한 정보를 알지 못하고 있어, 독도를 직접 체험할 수 있는 프로그램이 필요하다.
◆ 일본 정부는 독도 문제를 국제 사법 재판소를 통해 해결하자는 주장을 굽히지 않고 있는데 이에 대해서는 대응할 필요가 없다.

◆ 일본에게 독도를 뺏기지 않게 하기 위해선 한국에서 독도에 큰 관심을 갖고 관심 가질 수 있도록 SNS를 통해 마케팅을 해야한다. 나는 독도를 홍보함에 있어 현재 우리나라를 문화 강대국으로 만든 공신인 K-pop 가수들을 활용하는 것도 좋은 방안이 될 수 있다고 생각한다.

◆ 일본은 일본의 어부들이 독도에서 어류들을 독차지하기 위해서 일본정부에 독도영토의 편입을 주장했고 일본정부는 한국의 의견을 물어보지도 않고 죽도(다케시마)라고 이름을 붙인 후 일방적으로 독도가 일본의 땅이라고 주장했다.

◆ 일본은 초등 교육 과정부터 교과서에 독도를 '다케시마'로 표기해 잘못된 정보를 교육하고 잘못된 정보로 다케시마의 날을 만들어 행사를 하고 한국이 불법으로 일본의 땅을 침거하고 있다는 생각을 갖게 한다.

◆ 일본의 국내외 상황을 생각하면, 독도 영유권 도발은 앞으로 더 심화될 가능성이 높다.

◆ 일본의 독도에 대한 도발은 계속될 가능성이 있으므로, 우리 정부는 이에 대한 적절한 대응을 해야 한다.

◆ 저는 이번에 독도문제에 관해 조사하면서 저도 나름 독도문제에 관심이 많은 편이라고 생각했는데 놓치고 있는 부분이 많았던 것 같다고 느꼈다.

◆ 현재 독도문제는 몇십년째 해결이 되지 않고 갈등 상태로 남아있다.

◆ 외교를 통해 우리가 전세계적으로 독도가 한국 영토라는 것을 알리기 위해 노력하는 것도 중요하지만 일본 스스로 독도가 자신의 땅이 아님을 아는 것이 우선이라고 생각한다.

Ⅵ. 독도 영유권 문제의 인식 개선을 위한 대안

1. 공공외교 전략의 활용성 검토

 공공외교적 접근을 통해서 독도문제에 대한 접근과 한일관계의 개선에 대해서 신뢰의 형성이 중요하다. 특히, 일본에 대한 정치적 신뢰와 더불어 경제, 사회, 그리고 문화 등에 대한 신뢰가 중요할 수 있다. 독도 영유권 등 한일관계에 문제로 인식되는 주요 이슈들이 해결되지 않았을 경우, 한일관계의 신뢰적 형성에 부정적인 영향을 미칠 수 있기 때문에, 이에 대한 조속한 처리가 필요한 것으로 해석할 수 있다. 그리고, 기존 연구에서는 일본에 대한 호감도, 주요국에 대한 위협 인식 등과 교육 수준 그리고 정치적 성향 등이 한일관계의 영향요인으로 나타나고 있다(정상미, 2023). 또한, 최은미(2018)의 연구에서도 제시된 바, 한국과 일본 양국 간의 민감한 갈등사안을 해결하기 위해서는 상호 갈등사안의 인식을 정확히 파악하고, 화해의 환경을 조성하여 발전적인 관계를 구축할 필요성이 있다. 그리고, 한일관계의 개선에 있어 과거사와 같은 문제의 극복이 중요한 과제로 나타나고 있는 것을 알 수 있다. 이와 관련하여, 최종호 외(2014)의 연구에서는 한국 내의 반일 감정은 다층적이고 복합적인 현상으로, 이는 단순히 과거 일제 강점기에 대한 역사적 경험에 근거한 것이 아닌 것으로 설명하고 있다. 특히, 일본의 우경화 및 군사화, 독도 영토 문제, 역사교과서 왜곡, 그리고 일본군 위안부 문제 등은 한국인의 대일감정을 부정적으로 조장하는 요인들로 인식되기 때문에, 이러한 문제의 해결이 중요할 수 있다. 또한, 일본군 성노예 피해자 문제는 일본의 제국주의적 만행이지만 여전히 이를 해결하기 위한 노력이 미비하다는 주장도 제기되었다(서정욱, 김동욱, 2020).
 따라서, 공공외교적 관점에서 다음과 같이 논의할 수 있다. 한일관계 개선의 측면에서, 일본의 국가 이미지 개선을 위한 전략이 단순히 정보 전달이나 홍보에만 초점을 맞추는 것이 아니라, 다양한 경로와 방법을 통한 직접적, 간접적 접촉의 중요성을 충분히 고려할 필요가 있다. 이는 일본에 대한 호감을 높이기 위한 상호작용과 이해 및 공감의 향상 등의 태도로 이어질 수 있다(조윤용, 2016). 한국의 일본 문화 개방과 한류를 통한 상호 이해는 한일갈등을 부추기는 다양한 감정을 완화하는 역할을 하는 것으로 나타난 바 있기 때문에(최종호 외, 2014), 이러한 내용을 중심으로 독도문제 해결을 위한 공공외교 전략의 활용이 고려될 수 있다.

2. 개선방안 및 전략

「독도의 지속가능한 이용에 관한 법률 (독도이용법)」의 제5조에서는 독도와 관련한 교육과 홍보활동에 관한 사항(11), 독도 관련 국제협력 증진에 관한 사항(12) 등과 관련한 사항을 기본계획으로 포함할 것을 명시하고 있다. 따라서, 대안의 마련에서는 교육과 공공외교 전략을 중심으로 그 내용을 살펴본다. 그리고, 정부와 민간의 노력에 대해서도 함께 살펴본다.

1) 독도문제 관련 교육 방안

우리나라의 독도와 관련한 교육은 적극적으로 추진되지 못하며, 체계적이지 못하다는 비판이 있었다.[18] 일본이 역사 교과서에서 독도문제를 적극적으로 다루는 반면, 국내에서는 이에 대해서 의무교육이 아닌 권고사항 정도로 수행되고 있기 때문이다.

독도의 역사와 중요성 교육의 필요성은 다음과 같은 근거에 기반한다. 첫째, 독도는 고대부터 한국의 영토로서 문헌과 지리적 기록에 나타나고 있으며, 이는 한국의 영토 연속성을 증명하는 중요한 근거로 작용한다. 독도의 보호는 국가의 주권과 영토 보호와 직결되며, 이를 방치할 경우 불법 점령과 국가의 주권 침해 가능성이 존재한다. 둘째, 독도는 경제적 가치 또한 지니고 있으며, 주변 해역의 풍부한 어장과 유망한 해양자원, 해양관광산업의 발전 가능성을 통해 국가의 경제적 이익을 증대시킬 수 있다. 셋째, 독도는

---

[18] 오마이뉴스(2023.6.1.) "독도가 중요한 이유에 대해 아는 학생은 거의 없다", (https://www.ohmynews.com/NWS_Web/Series/series_premium_pg.aspx?CNTN_CD=A0002932538&CMPT_CD=P0010&utm_source=naver&utm_medium=newsearch&utm_campaign=naver_news)

국민의 자부심과 정체성 강화에 기여하며, 이는 독도가 우리나라의 역사, 문화, 그리고 영토에 대한 애착과 자부심을 상징하는 대표적인 상징물이기 때문이다.

따라서, 초중고 및 대학교 교육과정에 독도에 대한 교육을 의무화함으로써, 학생들과 유학생들에게 독도의 역사와 중요성을 인식시킬 수 있다. 단순한 이론적 교육보다는 흥미롭고 실질적인 프로그램을 통해 독도에 대한 인식을 확산시키는 것이 중요하며, 이를 통해 독도를 지키고, 일본으로부터의 불법 점령 가능성을 제거할 수 있을 것이다. 이러한 교육은 독도에 대한 지식과 애착을 높이는 한편, 국가의 영토를 보호하고 미래 세대에게 더 나은 이해를 제공하는 데 기여할 수 있을 것으로 판단된다. 무엇보다 독도의 중요성에 대한 근거를 제대로 인식하는데 초점을 맞출 필요가 있을 것이다. 이를 위해서, 기존의 사이버 독도학교 활용과 같은 다양한 방안을 통해 독도에 대한 인식을 확대 및 제고할 수 있는 콘텐츠의 발굴과 수단을 확보할 필요가 있다. 또한, 독도수호국제연대, 대학생 독도 수호대 등 독도문제의 개선을 위해 적극적으로 참여하여 활동을 수행중인 모임을 통해 대학생들이 독도에 대해 관심을 가지고 참여할 수 있는 환경을 조성하는 것이 중요하다는 점을 더욱 강조할 필요가 있다. 이러한 측면에서, 교육 커리큘럼과 전략에 공공외교적 활동을 포함하는 것이 필요하다.

2) 정부차원의 대응

먼저, 중앙정부 차원의 대응방안을 살펴볼 수 있다. 독도 이슈는 매년 논란을 불러일으키며, 2023년 4월 11일에는 일본이 외교청서에 독도를 일본의 영토로 주장하여 논란이 일었다. '외교청서'는 외교부의 중요 외교사안과 정책을 설명하기 위한 보고서로, 일본은 이 문서를 통해 독도를 일본의 땅이라고 억지 주장하며 한국의 독도 점거를 불법으로 명명했다. 이러한 일본의 주장은 한일관계에 새로운 긴장을 초래하며, 독도문제를 한일 현안으로 전환시킬 가능성을 제기하였다.19) 이에 대해서, 외교부는 '대한민국의 아름다

---

19) 경향신문(2023.04.11.) '강제징용 다음은 독도?'…일본, 독도 문제 한·일 현안으로 끌고가나

운 영토, 독도'라는 제목의 동영상을 유튜브를 통해 홍보 활동을 진행하고 있으며, 이 동영상은 다양한 언어의 자막을 제공함으로써 일본의 독도 영주권 주장을 반박하고 국제사회에 우리나라의 정당한 주장을 알리고 있다.[20] 이는 공공외교의 관점에서 볼 때, 의미있는 성과로 볼 수 있다.

<그림 3> 독도 홍보 영상

출처: 외교부(https://dokdo.mofa.go.kr/kor/pds/video_list.jsp)

또한, 재외동포재단은 독도 홍보를 위해 다양한 정책을 진행했으며, 특히 공공외교 측면에서 국민과 학생들에게 중점을 두었다. 공공외교는 국가

(https://m.khan.co.kr/politics/president/article/202304111709001)

20) 외교부(http://dokdo.mofa.go.kr)

의 자원을 이용해 국내외 대중과 직접 소통하며 국가의 정책과 가치, 비전 등에 대한 신뢰와 지지를 확보하는 활동을 의미한다. 이는 외교의 대상이 정부와 외교관뿐만 아니라 일반 대중까지 포함되며, 대중과의 소통을 통해 더욱 신속하고 적극적이며 지속적인 외교 활동이 가능하게 한다. 이런 공공외교 전략을 통해, 재외동포 학생들을 초청해 독도 관련 플래시몹 행사를 진행하기도 했다.21) 이 행사는 재외동포 학생들의 참여로 독도의 한국 영토임을 알리고, 일본 정부의 사과를 요구했다. 더불어, 일제강점기, 6·25전쟁, 88 서울올림픽 등 한국의 근현대사 교육도 함께 제공해 재외동포들에게 한국의 역사를 정확하게 전달했다. 이런 행사는 지속적으로 이어지고 있으며, 재외동포들이 이 행사를 통해 얻은 인사이트와 정보를 주변에 전파함으로써 자연스럽게 한국 홍보에 기여하게 될 것으로 기대된다.

지방정부 차원에서도 다양한 노력이 제고될 수 있다. 지방자치단체의 외교 활동을 활성화하는 것이 중요하다. 공공외교의 주체가 개인이나 민간단체, 기업, 지방자치단체 등으로 확장되면서 이제는 더 다양한 영역에서 공공외교의 기회가 열리고 있다. 이에 따라 민간단체와 개인뿐만 아니라 지방자치단체 역시 공공외교 활동에 더 적극적으로 참여할 필요가 있다. 공공외교는 다른 나라의 국민에게 쉽게 접근하여 정보를 전달하는 활동을 의미한다. 중앙정부, 지방자치단체, 민간단체 및 개인 모두의 노력이 필요하며 이들이 잘 협력해야 한다. 현재 민간단체는 독도에 대한 인식 개선과 홍보 활동을 많이 진행하고 있으며, 중앙정부도 국가 차원에서 독도가 한국의 영토임을 명확히 하기 위해 노력하고 있다. 그러나 지방자치단체의 외교 활동은 아직 부족한 상태로 볼 수 있다. 따라서, 지방자치단체 차원에서의 공공외교 활동이 더 활발히 이루어질 수 있도록 노력이 요구된다.

3) 입법적 노력

더불어민주당 이재명 대표는 독도의 날을 법정기념일로 지정하는 개정

---

21) 연합뉴스(2014.07.30.) "광화문광장서 재외동포 대학생 독도 플래시몹"
(https://n.news.naver.com/mnews/article/001/0007043247?sid=100)

안을 제시했다. 이는 10월 25일이 독도의 날로 정해져 있지만, 독도에 대한 관심 증가와 일본과의 영토 분쟁이 심화되면서 독도의 중요성을 알리고 관심을 높이려는 시도로 보인다. 그러나 이러한 법정기념일 지정은 단기적인 관심 증가를 가져올 수 있으나, 장기적으로 본질을 잃어버리고 다시 원점으로 돌아올 수 있다는 반대 의견도 있다. 대신에 독도 방문을 촉진하는 다양한 혜택 제공 등의 방안을 통해 독도에 대한 지속적인 관심을 유도하는 것이 더욱 효과적일 수 있을 것으로 제안되고 있다. 이런 접근은 법정기념일 지정과 같은 대대적인 정책 변경보다 실질적인 독도 인식 증진에 더 도움이 될 것으로 보인다.

국회예산정책처의 비용추계에 따르면, 법정 기념일 지정에 따른 행사 추진 등에는 매년 3억원의 예산이 필요한 것으로 나타나고 있는데, 이와 관련하여 경상북도 등 주요 지자체에서도 행사를 위한 추가적인 재정의 구성이 필요할 것으로 판단된다. 또한, 독도 교육은 이미 현행사업으로 추진되고 있기 때문에, 교육의 내용에 대한 고도화가 필요할 것으로 볼 수 있다.

4) 독도 개발을 통한 영유권 주장 강화 방안

또한, 독도를 적극적으로 유인도로 발전시킴으로써 우리 국민이 정착하여 경제적 활동을 수행할 수 있는 상태를 조성하는 독도 생태 마을이 다른 대안으로 제시되고 있다. 독도 생태마을은 독도의 지속 가능성을 확보하기 위해 생태어업, 생태관광 및 연구 등 다양한 경제 활동에 종사하거나 참여하는 사람들이 특정 마을에서 정착하여 생활할 수 있도록 하는 것이다. 이를 위해 적절한 위치에 토지를 매립하고 관련 시설을 조성하여 마을을 구축하는 것이 독도의 영유권 문제 해결에 있어 적극적인 방안 중 하나로 인식될 수 있다(이재하, 2013).

5) 종합적 접근

독도의 역사적, 지리적 중요성을 국내외에 널리 알리기 위해, 국제 홍보 및 문화 교류 강화 차원에서, 한국 정부와 관련 기관은 독도의 중요성을 홍보하고 문화 교류를 증진하기 위해 국제 컨퍼런스, 전시회, 문화 교류 행사 등을 주최하여 독도에 대한 정보를 국제사회에 전파하고, 이를 통해 다양한 국가와의 네트워크를 활성화시키며, 다국어 웹사이트, 책자, 동영상 등을 제작하여 외국인들에게도 독도의 중요성을 알릴 필요가 있을 것이다. 다음은 양국 시민의 참여를 유도하는 것이다. 이를 위해서 독도 문제에 대한 국민의 이해와 참여를 촉진하기 위해 다양한 활동을 계획한다. 독도 관련 토론, 시민 포럼, 청년 대화 모임 등을 통해 국민의 의견을 수렴하고 독도 문제의 해결 방안을 모색하는 등의 내용이 포함될 수 있다. 또한, 독도에 대한 시민 운동과 캠페인을 지원하여 국민의 관심과 참여를 확대해야한다. 그리고 다양한 매체를 활용한 홍보도 효율적일 수 있다. 이를 위해서, 독도 문제를 내외국인들에게 알리기 위해 다양한 매체를 활용한 홍보를 진행할 필요가 있다. 국내 언론, 인터넷, 소셜 미디어 등을 활용하여 독도에 관한 기사, 동영상, 포스터 등을 제작하여 보도하고 공유하며, 독도에 대한 정보를 제공하는 공식 웹사이트와 모바일 앱을 운영하여 내외국인들이 쉽게 접근할 수 용이하게 하는 것이 중요하다. 이러한 내용을 종합적으로 정리하면, 독도 인식 증진을 위한 종합적 정책 방안이 결국 공공외교적 관점에서 활성화될 필요가 있다는 것이다.

V. 결론 및 정책적 함의

본 연구는 우리 국민의 독도 문제에 관한 인식을 설문조사와 인터뷰를 통해 살펴보고 독도문제의 건설적인 개선방안을 공공외교적 관점에서 접근하였다. 일본과의 독도 영유권 갈등은 1950년대부터 지속되고 있으며, 이에 따른 한일관계의 개선이 진전되지 못하고 있다. 이에 대해서, 독도문제의 해결 방안으로 독도 관련 활동의 추진과 참여, 홍보 및 캠페인, 제도적 노력 등을 경주하는 것과 동시에 독도 교육의 활성화가 매우 중요하다. 특히, 지방 교육청의 사이버 독도학교와 같은 프로그램을 활성화하며, 초중고학생 대상으로 독도 교육을 필수 과목에 포함시키고 시간을 확보하는 것이 중요하다. 또한 대학에서는 비교과 활동, 강의, 대외활동 등을 통해 독도에 대한 교육과 인식 확산을 지원하고 유도하는 방안을 고려할 필요가 있다.

본 연구의 분석을 통해, 다음과 같은 정책적 함의를 살펴볼 수 있다. 향후 한국의 공공외교 전략과 방향은 국내적 합의에 기초하여, 지속이고 일관성있는 정책을 고려할 필요가 있다(김태환, 2021). 이와 관련하여, 본 연구에서 주요한 결과로 나타나고 있는 우리 국민의 인식 확대를 통해 독도문제의 이슈를 적극적으로 대응하는데 활용할 필요가 있다. 이를 통해, 단계적으로 대일관계의 개선을 위한 평화적 그리고 미래지향적 공공외교가 수행될 수 있을 것이다.

또한, 실제로 한국과 일본 사이의 갈등과 관련된 인식은 양국에서 크게 다르다는 문제를 인지할 필요가 있다. 이러한 차이는 영토 문제와 역사 문제, 문화적 차이, 그리고 상호 부정적 인식에서 기인한다. 또한, 양국 시민 모두 상대 국가에 대한 호감도가 낮고, 상대 국가의 정상에 대한 신뢰도가 떨어지는 문제가 고려될 수 있다(김위근, 2020). 따라서, 이러한 국가 간 차이에 대해서도 충분한 이해가 필요할 것이다. 공공외교는 상대국의 국민을 대상으로 호감을 더 많이 활성화시키는 노력이 중요하기 때문에, 이러한 차이가 공공외교정책의 과정에서 장애요인으로 작용해서는 안된다. 과거 한국 정부의 역사외교가 중요한 이슈로 부각된 것이 김영삼정부 시기인데(이원덕, 2014), 20년 이상이 경과된 현시점에서 보다 적극적인 해결의 노력이 필요할 것이다.

더 나아가 외교부(2022)가 제시한 2차 공공외교 기본계획에도 제시된 것처럼, 한국이 글로벌 가치 실현에 기여하고 국가 이미지를 제고하는데도 공공외교가 활용될 수 있다. 이러한 공공외교적 관점에서, 한국과 일본은 과거사 문제에 대한 양국의 차이를 극복하고, 지속적인 갈등의 원인으로 지적되고 있는 이 문제를 어떻게 개선할 수 있을지에 대해 고려할 필요가 있다. 따라서, 한국과 일본의 역사 인식의 공유를 위한 전략과 장기적 대안을 마련할 필요가 있을 것이다(김제임스, 강충구, 2019). 결국, 공공외교 연구의 중요한 쟁점에 대한 적극적 관심이 촉구될 수 있는 노력이 필요하다. 이는 공공외교에 대한 이론적 논의가 실질적 현상과 어떻게 연결되고 해석될 수 있는지에 대한 문제와 연관성이 있다. 효과적인 공공외교 전략의 이론적 틀을 구축하는 것이 실질적 효과를 검증하는 데 있어 중요하므로, 공공외교의 이론적 및 실천적 발전을 위해선 이론과 실제 사이의 불일치를 해소하는 것이 필수적이다(조기숙, 김화정, 2022). 따라서, 공공외교 연구는 이론적 논의를 통한 실제 현상의 해석과 설명이 앞으로 더 많이 수행될 필요가 있을 것으로 판단된다.

이러한 연구결과를 토대로 독도에 관한 지역주민과 국민 등 범국민적 차원의 관심을 확대하기 위한 방안은 다음과 같이 제시할 수 있다. 먼저, 독도에 대한 교육을 체계적으로 강화할 필요가 있다. 이를 위해서, 학교에서는 독도와 관련한 콘텐츠를 적극 활용하여 교육을 체계화하고, SNS 등에 독도 관련 정보를 공유하고 확산할 수 있는 방안을 모색한다. 둘째, 우리 국민의 독도에 대한 관심을 환기할 수 있도록 중앙-지방정부 차원에서 다양한 문화·예술 활동을 활성화해야한다. 독도와 더불어 울릉도는 인문·사회·경제적으로 문화와 관련된 다양한 콘텐츠를 생성할 수 있다. 따라서, 이와 관련된 문학 작품, 음악, 미술 작품 등을 활발히 창작하고, 이를 전시, 공연 등을 통해 국민에게 알리는 등 독도를 문화·예술적으로 홍보하는 활동을 지속적으로 추진할 수 있을 것이다. 셋째, 경상북도와 포항시 등을 중심으로 독도와 관련된 다양한 이벤트나 축제를 개최하는 것을 더욱 활성화해야 한다. 독도의 가치와 중요성을 알리는 캠페인이나, 독도와 관련된 문화산업 활성화를 위한 축제 등 다양한 이벤트를 개최하여 독도에 대한 관심을 높이는 데에 노력해야 한다. 마지막으로, 국제법 및 외교적 관점에서 발생하고 있는 독도 문제에 있어, 정부차원의 공식적 외교뿐만 아니라 민간차원의 공공외교도 활성화할 필요가 있다. 국내외에서 독도에 대한 주장을 강력히 전달하고, 국제사회에서 독도의 중요성을 인식시키기 위해 다양한 외교적 노력을 기울여야 한다. 이를 통해, 우리 국민의 독도 문제에 관한 인식을 활성화하고 건설적인 한일관계의 형성에도 긍정적으로 기여할 수 있을 것이다.

정리하자면, 본 연구의 결과는 한일 화합 시대에 독도 정책을 수립하는 데 유의미한 근거자료로 활용될 수 있다. 연구 결과의 활용 면에서는 국제적 학술단체와의 교류를 통해 독도 인식의 확산과 홍보에 기여할 수 있다.

또한, 연구 결과는 독도 교육에 활용할 수 있는 데이터베이스(DB) 구축에 기여하였으며, 지방 및 중앙 정부의 역할 분담을 위한 근거자료로 활용될 수 있다. 즉, 독도에 대한 인식을 바탕으로 중앙 및 지방정부의 독도 정책 대안을 제시하였고, 독도 활동을 수행하는 다양한 단체들에게 참고할 만한 연구 결과물을 제공하였다고 평가될 수 있다.

마지막으로, 후속 연구에서는 심층 인터뷰 조사와 관련해, 본 연구는 우리 국민뿐만 아니라 외국인을 대상으로 독도 문제가 어떠한 관념과 접근을 중심으로 논의되고 있는지를 살펴볼 필요가 있을 것이다. 이를 위해서, 독도 문제에 관해 성실하게 응답할 수 있는 그룹을 구성하고, 문제에 관해서 충분한 논의 이후 심층 인터뷰를 실시할 필요가 있을 것이다. 결국, 개인 수준에서 인식하는 독도 문제의 현재 이슈에 관한 시각, 담론 등을 종합적으로 살펴봄으로써, 독도 문제의 건설적 개선 방안의 도출에 관한 개인의 태도와 의견 등을 수집할 수 있기 때문이다. 끝으로, 독도의 경우 국내 홍보보다는 해외에서의 교육 및 홍보가 중요할 수 있으므로, 앞으로는 해외에서 활용할 수 있는 정책 대안을 제시하는 등의 추가적인 연구가 필요하다고 판단된다.

참고문헌

고정민. (2016). 〈한류와 경영〉. 서울: 푸른길.
기미야 다다시. (2018). 중국을 둘러싼 한일관계: 한국, 한반도에서 본 일본의 대중 인식, 정책. 일본연구논총, 47, 141-170.
김명섭·안혜경. (2007). 9.11 이후 미국 공공외교의 변화. 세계지역연구논총, 25(3), 299-327.
김범수·김병로·김성희·김학재·이성우·최은영·황수환·최현정. (2022). 2021 통일의식조사. 서울대 통일평화연구원.
김군수, 한영숙.(2015).독도 영유권, 일본의 주장과 우리의 대응.이슈&진단,(207),1-26.
김수진·이혜은. (2023). K-POP 팬덤과 한국의 국가 명성: 미국의 BTS 팬 중심 분석. 공공외교: 이론과 실천 3(1), 1-19.
김위근. (2020). 한·일 갈등에 대한 양국 시민 인식 조사. 한국언론진흥재단. Media Issue 6(4), 1-16.
김유경·김유신·박성현·이효복. (2012). 국가 정체성의 보편적 인식 차원과 영향에 관한 연구. 홍보학 연구, 16(2), 127-163.
김제임스·강충구. (2019). 위기의 한일관계, 한국인의 인식과 함의. 아산정책연구원 Issue Brief. 1-14.
김태완·조윤용·이연옥·이혜진. (2016). 다문화수용성척도의 타당성 연구: 대학생 집단을 중심으로. 문화예술교육연구, 11(1), 57-78.
김태환. (2021). 한국 정책공공외교의 진화와 방향성: 공공외교에 대한 정체성 접근의 시각. 공공외교: 이론과 실천 1(1), 1-28.
나용우. (2022). 지방자치단체의 공공외교 활성화를 위한 과제: 평화공공외교. 평화학연구, 23(4), 49-75.
남경태. (2022). 국가자부심과 소비자 적대감이 일본 불매 행동에 미치는 영향. 지역과 커뮤니케이션, 26(3), 5-32.
박명희. (2022). 일본의 대미 공공외교 전략의 변화와 시사점: 하와이주(洲) 사례를 중심으로. 국회입법조사처 현안분석 266, 1-28.
박창건. (2017). 일본의 공공외교. 국가전략, 23(4), 91-114.
서정욱·김동욱. (2020). 일본군 성노예 피해자 문제 해결을 위한 남북협력 공동대응 인식에 관한 연구: 대한민국 젊은 세대의 인식을 중심으로. 한국지방자치연구, 21(4), 81-104.
손승혜. (2013). 한국 문화의 수용과 국가 이미지 형성에 관한 탐색적 연구: 파리 한국문화원 한국어 수강자들의 문화수용 과정과 의미. 문화정책논

총, 27(1), 101-120.
신경애. (2017). 한국 대학생의 한일관계와 대일외교방향에 대한 인식조사. 일본문화연구, 61, 77-98.
외교부. (2022). 제2차 대한민국 공공외교 기본계획(2023-2027). (https://www.mofa.go.kr/www/wpge/m_22716/contents.do)
이문영. (2023). 한국 청년세대의 중국 및 일본 인식: 국내 언론 보도의 사실 정합성 검토를 중심으로. 통일과 평화, 15(1), 289-319.
이숙종. (2017). 한국인과 일본인의 기관신뢰와 민주주의 인식. 일본공간, 22, 95-131.
이원덕. (2014). 한일관계와 역사마찰: 김영삼 정권의 대일 역사외교를 중심으로. 일본연구논총, 40, 241-268.
이재묵. (2021). 공공외교와 커뮤니케이션: 학제적 접근. 공공외교: 이론과 실천 1(2), 93-110.
전재은·강규원. (2017). 일본 유학 한국인의 일본에 대한 국가이미지 변화와 결정 요인 분석: 일본 문부과학성 장학금 유학생을 중심으로. 비교교육연구, 27(6), 69-93.
정기웅·윤석상. (2009). 일본 공공외교가 한국에 주는 함의: 일본국제교류기금과 일본 국제협력기구를 중심으로. 국가안보와 전략, 9(1), 137-182.
정상미. (2023). 안보위협과 대일인식: 한일관계 개선·한미일 군사안보협력에 대한 여론 분석(2018~2021). 국제정치논총, 63(1), 177-219.
조기숙·김화정 (2022). 효과적인 공공외교 분석을 위한 이론적 모형. 공공외교: 이론과 실천 2(2), 1-26.
조윤용. (2016). 한·일 대학생의 국가 호감도에 미치는 영향 요인 탐색: 미디어 접촉도와 문화 콘텐츠 소비를 중심으로. 한국콘텐츠학회논문지, 16(9), 667-678.
최은미. (2018). 국가정체성을 통해 본 한일갈등의 인식차이 연구. 아세아연구, 61(4), 228-259.
_____. (2021). 한국과 일본, 우리는 서로에게 무엇인가: 한국과 일본의 상호인식과 한일관계. 아산정책연구원.
최종호·정한울·정헌주. (2014). 한국인의 대일본 감정에 미치는 요인에 대한 경험적 분석: 일본의 군사대국화, 경제협력, 그리고 정체성. 국제관계연구, 19(1), 41-76.
이재하. (2013). 정부의 독도개발정책 문제점과 미래대안 모색. 한국지역지리학회지, 19(2), 282-300.

최장근. (2014). 한국정부의 독도정책의 현황과 과제. 동북아시아문화학회 국제학술대회 발표자료집, 477-581.

Kim, S. (2010). UNDERSTANDING THE DOKDO ISSUE: A CRITICAL REVIEW OF THE LIBERALIST APPROACH. The Journal of East Asian Affairs, 24(2), 1-27. http://www.jstor.org/stable/23258212

Nye Jr, J. S. (2004). Soft Power: The Means to Success in World Politics. New edition. Cambridge, MA: Public Affairs.

제 5장

일제의 수산진흥정책과 울릉도·동해안 일대에 형성된 일본인 이주어촌

서경순

I. 서론

　근대는 바다에서 시작되었다는 말이 있듯이 생산적인 측면에서도 농산물보다 수산물의 가치에 주목하였다. 유럽에서는 만국박람회를 통하여 수산에 관한 지식 정보를 공유하여 수산물의 유용성을 극대화하였다.
　동양에서 수산물의 유용성과 가치를 최초로 인식한 나라는 일본이다. 1873년 오스트리아 빈 만국박람회에 공식 초청장을 받고 각 부처의 관료 및 경제인 등을 조직하여 출품과 함께 참가하였다. 이들은 박람회 견학을 통하여 유럽의 선진문화에 적지 않은 문화 충격을 받고 돌아와서 이구동성으로 박물관 설립·내국권업박람회 개최·수산진흥정책 등에 대한 논의를 시작했으며, 이는 국가적 주요 사안이 되었다. 수산분야에서 참가했던 다나카 요시오(田中芳男)와 세키자와 아케키요(關澤明淸) 또한 수산물의 경제 가치가 국가재원의 큰 비중을 차지한다는 사실을 인식하였고 국가의 수산진흥사업에서 핵심적인 역할을 하였다.
　일본은 빈 만국박람회를 이어서 유럽 각국의 만국박람회에 계속적으로 참가하였으며, 수산분야에서는 인공부화법 · 통조림 진공기술. 포경 기술 등 선진 수산 지식 정보와 통조림 기계, 잠수기, 포경기, 편망기계 등 선진 기계를 일본으로 들여왔다.

이글에서는 일제의 수산진흥정책이 어떻게 펼쳐졌는지에 대하여 이 정책을 주관했던 농상무성의 수산진흥사업을 토대로 살펴볼 것이다. 그리고 이 수산진흥정책이 일본의 경계를 넘어서 주변국인 한국으로 확산된 배경 과정 및 한국의 수산업에 어떻게 작용하였는지 또한 한국 수산경제를 어떻게 장악해 나갔는지에 대하여 한국 내 형성된 일본이주어촌 가운데 울릉도 · 동해안 일대의 연안지역을 중심으로 살펴보고자 한다.

Ⅱ. 근대 일본의 수산진흥정책

1. 국내

수산진흥정책을 전담한 관청은 농상무성이다. 일본 정부는 1881년 행정을 개편하여 농업 · 임업 · 수산업 · 상공업 등 여러 산업분야를 관장하는 농상무성(農商務省)을 설치하였다. 그리고 농상무성 산하의 농무국에 수산과(1885년 수산국)를 설치하여 근대학문을 익힌 수산전문가를 채용하여 국가적인 차원에서 수산진흥사업을 추진하였다. 일본에서 수산기사 1호로 채용된 사람은 1873년 빈 만국박람회에 참가하였던 세키자와 아케키요이다. 세키자와를 비롯한 수산기사(기수)들이 앞장서서 수산물에 대한 시험조사는 물론이고 수산 계몽을 위하여 각 부현 순회강연을 펼치면서 국가의 수산진흥정책에 앞장섰다.

일본 행정기관에서 수산(水産)이라는 용어를 공식적으로 처음 사용한 것은 1877년 내무성 권농국 수산계이다. 이후 농무국 수산과(1881), 대일본수산회(1882), 수산박람회(1883), 수산전습소(1888) 등 수산이라는 용어는 일반화가 되었다.

국가의 수산진흥정책은 민간의 관심을 불러 모았다. 1882년 2월 일본 최초의 수산단체인 대일본수산회가 결성되었다. 발기인 6명은 東京 水産社 (1880)의 설립자(나가이 요시노스케, 永井佳之輔)1)를 비롯하여 전 직원이 참여하였다. 이 회사는 창립한 1880년 7월 『중외수산잡지(中外水産雜誌)』라는 일본 최초의 민간잡지 1호를 창간했을 정도로 수산업 계몽의 선구적인 출판사였다. 대일본수산회의 임원진은 회두(이후 총재로 개칭), 고마츠노미야 아키히토(小松宮彰仁)2) 친왕, 간사장, 시나가와 야지로(品川彌二郎)3)를 비롯하여 농상무성의 技師・技手 가운데 간사・의원・학예사로 선출되었다. 초대 간사장을 맡은 시나가와 야지로는 농상무성의 고급 관료이자 수산국 실권자였다. 시나가와를 이어서 간사장을 역임했던 사람들도 모두 국가 관료이자 실권자로서 수산진흥정책에 앞장섰던 사람들이다.

〈표 1〉 대일본수산회 간사장(제1~7차)

구분	성명	취임
1차초대 간사장	시나가와 야지로(品川彌二郎)	1882년 2월
2차 간사장	요시다 키요나리(吉田淸成)4)	1886년 4월
3차 간사장	야나기 나라요시(柳楢悅)5)	1888년 4월
4차 간사장	무라타 다모츠(村田保)6)	1891년 1월
5차 간사장	다나카 요시오(田中芳男)7)	1896년 3월
6차 간사장	무라타 다모츠(村田保)	1900년 6월
7차 이사장회장	마키 나오마사(牧朴眞)8)	1909년 4월

1) 永井佳之輔(생몰연대 불상), 1880년 東京 水産社를 설립하고 그해 7월 편집장인 中尾直治와 民間 第1호(일본 최초 수산잡지) 『中外水産雜誌』를 창간하였다, 1882년 대일본수산회 발기인 중 1인이다.
2) 小松宮彰仁(1846-1903), 왕족, 1890년 육군 대장 승진, 국제친선을 목적으로 1886년 영국, 프랑스, 독일, 러시아 등 유럽 각국 방문, 1902년 영국 국왕 에드워드 7세의 대관식에 메이지 천황의 대리자격으로 참석하였다. 일본 적십자사, 대일본수산회, 대일본산림회, 大日本武德會, 高野山興隆會 등 각 단체에서 총재를 역임하였다.
3) 品川彌二郎(1843-1900), 정치가, 1870년 독일・영국 유학, 내무대서기관, 내무소보, 농상무대보, 주독공사, 궁내성어료국장, 추밀고문관 등을 역임, 1884년 자작, 大日本水産會 第一次幹事長(초대회장, 재임기간 1882.2.12.~1886.4.26.), 大日本農會, 大日本山林會에서 모두 간사장을 겸임하였다.
4) 吉田淸成(1845-1891), 幕末 薩摩藩士, 外交官・농상무성 관료, 1865年 영국・미국 유학하여 항해학을 배웠으며, 이후 정치학・경제학을 수학했다. 1887년 자작을 수여받은 후

간사로 선출된 사람 중에는 농상무성의 수산기사 1호 세키자와 아케키요(關澤明淸)와 수산기사 2호 마츠바라 신노스케(松原新之助)가 포함되어 있으며, 의원 중에 야마모토 요시카타(山本由方)는 대일본수산회 발기인 중 1인이며, 농상무성 기수였다. 이외에도 당시 수산계에서 잘 알려진 농상무성 수산지식인들이 선출되었다. 그리고 회원은 일본 전역의 어업 및 수산업과 관련된 사람을 모집하였다

대일본수산회의 임원진에 왕족 및 국가공무원을 구성하였던 점에서 이 수산단체는 일반 민간단체가 아니라 반관반민단체이며 국가의 수산진흥정책의 연장선에서 결성하였다는 것을 알 수 있다. 대일본수산회는 수산에 관

같은 해 원로원의관이 되었으며, 다음해(1888) 추밀원 고문관이 되었지만 병으로 사망(47세), 현재 「吉田淸成文書」가 京都大学 日本史硏究室에 보관되어 있다.

5) 柳楢悅(1832-1891), 일본 해군(최종 계급: 해군소장), 和算家(수학자), 측량학자, 정치가, 長崎海軍傳習所에 파견되어 네델란드식 항해술을 배워 서양 수학에 기초한 측량술을 습득하였다. 메이지시대 영국 해군과 공동 해양측량을 한 경험을 바탕으로 일본에서 해양측량의 제일인자로 일본 연안을 측량하고 해도를 작성하여 현재도 "日本水路測量의 아버지"로 불린다. 1882년 대일본수산회 창립에 주력하였고 1886년 간사장이 되어, 간사장 임기 중 1889년 수산전습소를 설립하여 학교운영 발전에 이바지하였는데 임기를 다 채우지 못하고 1891년 1월 15일 지병으로 사망하였다. 1888년 원로원의관, 1890년 귀족원의원이 되었다,

6) 村田保(1842-1925), 메이지시대 法制官僚, 정치가, 원로원의관, 귀족원칙선의원, 수산전습 2대 소장, 대일본수산회 부총재, 대일본염업협회 초대회장, 大日本缶詰業連合會 초대회장 역임, 1871~1873년 영국 유학(형법), 1880~1881년 독일 유학(행정재판법, 헌법, 자치, 형법)후 귀구하여 후 일본의 민법, 상법, 민사소송법 등 법률 제정을 담당, 독일 유학 당시 구나이스트와 베를린에서 개최된 만국수산박람회에서 일본의 수산 자원 문제점을 지적한 것을 계기로 귀국 후 일본 최초의 수산단체인 대일본수산회를 설립하는 데 적극적인 노력을 하였으며, 설립 후에 어업법률학예위원으로 촉탁되었다. 1894년 청일전쟁시에는 군부에 통조림 제조 납품, 1896년 일본 원양어업에 대한 보조금 요청안을 제출하였고, 1897년 원양어업장려법이 공포되었다. 1895년 수산조사회 회장, 1896년 제2회 수산박람회 심사관장, 1898년 염업조사회 회장, 1912년 한국병합기념장을 수여받았다.

7) 田中芳男(1838.9.27.~1916.6.22.),박물학자, 물산학자, 농학자, 원예학자, 男爵, 명치시대 동물원·식물원을 구상하였고, 「박물관」이란 명칭을 만들었으며, 우에노 박물관 2대 박물관장, 원로원의관, 귀족원의원, 대일본산림회 회장, 일본원예회 부회장 등을 역임하였으며, 일본의 식산흥업 지도 및 기초 박물학 보급에 주력하였다. 파리(1867)·빈(1873)·미국 필라델피아(1876) 등 만국박람회에 참가하였으며 1886년 '일본수산지' 기획 편찬의 총괄책임을 맡았다.

8) 牧朴眞(1854.4.26.~1934.4.29.), 일본 관료, 정치가, 실업가, 현지사, 중의원의원, 1898년 11월 농상무성 수산국장, 대일본수산회 이사장, 日本缶詰協會長, 大日本水産工芸協會長, 대일본수산회 부총재 등 역임하면서 수산업 진흥에 주력했다.

하여 국내 수산사정과 아울러 구미의 수산 지식정보를 알리기 위해 회보를 간행하는 등 국가의 수산진흥정책에 이바지했다.

농상무성에서 실시한 최초의 사업은 1883년 개최한 내국수산박람회라고 할 수 있다. 이 행사는 일본수산발달사에서는 빼놓을 수 없는 수산진흥사업의 출발점이 되었으며, 당시로서 매우 이례적인 근대적 행사였다. 제1회는 1883년 도쿄 우에노 공원에서, 제2회는 1897년 고베에서 개최되었다. 제1회 박람회의 개최 목적은 출품을 통하여 일본 전역에 현존하는 어선, 어구, 어법, 수산물제조법, 양식법 등을 파악하는 데 있었으며, 또한 출품 심사를 통하여 우수한 전통 어법·제조법·양식법을 선별하고자 하였다. 제1회 박람회 포상수여식에는 메이지천황이 직접 행차하여 격려사를 하였을 정도로 당시 수산진흥사업은 국가정책 중 매우 중요한 사안이었던 것을 짐작할 수 있다.

더욱이 박람회는 전국의 수산관계자들이 한자리에 모여 수산정보를 서로 주고받았던 장이 되었을 뿐만 아니라 수산에 별 관심은 없었지만 최초의 수산박람회라는 호기심에서 참가했던 일반인들도 수산진흥의 중요성을 인식하게 된 계기가 되었다.

농상무성은 박람회가 끝난 후에 수상 출품을 어로법·제조법·양식법·도서(어보 및 통계표 등의 서적) 등으로 분류한 후 1884년 6월『수산박람회심사평어』라는 서적을 발행한 후 각 부현에 배포하여 전국적인 수산진흥발전을 도모하였다.

그리고 1897년 개최된 제2회 수산박람회는 제1회와 비교하면 참가 출품수가 3배 이상 증가하였을 정도로 1회 수산박람회에 비하면 매우 진보한 양상이며, 더욱이 제2회 박람회에는 대형수족관을 최초로 시도한 것으로 당시 매우 획기적이었다. 그리고 개최장소를 고베로 결정한 것은 '관서부현연합회 공진회'가 먼저 개최되어 이를 재활용하면 경비를 절감할 수 있었기 때문이다. 또 하나는 고베는 일본의 상업 중심지이자 해외 무역항이었던 점에서 당시 농상무성의 해외무역극대화 정책과도 깊은 관계가 없지 않다. 제2회 수산박람회를 개최했던 그해는 원양어업장려법을 공포한 해이기도 하며, 일본 최초의 수산교육기관인 수산전습소를 수산강습소로 승격시켜서 교육

범위를 확대하였는데 원양어업과가 신설된 것이 이때부터이다. 원양어업과는 원양어업을 위한 선박 운용 인력 육성 과정이었다. 즉 농상무성의 원양어업장려법은 국내 수산진흥정책에서 국외 수산진흥정책으로의 확장을 의미한다.

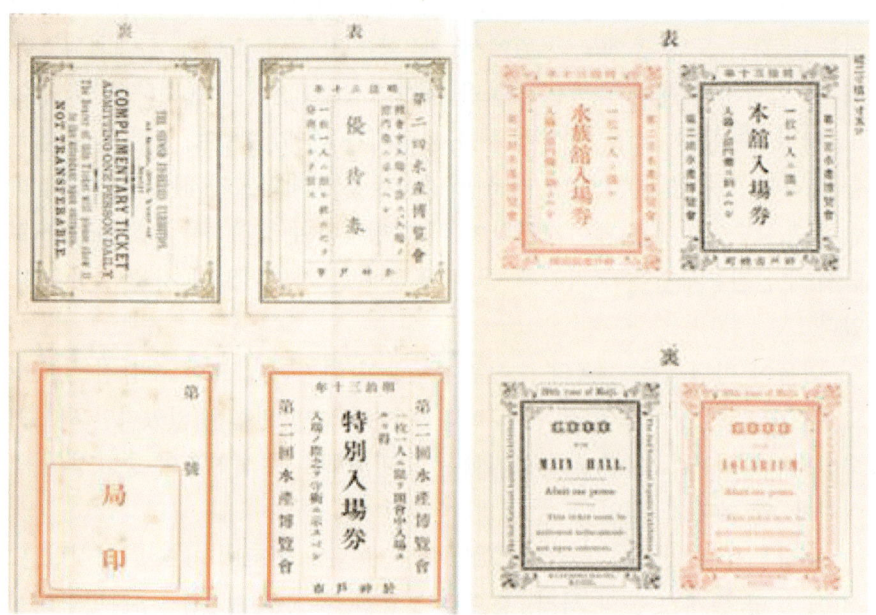

<그림 1> 제2회 내국수산박람회 입장권(1907년)

제2회 박람회를 종료한 후에도 『제2회수산박람회사무보고』라는 결과물을 간행하였다. 제1회 『수산박람회심사평어』는 수자원보호 및 수산개량에 중점을 두었다면, 『제2회수산박람회사무보고』는 제조분야 특히 수산물 수출품에 보다 중점을 두었다.9)

농상무성은 제1회 수산박람회를 통해서 전국의 수산 사항을 파악한 다음에 1888년에는 구미에서 시행하는 학리(學理)에 근거하여 일본 해역에 대한 실제 조사를 실시하였다. 홋카이도를 제외하고 전역을 5해구(海區)로 나누고 각 해역 별, 근대 학문을 익힌 수산기사(기수)를 파견하였다. 이들은

---

9) 서경순(2021), 『메이지시대의 수산진흥정책과 일본수산지(日本水産誌)의 편찬에 대한 연구』, 박사학위논문, 부경대학교대학원, 28~41쪽.

장기간에 걸쳐서 해역의 지세, 해저 지질, 조류 변화 및 바다 생물의 종류, 성질, 발육, 치어, 난자(알) 질병 등에 대한 조사 시험 분석을 실시하는 한편, 해당 지역의 어구 어법 등의 어업상황 및 수산물 조사를 실시하였다.

해역별 조사를 마무리한 후에 『수산조사예찰보고』(1892)를 간행하였다. 그런데 수산통계가 완전하지 않았으므로 농상무성에서 다시 특별조사를 실시하여 『수산사항특별조사』(1894)를 추가 간행한 후에 도청 및 각 부현에 하달하였다. 이 간행물은 전술한 수산박람회 이후 간행했던 2개의 서적과 함께 수산관계자들의 참고서가 되어 일본 수산진흥을 한층 견인하였을 것이다. 그리고 하나 덧붙이면, 이 서적들은 농상무성에서 수산진흥사업의 가장 근본이 되는 어업자(수산업자들)들에게 필독서로 제공하기 위해 편찬했던 일본수산지 3부작(『일본수산포채지』·『일본수산제품지』·『일본유용수산지』)의 기본 자료가 되었을 것이다.10) 일본수산지 3부작은 근대일본의 수산 백과사전이라고 할 수 있는 매우 방대한 서적이다.

농상무성은 수산박람회 및 수산 현지 조사를 어느 정도 마무리하자 수산물 수출품 극대화에 주목하였다. 수산물 수출은 곧 수산 경제 상 가장 시급한 과제였으며, 국가재원의 바탕이 되기 때문이었다.

그러나 구미 수출 개척에는 무엇보다 국제적으로 통용되는 수산물 명칭 및 규격·국제무역서류·국제무역규칙·국제해상법 등 사전 지식이 필요하였으므로, 인력양성을 위한 근대수산교육기관 설립이 시급하였다. 이에 반관반민단체였던 대일본수산회가 학교설립을 주관하여 1888년 농상무성의 인가를 받고, 1889년 1월 20일 수산전습소라는 일본 최초의 근대수산교육기관을 개소하였다. 초대 소장은 농상무성 수산국장 세키자와 아케키요가 겸임하였고 교사진 또한 농상무성과 대일본수산회의 기사(기수)·학예사 그리고 각 분야의 박사 또는 농학사로 구성하였는데 이들은 모두 근대학문을 익힌 지식인들이었다. 최초 교과 과정을 어로과·제조과·양식과로 나누었으며, 교과목은 수산학·기상학·경제학·물리학·상업대의 등이며, 근대 학문에 바탕을 두었다. 교과목을 교열한 사람은 농상무성의 다나카 요시오(田中芳男)·

---

10) 일본수산지 3부작(『일본수산포채지』·『일본수산제품지』·『일본유용수산지』)은 농상무성에서 주관한 편산사업으로 1886년에 착수하여 1895년 원고를 완성하였다.

야마모토 요시카타(山本由方)·시모 케이스케(下啓助) 3명이었다. 이와 같이 수산전습소 또한 일반 학교가 아니라 국가의 수산진흥정책의 연장선에서 설립한 학교였다.

1897년 3월 대일본수산회 소관이던 수산전습소를 폐소한 후 수산강습소로 개칭하여 농상무성 수산조사소에 부설하였다. 수산전습소의 교사진과 학생은 그대로 승계되었다. 국가기관으로 승격된 수산강습소는 교육범위가 확장되어 수산전습소의 교육과정이었던 어로과·제조과·양식과를 본과로 하고, 원양어업과, 연구과, 수산과 교원 양성과, 제염기술원 양성과 등을 신설하였다. 신설한 교육과정은 모두 원양어업진출과 관계가 있다.

오늘날 일본의 수산·해양 교육기관 및 연구기관들은 수산전습소(이후 수산강습소)가 기본바탕이 되었음은 두말할 필요가 없다. 그 대표적인 곳이 바로 동경해양대학(東京海洋大學)[11]이다. 수산전습소(수산강습소)의 후신으로 당시 수산강습소에서 사용했던 교안 및 자료들이 이 학교의 도서관에 현재 소장되어 있는 점에서 의심할 여지가 없을 것이다.

원양어업장려법(1897)은 연안어업에서 원양어업으로 진출을 포함하고 있다. 이 시기는 선박이 무동력에서 동력으로 교체되는 시기였다. 일본 정부는 선박회사를 대상으로 원양어업에 적합한 발동기를 장착한 발동기선 및 발동기선을 운용할 수 있는 원양선원에 대한 보조금을 지원하였다. 또한 선박회사에서 수산강습소 원양어업과 학생들의 실제 현장실습 및 기술을 전수하였을 경우에는 추가 보조금을 별도 지원하였다. 원양어업장려법은 일본 수산진흥정책의 해외 확장이며, 주변국 입장에서는 수산 침탈이었다.

조선해[12]출어시책 및 원양어업장려법이 공포되어 일본 어부들의 조선해 출어가 급증하면서 이들에 대한 감독 통제의 시급성이 요구되자, 일본 정부는 1902년 4월 1일 외국영해수산조합법(外國領海水産組合法)을 공포하

---

11) 1888년 11월 대일본수산회 소속 水産傳習所 설립→ 1897년 3월 농상무성 水産講習所 개설→ 1947년 4월 농림성 第一水産講習所 개칭→ 1949년 5월 東京水産大學→ 2003년 10월 1일 東京商船大學과 東京水産大學을 통합하여 東京海洋大學 설치→ 2004년 국립대학법인 東京海洋大學이 되어 현재에 이르렀다.
12) 19세기 말 이후는 조선과 한국을 혼용하였다. 이에 따라 조약 등 여러 명칭은 당시 통용되었던 대로 표기하였다.

였다. 이 법안은 일본의 내각총리대신·농상무대신·외무대신이 함께 조인할 정도로 당시 매우 긴급 사안이었던 것으로 짐작된다. 이 법안이 시급했던 것은 조선해에 출어한 일본 어부들의 의복과 불량한 태도에서 비롯되었다. 당시 일본 어부들이 훈도시라는 속옷차림으로 한국인들의 주거지역을 돌아다니면서 우물가 등 아낙네들이 모여 있는 곳에서는 희롱하기를 일삼고 여인이 혼자 사는 곳을 기웃거렸다. 심지어 절도하는 일도 생기면서 한국인과의 심한 충돌이 빈발하자 일본영사의 힘만으로는 통제단속이 어려워 외무성에 협조요청을 하였다. 이에 농상무성 수산국장 마키 나오마사(牧朴眞)를 단장으로 한 조사단이 파견되었다. 상황을 살펴본 마키 나오마사는 일본 어부들의 행동이 국가적 망신이라고 여겼으며, 이것이 국제적인 문제가 될 것을 인식하였다. 그래서 1900년 10월까지 각 부현에 조선해통어조합(이후 조선해수산조합)을 설립하도록 지시한 후 한국 연해 출어자를 강제 가입시키게 하였다. 외국영해수산조합법은 한마디로 외국영해로 출어한 어부들을 국가가 지원·보호한다는 명목을 내세워 강제 가입시킨 후 감독 통제의 수단이 되었다.13) 더욱이 1907년에는 조선해수산조합(朝鮮海水産組合)14) 본부를 부산에 설치하였는데, 외면적으로 일본 정부가 외국 영해에서 활동하는 일본 어부들의 경제적 지원 및 권익을 보호한다는 취지였지만, 내면적으로는 이 조합에 국가공무를 집행하는 수산기사들을 파견 상주시켜서 일본출어자에 대한 통제단속을 강화한 것이다. 일본의 수산진흥정책은 국내에서 국외, 즉 조선해로 그 범위를 점차 확장되어 갔다.

2. 국외

일본 어선이 바다 국경선을 넘어와 조선해에서 조업을 할 수 있었던 근

---

13) 김수희(2005), 「어업근거지건설 계획과 일본인 집단이민」, 『한일관계사연구』 22, 한일관계사학회, 132~133쪽.; 김수희(2010), 『근대 일본 어민의 한국진출과 어업경영』, 경인문화사, 44~45쪽.; 서경순·이근우(2019), 「한국수산지의 내용과 특징」, 『인문사회과학연구』 20-1, 부경대학교 인문사회과학연구소, 129~130쪽.; 앞의 박사학위논문, 204~207쪽.
14) 朝鮮漁業協會(1897)→朝鮮通漁組合聯合會(1900)→朝鮮海水産組合(1903)→朝鮮水産組合(1912)의 순으로 변경되었다. 1912년 '어업령' 공포된 후 명칭을 조선수산조합으로 변경하였고 한국인(1910년 한일병합과 관계있다)도 조합원으로 가입하게 하였다.

거는 1883년 7월에 체결된 조일통상장정(朝日通商章程)의 제41관에 있다. 조선의 함경도·강원도·경상도·전라도 연해와 일본의 히젠(肥前)·치쿠젠(筑前)·이와미(石見)·나가토(長門)·이즈모(出雲)·쓰시마(對馬島) 연해에서 양국 어부의 상호 통어가 허용되었다.15)

양국 간의 상호 통어였지만 한국의 경우는 연안도처에 수산물이 풍부하여 굳이 먼 외양까지 나가서 조업할 필요가 없었으며, 어선·어구·어법 등 또한 연안어업에 적합하였으므로 원양으로 출어할 요건이 갖추어지지 않았다.

이에 반해서 일본의 경우에는 당시 연안의 남획 현상으로 인하여 실업 어부들이 속출하여 연안어업에서 원양어업으로의 전환 단계에 놓여졌다. 일본 정부는 이 문제의 해결방안의 하나로 조일통상장정을 빌미로 '조선해 출어시책'을 마련하고 일본 어부들의 조선해 출어를 지원하였다. 이에 일본 어부들 또한 재빠르게 선단을 조직하여 조선해로 대거 몰려들었던 것이다. 이렇게 조일통상장정은 일본 어부들의 어업 갈증을 해소하는 큰 구심점 역할을 하게 되었지만 한국 어부들의 생계를 위협하는 신호탄이기도 하였다.

일본 정부는 조일통상장정을 이어서 1888년 인천해면잠준일본어선포어액한규제(仁川海面暫准日本漁船捕魚額限規則) 및 1889년 한일통어장정(韓日通漁章程) 등 계속적인 장정을 체결하여 일본 어부들의 조선해 어획 영역 범위를 확장시켰다.

또한 한일통어장정이 체결된 해에는 부산에 부산수산회사가 설립되어 일본 출어자들이 한국에서 조업하는데 필요한 업무를 대행하였다. 일본 출어자들이 한국에 도착하면 한국 관청 및 일본 영사관에 입국신고를 비롯한 여러 행정 수속을 거쳐서 조업허가를 받아야 했지만 일본 출어자들은 행정 수속에 무지하였으며 더욱이 언어소통도 힘들었는데 이에 대한 모든 업무를 부산수산회사에서 대행하였을 뿐만 아니라 어시장을 마련하여 어획물을 매입·경매·유통 시스템을 갖추고 출어자들의 어획물의 처리 또한 대행해

---

15) 1883년 7월 조일통상장정(朝日通商章程)이 체결되기 전에 1882년 조청상민수륙통상무역장정(朝淸商民水陸貿易章程)이 체결되어 이 장정(조약)의 제3조에 의해 조선의 평안도·황해도 연해와 청나라의 산둥(山東)·펑톈(奉天) 연해에서 양국 간 어부들의 상호 통어가 합법화되었다.

주었다. 즉 출어자들은 어획한 후 어시장에 납품만 하면 되었다. 부산수산회사가 설립되기 전에는 출어선이 만선이면 일본으로 돌아가든지, 아니면 모선이라는 운반선에 싸게 팔아넘기든지 때로는 조선 시장에 내다 팔아야 하는 어려움도 있었지만 이후부터는 성어기까지 어획한 후에 돌아갔다.

일본 정부는 조선해출어시책을 본격화하기 위하여 '한국수산상황조사'를 실시하였으며, 최초 수산국장 세키자와 아케키요(關澤明淸)를 비롯한 일행이 1892년 11월 일본을 출발하였다. 한국의 중요수산물과 각 지역의 어업 상황에 대한 조사를 위해 먼저 일본 해군 소속의 조해환(鳥海丸)을 이용하여 서해안 일대를 조사한 다음, 두 번째는 부산에서 우편기선을 이용하여 부산과 원산을 오가며 동해안 일대를 조사하였다. 그리고 세 번째는 어선을 이용하여 경상도와 전라도 연안·부산 일대 즉 남해안 일대에 대한 조사를 마친 후 1893년 3월초에 돌아갔다. 다음 달 4월 21일에 한국연안조사보고서를 제출하였으며, 10월 23일 『조선해통어사정(朝鮮通漁事情)』16)이란 제목으로 서적을 간행하였다. 보고서 형식으로 기술된 이 책에는 경상도·전라도·강원도·함경도·충청도·경기도 연안 지역에 대한 지리, 해리 및 기상, 중요수산물, 한국의 어업상황에 대하여 매우 자세하게 조사 정리되어 있다. 또한 일본출어자들의 어업 기원과 연혁, 출어자의 통어규칙, 출어선 수와 어획물의 판매 제조 수익, 어업규칙·해관(세관)규칙 등도 면밀하게 조사 정리하였다.

이 책의 총론에는 세키자와의 의견이 제시되어있다. 그중 하나는 조선해 어업은 홋카이도 어업과 비교하면 조선해는 1년 내내 어업을 할 수 있으며, 또한 어획물이 풍부하고 그 종류도 많은 이점이 있다는 것을 밝혀두었으며, 더욱이 한국 연안에 상어지느러미·전복·해삼 등의 청국 수출 품목 중 가치 높은 상품이 많아서 일본에서 조업하는 것보다 한국 연해로 출어하면 이익

---

16) 앞의 논문(「어업근거지건설계획과 일본인 집단이민」), 132~133쪽.; 앞의 책(『근대 일본 어민의 한국진출과 어업경영』), 44~45쪽.; 앞의 논문, 「한국수산지의 내용과 특징」, 129~130쪽.; 앞의 박사학위논문, 204~207쪽.; 關澤明淸는 일본 최초의 수산기사(수산기사 1호)이며, 당시 농상무성 수산국장이면서 일본 최초의 수산교육기관인 수산전습소(1889년 개소)의 소장을 겸임하고 있었으며, 竹中邦香는 농상무성 수산기사이자, 수산전습소의 이사 및 교사를 겸임하고 있었다.

이 배가 될 것이라는 것을 강조하였다.

두 번째는 군사적 의견이다. 세키자와는 러시아에서 한국 바다를 염두에 두고 있기 때문에 군사적인 측면에서 일본이 먼저 점유해야 한다고 주장하였다. 이와 더불어 한국으로 출어한 일본 어부들이 조업을 통하여 저절로 연안의 지리·조류·해저·암초의 유무 등을 익힐 수 있으니 이들을 바닷길 안내자로서, 그리고 유사시에는 해병으로 삼을 수 있으니 먼 장래에 큰 도움이 된다는 사실을 밝혔다.17) 이와 같은 세키자와 의견에서 일본 정부의 조선해출어시책은 실업

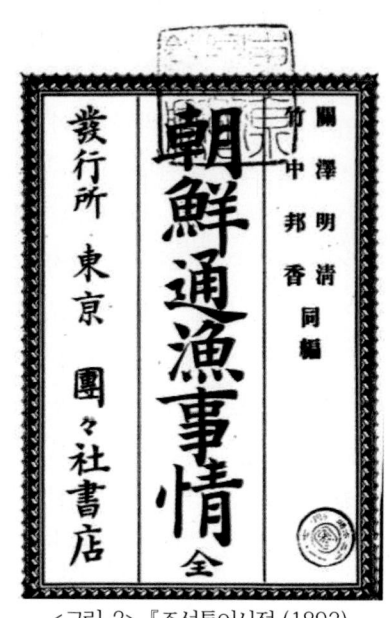

<그림 2> 『조선통어사정』(1893)

어부들의 해결방안이자 수산물 획득이라는 경제적 측면과 아울러 이면에 군사적인 측면 또한 내재되어 있었다는 것을 암시한다. 당시 러시아 남하정책으로 인하여 국제정세가 매우 첨예한 상황이었으므로 일본은 자국의 영토보존을 위해서 군사적 요충지에 해당하는 한반도의 바다를 장악할 필요가 있었던 것이다. 세키자와 일행들이 서해안 일대의 수산 조사를 실시할 때 일본 해군의 협조 지원을 받아서 조해환(鳥海丸)을 이용하였던 것은 이 사실과 무관하지 않을 것이다. 더욱이 세키자와는 농상무성의 수산국장, 즉 정부 관료층인 점을 감안해보면 세키자와의 의견은 조선해출어시책 속에 군사적 계책 또한 없지 않았던 것으로 이해된다. 농상무성 수산국의 조선연안조사는 세키자와 일행을 이어서 계속 실시되어 다양한 '조선연안조사보고서'가 간행되어, 일본 어부 및 수산관계자들의 한국 연해에 대한 정보지

---

17) 이근우(2012), 「명치시대(明治時代) 일본의 조선(朝鮮) 바다 조사」, 『수산경영론집』 43-3, 한국수산경영학회, 1~3쪽.; 關澤明淸·竹中邦香(1893), 『朝鮮通漁事情』, 團團社書店, 1~5쪽.; 여박동(2002), 『일제의 조선어업지배와 이주어촌 형성』, 도서출판 보고사, 147~148쪽.

역할을 하였다.

　더욱이 1905년에는 원양어업장려법을 개정 공포하여 원양선박회사 및 승무원에 대한 보조지원만이 아니라 한국 이주자에 대한 보조지원을 추가하였다. 이 법령은 통어정책에서 이주 정책으로의 전환을 말하며, 이후 일본정부의 적극적인 보조 지원에 의해 한국 연안지역 곳곳에 일본이주어촌이 확장되어 갔다. 또한 이곳에는 일본 어부는 물론이고 상공업을 비롯한 여러 업종에 종사하는 일본 정주자가 점차 증가하였는데, 특히 생산 유통시설을 갖춘 수산제조회사에 염장품·통조림·건제품 등에 종사자들이 증가하면서 일본이주어촌에 정주자 수가 또한 급증하였다.

　한국 내에 일본인 정주자가 증가하자 1907년에는 조선해수산조합 본부를 부산에 설치하여 부산수산회사에서 대행하였던 일본출어자에 대한 업무 일체가 이관되었다. 그러나 출어자들의 어획물의 위탁판매에 대한 것은 부산수산회사에서 계속 대행 관리하였다.

　조선해수산조합본부는 통감부의 지시를 받았으며, 농상공부 및 통감부에 소속된 수산기수(기사)가 파견 상주하여 조합원에 대한 일체 업무를 관리하는 한편 보호 및 감독 단속을 하였다. 한국 내 일본이주어촌 건설을 추진하였을 때 이곳의 수산기수들은 한국의 주요 어장과 토지 매입에 앞장서서 임무를 수행하였다. 그리고 어장 및 토지를 매입할 때 일본 정부의 명의로 하지 않고 조선해수산조합본부의 명의로 하였는데 이것은 한국의 행정기관과 지역 주민의 의심을 피하기 위한 수단이었으며, 매매과정에서 마찰을 극소화할 수 있기 때문이었다.[18]

　이와 같이 일본의 수산진흥정책은 국내에서 국외인 한국으로 그 범위가 확장되어 한국의 바다를 장악하기에 이르렀으며, 더욱이 1905년에는 원양어업장려법을 개정 공포하여 한국 내 일본이주어촌건설을 추진하여 한국 내륙 잠식의 발판을 삼았다.

---

18) 앞의 박사학위논문, 206~208쪽.

3. 일본 이주어촌건설

1904년 러일전쟁이 발발하였을 때 일본정부는 일본군의 군수품 보급을 빌미로 평안도, 항해도 연안에서 일본 어부의 어업을 합법화시켜 한국의 전 연안을 장악하게 되었다. 같은 해 12월에 농상무성의 기사 시모 케이스케(下啓助)와 기수 야마와키 소우지(山脇宗次)가 한국에 왔다가 1905년 2월 귀국하였다. 당시 러일전쟁이 한창이었음에도 불구하고 이들이 왜 한국을 다녀갔는지는 이들이 농상무대신에게 제출한 『한국수산업조사보고』라는 보고서형식의 복명서에서 그 의문이 풀린다. 그 내용을 살펴보도록 하자.[19]

『韓國水産業調査報告』

작년(1904) 11월 한국수산업시찰을 명령받고 진남포, 평양부터 인천, 해주, 순위도, 군산, 죽도, 개야도, 목포, 팔구도, 마산, 거제도, 부산, 울산 등을 답사하고 올해(1905) 2월 도쿄에 돌아와서 別冊에 견문 사실을 구체적으로 (보고하니) 각하의 열람을 요청드립니다.

우리나라 사람이 한국에서의 어업은 오래전에 시작하여 근래에 발달한 것을 볼 수 있는데도 현재 통어자는 순전히 성수기에 어리(漁利)가 있는 바를 쫓아서 이전할 뿐 영구적인 어리를 도모하지 않고 있습니다. 그러므로 장래 영원의 이익을 증진하고 국가와 어민(彼我)의 행복을 향유하기 위해서는 다음의 조치(施設)를 취할 것을 요구드립니다.

① 이주민(일본인)을 장려하고 한국 각지에 일본인 취락을 이룰 수 있도록 할 것.
② 한국 연해에 우리(일본)의 어촌을 조직하고 어민으로 하여금 점차

---

19) 農商務省 水産局(1906), 『韓国水産業調査報告』, 1~2쪽(技師 下啓助, 技手 山脇宗次는 경상도·전라도·충청도·황해도·평안도의 주요어장 및 일본인 이주어촌에 대한 실태조사를 하였다. 이 보고서에는 한국 연안 해도가 첨부되어 있다).; 앞의 논문(「어업근거지 건설계획과 일본인 집단이민」), 133쪽.; 한규설(2001), 『漁業經濟史를 通해 본 韓國漁業制度 變化의 100년』, 선학사, 53~56쪽.; 김동철(2007), 「『大日本水産會報告[會報]』의 한국관련 기사와 사료적 가치(1882-1905년)」, 『韓國民族文化』 30, 33~34쪽.; 요시다 케이이치(吉田敬市) 저, 박호원·김수희 역(2019), 『조선수산개발사』, 민속원, 360~361쪽.; 앞의 박사학위논문, 208~212쪽

한국의 풍습을 익히도록 하는 동시에 한국민을 우리나라 풍속에 동화할 수 있도록 힘쓸 것.
③ 전항의 목적을 달성하기 위하여 다음의 방법을 채용할 것.
　(a) 어업근거지를 정부에서 취설(取設)할 것.
　(b) 감독자를 두고 각지에서 이주해 오는 어민을 통일 정리하여 질서있는 어촌을 형성할 것.
　(c) 근거지는 어업을 위하여 개시장(開市場)으로 간주(視做)하여 일본 선박의 출입을 자유롭게 할 것.
　(d) 한국 이주를 바라는 지방을 통일시켜 단결을 도모할 것.
　(e) 앞의 각항의 목적을 달성하기 위하여 중앙 정부 및 지방 관청은 상당 비용을 지출할 것.
④ 정부는 재정 사정에 의해 거액의 경비를 지출할 수 없다고 하더라도 다음의 조치를 할 필요가 있음.
　(a) 상당한 선박을 이용하여 전문기술자의 승조를 늘려서 조류, 저질 등 어장의 상황 및 수족의 종류, 분포 등을 조사하고 이를 공시하여 일반 방침을 정할 것.
　(b) 통어자 및 이주민의 조합을 결성할 것.
　(c) 이주지에 있어서 통제(取締) 감독 및 업무 지도할 것.

이상과 같이 삼가 복명하는 바입니다.

1905년 4월

농상무 기사　　시모 케이스케(下啓助)
농상무 기수　야마와키 소우지(山脇宗次)

농상무대신 남작, 기요우라 케이고(淸浦奎吾) 각하

　이들의 복명서 제목은 『한국수산업조사보고』이다. 그런데도 앞의 서두 내용은 제목과 달리 수산업 조사라기 보다는 한국 내 일본이주어촌 건설에 따른 이주어촌 경영에 대한 보고서라는 것을 알 수 있다. 두 사람이 한국에 온 목적은 한국 내 건설된 일본이주어촌 조사와 더불어 이주어촌건설 예정지에 대한 사전 조사였던 것이다. 이 보고서는 향후 일본이주어촌 경영의 지침이 되었다.

　이 보고서의 내용 중에 한국의 입장에서 간과할 수 없는 것은 바로 ②항이다. 한국 연안에 일본 어부가 정착하여 조선인을 동화시켜야 한다는 내용은 일제가 일본 출어자를 이용한 한국 식민지화의 일면이 아닐 수 없다.

　요시다 케이이치의 『朝鮮水産開發史』에 의하면 일본 정부가 조선 내에 일본 이주어촌건설을 추진한 배경에서 첫 번째는 조선해 출어선의 조난사고가 빈번하여 이주어촌 건설을 추진하게 되었으며, 두 번째는 러일전쟁 무렵에 일본에는 인구 증가와 더불어 자본주의적 경제 발전 등에 따라 대만·사할린 등지로 식민지 이주가 성행하였는데 이 경향이 조선에서는 이주어촌건설로 이어졌다고 설명하고 있다.[20] 그러나 당시 러일전쟁 중이었던 점을 생각해 보면 요시다의 설명은 충분히 납득하기 어렵다. 일제의 한국 내 이주어촌건설은 일본군 보급 군수식량품의 원활한 조달을 위한 중요한 역할을 할 수 있으며, 이에 일본 정주자들의 협력이 절대적으로 필요했던 점에서 일본이주어촌 건설은 매우 시급한 사안 중 하나였을 것이다. 시모 케이스케가 보고한 일본 이주어촌 예정지는 경상도는 울산·욕지도, 전라도는 격음군도(隔音群島)[21]·접도·추자도·청산도·안도·격음군도, 황해도는 초도·용위도이며 평안도에 1곳이다. 그리고 시모 케이스케는 부록을 통하여 조선 내에서 모범적으로 잘 운영되는 이주어촌 2곳을 소개하였다. 여기에는 조선해수산조합에서 구축한 거제도 장승포 근거지와 가쿠 에이타로(加來榮太郞)라는 실업가가 구축한 어청도 근거지이다.

　거제도 장승포는 부지 1,200평, 황무지 약 5만평, 가옥, 사무소 등 총 구입비용이 3,405원80전이 들었으며, 어업자 3호(17명), 매점 1호(2명)를 합하여 총 19명의 일본어부가 정주하고 있었다. 그리고 어청도 근거지는 가옥 20호, 사무실 1동, 창고 제조장, 부지 3,500평 및 소나무 숲 1町 5反[22])등이며

---

20) 앞의 책, 『조선수산개발사』, 358~362쪽.
21) 앞의 책, 『韓国水産業調査報告』, 49쪽, 81~83쪽(『韓国水産業調査報告』에는 "한국인은 古群山이라고 부르는 곳으로, 군산항에서 서남쪽으로 21해리(약 39km) 떨어진 곳이며 전라도와 충청도의 양도에 접하며, 큰 艦隊와 巨船의 정박이 가능하여서 1894년 청일전쟁 시 일본 해군의 일시적인 假根據地였다"고 기록한 것에서 이 지명은 일본 해군에서 붙인 것으로 보인다).
22) 1町=3,000평, 1反=300평(反은 段을 말함).

총 구입비용은 총 1,946원75전이 들었다고 한다.23) 이 2곳은 모두 일본군의 군사요충지에 해당되는 곳이다.

『한국수산업조사보고』는 한국 수산업 조사를 앞세운 한국 내 일본이주어촌건설을 위한 사전 조사이며, 또한 1905년 원양어업장려법을 개정 공포한 것과도 밀접한 관계가 있다는 것은 더 설명할 필요가 없다.

1908년 11월에는 「한일어업협정」이 체결되어 일본 어부들의 한국 내 조업은 바다만이 아니라 내륙부의 강·하천·호수에서도 가능하게 되었다. 그러나 통감부는 내수면에 대한 어업허가권은 한국 정주자로 제한하였다. 그 결과 내수면 어업을 희망하는 일본어부는 어쩔 수 없이 한국 이주를 선택해야만 했기 때문에 일본 이주어촌의 정주자 수가 증가하였다.

한국 내 이주어촌건설 정책은 결과적으로 통감부가 한국 어업을 효율적으로 지배할 수 있는 전환점이 되었으며, 동시에 식민사업의 수단으로 기능하게 되었다.

당시 일본인 이주어촌은 자유이주어촌과 보조이주어촌으로 구분된다. 전자는 일본어부가 한국에 출어하여 스스로 어업근거지를 형성한 경우이며, 후자는 일본 정부가 원양어업장려법을 개정 공포한 후 보조사업에 의해 형성된 경우인데 대체로 조선의 주요 어항과 전략적 요충지를 고려하여 건설되었다.

보조이주어촌건설지는 다음과 같은 요건을 갖춘 곳을 선정했다. 첫째는 적당한 항만이 있고 어장 출입이 편리한 곳, 둘째는 어획물을 판매할 수 있는 시장이 있는 곳이거나 또는 시장과 가까운 곳, 셋째는 어부들의 집과 여러 설비가 있고 채소밭도 다소 있는 곳, 넷째는 땔감 및 식수 확보가 편리한 곳으로 부업을 할 수 있는 곳 등의 조건을 갖춘 곳을 표준으로 삼았다. 그리고 이 이주어촌에는 한국 어업의 유경험자 중에서 가족 전체가 이주할 수 있는 자만을 선정대상으로 삼았으며, 각지에서 선정된 사람들을 뒤섞어서 이주시켰다.

당시 정부의 보조이주어촌 건설 정책을 적극적으로 추진한 곳은 나가사키·구마모토·후쿠오카·야마구치·히로시마·오카야마·가가와·아이치

---

23) 앞의 책,『韓国水産業調査報告』, 81～83쪽.

등의 수산시험장이다.24) 각 부현의 수산시험장에서는 한국 내 이주어촌 건설을 위해 먼저 수산기사(기수)를 파견하여 한국 토지 및 어장 매입과 아울러 어업권을 취득한 후에 이주어촌에 정주시킬 어민들을 모집 선정하고 도항비를 비롯한 보조금을 지원하였다. 당시 이주 보조금은 매우 큰 금액이었으므로 이주 신청자들도 많았다고 한다. 당시 울릉도·동해안 일대에 형성된 일본 이주어촌을 개략적으로 정리하면 다음과 같다.25)

〈표 2〉 울릉도 · 동해안 일대에 형성된 일본이주어촌

순서	연도	일본이주어촌 및 주요 어업	府縣	구분
1	1903	울릉도 1899년 이후 울릉도가 오징어산지로 알려지면서 일본 어부들의 통어가 활발해졌으며, 1902년 이후는 해조류 채집을 시작하여 일본인 단독 경영이 아니라 울릉도민과 공동 경영하였다. 1903년에는 잠수기업자가 울릉도에 와서 전복을 채취하였고 한국인을 고용하였다고 한다. 奧村平太郞의 경우는 잠수기어업 및 소라·고등어 통조림업을 개시하였다. 러일전쟁 이후에 울릉도에는 이주자가 보다 급증하였다. 오징어어업은 오키섬(隱岐島)에서 온 어업자에 의해 시작되었으며, 1906년 경 이와미(石見) 등에서 선박을 동반하고 온 상인들과 거래가 이루어졌다고 한다.26) 1910년 말 울릉도 일본인 이주자 수는 224호인데 대부분 오키섬(隱岐島) 즉 시마네현 사람들이 많았다. 1915년 이후는 오이타현에서도 40명이 이주하였다.	大分縣· 隱岐島 (시마네현)	자유
2	1903	포항 포항은 최초 일본 잠수기어업의 근거지였는데 1903년에 돗토리현 奧田龜三형제가 포항에서 지예망어업을 실시한 이후부터 일본출어자들의 통어 및 이주가 증가하였다. 1908년 이주자는 95호인데 대부분 상인들이었고, 어부는 5호에 불과했다. 그리고 1903년에 오카야마현에서 구축한 이주어촌이 형성되었다. 1911년은 도야마현에서 대부망어업을 실시하였	島取縣· 岡山縣· 富山縣· 德島縣· 山口縣· 島根縣· 大分縣· 愛嬡縣· 福岡縣·	자유 · 보조

---

24) 앞의 책, 『韓国水産業調査報告』, 15~16쪽.; 앞의 책, 『조선수산개발사』, 358~368쪽.
25) 앞의 책, 『조선수산개발사』, 부록 614~623쪽.

		으며, 1914년에는 청어 정치망어업에서 큰 성과를 보았으며, 1917년경 이후에는 운반선이 내항하였다. 포항은 일본 어업근거지 역할보다도 물자교역이 이루어졌던 장소였다. 그리고 1923년 도쿠시마현의 安村 아무개가 청어머리와 꼬리를 잘라 제조하면서 포항은 청어제조품 중심지가 되었다. 1930년대에는 이소다니(磯谷金吉)·즈보모토(坪本才市)·시타바야시(下林忠治) 3사람이 자본금 10만엔을 투자하여 마루산어업주식회사(丸三漁業株式會社)를 창립하여 동력선 6척, 무동력선 8척을 가지고 대부망, 건착망, 기선저예, 니신망(청어망)어업을 개시하였다. 당시 이 회사는 한국 어부 또한 120~130명을 고용하였다. 1933년경에는 정어리 통조림업이 발달되어 포항은 동해 굴지의 어항이 되었다. 포항은 당시 오카야마·야마구치·시마네·오이타·에히메·후쿠오카·도야마·구마모토·사가·교토 등 여러 지역에서 온 일본인들이 정주하였다.	熊本縣· 佐賀縣· 京都	
3	1904	모포 1904년 잡곡·해조류 상인 十河 아무개가 최초 정주하였으며, 1908년에 미에현의 정어리 지예망어업자의 이주어촌이 형성되었다	三重縣	자유· 보조
4	1907	감포 1905년 이후에 가가와현 삼치유망 통어자의 근거지였는데 1907년에 정어리 지예망어업자 7호가 이주하였다. 1914년 후쿠이현 龍野三之助 등이 수조망·자망(게) 어업을 시작하여 통조림업을 경영하였다. 1916년경 일본인 정주자는 65호인데 이중에 가가와현 삼치유망이 17호였다. 감포가 고등어어업과 정어리어업이 발전하면서 1922년에는 어업조합이 결성되었다. 1923년~1926년 사이에 어선이 동력화되었으며, 1935년에는 감포가 고등어 어항으로 유명해졌는데 후쿠이현에서 온 일본 어부들이 중심이 되었다고 한다.	香川縣· 福井縣	자유· 보조
5	1908	축산포 축산포는 잠수기어업 및 삼치유망의 근거지였으며, 정어리 지예망업자가 이주어촌을 형성하였다 (1907년 조선해수산조합에서 이주어촌건설을 시도하였으나 성공하지 못했음).		자유

6	1908	축산포는 고등어·정어리어업으로 동해안의 이름난 어항이다. 죽변 1908년 5월 시마네현 수산조합에서 이주어촌을 건설하여 1912년에 일본 어부가 18호 48명이 건너와 이주하였다.	島根縣	보조
7	1908	주문진 잠수기업자들의 통어근거지로 이후 조선 굴지의 잠수기어업의 근거지로 거듭났다. 1908년 미에현의 정어리 지예망업자가 최초 이주하였다. 1914년 말, 현재 미에현·후쿠오카현·시마네현·와카야마현·에히메현 등에서 온 일본인 이주자 수가 10호 38명이며, 정어리지예망·도미연승 어업을 하였다. 1926년 어항이 완성되고 정어리어업이 성행하여 동해 굴지의 주요항으로 거듭났으며 일본인 이주자가 증가하였다.	三重縣· 福岡縣· 島根縣· 和歌山縣· 愛嬡縣	자유
8	1908	장전항 1880년대부터 도미연승과 잠수기어업의 근거지였으며, 청일전쟁 무렵에 森萬次郎의 통역에 의해 일본인들이 근거하여 어업과 상업을 겸하여 생활하였다. 1908년 가가와현에서 大西彌三郎이라는 어부가 이곳에 최초 이주한 후 일본어민들이 정주하였고 1914년은 어업자 수가 15호였다. 장전항은 러시아 포경업의 근거지였지만 이후 동양포경회사의 각축장이 되었다. 장전항 일대는 대구·청어·고등어·명태어업의 성어지인데 특히 대구어업 중심지였다. 강원도 정어리어업의 최대 중심지로 油肥제조공장이 건설되어 강원도 최대 어항이 되었다. 1920년대에는 가자미 기선저예어업의 근거지가 되었다.	香川縣· 島根縣	자유
9	1910	강구 1897년경 가가와현 삼치유망 통어자의 근거지였는데, 1910년부터 최초 이주하여 1913년에는 4호가 이주하면서 1914년 이후에 갑자기 증가하였다. 1919년 태풍과 수해로 인하여 이주어촌이 대부분 유실되었는데 1923년 한규열(韓圭烈)·市原·庄山 등에 의해 어업조합을 조직하여, 어항을 조성 착수하여 1935년 완성한 후 동해안 굴지의 어항이 되었다.	香川縣	자유

		구룡포		
10	1910	구룡포에는 배를 대기에 좋은 조건을 갖추지 못했지만 1902년 야마구치현 도미연승 50여척의 통어 근거지가 되었다. 1904년에는 가가와현 도미연승과 삼치유망, 1906년에는 가가와현 小腆－田組의 80척이 고등어 유망을 시작하였고 1909년 房長출어단의 고등어유망업이 크게 성과를 보면서 구룡포가 고등어어업의 근거지가 되어 1912년에는 일본 정주자가 47호가 되었다. 그리고 1926년 어항이 완성되자 1927년경에는 이주자가 120호 이상으로 증가하였는데 이주자 중 70%가 가가와현 이주자였다. 1933년에는 이주자가 220호, 이중 어업자가 50%였는데 가가와현·오카야마현·야마구치현·나가사키현·돗토리현·미에현 등에서 온 이주자들이었다.	山口縣·香川縣·岡山縣·山口縣·長崎縣·島取縣·三重縣	자유
11	1910	영진(靈津) 1910년 돗토리현의 德田平市형제가 대부망 어업을 개시하였다. 그리고 角輪組의 주식회사가 이곳에 근거지로 삼은 뒤부터 영진은 비약적인 발전을 하면서 어항개수공사 및 제빙·냉동 등 기타 설비를 갖추게 되어 조선 최대의 定置어업의 근거지가 되었다.	島取縣	자유
12	1912	봉수진(烽燧津) 1912년 후쿠오카현 築豊수산조합에서 현비(縣費) 2,500원의 보조금으로 이주어촌을 건설하여 어가(漁家) 10호를 짓고 고등어어업을 운영하였다.	福岡縣	보조

※표의 구분에서 '자유'는 자유이주어촌, '보조'는 보조이주어촌을 말한다.

한국 내 연안지역에 일본이주어촌이 증가하면서 정주하는 일본어부들의 수 또한 증가하자 조선해수산조합 본부는 각 지역의 이주어촌 정주자에 대한 보호 및 감독 단속을 위하여 이사청 소재지 또는 요지에 지부 및 출장소를 설치하여 조장·평의원·임원·지부장·기사·의사·서기 등의 직원을 상주시키는 한편 순라선을 파견하여 업무를 관장하는 등 업무의 효율성을 높였다. 『한국수산지』 제 1집에는 서두에 조선해수산조합본부의 사진과 주요 업무 및 역할에 대한 설명이 있다.[27]

---

26) 오키섬(隱岐島)과 이와미(石見)는 현재 시마네현 소속이다.

"본 조합은 조선 연해에 출어하는 일본 어업인들의 단체이다"(중략) 1899년 6월 당시 수산국장 마키 나오마사(牧朴眞)가 직접 시찰하고 간 후 통어와 관련하여 각 부현마다 통어조합을 조직하도록 하여 1900년 5월 연합회를 조직하고 부산주재 영사의 감독 하에 두었다. 이것이 현재 조합의 전신이다.(중략) 1903년 일본 시모노세키에서 창립총회를 개최하여 현 조선해수산조합을 발족하였다. 1907년 4월부터 조합은 통감부가 관리하는 바가 되었고 오늘에 이르렀다. 현재 조합은 (중략) 다음의 업무를 관장한다.

 (1) 조합원들의 보호 단속 및 조난구제,
 (2) 조합원의 통어출원 기타 수속에 관한 업무 대행,
 (3) 조합원의 어업에 관한 통신보고,
 (4) 조합원의 통신 및 저금·환취급 대행,
 (5) 조합원 분규 시 중재 및 조정,
 (6) 조합원 풍속 교정 및 양 국민 간 화친도모,
 (7) 어획물 판매 편익 도모,
 (8) 어선 어구 개량 및 보관,
 (9) 어장조사 탐험, 어종 번식보호 연구,
 (10) 통어자의 공적 및 선행에 대한 표창,
 (11) 조합원의 공동이익 증진을 위한 필요 시설 마련

앞에 열거한 조선해수산조합의 업무 11항을 살펴보면 일본 출어자들은 자신의 신변보호를 위해 자발적으로 조합원에 가입하지 않았을까? 그러나 출어자들은 자발적인 면에 앞서 조합원 소속이 아니면 한국 출어에서 제외되었기 때문에 희망자는 무조건 가입해야 했으므로 자율성보다는 강제성을 띠고 있다.

---

27) 農商工部 水産局(1908), 『韓國水産誌』. 第1輯(권두사진 朝鮮海水産組合本部)

<그림 3> 조선해수산조합본부

Ⅲ. 울릉도·동해안 일대에 형성된 이주어촌

우리나라는 지정학적으로 국토의 3면이 바다로 트여있으며, 동해는 난류와 한류가 교차하며, 서해는 광활한 갯벌이 펼쳐져있다. 이러한 조건을 갖춘 한국의 바다는 수산물의 보고라고 할 정도로 어족자원이 매우 풍부하였다. 그러나 우리나라는 예로부터 국가의 경제 중심을 농업에 두었으므로 어업은 소외되어 있었으며 더욱이 어업을 천시하는 풍조에 의해 수산개발에는 크게 관심이 없었다. 그런데도 어업인들은 국가재정·군자금·구휼금 등의 명목으로 국세·지방세를 납부해야 했으며, 더욱이 이 임무를 수행하는 하급 지배층의 수탈로 인해 어민들은 이중고를 겪으며 피폐한 삶을 면치 못하였다. 어민들은 농번기가 되면 농업에 집중하는 반농반어의 생활을 영위할 수밖에 없었다. 당시 울릉도·동해안 일대 지역의 어업세 중에는 곽세(미역)·염세(소금)의 비중이 높았다.

주요 항은 울진군(죽변만)·영해군(후리포, 축산포)·영덕군(강구)·흥해군(도항, 여남, 호포)·장기군(구룡포, 모포, 감포) 등이 있지만 모두 큰 배보다

작은 배의 정박지로 보다 적합하였다

『한국수산지』 2집에 의하면 울진군의 죽변만은 모래사장으로 장애물이 없고 얕아서 지예망어장으로 매우 적합한 곳으로 4~5월에 일본 잠수기선이 수십 척이 몰려와 근거지를 형성하였는데 이후에 시마네현에서 일본이주어촌을 건설하였다.28) 더욱이 죽변만은 울릉도로 가는 최단거리에 있는 항구로 많은 선박의 기항지였다.

축산포에서는 큰 배를 정박할 수 있어 어채물을 염장 또는 건제하여 포항과 부산으로 수송하였다. 그리고 일본 어부들의 잠수기어업·삼치유망선·정어리지예망 등의 근거지를 형성하였다.

여남포는 영일만과 마주한 곳으로 제법 만입되어 최고의 피항지였다. 또한 수심이 깊어서 상선·어선의 기항지이자 어획물의 집산지였다. 1908년(또는 1909년) 현재, 야마구치현에서 일본이주어촌 건설을 추진하였다. 울릉도·동해안 일대에는 특히 울릉도·포항·구룡포에 일본인 정주자가 많았다.

당시 울릉도·동해안 일대에 형성된 주요 일본이주어촌에 대한 개요는 다음과 같다.29)

〈표 3〉 울릉도·동해안 일대의 주요어업과 일본정주자

구분	비고
영해군	수산물 : 대구·청어·고등어·정어리·삼치·가자미·가오리·방어·미역·숭어·연어·은어 등 어　구 : 고등어유망·정어리 지예망·수조망·자망·외줄낚시 등 염　전 : 백석·병곡 주요항 : 축산포(丑山浦) 일본 정주자 : 12호(25명)
영덕군	수산물 : 대구·청어·고등어·정어리·삼치, 가자미, 넙치·방어·상어·숭어·은어·연어·은어, 뱀장어·미역 등 어　구 : 수조망, 유망, 건망, 지예망, 외줄낚시 등 염　전 : 남호·구계(제염고 약 250석) 주요항 : 강구(江口) 일본 정주자 : 31호(77명)

---

28) 農商工部 水産局(1910), 『韓國水産誌』 2輯, 389~391쪽.
29) 『韓國水産誌』 2輯, 경상도편

제 5장 일제의 수산진흥정책과 울릉도·동해안 일대에 형성된 일본인 이주어촌 199

청하군	수산물 : 대구·청어·고등어·삼치·가자미·게·복어·넙치·상어·해조류 등 어 구 : 지예망·자망·수조망·유망·연승·잡어낚시·해조업 등 일본 정주자 : 15호(25명)

흥해군	수산물 : 청어·고등어·정어리·마래미·도미·미역·우뭇가사리·소금 등
	어 구 : 자망·수조망·유망·예승·연승·권자망(卷刺網)·승망(桝網)30) 등
	주요항 : 여남포·두호포·도항(島項)
	  - 여남포에는 1910년 현재 일본 상인 1호 정주하며,,
	    야마구치현수산조합의 3,000평 규모의 이주어촌 건설계획 중.
	  - 두호포는 영일만의 주요항 중 1곳이며, 일본인 정주자 많음.
	    야마구치현 수산조합의 이주어촌예정지 있음.
	어 장 : 여남포 - 정치망(魚帳漁場) 2곳·호망어장(壺網漁場)
	         갈마포 - 정치망(魚帳漁場) 1곳.
	         두호포 -정치망(魚帳漁場)·호망어장(壺網漁場)
	
	일본 정주자 : 29호(108명)

영일군	수산물 : 대구·청어·삼치·가자미·넙치·삼치·방어·복어·뱀장어·뱅어·
	         숭어·잉어·연어·은어·해조류 등
	어 구: 수조망·유망·지예망·연승·자망·외줄낚시·투망(投網)·권자망(卷
	         刺網)·대부망(일본 어부)·평망(坪網, 일본어부) 등
	염 전 : 포항 일대(매년 2만석 이상)
	어 장 : 죽렴(竹簾)
	         정치망(魚帳漁場)
	주요항 : 포항
	포항 : 화물집산 요충지
	
	   1910년 현재 약 400가구 중 일본 정주자 수는 95호인데,
	   상업 90호 어업 5호이며, 어업자는 오카야마현 이주자 임.
	   포항은 각 부현 수산조합에서 이주어촌건설계획지 선정한 곳이 많음.
	
	일본 정주자 : 95호(356명)

장기군
(長鬐郡)
	수산물 : 청어·고등어·정어리·삼치·가자미·상어·방어·도미·전갱이·갈치·
	         게·미역·김·우뭇가사리 등
	어 구 : 자망·지예망·분기망(焚寄網)·수조망·유망·낚시 등
	주요항 : 모포(牟浦)·구룡포(九龍浦)·감포(甘浦)
	       : 감포는 지예망의 좋은 항으로 구룡포와 견줄 수 있으며,
	         삼치 성어기에 일본어선의 근거지
	
	<장기군 일본정주지역>
	
	 - 모포 : 일본인 상인(十河商店) 1호 정주, 1904년 기타 잡곡 및 미역·
	         우뭇가사리를 구입하러 왔다가 1906년부터 정주.

	- 석병(石屛): 정어리 지예망 1호. - 칠전 : ① 사토 아무개[佐藤某]·오카다 아무개[岡田某]의 공동 경영 석탄갱이 있음, 적치장은 모포, 칠전의 중간 지점. ② 미에현 아예군 백총촌(三重縣阿藝郡白塚村) 어부의 정어리예망 어업근거지. - 하서리(下西里) : 일본인 정어리 지예망 근거지 * 장기군의 경우 일본 정주자가 확인되지 않음(조사자에 의하면 당시 정주 인원수 파악이 되지 않았다고 밝혀져 있음).
울릉군 鬱陵郡	수산물 : 오징어·정어리·김·미역·우뭇가사리·전복·새우·잡어 등 주요항 : 울릉도 도동·저동항 <울릉군 일본정주지역> - 울릉도 도동 : 시마네현 오키섬[隱岐島]에서 이주 : 의사·중매상·잡화상·어업·운송업·목수[大工]·벌목꾼[木挽] 등 - 닛쇼조합(日商組合) 설립, 이후 1907년 일본인회 조직 일본인 정주자 : 224호(768명)

※ 출처 : 『韓國水産誌』 2輯 경상도 편(1910)

앞의 표에서 살펴본 바와 같이 울릉도·동해안 일대의 일본이주어촌은 포구를 중심으로 형성되었다. 일본인 정주자 수가 가장 많은 곳은 울릉군이며 내륙 연안지역 중에는 역시 영일군이 버금가며, 포항의 경우는 1920년경에 일본 정주자 수가 포항 전체 수의 약 25%를 차지할 정도로 많이 이주하였다.[31]

1. 일본이주어촌

1) 포항

예로부터 포항 일대는 농사에 적합하지 않는 곳으로 한촌에 불과하였는데 만호영이 설치되면서 마을이 형성되어 물품집산지인 상업 무역항으로 발전하였다.[32]

---

30) 승망어업(桝網漁業) : 길그물의 끝에 헛통을 설치하고 헛통에 자루그물을 달아 길그물을 따라 유도된 어군이 자루그물로 들어가게 하여 잡는 어업이다.
31) 浦項市史編纂委員會(1999), 『浦項市史』 上권, 348~353쪽.; 영일군사편찬위원회(1990), 『迎日郡史』 308쪽

포항에 일본인이 정주한 것은 언제부터일까? 1883년 조일통상장정이 체결되자 일본 어부들은 한국의 바다에서 보호를 받으며 조업을 하기에 이르렀다. 포항은 잠수기업의 근거지가 되었으며, 이들은 성어기가 끝나면 돌아갔다. 1901년 가을에는 '나카타니 다케사부로'(中谷竹三郎)가 포항 일대에서 해조류 거래를 하고 돌아갔다. 포항에 일본 어부들이 근거하기 시작한 것은 1903년 돗토리현의 오쿠다(奧田龜) 3형제가 이곳에서 지예망어업을 실시한 이후부터이다. 그리고 1905년 이후는 정부 보조사업으로 이주어촌이 건설되어 곡물 및 해산물을 취급하는 오카모토 리하치(岡本利八)·이와사 히로이치(岩佐廣一)·오카모토 시로스케(岡本四郞助) 등을 비롯한 정주자 수가 증가하였다.

1907년 정주자 수가 36명이었던 것이 1909년 말에는 310명[33]으로 거의 9배나 급증하였는데 이것은 1908년에 야마구치현·사가현·오카야마현 등의 일본이주어촌 건설과 관계가 있으며, 1910년 이후에는 오카야마현·야마구치현·사마네현·오이타현·에히메현·후쿠오카현·도야마현·구마모토현·사가현·교토 등에서 이주해 왔다. 이들은 모두 1908년 5월에 이미 조직되어 있던 일본인회에 가입하여 자신들의 신변보호 및 이주자들과의 친목과 상호편익을 도모하였으며, 1919년 이후에는 공동 경영방식을 채택하여 지역의 이권을 장악하였다.[34]

2) 구룡포

구룡포는 영일만 일대에서는 포항 다음으로 일본 정주자 수가 많았던 곳인데 일본 출어자들 스스로 형성한 근거지였다. 1902년 야마구치현에서 연승어선 50척이 최초 출어한 이래 1904년 가가와현에서 상어·삼치유망어선, 1906년 오다구미(小田組) 선단의 고등어 유망어선 80척이 근거하였다.

---

32) 포항은 형산강 하류에 위치하여 함경도·강원도·경상도·전라도 등에서 내륙 또는 해상을 통해 물산이 집산되어 중계 상업이 성행하였다. 이와 아울러 창고업·위탁판매업·운송업·숙박업 등 상업지로 발전하게 되었다.
33) 『浦項市史』上의 기록에 의하면 1914년 300호(1,090명)·1924년 511호(2,207명)·1935년 617명(2,489명)·1942년 634호(2,775명)이다.
34) 『韓國水産誌』2輯, 476~478쪽.; 『浦項市史』上, 350쪽

그리고 1909년에는 방장출어단(防長出漁團)35)이 고등어 유망을 실시하여 큰 성과를 본 이후에 구룡포에 일본 어부들이 대거 몰려왔으며, 1910년에는 방어진에 근거하였던 일본 어부 중 3호도 이곳으로 옮겨오는 등 구룡포에 일본이주어촌이 형성되었다. 1912년 47호가 정주하게 되어 일본인들의 보호 및 편익을 위한 도로가 정비되는 한편 행정기관(役所)·경찰서·우편국이 설치되는 등 일본인 건축물 또한 증가하였다. 1926년에는 어항이 축조되어 '부산과 원산'·'부산과 울산'의 기항지가 되자, 1927년에는 정주자가 120호가 넘었다. 그런데 1930년 매우 심한 태풍으로 인하여 구룡포 일대가 큰 피해를 보게 되었다. 그러나 국고 지원을 받아서 1935년에 다시 축항을 완성할 수 있었다. 조선총독부가 구룡포라는 작은 어촌에 막대한 보조금을 지원한 것에서 당시 구룡포는 동해의 주요 어업기지였었던 사실을 짐작하고도 남는다. 이 당시에 구룡포의 일본 정주자 70%가 가가와현 출신이었는데 이는 전술했듯이 1904년부터 가가와현 선단이 구룡포에 근거한 것을 시작으로 고등어 유망에서 큰 성과를 본 사실과 무관하지 않을 것이다.36)

구룡포에는 일본 정주자수가 증가하면서 수산협동조합을 비롯하여 통조림 및 수산제조공장·선구점·수산물운반업·조선소·양조장·음식 숙박 및 유흥점 등을 운영하는 각종 자영업이 증가하면서 구룡포는 번성한 근대 도시의 면모를 갖추어 갔다.

3) 모포

모포는 장기군(長鬐郡)37)에서 제일의 항만으로 어선과 상선이 모여드는 물품집산지이다. 1904년 도가와 야사브로(十河彌三郞)라는 일본 상인이 해조류를 구입하려고 왔다가 1906년에 도가와 상점(十河商店)을 개업하여 콩과 기타 잡곡 그리고 미역·우뭇가사리 등 잡화 거래하면서 근거하였다. 그

---

35) 方長은 周方·長門을 줄인 말이다.
36) 朴重信·金泰永·布野修司(2005),「九龍浦の日本人移住漁村の居住空間構成とその変容」,『日本建築学会計画系論文集』第595号, 95~97쪽.;『浦項市史』上, 350~351쪽.;『韓國水産誌』2輯, 481쪽.
37) 長鬐郡은 지금의 포항시 남구 일부와 경주시 일부 지역을 말하며, 1914년에 영일군과 경주군에 분할 편입되었다가 폐지되었다.

리고 모포에는 칠전(七田)이라는 마을 해변에 미에현(三重縣) 일본어부들이 정어리지예망 어업을 하면서 근거하였다가 1908년부터 이주어촌을 형성하여 정주하였다.

그리고 명촌(明村)에는 사토[佐藤]·오카다[岡田]라는 두 사람이 공동 경영하는 석탄갱이 있는데 이것을 모포에서 부산으로 운반하였다. 적치장은 모포와 칠전의 중간 지점에 있다.38)

4) 울도군 도동

도동(道洞)은 울릉도의 유일한 양항이다. 일본인 정주자는 1909년 당시 224호(768명)이며, 대부분 시마네현 오키섬에서 이주하였다. 처음에는 정어리·우뭇가사리 등을 어채하였는데, 1903년 이후는 오징어를 집중적으로 어획하여 큰 소득을 올렸다. 오징어 어획기는 5월에서 11월까지이지만 성어기는 6월부터 10월 사이이다. 오징어 어업은 울릉도 도민들의 경제에 한 몫을 하였지만 일본어부들의 어획량과 비교할 수 없을 정도로 물량이 적었으며, 따라갈 수도 없었다. 일본 어부들은 도동항 해안 일대의 어장을 독점하며 오징어잡이를 주도하였으며, 또한 오키섬의 오징어 건조방식으로 제품화하였다. 울릉도에는 시마네현 사카이항구에서 매월 2회 오징어 및 오징어 건제품을 운반하는 화물선이 왕래하였다.39)

일본 어부들은 오징어어업 외에 김과 미역은 울릉도 도민들과 공동 채취하였으며, 우뭇가사리·전복은 일본 어부들이 독점하여 잠수기 및 갈고랑이로 싹쓸이하였다.

이렇게 일본어부들은 울릉도의 어업을 통하여 경제적인 부를 축적하여 풍요로운 생활을 영위하였다.

---

38) 『韓國水産誌』 2輯, 487~488쪽.; 『浦項市史』 上, 351쪽
39) 김수희(2014), 「일본식 오징어어업의 전파 과정을 통해서 본 울릉도 사회의 변화과정」, 『대구사학』 115, 대구사학회, 276쪽.

2. 주요 수산물[40)

1) 청어

한국 제일의 청어 어장으로 손꼽는 곳은 포항으로 성어기는 12월에서 이듬해 2월까지이다. 청어는 우리나라 각 연안에서 흔히 볼 수 있는 물고기이며, 청색을 띠는 것에서 청어라는 이름이 붙었다. 또한 청어는 영양가는 매우 높은데 가격이 저렴하여 가난한 선비들이 선호하여 선비를 살찌게 한다고 해서 비유어(肥儒魚)라고도 불려졌다.

청어는 흔하고 가격이 저렴하였지만 국내에서는 진상품·하사품·제수품·세수용 등으로 국외로는 교역품·하사품 등의 여러 기능을 하였던 중요한 어류자원이었다. 조선왕조실록에는 종묘(정월) 및 천신제(11월)에 올렸으며, 역대 왕들의 하사품목에도 자주 등장하였다. 그리고 국외 면의 기록에서는 교역품 및 하사품 및 진상품의 품목에 건청어(乾靑魚)가 거의 빠짐없이 자리매김하고 있다. 특히 세종 대의 기록에는 명나라 사신들이 건청어를 요청한 사실도 있다.

이와 같이 중요 수산물 중 하나인 청어는 울릉도·동해안 일대의 지역에서는 제례용으로 대접받았으며, 설날을 비롯한 정월에 많이 소비되었다. 특히 겨울철에는 특별 향토식품인 과메기를 제조 유통하여 지금도 전 국민의 영양식품으로 각광을 받고 있다. 올해(1923년) 포항의 특산품인 청어가 포항 시어(市魚)로 선정된 것은 이러한 이유가 큰 몫을 하였을 것이다. 건청어를 말하는 한자 관목(貫目)은 과메기의 원조가 아닐까?

1923년 도쿠시마현의 야스무라(安村)라는 사람이 청어의 머리와 꼬리를 잘라서 제조하면서 포항은 청어제조의 중심지로 알려지게 되었다.

1930년대에 이소다니(磯谷金吉)·즈보모토(坪本才市)·시타바야시(下林忠治) 3명이 자본금 10만엔으로 어업주식회사를 창립하여 동력선 6척, 무동력선 8척으로 대부망, 건착망, 기선저예, 청어망 어업 등 기업형으로 발전하였는데 이 회사에 한국 어부가 120~130명 고용되었다고 한다.

---

40) 조선왕조실록, https://sillok.history.go.kr/main/main.do(검색일:2023.09.15.).;『韓國水産誌』2輯, 449~455쪽.;『浦項市史』上, 417~421쪽, 428~429쪽, 489쪽.;『迎日郡史』, 240~245쪽, 364~366쪽, 640~645쪽, 758쪽.

<그림 4> 浦項驛서 靑魚出荷하는 光景
※ 출처: 동아일보 1931년 2월 13일자 5면 1단

<그림 5> 동해안 청어 성황기
※ 출처 : 부산일보 1933년 2월 9일자 4면 1단

이와 같이 청어는 울릉도·동해안 일대의 어업 경제를 좌우했던 주요어업 중 하나였다. 당시 우리나라는 주로 휘리망과 정치망으로 어획하였는데, 일본 출어자들이 표망·호망·낙망 등으로 어획하여 눈에 띄는 정도의 큰 성과를 보이자 한국 어부들도 일본 어부들의 어망으로 교체 해 갔다. 낙망은 하마다(濱田)형제가 표망을 청어 어법에 맞게 개량한 것인데, 호망보다 몇 배의 성과를 올렸다고 한다. 그리고 1920년 이후는 동력 건착망이 출현하면서 울릉도·동해안일대의 청어어법은 다시 교체기를 맞이하였다.[41]

2) 정어리[鰮][42]

강원도를 비롯한 동해 연안에서 잡히는 정어리는 성어(成魚)가 많고, 경상남도의 동남해 및 남해 연안에서 잡히는 정어리는 유어(幼魚)가 많다. 한

---

41) 앞의 책, 『조선수산개발사』, 312~313쪽
42) 일본에서는 정어리·멸치·보리멸·눈통멸 등 모두를 이와시(いわし)라고 한다. 『한국수산지』에 기록된 정어리는 멸치류를 포함하고 있다.

국은 예로부터 날생선·건제품·젓갈 등 식용품으로만 소비하였지만, 일본은 예로부터 정어리류는 식용이 아니라 농작물의 비료용으로 어획하였는데 유럽의 만국박람회를 통하여 정어리를 착박 제조하여 기름(油)은 가정용 또는 공업용 기름으로, 기름을 짜고 남은 찌꺼기를 비료로 하면 되는 정어리 유용성이 알려지면서 정어리어업은 일석이조의 경제적 가치가 있는 어업이 되어 어부들에게 각광을 받았다.

한국에 정어리류의 가치가 알려진 것은 1890년경 경상도 연안에서 일본 출어자가 정어리 비료사업을 시작한 이후이다. 한국 어부들은 경제적 가치가 있는 정어리잡이를 위해 조합을 구성한 후 대규모 어업을 실시하여 어획물의 대부분을 일본 어부 또는 수산업자에게 납품하였다.

정어리의 유비 가공은 처음에는 손으로 직접 짜서 추출하였다가 수압식 방법으로 하였는데 다시 기계식으로 발달하였다. 기계식은 삶은 정어리를 기계에 넣어 압착한 후 정어리유와 찌꺼기를 추출한다. 찌꺼기는 건조 분쇄하여 비료품으로 제조한다.

그리고 정어리는 고단백 식품이었던 점에서 통조림으로 제조 가공하여 해외 수출품목으로 고소득을 올렸으며, 일제의 전시기에 군수물품으로 대량 보급되었다.

이와 같이 정어리어업의 비약적인 발전은 동시에 정어리 제조 공장의 산업화를 이끌었던 것이다.[43]

1933년경 정어리 통조림업의 발달로 영일만 일대는 동해 굴지의 어항으로 알려져 오카야마·야마구치·시마네·오이타·에히메·후쿠오카·도야마·구마모토·사가·교토 등 여러 지역에서 일본인들이 모여들었다.

3) 고등어

울릉도·동해안 일대에는 봄과 여름의 교체기에서 여름과 가을의 교체기

---

43) 앞의 논문, 「한국수산지의 내용과 특징」, 139쪽.; 서경순(2020), 「『日本水産製品誌』의 성립과 내용」, 『島嶼文化』, 목포대학교 도서문화연구원, 538~539쪽(1936년에 설립된 청진 정어리 제조공장은 어업시설·수산제조시험 설비 등은 당시 세계 수준급이었다고 한다)

까지 고등어가 많이 회유하며, 특히 영일만의 고등어는 어체가 월등하게 크고 맛도 좋아서 타 지역과 차별 대우를 받았으며, 어획량도 많아서 영일만 일대 어획고 중에 으뜸이었다. 일본 어부들은 어획 전량을 부산의 부산수산회사(이후 부산수산주식회사)로 운반하여 위탁 판매하였지만, 날씨 등 상황에 따라서 이곳 한국 어부들에게 매도하는 경우도 있었다.

1907년 8월 30일 영일만에서 일본 선박 1척이 좌초되는 사건이 있었다. 쾌응환(快鷹丸)은 일본 수산강습소의 최초 실습선이었다. 1907년 7월 7일 일본에서 출발해서 시모노세키를 지나 부산항에 도착하여 먼저 부산항에서 현장실습을 시작하여 울산을 거쳐 8월 30일에는 영일만에서 고등어건착망 실습을 하던 중에 풍랑으로 좌초하였다. 쾌응환의 승선자는 교관 1명, 실습생 21명, 선원 14명 총 37명이었는데 이 사고로 교관 1명과 실습생 3명이 사망하고 부상자가 많았으며, 쾌응환의 임무도 종료되었다.

그런데 한국 연안이었음에도 불구하고 일본 선박인 쾌응환이 어떻게 자유자재로 현장실습을 하였을까? 그 근거는 이미 앞에서 살펴보았던 1883년 체결된 조일통상장정을 비롯하여 여러 차례 장정이 체결되어 1904년 이후에는 우리나라의 전 연안에서 일본 선박의 조업이 가능하였기 때문이다. 또한 수산강습소는 일본의 수산진흥정책의 연장선상에서 설립된 국립 수산교육기관이었으므로 1905년 원양어업장려법의 개정 공포에 따라 학생들의 원양 어업실습은 의무화되었다. 원양어업 현장실습은 학생에게는 개인 경력을 쌓는 기회가 되었으며, 현장 실습 결과는 곧 일본 출어자들의 조업에 반영할 수 있었다. 수산강습소에서 실시했던 고등어 건착망(巾着網) 현장 실습 이후에 구룡포는 일본어부들의 고등어 건착망어선의 어업전진기지가 된 사실은 이 사실을 반영해 준다.

쾌응환이 좌초된 후, 쾌응환조난기념비(목조)44)가 세워졌으며, 1908년 12월에는 호미곶 등대 및 암초(교석초)45)에 수중등표가 세워졌다. 비록 일

---

44) 최초 세웠던 목조로 된 쾌응환 조난기념비는 1926년에 석조(쾌응환 조난 당시에 같이 승선했던 사람들이 발기인이 되어 세웠음)로 다시 세워졌는데 광복 후에 지역 주민들에 의해 훼손되었다. 그리고 1971년 10월 재일동포 한영출(당시, 나가사키현 거류민단 부단장)에 의해 재건되었다. 현재 매년 9월 9일에 쾌응환 조난 가족 및 동경해양대학(수산강습소 후신)의 관계자 및 학생들의 참배가 이어지고 있다.

제의 강요에 의해 세워지게 되었지만 안전한 항해를 위한 시설물이 설치되기에 이르렀다.

<그림 6> 실습선 쾌응환 조난기념비(2018년 12월 31일 촬영)

4) 고래

한국의 함경도·강원도·경상도 연안에서는 고래가 떼를 지으며 다닐 정도로 많았다고 한다. 울릉도·영일·울산 일대에 특히 많았다. 『한국수산지』 1집에는 죽변항 및 영일만 일대에 세운 고래포경회사의 1906년 「포경통계표」가 있다.

동양어업주식회사는 52마리(긴수염고래 24마리·귀신고래 28마리), 나가사키포경합자회사는 47마리(긴수염고래 15마리·흑등고래 1마리·귀신고래 31마리), 일한포경합자회사는 18마리(긴수염고래 3마리·흑등고래 1마리·흰수렴고래 3마리·귀신고래 11마리)이다. 이 통계기록을 통하여 울릉도·독도 일대에 회유한 고래 종류는 수염고래·흑등고래·귀신고래이며, 성어기는 9~12월이라는 사실을 알 수 있다.

---

45) 2002년 11월 이 해저지형에 대한 지명이 해양수산부 산하 해양지명위원회에서 교석초(橋石礁)로 공식 명명되어 대한민국 최초로 확정 고시된 해양지명에 등재되었다.

포획한 고래는 먼저 각 포경회사의 해체장으로 운반되어 고래고기·고래기름·고래수염·고래힘줄·고래뼈 등으로 각 해체 분리 작업을 거쳐서 전량 일본으로 수송하였다. 이중 고래고기는 일부 한국에서 판매한 경우도 있었다고 한다. 해체 분리한 고래는 겨울철에는 그대로 수송하지만 그 외 계절에는 부패방지를 위해 소금에 절여야 했는데 고래 1마리당 평균 소금 사용량은 무려 약 5,000근(3000kg)이었으며, 여름철에는 이보다 2배 이상의 소금을 사용하였다. 그래서 포경자의 입장에서는 여름철에 고래 3마리를 잡는 것보다 겨울철에 1마리를 잡는 것이 훨씬 경제적이라고 할 정도였으며. 또 하나 덧붙이면 여름철에는 고래가 지방이 빠져나가 맛이 없어서 상품가치 또한 떨어졌다.

　우리나라의 동해안은 예로부터 고래 떼가 많아서 경해(鯨海)라고 불릴 정도였다. 귀신고래의 경우는 우리나라의 동해 및 캘리포니아 해안에서만 볼 수 있어서 일명 한국귀신고래(Korea stock of grey whale)라는 이름으로 불렸다고 한다. 물론 이 명칭은 학계에서 사용하지 않는 비공식 명칭이다. 고래는 어느 것 하나 버릴 것이 없는 부가가치 또한 높은 상품이었으며, 석유가 발견되기 전까지 산업 공업용의 최상의 에너지원이었던 점에서 당시 고래의 경제적 가치는 매우 높았다.

　근대기 우리나라의 동해안에 구미 각국의 포경선이 출몰한 것도 바로 이 때문이다. 구미를 이어서 일제에 의해 고래 남획이 연이어져 울릉도·동해안 일대에서 고래가 거의 전멸 상태에 이를 즈음에 포경 금지법·포경금어기 등 법적인 제한을 실시하였다.

5) 오징어

　오징어는 울릉도의 특산품으로 잘 알려져 있다. 어기는 5월에서 11월 사이지만 성어기는 6~9월이다. 조선왕조실록에는 건오징어[烏賊魚]는 진상품·하사품·선물용의 품목에 자주 등장하며, 세종 대에는 약재에서 오징어 뼈가 다수 발견되었다.

　일본이주어촌 가운데 오징어어업에 주목한 것은 울릉도가 대표적이다. 이것은 울릉도의 오징어가 다른 지역에 비교하여 상품성도 뛰어났지만 일본 수산진흥정책에서 수산물수출품극대화 사업과 무관하지 않을 것이다. 일본 수산진흥정책의 일환으로 편찬된 『일본수산제품지(日本水産製品誌)』에는 범례에서 중요 수산 제품 순서로 기록하였다고 밝혀놓았다. 이 서적에 첫 번째 기록한 것이 바로 오징어 건제품이다. 여기에는 오징어의 종류 및 특징 그리고 건조법에 대한 설명과 함께 수출품이 되는 오징어 건제품은 어떤 경로를 거쳐 수출되는지에 대한 그 과정을 매우 자세하게 설명하였다. 흥미로운 점은 당시 수출품에 대한 포장 형태를 그림으로 나타낸 것인데 그 표본이 된 것이 오키섬의 오징어 건제품(鯣)이다. 또한 포장 그림 옆에 서류를 나타낸 그림도 있다. 서류는 3매인데, 각각 검(檢)이라는 인장이 찍혀 있다. 아마도 오징어 수출품의 원산지·크기 및 수량·포장 등 3번의 확인 검정 절차를 마쳤다는 것을 의미하는 것으로 보인다.

오키섬에는 에도시대에 오징어를 관리하는 좌방(座方)이 있었으며, 메이지시대에는 「물산취제방(物産取締方)」이라는 오징어도매상인 연합체가 있었던 점은 오키섬은 일본 최고의 오징어산지라는 것을 말해준다. 그리고 오

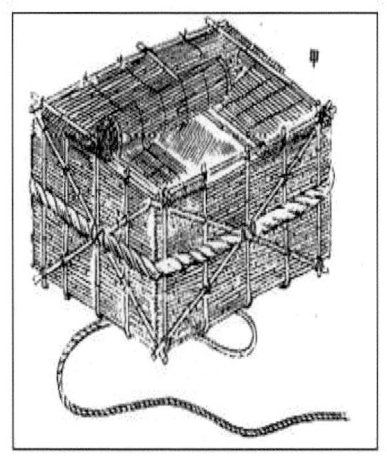

<그림 8> 簗(가두리)
※출처 『韓國水産誌』1輯 第52圖 : 활주선의 현측에 여러 개의 가두리를 매달아서 운송하였다.

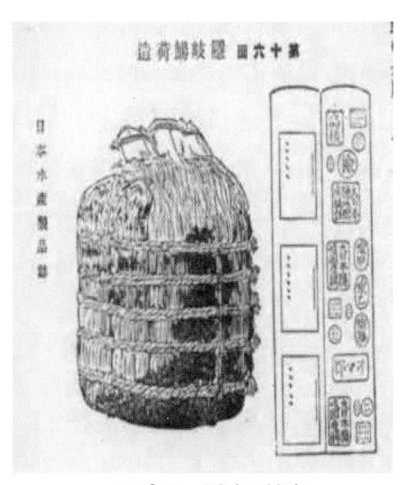

<그림 7> 隱岐鯣荷造
※출처 :『日本水産製品誌』

키섬 오징어는 당연 상등품으로 거래되었을 것이다.46) 당시 울릉도에 정착한 일본인 대부분이 시마네현 오키섬 출신이다. 울릉도에 정주자가 증가하면서 이들은 1901년에 닛쇼조합(日商組合)을 설립하여 안전과 권익을 도모하면서 비교적 질서있는 생활을 하였다.47) 어부들은 울릉도의 오징어를 잡아서 대부분은 오키섬으로 운송하였다. 이점을 감안해보면 당시 오키섬의 건오징어 수출품에 울릉도산이 포함되어 있지 않았을까?

6) 가자미·방어·삼치

가자미·방어·삼치는 1년 내내 어획되지만 찬바람이 부는 늦가을에서 겨울철이 성어기이다. 가자미는 10~12월이며 우리나라는 주로 수조망(手繰網)으로 어획하였는데, 일본 어부들은 수조망·타뢰망(打瀨網)·외줄낚시 등 다양한 그물을 사용하였다.

방어·삼치는 11월부터 이듬해 2월까지가 성어기이지만 우리나라 사람들은 그다지 선호하지 않아서 어획하지 않았던 반면에 일본 어부들은 외줄낚시·삼치 유망·지예망 등을 사용하여 활발하게 어획하였다. 이 어업은 일본 출어자들의 입장에서는 신진 어업으로 모포·구룡포·여남·강구·축산·죽변 등에서 단체를 조직하여 대량으로 어획하였다.

우리나라에서 특히 삼치를 좋아하지 않았던 까닭은 삼치를 뜻하는 한자, 망어(亡魚)에서 기인한 것으로 보인다. 그러나 한국 어부들도 경제 수익을 위해 점차 어획하기 시작하였다.

겨울철이 성어기인 가자미·방어·삼치는 일본 어부들이 활주선(活洲船)을 이용하여 산채로도 대거 일본으로 반출하였다.

이와 같이 한국 내 일본이주어촌이 건설된 후 한국의 전통어업의 변화는 물론이고 한국 수산경제에 막대한 악영향을 끼쳤다. 무엇보다 일본어선의 경우는 일본의 수산진흥정책 중 원양장려법에 의해 범선에서 동력선으

---

46) 앞의 논문, 「일본식 오징어어업의 전파 과정을 통해서 본 울릉도 사회의 변화과정」, 261~262쪽.
47) 송휘영(2022), 「한말 울릉도 일본인 사회구조와 일본어민의 독도 인식」, 『영토해양연구』, 23, 동북아역사재단, 62~68쪽.

로 교체되어 일본 출어자들은 대규모 어업을 실시하여 범선에 의존하는 한국어부들의 어획량과 비교할 수 없을 정도의 확연한 차이를 보였다.

덧붙여서 『경상도읍지』(1883년경)의 토산품목에 영일현(영일군)에는 바다수달·황어·소라, 장기현(장기군)에는 바다수달, 청하현(청하군)에는 문어·소라·三申魚[48] 등이 기록되어 있는 것에서 일본출어자들이 내한하기 전만 해도 울릉도·독도일대에는 바다수달이 많이 서식하였던 것을 알 수 있다.[49]

이외에도 울릉도·독도일대의 어획물이 수십 종에 이른다. 이 일대의 주요 장시는 흥해군 읍내장(2·7일장)·여천장(4·9일장), 영일군 읍내장(3·8일장)·포항장(1·6일장), 장기군 읍내장(1·6일장), 청하군 읍내장(1·11·21일장) 등이 있는데 이 장시에서 거래되는 주요 수산물은 대체로 대구·상어·방어·광어·홍합·홍어·문어·해삼·전복·김·미역·소금 등이다.

장시의 번영은 곧 상거래의 중요한 요지로 급부상한다. 일본이주어촌 중에 포항과 구룡포일대에 여러 분야의 일본 자본가들이 조선총독부의 비호 아래 위탁판매업·창고 운송업·선박용품점·금융업·숙박 음식점 등을 운영하며 지역 경제를 장악하여 부를 축적해 나갔다.

3. 일본이주어촌의 변화

울릉도·동해안 일대에 일본이주어촌이 형성된 후 일본 정주자 수가 증가하면서 각 지역별 각종 단체(조합)의 설립과 동시에 도시변화가 급속하게 진행되었다. 수산업과 관련된 대표적인 것을 살펴보고자 한다.

1) 단체 결성 및 제방 및 항만 공사

① 어업(수산)조합 및 수산회 결성

일본이주어촌에 어업(수산)조합을 설치한 주목적은 앞에서 살펴보았던 일본 수산진흥정책 가운데 외국영해조합법에 따른 것이다. 일본 정부가 일

---

48) 三申魚는 경상도의 방언인 것으로 보인다.
49) 『浦項市史』 上권, 266~270쪽.

본 출어자들을 법적으로 규제하는 이유는 자국민에 대한 보호도 있지만 이보다는 무질서한 이들을 감독통제의 수단으로 삼기 위한 방편이었다.

조선총독부는 1911년 어업령이 공포된 후에는 이주어촌에 거주하는 어업자 또는 수산물의 제조 판매업자들에게도 어업조합과 수산조합을 설립할 것을 강행하였으며50), 한국 어부들 또한 가입시켜 식민지배의 통치수단으로 삼았다.

울릉도·동해안 일대에서 가장 모범적인 곳은 1914년 12월 포항에 설치된 영일어업조합이다. 초대 조합장은 이곳에 처음 이주한 일본인으로 알려진 나카타니 다케사부로(中谷竹三郞)이다.

영일어업조합은 일본인은 물론이고 한국인도 또한 조합원 가입을 의무화하였다. 한국인들은 처음에 조합비를 납부해야 하는 부담감과 불신감 등의 이유로 가입을 기피하였지만 조합원으로 가입하지 않고서는 어쩔 도리가 없었다. 영일어업조합을 이어서 구룡포·청하·송라·양포·곡강 등지에서도 어업조합을 창설하였다.

어업조합은 조합원의 공동 어획물에 대한 위탁판매 및 이익분배 등 여러 편익을 제공하는 한편에서는 신용 대부 등을 통한 고리대금으로 막대한 부를 축적해 나갔다. .

1923년 1월 조선총독부 제령 제1호 '조선수산회령(朝鮮水産會令)'이 공포되었다. 수산회를 설립하는 목적은 수산업 개량 발달을 극대화하기 위한 것으로 수산회는『조선수산시보』발행·어선 기관사 양성 및 강습·어선 개선 시설·수산물 판매조사·도 수산회 보조금 지급·기타 수산업 개량 및 발달을 위한 지도 장려를 실시하여야 한다. 이에 따른 활동 비용은 국가의 보조금으로 충당하였다. 그리고 수산회는 어민 조난구제·어촌조사·수산시험조사·수산제품검사·어획물 공동운반·수산공진회 개최 등 다양한 임무를 수행하였다.51) 조선수산회 및 도 수산회 설립은 일본의 수산진흥정책의 일환이었으며, 1935년 경상북도수산진흥공진회가 개최되었을 때 조선조선회 및

---

50) 金奇泰 저, 李相旭·松本武祝 역(2014),「韓国協同組合の歴史と動向」,『共済総合研究』 69, JA共済総合研究所, 137~138쪽
51) 앞의 책,『조선수산개발사』, 582~584쪽

각 도의 수산회 임직원 대부분을 일본인이 차지하고 있었다. 당시 경상북도 수산회 회장은 포항개발의 창시자라는 나카타니 다케사부로(中谷竹三郎)이며, 부회장은 구룡포 개발의 공로자인 도가와 야사브로(十河彌三郎)와 한국인 문명기(文明琦) 2사람이었다. 또한 '경상북도 수산진흥공진회'가 개최되었을 때는, 나카타니 다케사부로(中谷竹三郎)는 부회장으로, 도가와 야사브로(十河彌三郎)는 구룡포어업조합장 자격으로 상무위원으로 배속되었다. 이 두 사람은 공진회 지원을 위한 협찬회가 조직되었을 때도 도가와는 부회장을, 나카타니는 상담역을 맡았다.52) 이렇게 나카타니와 도가와는 이 일대의 수산계에서 주도적인 역할을 하였던 핵심적인 주요 인물들이다. 두 사람에 대해서는 별도 후술하고자 한다.

② 경상북도 수산시험장

1921년 조선총독부 산하에 중앙수산시험장이 설치되고 1923년 6월에는 부산 영도에 수산시험장 건물이 완공되어 모든 업무가 이전되었다.53) 그리고 수산시험장의 부속기관인 양어장·지장(支場)·출장소를 설치하여 양어장은 담수(淡水) 즉, 강과 하천의 수산물을, 지장은 바다의 수산물을 각각 전담하여 수산 시험조사를 실시하였다.

그리고 전국에도 도립수산시험장이 설치되어 각도에서 관할 운용하였으며, 도립수산시험장은 지역 특산물에 보다 치중하였으며, 중앙수산시험장과 협력체계를 이루었다. 이 운용체계는 일본에서 시행하고 있었던 중앙시험기관과 부현수산시험장과의 운용체계와 거의 흡사하였다.

경상북도 수산시험장은 1922년 9월 29일 기공하여 1923년 1월 12일 완공하였다. 조선총독부 관보 제3157호(1923년 2월 21일)에는 '조선총독부 경상북도 훈령 제 7호(1923년 2월 15일)'를 공포하여 경상북도 수산시험장의 업무분장규정을 알렸다. 서무계와 기술계로 업무분장하여 서무계는 서무

---

52) 이기복(2009), 「慶尙北道水産振興共進會'(1935년)와 경북 수산업의 동향」『역사와 경계』 제73집, 부산경남사학회, 183~185쪽. 189~190쪽.;『浦項市史』上권, 424~427쪽.;『迎日郡史』367~370쪽
53) 수산시험장은 조선총독부 직속기관으로 1921년 설치되었으며, 1923년 영도에 건물이 완공되었다. 지금의 국립수산과학원의 전신이다.

제 5장 일제의 수산진흥정책과 울릉도·동해안 일대에 형성된 일본인 이주어촌 215

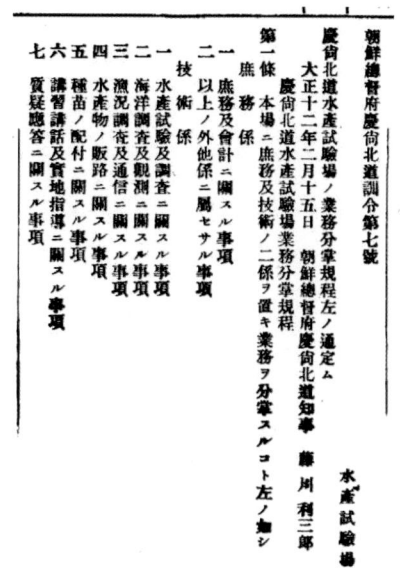

<그림 9> 朝鮮總督府慶尙北道訓令第7號
※ 출처: 조선총독부 관보 제3157호

및 회계 그리고 이에 속한 일체 사항에 관한 업무를 관장하였으며, 기술계는 수산시험조사·해양조사 및 관측·어항조사 및 통신·수산물의 판로·종묘배부·강습강화 및 실제 지도·질의응답 등 수산에 관한 일체 업무를 관장하였다.

수산시험장의 최초 실습선은 영일어업조합으로부터 기증 받은 발동기선을 개조한 범선 1척과 도비(道費)로 신조한 2척을 합하여 모두 3척이었다.

경상북도 수산시험장은 어로부문에서는 지역 특산품인 청어 잡이에 주목하여 조사 시험한 결과 1923년에 종래의 값비싼 견사제(絹絲製) 청어자망에 비하여 값이 저렴할 뿐만 아니라 성능면에서 뒤지지 않는 새로운 청어자망을 보급하는 데 성공하였다.

그리고 제조부문에서도 가열 및 찜기구, 어육 투입기·혼합기·절살기 등의 각종 수산 제조 시험에 필요한 각종 기구를 구입하여 고등어·청어 훈제 시험·일본식 제조법 가운데 청어가공법인 미카키니신(身缺鰊)[54]·정어리 가공법인 토마토사아딘(Tomato Sardine)·기타 통조림 등을 제조 생산하여 일본에도 수출하기에 이르렀다.[55]

③ 축항

우리나라 근대식 항만시설은 대부분 일제강점기에 설치되었다. 국고와 지방비로 축성되었는데 임시방편으로 방파제·돌제 등은 공공단체 기금으로

---

54) 교토의 특산물로, 청어 산지에서 구입한 건청어에 간장 양념을 한다. 동해안 일대 지역에서는 신흠청어라고 하여 머리를 자르고 몸통을 반으로 갈라 내장을 제거한 후 염장 조미하여 말렸다.
55) 『浦項市史』上권, 426~430쪽.; 『迎日郡史』370~374쪽

수축(修築)한 것도 있다. 국고로 수축한 것은 긴급 재난 등의 구제사업 및 수산업 진흥 등의 보조사업으로 이루어졌다.56) 울릉도·동해안 일대에 수축된 대표적인 예는 형산강과 구룡포를 들 수 있다. 형산강 일대는 1914년 10월 7일 형산강 방제축조공사를 착수한 이래 1931년까지 12차례나 실시되었다. 예로부터 형산강일대는 홍수로 강이 범람하면 선박출입과 어로작업이 불가능한 것은 물론이고 홍수가 끝난 후에는 어민들이 총동원되어 강구의 토사를 일일이 삽으로 치워야만 했다. 또한 홍수 때는 재산피해는 물론이고 심지어 인명피해까지 발생하는 사례가 많았다.

형산강 일대의 수축공사 및 제방공사를 시도한 것은 영일수리조합장 나카타니 다케사부로이다. 그가 영일수리조합의 초대조합장을 맡은 후 영일, 대송, 형산 방면의 홍수재난을 막기 위해 100마력의 중유기관(重油機關)을 구입하는 한편, 조선총독부에 끊임없는 지원 요청을 한 결과 처음에 국고 180만원을 지원받게 되었던 것이다. 형산강 일대의 십 수차례 실시된 수축공사 및 제방공사에 의해 안전한 항만이 조성되자 수산업은 물론이고 상공업 등 여러 산업분야의 발전을 가져왔다.

그리고 구룡포 축항공사는 구룡포에 이주 정착한 도가와 야사브로라는 수산업자에 의해 추진되었다. 그는 구룡포에 이주한 후 개항번영회를 조직하여 한국인 및 일본인 수산업자들을 유치하고 구룡포의 어업 및 수산업 발전을 위한 축항공사를 적극적으로 추진 활동하였다. 그 결과 조선총독부로부터 공사비를 지원받아 구룡포 방파제와 어항축조를 완성할 수 있었다.

이후 구룡포는 동해안 굴지의 어업전진기지로, 또한 부산-원산, 부산-울릉도를 오가는 선박 기항지가 되었으며, 구룡포는 단지 수산업만이 아니라 상공업을 비롯한 여러 실업분야의 발전이 이어졌다.

앞에서 제시했던 것 외에도 울릉도·동해안 일대의 일본이주어촌의 어업 및 수산업의 발전과 함께 자본가들이 모여들면서 상공업 또한 발전하였다. 또한 도심을 중심으로 도로확장·철도 및 통신시설 가설 그리고 군청·경찰서·세무서(출장소)·우체국·은행·소방조·의료기관 등과 아울러 수산업자 및 상공업자들이 주축이 되어 수산어업조합·금융조합·상공회의소 등이 설립되

---

56) 앞의 책, 『조선수산개발사』, 416~422쪽.

는 등 근대적인 양상을 보였다.

이와 같은 일본이주어촌의 지역 변화는 이주민의 노력과 조선총독부의 보조지원에 의해 이루어졌다. 지역발전에 직간접적인 영향력을 행사했던 사람 중에 수산업과 관련된 사람들에 대하여 살펴보도록 하자.

2) 수산 주요 인물

① 나카타니 다케사부로(中谷竹三郎)

<그림 10> 中谷竹三郎
※ 출처:부산일보 1933년 2월 15일

나카타니 다케사부로는 영일만에 최초 이주한 일본인이다. 한국사데이터베이스 근현대인물자료에 의하면 1871년 효고현에서 출생하였으며, 1896년 9월 한국 수산상황시찰을 한 것이 계기로 1898년부터 경상도 및 강원도 일대의 해산물·곡물·잡화 등으로 무역상을 시작하였다.

포항에는 1899년에 근거하였다가 1904년부터 정착하였다. 1935년 현재 경상북도 포항읍에서 부친(中谷淸吉)과 부인 (中谷寅野) 그리고 3명의 아들〈장남 中谷淸章(1901년생. 早稻田大學 졸업)·차남 中谷辰夫(同志社大學 졸업)·삼남 中谷勝紀(北海道大學 졸업)〉과 거주하였다.

1910년 단세이상점(淡盛商會)의 지점57)을 운영하여 많은 자본을 축적하였다, 이해에 일본인회 회장으로 선출되었다.

1910년 봄 여천동 화재로 건물 24호가 전소하는 대화재 사건이 발생한 후 화재예방을 위한 논의가 이루어져 1912년 2월 포항소방조(浦項消防組)를 창설하였다. 발기인은 지역주민, 하마다 유이찌(濱田維一), 후쿠시마 이히라

---

57) 淡盛商會는 부산에 본점을 두었던 가족기업회사였으며, 곡물·해산물·면사 등을 취급하였다.

(福島伊平)이며, 이때 나카타니는 조장(조두)을 맡아서 화재 대비를 위해 소방수 35명을 편성하고 펌프 1대를 구입하였다. 이것이 포항 최초의 소방서이다.

1915년 영일어업조합장, 1916년 영일수리조합장으로 형산강 일대에 발생하는 홍수 재난 구제를 위하여 중유기관(重油機關) 구입 및 조선총독부 국고 180만원으로 형산강일대의 축방공사를 시작하였다.

1920년대에는 경북어업주식회사와 공영자동차주식회사의 대표, 1930년대에는 포항운수주식회사·경북수산주식회사·조선축산주식회사·경북물산주식회사·中谷竹三郎상점주식회사 등 5개소 대표로 여러 분야에서 자본을 축적하였다. 그리고 영일어업조합장, 영일수리조합장, 포항금융조합장 등 당시 나카타니의 경력은 매우 화려하다. 나카타니는 이와 같이 울릉도·동해안 일대의 일본이주어촌의 수산 어업분야 등 여러 산업분야의 발전을 견인했다.

한국사데이터베이스 근현인물자료에서 흥미로운 것은 "경상북도의 원로·온후한 성격이고 한 번 일이 주어지면 목적을 달성하지 않고는 성에 차지 않는 왕성한 의욕과 공공정신이 넘치는 사람·관민과 교류가 두텁고 신망을 얻음·항상 동분서주하며 공사에 진취적임"이라는 나카타니에 대한 평가를 기록해 둔 점이다. 이글에서 당시 나카타니 다케사부로가 조선총독부에 얼마나 적극적으로 협력하였는지를 알 수 있다. 또한 일본이주어촌의 발전에 적극적으로 기여한 반면에 조선총독부의 후원 속에서 지역의 부와 권력을 확보한 사실을 짐작할 수 있다. 나카타니의 조선총독부에 대한 충성심은 당시 부산일보에서도 발견된다.

부산일보 1929년 4월 9일자 9면 1단의 「內鮮 合同の 浦項商工會生る 會長は 中谷竹三郎氏」 및 부산일보 1933년 2월 15일자 2면 1단의 「중추원 개혁 실시와 전선 내지인 참의 후보 평(16) ; 내선융화에 활약한 수완과 인망의 대표적 인물 경북도평의원 中谷竹三郎」은 기사제목에서도 조선총독부의 적극적인 협력자라는 사실을 대변해 준다.

그리고 부산일보 1933년 10월 20일자 3면 2단에는 「中谷竹三郎翁 銅像除幕式」이라는 기사가 있다. 이 제막식 행사는 같은 달 10월 17일에 이미 치러졌었다. 지역에 동상을 세울 정도로 당시 나카타니 다케사부로는 지역에 영향력을 행사했던 인물이었다.

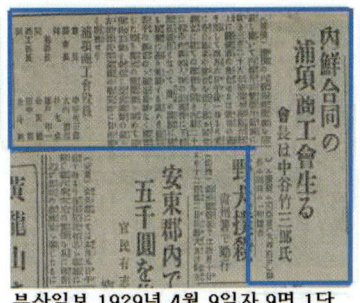
부산일보 1929년 4월 9일자 9면 1단

부산일보 1933년 10월 20일자 3면 2단

부산일보 1933년 2월 15일자 2면 1단

<그림 11>

② 도가와 야사브로(十河彌三郞)

도가와 야사브로는 구룡포의 근대사에서 빠지지 않는 사람이다. 한국사 데이터베이스 근현대인물자료에 의하면 그는 1875년 10월 오카야마현(岡山縣 兒島郡 山田村 大字後閑)에서 태어났다. 1935년(60세) 현재 경상북도 영일군 창주면 구룡포리에서 배우자 도가와 가쯔노(十河勝野, 1879년 8월)와 자녀 3남 3녀〈장남, 도가와 간지(十河函二, 부산상업학교 중도퇴학)·차남 도가와 가오루(十河薰, 1926년 생. 대구상업학교 졸업)·3남 도가와 가쯔미(十河勝己, 1918년 생. 八幡中學校 졸업)·장녀 도가와 가즈에(十河一江, 1913년 생. 岡山山陽女學校 졸업)·차녀 도가와 가타고(十河鈺子, 1916년 생. 八幡女學校 졸업)·3녀 가나코(カナ子, 1919년 생. 宇部女學校 졸업)〉와 함께 거주하였다.

도가와가 최초로 한국에 온 것은 1899년이며, 오카야마현 어업가들과 부산에서 근거하였다가 1902년 8월에 경북 모포로 와서 정어리 제조공장 및 그물공장을 직접 운영하였다. 그리고 1908년부터 구룡포에서 정착한 후 구룡포의 어업발전을 위해서 구룡포 축항공사의 필요성을 인식하고 이를 위한 노력을 하였다. 1917년 '구룡포항만수축기성회(九龍浦港灣修築期成會)'를 조직한 후, 구룡포항 축조를 위해서 자비 30만원을 기부하여 회원들의 후원을 이끌었다. 그리고 1922년에는 구룡포어업조합을 설립하여 어업개선을 위한 어업지도를 실시하는 한편, 어획물의 공동판매를 실시하여 어물가는 토의를 반드시 거쳐서 공평하게 설정하는 등 구룡포 어업 발전에 앞장섰다. 도가와는 당시 조합원들부터 두터운 신임을 받았는데 조합원은 일본인은 물론이고 한국인도 있었지만. 도가와는 차별을 두지 않고 공평한 대우를 하였다고 한다. 그러나 여기에서 간과할 수 없는 것이 있다.

도가와가 처음 한국에 건너왔던 1899년은 일본 수산진흥정책의 일환인 원양어업장려법(1897)과 관련이 없지 않다. 이 법이 공포된 후 일본의 각 부현 어부들은 정부의 지원을 받으며 한국으로 출어하였다. 즉 도가와는 정부의 수산진흥정책을 모르는 사람이 아니었다. 또한 구룡포에 정착하기 이전에 개정 공포된 원양어업장려법(1905)에 대한 정부의 취지 또한 잘 알았을 것이다. 원양어업장려법을 개정 공포했던 주목적은 한국 내 일본이주어촌 건설이었던 점은 앞에서 이미 설명하였다. 그리고 덧붙이면 1904년 러일전쟁이 한창이었을 때 12월 농상무성 수산국의 시모 케이스케 외 1명이 한국 내 일본이주어촌 건설 예정지를 조사하고 돌아갔다. 이들의 임무 내용은 그들이 작성 보고했던 「한국수산업조사보고서」(1905)에서 확인할 수 있다. 여기에는 이주민과 일본정부에 대한 요청 항목들이 있다. 이주민에 대한 항목 중에는 "일본이주어촌에 정착한 일본어민에게 한국 풍습을 익히게 동시에 한국민에게도 일본의 풍속에 동화될 수 있도록 힘쓸 것·감독자를 두고 각지에서 이주해 오는 어민을 통일 정리하여 질서가 있는 어촌을 형성할 것·근거지 어업을 위하여 개시장(開市場)으로 하여 일본 선박의 출입을 자유롭게 할 것"등이 있으며, 정부에 대한 항목에는 "통어자 및 이주민의 조합을 결성할 것·이주지에 통제 감독 및 업무 지도할 것" 등이 있다. 이 내용들은 도가와가 구룡포에 이주한 이후 그의 활동과 잘 부합된다. 도가와는 오카야마에서 온 일본이주민으로 조선총독부에 적극적인 협력자가 되어 조선총독부의 적극적인 후원을 받으며 일본이주어촌을 이끌며 지역의 경제력과 권력을 동시에 확보할 수 있었던 점이다.

도가와 야스브로는 구룡포어업조합장·경상북도 수산회 부회장(의원 겸)·경상북도 평의원1924년 선출)·경북수산주식회사 감사·농산어촌진흥조합장(農山漁村振興組合長)·학교조합 의원·위생조합장·재향군인회 분회고문·구룡포소방조 고문·번영회장·구룡포전기주식회사 전무·동해산업주식회사(東海産業株式會社) 사장 등 그의 활동과 경력은 무수하다. 그의 경력 중에서 대표적인 것은 무엇보다 구룡포 방파제와 어항축조의 완성을 이끌어낸 점이다.

이외에도 도가와 야사브로의 수산물 제조회사는 염장품·건어물 등 일반적인 수산제조가공품 외에도 정어리 유비(油肥)·통조림·양초·비누 등 근대를 상징하는 제품을 생산하였다. 당시 양초와 비누의 주원료가 되었던 것은 바로 정어리유였다.58)

<그림 12> 九龍浦 十河彌三郎翁 功勞頌德碑 建設
※출처 : 부산일보 1939년 6월 20일자 4면 6단

<그림 13> 十河彌三郎 頌德碑
(2018년 12월 31일 촬영)

---

58) 박경용(2004), 「한·일 어업협정의 영향과 어민들의 대응전략」, 『역사민속학』 18, 한국역사민속학회, 254~257쪽.

현재, 구룡포역사공원에는 도가와 야사브로 송덕비(十河彌三郞頌德碑)가 세워져 있다. 지금은 비의 내용이 훼손되어 어떤 내용이 새겨져 있는지는 알 수 없지만, 다만 송덕비라는 사실에서 구룡포 발전에 앞장섰던 그의 공로를 칭송하는 내용일 것으로 추정된다.

이 비는 1944년(69세) 그가 사망한 후 세워졌다고 알려져 있는데 사실은 그가 사망하기 몇 년 전부터 이미 송덕비 건립에 대한 논의가 있었다. 1939년 6월 20일자 부산일보 「九龍浦 十河彌三郞翁 功勞頌德碑 建設」이라는 제목의 글을 통하여 송덕비 내용에 대한 작은 단서를 찾아보도록 하자.

'九龍浦 十河彌三郞翁 功勞頌德碑 建設 - 近く石材其他到着'

구룡포 항만개척자로서 잘 알려져 있는 구룡포 본래 도회의원인 도가와 야사브로(十河彌三郞)는 구룡포 발전을 위하여 무릇 인정하는 공적을 수행하며 다년간 헌신해 왔다. 특히 어업조합을 대정 11년(1922) 설립하여 18년간 어업조합장으로서 수산계의 개발 진전에 헌신적으로 노력하여 지금의 번영(殷賑)된 구룡포와 같이 도가와 씨의 매우 큰 공적을 영원히 남겨 전해야 한다. 어업계에서 공로송덕비를 세우자고 결정하여 석재도 머지않아 도착할 것이고, 비문은 포항의 어조이사 세토 가즈요시(瀨戶一由)가 입안을 집필할 것이다. 따라서 장소는 어업조합 또는 신사(神苑)의 경내로 결정할 것으로 고려하고 있으며. 또한 하시모토 젠키치(橘本善吉)옹에 대해서도 공적을 인정하게 되어 시민 일반으로부터 공적비를 나란히 세우게 되었다.(부산일보1939년 6월 20일자 4면 6단)

비문에 새겨진 내용은 훼손되어 알 수 없지만 이 기사를 통하여 도가와가 구룡포의 발전사에 선구적인 역할을 하였다는 것은 확인할 수 있다.

그리고 이 기사에는 도가와 야사브로 외에 일본인 2명을 거론하였다. 그 중에 하시모토 젠키치(橘本善吉)라는 사람의 공적비에 대한 언급에서 하시모토 또한 구룡포의 발전에 기여한 인물로 당시 이주어촌에서 존경받던 인물이라는 것을 알 수 있다.

③ 하시모토 젠키치(橋本善吉)

하시모토 젠키치(橋本善吉)는 시코쿠의 가가와현(香川縣) 출신으로 1909년 구룡포에 이주하였다. 가가와현 어부들이 구룡포에 이주하기 시작한 것은 앞에서 살펴보았듯이 1904년 이후이며, 1904년 상어·삼치유망의 출어, 1906년 오다 선단(小田組) 고등어 유망어선 80척 출어 그리고 1909년에 방장출어단(防長出漁團) 고등어 유망어선이 연이어 출어하면서 이주하였는데 특히 1909년 방장출어단(防長出漁團)의 높은 어획 성과가 알려지면서 구룡포에 보다 많은 일본이주자들이 몰려왔다. 이주자 중에 가가와현 출신의 이주자가 약 70%를 차지하였는데 이들은 가가와현민회를 조직하는 등 서로 협력체재를 유지하며 상호 권익을 보호하였다. 하시모토는 현민회에서 중추적인 역할을 하였다. 하시모토는 1909년 구룡포에 와서 매제, 우에무라 쿠라타로(植村倉太郎)와 공동으로 선어 운반업을 하였는데 아마도 1909년 방장출어단의 고등어 풍어와 관계가 있지 않을까? 하시모토는 구룡포에 이주한 이해 선어 운반업 외에 여러 분야의 사업을 운영하였다. 그의 경력은 다음과 같다.59)

〈표 4〉 橋本善吉의 경력

설립일자	회사명	직책	본점
1928.06.15	滄洲酒造(株)	대표	경상북도 영일군 창주면 구룡포리 259
1928.11.20	木浦酒造(株)	이사	경상북도 영일군 창주면 대포리 886

---

59) 한국사 데이터베이스
-https://db.history.go.kr/search/searchResultList.do?sort=&dir=&limit=20&page=1&pre_page=1&setId=6&totalCount=6&kristalProtocol=&itemId=ch&synonym=off&chinessChar=on&searchTermImages=%E6%A9%8B%E6%9C%AC%E5%96%84%E5%90%89&brokerPagingInfo=SnUpYrZZuHIxMzHLMdPQRSi0k0mUUpCDsHuCGHyKLMNd0f0h&selectedTypes=&selectedSujectClass=&searchKeywordType=BI&searchKeywordMethod=EQ&searchKeyword=%E6%A9%8B%E6%9C%AC%E5%96%84%E5%90%89&searchKeywordConjunction=AND&searchKeywordType=BI&searchKeywordMethod=EQ&searchKeyword=%E6%A9%8B%E6%9C%AC%E5%96%84%E5%90%89&searchKeywordConjunction=AND(검색일:2023.09.20.)

1929.04.20	迎日麯子製造(株)	이사	경상북도 영일군 포항읍 포항동 890
1930.11.06	九龍浦鐵工(株)	대표	경상북도 영일군 창주면 구룡포리 223
1937.04.24	九龍浦油肥製造(株)	이사	경상북도 영일군 창주면 구룡포리 243
1936.12.15	浦項藥酒(株)	이사	경상북도 영일군 포항읍 포항동 109-8
1937.08.24	迎日灣漁業(株)	이사	경상북도 영일군 포항읍 포항동 391-1

앞의 표에서 확인하였듯이 하시모토는 구룡포에 정착한 후 식료품제조업·금속기계공업·수산업 등 그의 경력은 매우 다양하다. 이 업체들은 모두 주식회사로 공동출자회사였다. 그리고 이 회사 중에 주목을 끄는 것은 구룡포유비제조(주)·영일만어업(주)인데 모두 어망 및 어구 공동구입·어업자금 대부·어업경영권 대부 등을 운영하는 회사였다. 이는 구룡포를 비롯한 영일만 일대의 어업자들의 편익을 제공하지만 한편으로는 어업경제권을 장악하며 부를 축적하였던 점을 짐작할 수 있다. 구룡포 유비제조주식회사의 경우에는 오카야마현 출신의 도가와 야사브로(十河彌三郎)가 대표, 가가와현 출신의 하시모토가 감사였다. 이 사실은 구룡포에 이주했던 초기에는 이주자들 간에 각 부현(府縣) 별로 서로 경쟁관계에 있었지만 업무적인 측면에서는 서로 협력자였다는 것을 말해준다.

그리고 부산일보 1932년 7월 22일자 「八十五名の戶稅を代納-橋本善吉の美擧」라는 제목의 기사는 하시모토의 선행사실을 알리는 것으로 내용을 살펴보면 하시모토가 구룡포 일대에 작년(1931)에 불황이 있었을 때에 하층민(어업자들을 말하는 것 같다)들을 위하여 세금을 대납하여 구제(救濟)하였는데 올해(1932)도 불황이 연이어지자 하시모토가 또 이들의 세금을 대납하여 구제하였다는 미담이다.

이 기사만으로 하시모토를 평가할 수는 없지만 그는 개인의 부만을 추구하지 않았던 사업가인 것으로 보이며, 당시 지역민들로부터 존경받았던 인물로 짐작된다.

현재 '구룡포근대문화역사거리'에 가면 당시 일본이주어촌의 생활상을 엿볼 수 있다. 즐비하게 늘어선 일본식 목조가옥 중에 눈에 띄는 건축물은

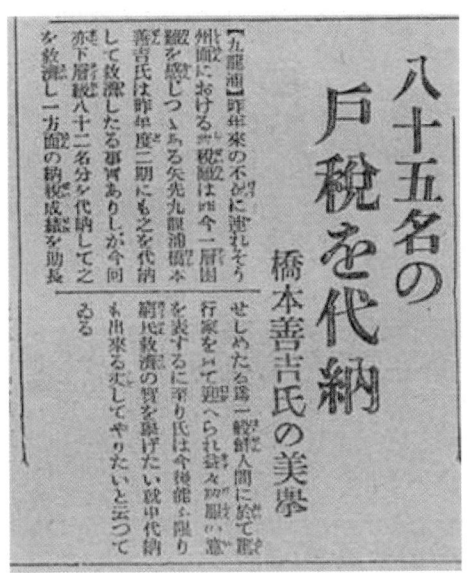

1923년 지은 하시모토의 2층 가옥으로 현재 구룡포 근대역사관으로 지정되어 있다. 이 가옥은 전형적인 일본식 가옥인데 당시 하시모토가 직접 일본에 가서 건축자재를 구입해 지었다고 한다.

'구룡포근대문화역사거리'는 당시 일본인들에게는 부를 안겨주었던 번화한 역사 현장이지만, 우리 한국인에게는 어업권을 침탈당한 아픈 역사 현장이 아닐 수 없다.

<그림 14> 부산일보 1932년 7월 22일자 3면 5단

④ 하마다 이와(濱田 惟和)

<그림 15> 濱田 惟和
출처 : 부산일보 1935년 10월 9일자 6면 10단

하마다는 1896년 도야마현에서 출생하였다. 1914년 18세의 나이로 영일만 동해면에 이주하였으며, 당시 청어어업이 유망하다는 사실을 인식한 후 어업 개량연구에 힘쓴 결과, 청어 그물을 고안하여 큰 성과를 올렸다. 이 그물은 당시로서는 신식 청어 그물이라는 좋은 평가를 받았다. 하마다는 어장개발에도 주목하였는데 당시 영일만·강구·감포 연안에는 그의 소유 어장이 30곳이 있었으며, 어업가로서 명성이 높았던 그는 이 일대에서 어업왕 또는 수산왕으로 불렸다.

그리고 하마다는 어장 경영 외에도 제빙·냉장·수산물 유통업과 더불어 활어운반업을 개시하여 동해안의 활어를 일본으로 운송하였다. 1935년에는 동해조(東海組)를 조직하여 함경북도 2곳, 함경남도 6곳 등 10

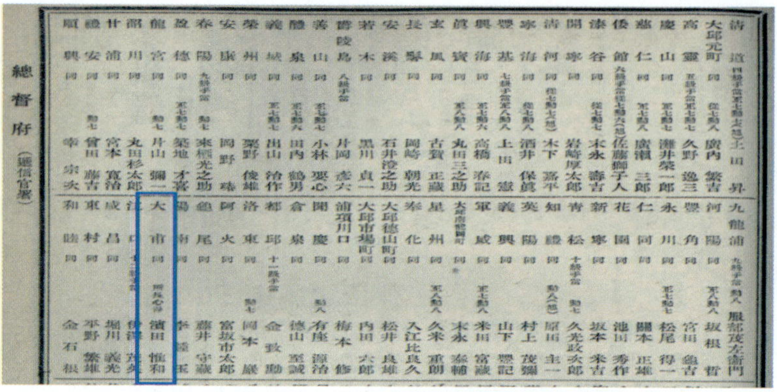

<그림 16> 濱田 惟和 大甫郵便所長(11급수당)
※ 출처: 한국사데이터베이스-조선총독부 직원록(1928년 조사)
조선총독부 직속-체신관서 부산우편국부장구역 우편소 경상북도편

    곳을 경영하였으며, 수십 척의 운반선으로 한국 내는 물론이고 러시아령의 연해주·캄차카반도로도 진출하여 수산물을 구입하는 활발한 교역활동을 하였다. 그러나 하마다의 운반선은 원양어업보다 연안어업 형태로 교역을 하였다.

    그리고 1928년 조선총독부 직원록에는 하마다가 大甫郵便所 소장으로 기록되어 있다. 이 기록을 통하여 하마다가 어느 정도의 교육을 받았던 것으로 짐작되며, 또한 당시 하마다는 어업과 공직생활을 겸임했던 사실을 알 수 있다.

    하마다는 1930년 10월 영일어업조합 총대회에서 조합장으로 당선되어 어업진흥에 매진했던 공로를 인정받아서 영일어업조합 인근에 그의 공덕비를 세웠다고 한다.[60]

    이후에도 하마다는 각종 조합 및 단체에서 조합장으로 활동하였으며, 또한 각종 기업체에서 공동출자자로 중역으로 활약하였으며 1937년 8월 24일 설립된 迎日灣漁業(株)에서는 공동 출자자 중 대표직을 맡았다. 이 회사는 어업 경영·어업자금 및 어업권 대부·어망 어구 공동 구입 등의 업무를 실시하여 부를 축적하였다.

    그리고 하마다는 수산왕의 자리만 고수하지 않았다. 1941년에는 대구부 동운정 297-2에 설립한 大邱日日新聞社(株)에서도 중역으로 활동하였다.

---

60) 부산일보 1930년 10월 22일자 11면 4단 「迎日漁業組合 總代會-組合長의 改選선거-濱田惟和 氏 當選」

⑤ 와키타 쇼타로(脇田庄太郎)·하타모토 키치죠(畑本吉造)

두 사람은 울릉도·동해안 일대에 근거했던 초기 일본어업자들이다. 당시 울릉도에 근거했던 일본인들은 대부분 시마네현 오키섬에서 건너왔다. 초기에는 와키타 쇼타로(脇田庄太郎)를 중심으로 한 도젠(島前) 출신과 하타모토 키치죠(畑本吉造)를 중심으로 한 도고(島後) 출신들이 몰려와 울릉도 어장을 둘러싸고 경쟁 어업을 펼치며 잦은 분쟁을 일으켰다. 이 문제점을 해결하기 위하여 닛쇼조합을 결성하였다. 닛쇼조합의 최초 임원은 총 16명이었으며, 하타모토 키치죠가 초대조합장으로, 와키타 쇼타로가 이사로 각각 선출되었는데 하타모토가 이듬해 귀국하면서 와키타가 제2대 닛쇼조합장으로 선출되었다. 닛쇼조합은 당시 일본이주민들의 민형사상 소송을 재판하고 상벌을 시행할 권리를 가졌던 막강한 단체로 이주어촌에서의 경쟁적 행위를 금하고 조합원들의 질서와 안전을 지켰다. 1907년 일본인회가 조직되어 닛쇼조합은 폐지되었다.61)

울릉도에 이주한 일본어부들은 처음에는 강치·전복 해삼 등을 어채하였지만 이곳의 오징어가 최상품이라는 것을 인식한 뒤에는 오징어 어업이 경제기반을 이루는 주업이 되었다 그리고 울릉도의 도민들 또한 오징어어업에 종사하면서 울릉도는 한국 최고의 오징어 어장으로 발달하였다.

⑥ 기타

울릉도·동해안 일대에 이주했던 일본인 중에는 조선총독부로부터 사구(砂丘)·황무지 등의 국유미간지를 대부받은 후에 불하받아서 방대한 토지 및 개간지를 확보하게 되어 막대한 부를 축적한 사람들도 있다.

다케다 야스아키(武田安秋)·세토구치(瀨戶口)·산조오(三藏)·오츠카 쇼지로(大塚昇次郎)·오우치 지로(大內治郎) 등이다.

그리고 일본에서 간행한 『日本商工錄』(大阪日本商工社, 1934)·『公認大日本商工信用錄』(日本實業商工會, 1935) 등에는 당시 한국에서 활동하고 상공업자들의 사업체에 대한 약력을 표시하여 사업체의 정보를 공개하였다. 여기에는 전술했던 사람들의 사업체도 다수 발견된다.

---

61) 앞의 논문, 「한말 울릉도 일본인 사회구조와 일본어민의 독도 인식」, 64~68쪽.

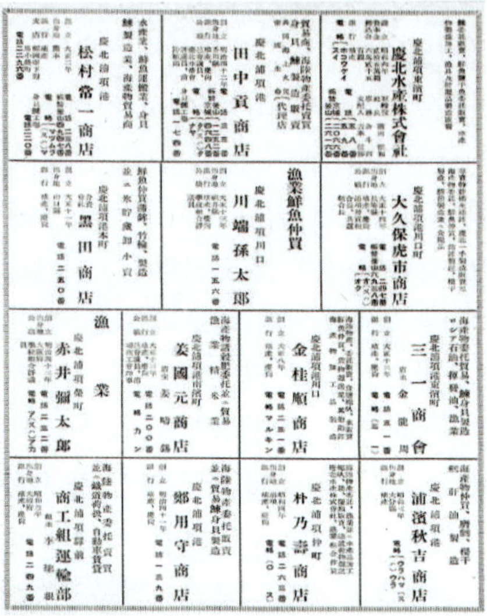

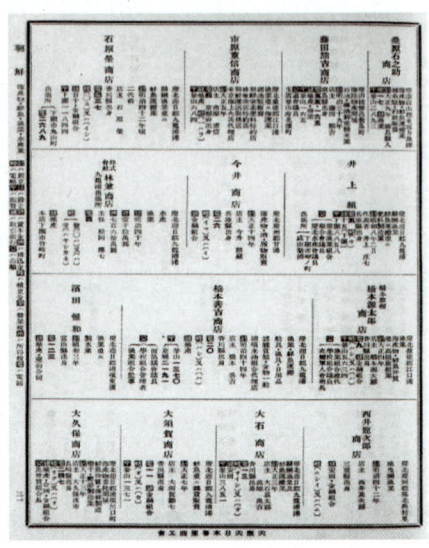

<그림 50> 『日本商工録』昭和9年(1934)
※ 출처 : 大阪日本商工社, 『日本商工録』昭和9年(1934), 20쪽

<그림 51> 『公認大日本商工信用録』
昭和10年版
출처 : 大日本実業商工会, 『公認大日本商工信用録』昭和10年版, 27쪽

Ⅳ. 맺음말

  수산물은 인류의 역사와 공존하면서 인간들에게 단백질을 비롯한 여러 영양분을 톡톡히 공급하였다. 근대에는 수산물에 대한 유용성의 가치가 밝혀지면서 식용만이 아니라 공업화 등의 경제 생산적인 측면에서도 주목하게 되었다. 더욱이 유럽 각국은 만국박람회를 통하여 출품과 함께 수산물에 대한 지식 정보를 공유하였으므로 수산물의 활용성은 점점 다각화되었다.
  일본은 1873년 빈 만국박람회에 출품 참여한 것을 계기로 수산물에 대한 지식 정보를 확보하는 한편, 수산물의 가치를 인식하게 되어 국가적인 차원에서 대대적인 수산진흥정책을 실시하였다. 수산진흥사업은 농상무성 산하의 농무국 수산과(이후 수산국)에서 전담하였다. 그리고 1882년 민간에서는 수산단체인 대일본수산회를 결성하여 국내의 수산정보 및 유럽의 선

진 수산 지식 정보 등을 홍보하는 회보를 간행하였다. 그리고 교육면에서는 수산인력을 양성하기 위하여 1889년 근대수산전문교육기관인 수산전습소(이후 수산강습소)를 개소하였다. 당시 농상무성의 수산기사(기수)들은 대일본수산회에서 간사장·간사·의원 등을 겸직하였는데 수산전습소가 설립된 후에는 이곳의 교사 또한 겸직하게 되었다. 이 두 곳은 그야말로 수산진흥정책의 일환으로 설립되어 농상무성과 네트워크를 형성하여, 수산진흥정책에 의한 맞춤형 업무 및 교육이 이루어졌다.

농상무성에서 최초로 실시한 수산진흥사업은 내국수산박람회로, 근대 일본수산사에 큰 획을 그었던 매우 중요한 행사였다. 제1회 박람회를 통하여 전국에 현존하는 수산 전반을 파악할 수 있었으며, 이를 바탕으로 수산물에 대하여 여러 분야로 구분하여 조사시험을 실시하였다. 즉 제1회 박람회는 수산진흥정책의 시작이자 준비단계를 완수하는 구심점 역할을 하였다. 그리고 1897년에 개최한 제2회 박람회는 수산진흥정책의 본격적인 출발이라고 할 수 있다. 1897년 원양어업장려법을 공포하여 발동기를 장착한 선박과 원양 선원들을 겸비한 선박회사에 적극적인 지원 장려에 따라서 범선은 동력선으로의 교체기를 맞이하였다.

또한 이와 더불어 동력선을 운용할 인력 양성의 필요성이 요구되면서 대일본수산회 소관이었던 수산전습소를 수산강습소로 승격시키고 교육과정을 신설 확장하였는데 신설 과목 중 원양어업과가 설치되었다. 그리고 신설 과목 중에 교원양성과는 당시 각 지방에 부현 수산강습소가 설치되었는데 이에 따른 인력 양성을 위해서 설치하였다. 이와 같이 원양어업장려법 공포, 수산강습소의 원양어업과 신설에서 짐작할 수 있듯이 1897년은 수산진흥정책이 국외로 확장 진출되었음을 의미한다.

물론 이 법이 공포되기 전, 1883년에 체결되었던 조일통상장정은 종래 일본 어부들의 한국연해 밀어 문제와 넘쳐나는 실업어민에 대한 문제의 해결책이 되었으며, 일제가 한국연해를 법적으로 장악할 수 있는 수단이 되었다. 일제는 이 장정을 빌미로 한국연해출어시책을 마련하는 한편 농상무성 수산기사들을 한국연해에 파견시켜 한국연안수산조사보고서를 간행하는 등 일본 어부들을 대거 한국연해로 출어시켰다. 더욱이 1889년 한일통어장정이 체결되었던 그 해에는 부산수산회사가 설립되어 일본출어자들의 행정 수속 업무 및 어획물에 대한 일체를 대행하였으며, 별도의 어시장까지 마련하여 일본출어자들은 어획물을 어시장에 납품만 하면 되는 유통경제시스템을 갖추어 일본출어자들의 편익을 제공하였다. 부산수산회사의 설립과 원양어업장려법은 한국연해출어시책과 연동되어 한국연해에는 일본 출어자들의 수가 급증하면서 이들에 대한 감독 통제가 필요했다.

1902년 외국영해수산조합법을 공포하여 각 부현별 조선해통어조합(이후 조선해수산조합)을 설립하도록 하여 한국연해로 출어하는 어민들을 강제 가입시킨 후 이들에 대한 감독통제가 가해졌다. 그리고 1907년에는 조선해수산조합본부를 부산에 설치하여 부산수산회사에서 대행했던 일본 출어자의 업무 중 어획물 위탁판매를 제외한 모든 업무를 이곳으로 이관시켰다. 이 조합본부는 통감부의 지시를 받았으며, 수산기수들이 파견 상주하여 일본출어자들의 보호 및 감독 단속을 하였다.

그리고 1905년에는 원양어업장려법을 개정 공포하여 한국 내에 일본이주어촌 건설을 추진하였는데 이 임무를 수행한 곳이 조선해수산조합이며, 이곳에 파견된 수산기사들이 앞장섰다.

한국 내에 일본이주어촌 건설지는 주로 배를 댈 수 있는 곳으로 일본 어부들은 대부분 해변 인근에 근거지를 삼았다.

울릉도·동해안 일대에 형성된 일본이주어촌은 1905년 원양어업장려법을 개정 공포하기 이전부터 일본출어자들이 근거했던 자유이주어촌이 대부분이었는데 이후 보조지원을 받으며 자유이주어촌과 보조이주어촌의 융합된 양상을 보였다. 이주어촌에 정착한 일본 어부들은 동력어선 및 잠수기·포경기·개량 그물 등의 선진 어구를 사용하였으므로 이곳의 지역민들은 일본어민들의 어획량을 도저히 따라갈 수가 없었다. 일본어민들과의 경제상 격차는 물론이고 한국연안임에도 불구하고 일본 어부들의 주 무대로 변모해 갔다.

한일병합 후에는 조선총독부는 전 지역에 수산조합·어업조합을 설치하게 한 후 한국인들도 강제 가입시켜 식민 지배의 통치수단으로 삼았다. 더욱이 일본인 조합장은 조선총독부의 요구 지시에 적극적으로 협조하였다. 그리고 조선총독부에 수산개발을 위한 축항 및 방파제, 제방 공사 등을 요청하여 국고 지원을 이끌어낼 수 있었다. 이렇게 일본이주어촌은 어업전진기지로서, 선박의 선항지로서 그리고 상업기지로서의 면모를 갖추게 되어 수산업 분야를 비롯하여 상공업 등 여러 산업분야의 발전을 가져왔다.

그리고 이주어촌에 수산제조회사가 곳곳에 많이 세워졌는데 일본 어부 중에는 어업과 동시에 겸업하여 운영하는 자들도 있었다. 이주어촌에 정착하기 전에 이들은 일본에서 부현 수산강습소 및 수산시험장에서 어로·제조·양식 등에 대한 강화 교육을 받았던 사람들로 이들이 운영하는 수산제조회사는 염건어 등의 기본적인 제품을 취급하는 곳도 있지만 근대를 상징하는 통조림·정어리 유비·고등어와 청어훈제 가공식품·미카키니신·양초·비누 등을 생산하여 일본으로 수출하는 회사가 증가하였다. 이러한 양상은 수산물 신제조기술에 따른 수산진흥사업의 일면이라고 할 수 있다. 그러나 한국의 수산물 수탈이라는 양면성을 피해갈 수 없다.

그리고 또 하나 간과할 수 없는 것은 당시 일본산 수산물수출품은 순수 일본산이었을까? 하는 문제이다. 당시 울릉도 이주어촌에 정착했던 일본어민들은 고품질 울릉도산 오징어를 잡아서 오키섬으로 대거 수송하였다. 오키섬은 당시 일본을 대표하는 오징어 수출산지였던 점을 생각해보면 오징어 수출품에 대한 강한 의문이 생기지 않을 수 없다. 1910년 일본인에 의해 편찬 간행되었던 『한국수산지』 제2집에는 이 의문을 풀어주는 기록이 있다. 일례로 한국산 주요수산물에 대한 1901~1908년에 대한 통계에 대한 기록에서 "전복은 일본인이 잠수기로 채취하여 근거지에서 건제하거나 통조림으로 만들어서 부산·원산·목포 등의 개항장으로 수송한 후 나가사키·고베로 운반하면 해당 지역에 거류하는 중국(清國) 상인의 손에 의해서 중국으로 수출된다" 이 설명은 당시 일본의 수산물 수출품은 순수 일본산이 아니라, 한국산 수산물이 대거 포함되어 있었던 사실을 확인시켜준다. 더욱이 이 기록은 수산전습소(이후 수산강습소)에서 국가의 수산진흥정책에 따른 수산교육을 철저하게 받았던 사람들이었던 점에서 의심할 여지가 없다.

이와 같이 일제의 수산진흥정책은 한국으로 확장되어 일제의 경제에 막대한 플러스 효과를 주었던 반면에 한국의 수산경제에 막대한 마이너스로 작용하였다.

참고문헌

1. 자료 및 단행본

山本由方(1890), 『水産講話筆記』, 福井県内務部
農商務省 農務局(1884), 『水産博覧会審査評語』
關澤明淸・竹中邦香(1893), 『朝鮮通漁事情』, 團團社書店
農商務省 水産局(1898), 『第二回水産博覽會事務報告』
農商務省 水産局(1906), 『韓国水産業調査報告』
農商工部 水産局(1908), 『韓國水産誌』. 第1輯(권두사진 朝鮮海水産組合本部)
農商工部 水産局(1910), 『韓國水産誌』 2輯, 389~391쪽)
農商務省 水産局(1910), 『日本水産捕採誌』
農商務省 水産局(1913), 『日本水産製品誌』
大阪日本商工社(1934), 『日本商工録』 昭和9年(1934)
大日本実業商工会(1935), 『公認大日本商工信用録』 昭和10年版,
吉田敬市(1954), 『朝鮮水産開發史』, 朝水會
片山房吉(1983), 『大日本水産史』, 有名書房
浦項市史編纂委員會(1999), 『浦項市史』 上권
여박동(2002), 『일제의 조선어업지배와 이주어촌 형성』, 도서출판 보고사
김수희(2010), 『근대 일본 어민의 한국진출과 어업경영』, 경인문화사
金奇泰 저, 李相旭・松本武祝 역(2014), 「韓国協同組合の歴史と動向」, 『共済総合研究』 69, JA共済総合研究所
요시다 케이이치(吉田敬市) 저, 박호원・김수희 역(2019), 『조선수산개발사』, 민속원

2. 연구논문

한규설(2001), 『漁業經濟史를 通해 본 韓國漁業制度 變化의 100年』, 선학사
박경용(2004), 「한・일 어업협정의 영향과 어민들의 대응전략」, 『역사민속학』 18, 한국역사민속학회
김수희(2005), 「어업근거지건설 계획과 일본인 집단이민」, 『한일관계사연구』 22, 한일관계사학회
김수희(2014), 「일본식 오징어어업의 전파 과정을 통해서 본 울릉도 사회의 변화과정」, 『대구사학』 115, 대구사학회
김동철(2007), 「『大日本水産會報告[會報]』의 한국관련 기사와 사료적 가치(1882-1905년)」, 『韓國民族文化』 30

이기복(2009), 「慶尙北道水産振興共進會'(1935년)와 경북 수산업의 동향」, 『역사와 경계』 제73집, 부산경남사학회
이근우(2012), 「명치시대(明治時代) 일본의 조선(朝鮮) 바다 조사」, 『수산경영론집』 43-3, 한국수산경영학회
서경순·이근우(2019), 「한국수산지의 내용과 특징」, 『인문사회과학연구』 20-1, 부경대학교 인문사회과학연구소
서경순(2020), 「『日本水産製品誌』의 성립과 내용」, 『島嶼文化』, 목포대학교 도서문화연구원
송휘영(2022), 「한말 울릉도 일본인 사회구조와 일본어민의 독도 인식」, 『영토해양연구』, 23, 동북아역사재단
朴重信·金泰永·布野修司(2005), 「九龍浦の日本人移住漁村の居住空間構成とその変容」, 『日本建 築学会計画系論文集』 第595号
서경순(2021), 『메이지시대의 수산진흥정책과 일본수산지(日本水産誌)의 편찬에 대한 연구』, 박사학위논문, 부경대학교대학원

3. 간행물

동아일보 1931년 2월 13일자 5면 1단
부산일보 1929년 4월 9일자 9면 1단
부산일보 1933년 2월 9일자 4면 1단
부산일보 1933년 2월 15일자 2면 1단
부산일보 1933년 10월 20일자 3면 2단
부산일보 1930년 10월 22일자 11면 4단
부산일보 1932년 7월 22일자 3면 5단
부산일보 1935년 10월 9일자 6면 10단
부산일보 1939년6월20일자 4면 6단

조선왕조실록, https://sillok.history.go.kr/main/main.do(검색일:2023.09.15.)
한국사데이터베이스-조선총독부 직원록(1928년 조사)-조선총독부 직속-체신관서 부산우편국부장구역 우편소 경상북도편(검색일:2023.09.20.)
한국사데이터베이스
　　　　https://db.history.go.kr/search/searchResultList.do?sort=&dir=&limit=20&page=1&pre_page=1&setId=6&totalCount=6&kristalProtocol=&itemId=ch&synonym=off&chinessChar=on&searchTermImages=%E6%A9%8B%E6%9C%AC%E5%96%84%E5%90%89&brokerPagingInfo=SnUpYrZZuHIxMzHLMdPQRSi0k0mUUpCDsHuCGHyKLMNd0f0h&selectedTypes=&selectedSujectClass=&search

KeywordType=BI&searchKeywordMethod=EQ&searchKeyword=%E6%A9%8B%E6%9C%AC%E5%96%84%E5%90%89&searchKeywordConjunction=AND&searchKeywordType=BI&searchKeywordMethod=EQ&searchKeyword=%E6%A9%8B%E6%9C%AC%E5%96%84%E5%90%89&searchKeywordConjunction=AND(검색일:2023.09.20.)

제 6장

최근 13년(2010~2022년) 동안의 독도 기후 특성: 기온 및 강수

정무열

I. 서론

독도에 관한 학술적 연구는 독도의 지정학적 가치와 영유권 문제라는 특수한 성격으로 인하여 사료에 기반한 역사적 관점이나 국제법적인 관점에서의 연구가 많은 관심을 받았다. 2000년대에 들어서면서 독도에 관한 자연과학적 연구도 본격적으로 시작되었다. 이를 통해서 새로운 학술적 발견 및 연구 성과를 달성함과 동시에 독도의 실효적 지배를 강화하고 홍보하려는 전략이기도 하였다. 그 결과 지질, 지형, 토양, 식생, 식물, 곤충, 조류, 해양생태계, 수문 환경 등 독도의 자연환경을 구성하는 다양한 분야에서의 연구가 진행되었으며, 이러한 연구의 결과물은 『한국의 자연유산 독도』(문화재청, 2009)와 같은 출판물로 소개되기도 하였다.

그러나 독도에서 수행된 많은 자연과학적 연구들은 독도의 자연환경을 종합적으로 이해하고 해석하기에는 다소 부족함이 있다. 지리적 위치로 인해 접근성이 낮고 자료의 수집이 어려워 연구의 걸림돌이 될 수 있겠지만, 근본적으로 연구 설계 단계에서 혹은 연구 결과를 해석하는 데 있어서 자연환경의 요소를 종합적으로 고려하는 노력이나 그런 통합적인 관점이 부족하기 때문이다. 예를 들어, 지금까지 독도의 자연과학적 연구 결과물은 주로 세분된 학문적 분과에서 특정 종에 대한 새로운 발견 혹은 그 군집 조성을 보고하거나, 모니터링 구역을 설정하고 구역 내의 변화상을 분석하는 형태가 일반적이다. 이러한 연구 방법과 그 결과는 여전히 학술적으로 유의미하고 중요한 성과이다. 그러나 지표면에서 발생하는 프로세스는 서로 다른 요소들의 상호작용을 통해 연결되어 있으므로 독도의 생태계를 전체론(holism)의 관점에서 완전히 이해하기 위해서는 먼저 독도의 자연환경의 구성요소를 이해하고 이들의 관계를 연결 지어 해석하려는 노력은 필수적이다.

또한 독도와 같은 해양 도서 지역은 생물지리학적 관점에서 독특한 생태계를 갖고 있을 뿐만 아니라 생물다양성의 측면에 있어서 그 가치가 굉장히 높은 지역이므로 독도의 자연 지리적인 특징을 이해하는 것은 매우 중요하다. 김현희 외 4인(2018)의 한반도 도서 지역의 식물상 비교 연구에 따르면, 우리나라의 최외곽 도서 8개 지역(백령도, 대청도, 소청도, 흑산도, 홍도, 가거도, 울릉도, 독도)은 기온과 강수량의 지역적 차이가 뚜렷했고 이에 따라 서식하는 식물상도 명확한 지역적 차이를 보였다. 대체로 도서 지역의 식물상은 지역별로 유사도가 높게 나타났으나, 독도의 식물상은 지리적으로 가까운 울릉도와도 유사도가 낮게 나타났으며 다른 어느 도서와도 유사도가 낮게 나타나 매우 독특한 식물상을 가진 것으로 확인되었다. 즉, 이 결과는 독도의 독특한 식물상에 미치는 환경변수의 차이가 존재한다는 것을 의미한다. 따라서 지역의 환경변수를 분석하고 그 특성을 이해하는 것은 생태계를 설명하는 데 유용할 수 있다.

우리가 보는 지표면의 다양한 경관은 지구 시스템의 네 개 권역인 대기권, 암석권, 수권, 생물권의 상호작용 결과이다. 네 개의 권역은 각각 분리되거나 개별적인 요소가 아니라 실제로는 서로 연결되어 상호작용하며 영향을 미친다. 공기 중에서 발생하는 대기현상이나 순간적으로 나타나는 대기의 상태를 기상(weather)이라고 하며, 이러한 기상 현상이 지표면의 특정 장소에서 비슷한 시기에 출현하는 평균적이고 종합적인 대기의 상태를 기후(climate)라고 정의한다(이승호, 2022). 따라서 기후는 지구 표면을 구성하는 암석권, 수권, 생물권에 장기적으로 영향을 미친다. 그러므로 기후를 올바르게 이해하는 것은 지표면의 경관과 구성요소 사이에 발생하는 프로세스를 이해하고, 궁극적으로 지역의 생태계를 종합적으로 이해하는 데 매우 중요한 첫걸음이라고 할 수 있다.

Ⅱ. 독도 기후에 관한 선행연구

1. 대중적으로 알려진 독도의 기후

한반도에서 가장 멀리 떨어져 있는 섬인 독도는 지리적으로 울릉도와 가까이 위치하여 울릉도와 묶여서 하나의 지역으로 인식되었다. 과학적인 기상관측자료가 없었던 1990년대 이전에는 독도의 기후가 울릉도의 그것과 유사할 것이라는 추정으로 울릉도의 기후가 자연스럽게 사용되었다. 대표적으로 1982년에 발표된 '독도는 우리 땅' 노래의 가사에는 울릉도 기온과 강수량[1]이 독도의 기후 값으로 사용되었다. 오마이뉴스의 보도(2017)에 따르면, 이 노래는 2012년에 시대변화와 기후변화로 인해 최신 정보를 반영하기 위해 가사가 변경되었는데, 변경된 가사에서도 여전히 울릉도의 기후 값을 사용하고 있다. 1996년에 독도에서 현대적인 기상관측장비가 설치되고 기상관측이 시작되었지만, 현재에도 독도의 자연환경을 소개하거나 독도 홍보를 담당하는 관련 정부 기관과 독도 관련 기관의 홈페이지, 독도 관련 교재를 살펴보면 이러한 경향은 여전히 주류를 이루고 있다(표 1). 예를 들어, 외교부의 독도 홈페이지, 울릉군청이 운영하는 독도관리사무소, 경상북도교육청이 운영하는 사이버독도학교에서 기술하고 있는 독도의 기후는 "독도 포함 울릉도 부근의 기후"라는 제목을 사용하여 울릉도의 기후를 기술하고 있다.

대중적으로 알려진 독도의 기후 특성 서술은 대개 '난류의 영향으로 인한 해양성 기후 특성'이라는 표현과 함께 시작해 연평균기온과 연강수량을

---

[1] 1961~1990년 울릉도 평균기온 12℃, 연강수량 1,228mm (출처: 기상청 기상자료개방포털)

제시하는 기초적인 수준에 머무르고 있다. 제한적이지만 일부 기관의 자료는 강수량 분포, 강수일수, 풍향에 관한 간략한 기술도 포함하고 있다. 기관마다 제시하는 값의 차이는 있으나, 독도의 연평균기온은 대체로 12~14℃ 사이의 분포를 보인다고 적고 있다. 이에 반해 연강수량은 소개하고 있는 기관마다 그 차이가 비교적 큰 편이다. 예를 들어, 외교부 독도 홈페이지, 경상북도교육청의 사이버독도학교는 독도의 연강수량을 1,240㎜, 독도관리사무소는 1,048~1,400㎜, 독도재단은 1,383㎜라고 각각 소개하고 있다. 이들이 제시하고 있는 값은 모두 다르지만 대체로 연강수량은 1,000㎜ 이상으로 비교적 습윤하다는 것은 공통으로 확인된다. 또한, 강수량 특성 서술은 '습윤하다', '많다'와 같은 추상적인 기술에 머무르거나 아예 생략된 경우도 있다. 예를 들어, 한국민족문화대백과사전은 독도의 강수량 특성에 대해 '많다'와 같은 표현에 머무르고 있으며, 독도종합정보시스템은 기온, 바람, 수온, 파고의 특성을 소개하면서도 강수에 관한 설명은 수록하고 있지 않다.

    독도 관련 교육용 교재에서도 비슷한 경향은 관찰된다. 2022년 10월에 동북아역사재단은 독도 교육 참고 자료『독도 안내서』(동북아역사재단, 2022)를 발간하면서 기상청의 최신 자료를 인용하여 기후 정보를 수정하였지만, 그 이전까지 발간된 독도 교육 참고 자료『우리 땅 독도를 만나다』(동북아역사재단, 2011)와 독도 교재『독도 바로알기』(동북아역사재단, 2017)는 독도의 연평균 기온 12℃, 강수량 1,240㎜라고 기술하거나 울릉도와 독도를 묶어서 울릉도의 기후 그래프를 제시하는 오류를 범하고 있었다. 또한 현재 일선 교육 현장에서 사용 중인『중학교 2학년 사회』교과서(최성길 외 13인, 2018)에서도 앞서 언급된 경상북도교육청이 운영하는 사이버독도학교의 자료를 인용하여 사용하고 있어 교수자와 학습자에게 잘못된 기후 정보가 지속해 확산하고 있다.

제 6장 최근 13년(2010~2022년) 동안의 독도 기후 특성: 기온 및 강수

〈표 1〉 대중적으로 알려진 독도의 기후 특성 기술 내용

구분	독도 기후 특성 기술 내용	기술 자료의 근거	기후 그래프 유무
독도는 우리땅 노래	"평균기온 십이도 강수량은 천삼백" (1982년 가사) "평균기온 십삼도 강수량은 천팔백" (2012년 가사)	울릉도 기후 사용	×
독도 – 한국민족문화대백과사전	"독도의 연평균기온은 13.8℃로 같은 위도 대의 다른 지역에 비해 높은 편이다. 연교차는 20.5℃로 같은 위도대의 다른 지역들보다 작다. 이것은 동한난류와 해양의 영향으로 여름철 기온은 상대적으로 낮고 겨울철 기온은 높기 때문이다. 월평균기온은 1월과 2월이 가장 낮고 8월 기온이 가장 높다. 강수량은 여름철에 많은데 9월 강수량이 가장 많다. 연강수량에서 겨울철 강수량이 차지하는 비율도 22% 정도로 높다. …중략… 독도와 울릉도는 태풍이 빈번하게 지나가는 경로에 위치하여 한 해 평균 2~3개 태풍의 직접적인 영향을 받는다. 태풍의 영향 정도에 따라 연강수량에 큰 편차를 보이기도 한다."	참고문헌 내 기상청 인용 표시	×
외교부 독도	기후 (독도 포함 울릉도 부근 지역 기후) – 기온: 연평균 12℃, 1월 평균 1℃, 8월 평균 23℃ – 강수량: 연평균 1,240㎜ (겨울철 강수는 대부분 적설의 형태) 난류의 영향을 많이 받는 전형적인 해양성 기후 안개가 잦고 연중 흐린 날이 약 160일 이상, 강우일수는 약 150일	출처 동북아역사재단 표기	×
독도종합정보시스템 (해양수산부 한국해양과학기술원)	– 기온: "독도의 연평균기온은 14.0℃(2012~2022년)로 같은 기간 울릉도(13.1℃)보다 0.9℃ 높고, 서울(13.2℃)보다 0.8℃ 높다. 월평균기온은 8월이 25.1℃로 가장 높고, 1월과 2월이 4.2℃로 가장 낮다." – 그 외 바람, 수온, 파고 특성에 관한 서술 있음	독도 기상관측자료 활용하여 작성 추정	×
독도관리사무소 (울릉군청 운영)	"독도를 포함한 울릉도 부근 지역의 기후는 난류의 영향을 많이 받는 전형적인 해양성 기후를 띠고 있다. 연평균 기온은 약 12℃이며 최난월인 8월의 기온도 24℃를 초과하지 않아 여름에도 시원한 편이다. (연중 85%가 흐리거나 눈비가 내려 비교적 습한 지역이다.) 그리고 최한월인 1월의 평균기온은 1.0℃로 온난한 편이다. 울릉도 인근은 안개가 많고 연중 흐린 날이 160일 이상이며, 강우일수는 150일 정도이다. 연평균 강수량은 1,048~1,400㎜ 정도이다. 겨울철 강수는 대부분 적설의 형태이며, 폭설이 자주 내린다. 울릉도의 바람은 서풍과 남풍계열이 출현 빈도가 높으며 연간 평균풍속은 4.3㎧이다."	출처 미표기	×

독도재단 (K-독도)	"독도의 기후는 난류의 영향을 많이 받는 전형적인 해양성 기후로 연평균 기온이 12.4℃, 가장 추운 1월 평균기온이 1℃, 가장 더운 8월 평균기온이 23℃로 비교적 온난한 편이다. 바람이 많은 독도의 연평균 풍속은 4.3m/s로 남서풍이 우세한 반면 겨울에는 북동풍이 우세를 보이고 있다. 독도는 안개가 잦고 연중 흐린 날이 160일 이상이며 강우일수는 150일 정도로 연중 85%가 흐리거나 눈, 비가 내려 비교적 습한 지역이다. 연평균강수량은 1,383.4㎜, 겨울철 강수는 대부분 적설 형태이며 폭설이 많이 내리는 것이 특징이다."	경상북도 교육청 사이버독도학교	×
경상북도교육청 사이버독도학교	기후 (독도 포함 울릉도 부근 지역 기후) - 기온: 독도는 해양성 기후로 연평균 기온 12.4℃, 1월 평균 기온 1℃, 8월 평균 기온 23℃ - 바람은 많은 편으로 연평균 풍속은 4.3m/s로 남서풍이 우세한 반면, 겨울에는 북동풍이 우세하다. - 강수량: 독도는 연중 흐린 날이 160일 이상이며, 안개가 자주 발생한다. 강수일수는 약 150일이며, 연평균강수량은 1,240㎜이다.	외교부 독도 기후 기술과 비슷한 것으로 볼 때, 동북아역사재단 자료 사용 추정	×
『중학교 사회2』(최성길 외 13인, 2018)	"독도는 난류의 영향을 많이 받는 해양성 기후가 나타난다. 연평균 기온은 12.4℃ 내외로 비교적 온난한 편이며, 연평균 강수량은 1,383.4㎜로 연중 비와 눈이 내리는 날이 잦아 강수량이 많다."	경상북도 교육청 사이버독도학교	×
『우리 땅 독도를 만나다』(동북아역사재단, 2011)	"독도는 연평균 기온이 12℃로 같은 위도상에 있는 한반도 내륙에 비해 온난하다. 가장 추운 1월에도 평균기온은 영하로 내려가지 않고, 가장 더운 8월에도 평균기온은 24℃를 넘지 않는다. 독도의 연평균 풍속은 4.5m/s로 전국에서 바람이 가장 강하다. 주로 여름에는 남서풍, 겨울에는 북동풍이 분다. 연평균강수량은 1,240㎜로 겨울철에는 눈이 많이 내리는데 바닷바람이 세기 때문에 눈이 많이 쌓이지는 않는다."	출처 미표기	×
『(중학교) 독도 바로알기』(동북아역사재단, 2017)	"동해에 위치한 독도는 해류의 영향을 받아 서울에 비해 여름은 시원하고 겨울은 따뜻한 해양성 기후이다. 또한 비와 눈이 자주 내려 연중 강수량이 고른 편이다. 독도는 바다로 둘러싸여 있는 섬으로 습도가 높고 안개가 자주 발생한다."	출처 미표기	○ (울릉도·독도 기후 그래프)
『독도 안내서』(동북아역사재단, 2022)	- 기온: 연평균 14℃(2012~2021년) - 바람: 주풍은 서남서 또는 남서풍(2012~2021년) 　겨울철 수풍은 서남서풍, 여름철은 서남서 또는 동남동풍 - 강수량: 510.1㎜(2016~2021년)	대구지방기상청 (2022.8 기준)	×

2. 독도 기후 관련 학술 연구

 울릉도의 기상관측은 1938년부터 시작된 것에 비해 독도는 1996년이 되어서야 비로소 현대적인 기상관측이 시작되었다. 이마저도 2010년 이전까지는 접근성의 제한, 장비 운용과 관리의 어려움, 데이터의 품질 문제로 인해 장기적이고 연속적인 자료를 생산하는 데에는 많은 어려움이 있었다. 이러한 문제로 2010년 이전까지는 기상관측자료를 활용한 독도의 기상학적 연구는 거의 없었다.

 문화재청은 2009년에 경북대학교 울릉도·독도 연구소의 연구 성과를 종합하여 『한국의 자연유산 독도』(문화재청, 2009)를 발간하였으며, 이 책은 독도의 기상에 관한 분석 결과를 수록하고 있다. 이 연구는 1998~2007년의 NASA의 위성영상 TRMM(The Tropical Rainfall Measuring Mission) 데이터 분석을 통해 한반도와 울릉도, 독도 주변의 월평균 누적 강수량을 분석하였으며, 분석 결과 독도의 월강수량은 연중 내내 울릉도의 그것보다 많다는 결과를 제시하였다(그림 1). 독도 기온 특성에 대해서는 전형적인 해양성 기후의 특성을 보여 울릉도와 유사하게 기온의 계절변화가 낮고, 일교차가 작다고 결론 내렸다(그림 2). 그러나 이 연구는 자료의 한계로 인하여 독도의 연평균기온과 연강수량을 제시하지는 못하였다.

 기상관측자료를 활용한 독도 기후연구는 관측자료가 일부 누적되기 시작한 2010년쯤부터 시작되었다(표 2). 이영곤 외 3인(2010)은 2005년부터 2008년까지 관측된 자료를 이용하여 독도의 강수 및 기온 특성을 살펴보고, 이를 울릉도의 기상 특성과 비교 분석하였다. 이 연구는 독도의 연평균기온 14.0℃, 연평균강수량 660.1㎜였음을 확인하였고, 이 결과는 울릉도의 연평균기온과 비교해볼 때 관측지점의 해발고도에 따른 기온감률을 고려한다면 연평균기온은 비슷한 수준이고 연강수량은 울릉도의 약 42% 수준이라는 결과를 제시하였다. 비슷한 시기에 국토지리정보원은 대한지리학회에 위탁하여 수행한 연구의 결과물을 『독도지리지[2]』(국토지리정보원, 2015)로 발간하였으며, 이 책은 독도의 기후를 비교적 자세히 분석한 연구 결과를 포함하

---

[2] 『독도지리지』는 2009년에 최초로 발간된 후 일부 수정을 거쳐 2011년에 비매품으로 배포되었으며, 2015년에 2011년의 판본으로 정식 출판하였으며 수록된 내용은 같음.

고 있다. 이 연구는 앞선 이영곤 외 3인(2010)의 연구와 유사하게 2004년에서 2008년까지의 기상관측자료를 활용하여 독도의 기온, 강수, 풍향 등을 분석하였으며, 독도의 연평균기온은 13.8℃, 연평균강수량은 672.6㎜라는 결과를 보여주었다. 비록 이 두 연구는 기상관측자료의 시간적 범위가 4~5년에 불과하여 기후학적으로 유의미한 결론을 도출하기에 어려움이 있으나 실제 기상관측자료를 이용하여 독도의 기후 특성을 분석한 초기의 연구로서 큰 의미가 있다.

　이후 이두현·박희두(2014)는 2000년부터 2012년까지 독도의 기상관측자료의 기록(일부 시기 자료 누락으로 제외)을 정리하여 실제 독도의 기후는 정부 기관 홈페이지에 소개된 독도의 기후와는 상당한 차이가 있음을 처음으로 확인하였다. 그들의 연구 결과에 따르면 독도의 연평균기온은 13.8℃, 연평균강수량은 620.8㎜였으며, 정부 기관 홈페이지에 소개된 독도의 기후 특성 서술은 시급히 수정되어야 한다고 주장하였다. 한편 김종석·박종진(2017)은 경북대학교 울릉도·독도 연구소가 기획한 『독도의 자연이야기 기상/해류』에서 독도의 기후 특성을 정리하였다. 그들은 2004년부터 2016년까지의 기상관측자료를 이용하여 연평균기온 13.6℃, 연평균강수량 518.1㎜라고 확인하였고, 8년 동안 기온의 연변화 분석을 통해서 기후변화에 따른 기온 상승의 경향이 나타난다고 하였다. 그 외에도 독도의 기후 특성 규명이 연구목적은 아니었지만, 조병욱 외 5인(2011)은 독도 서도에서 물골 지하수의 유출 특성을 분석하기 위하여 1999년부터 2007년까지 방재기상관측연보의 강수량 자료를 정리하여 독도의 연평균강수량은 641.2㎜임을 확인하였다.

　이상의 선행연구 결과를 종합해보면 인공위성 자료를 활용한 문화재청(2009)의 결과를 제외하고는 2000년부터 2010년대 중반까지 독도의 연평균기온은 13.6~14.0℃ 분포를 보이고 연평균강수량은 518.1~672.6㎜의 범위를 나타내고 있다. 이 값은 앞서 살펴본 대중적으로 알려진 독도의 기후 특성 서술과는 상당한 차이가 존재한다는 것을 알 수 있다.

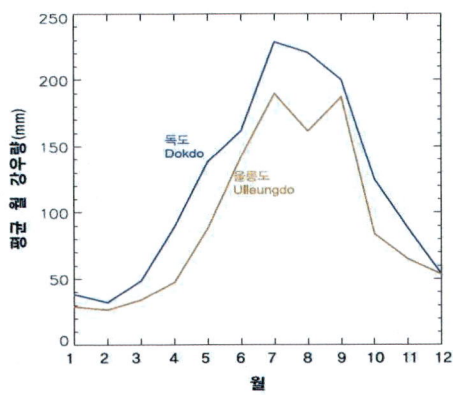

<그림 1> 울릉도와 독도에서 TRMM으로 추정한
평균 강수량의 월별 변화(출처: 문화재청, 2009)

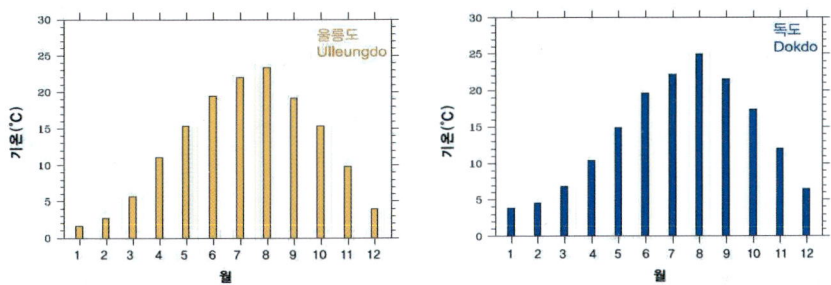

<그림 2> 울릉도와 독도의 월별 평균기온 변화(출처: 문화재청, 2009)

<표 2> 학술 연구에서 규명된 독도의 기후

구분	연구의 시간 범위	연구 방법	연평균 기온 (℃)	연평균 강수량 (mm)	기후 그래프 유무
문화재청 (2009)[1]	1998~2007년	위성영상 활용	–	–	○ (월별 강수량 변화)
국토지리정보원 (2015)[2]	2004~2008년	기상관측 자료 활용	13.8	672.6	○
이영곤 외 3인 (2010)[3]	2005~2008년	기상관측 자료 활용	14.0	660.1	×

조병욱 외 5인 (2011)[4]	1999~2007년 (00, 03, 04, 09년 제외)	기상관측 자료 활용	–	641.2	×
이두현·박희두 (2014)[5]	2000~2012년 (09년 제외)	기상관측 자료 활용	13.8	620.8	×
김종석·박종진 (2017)[6]	2004~2016년	기상관측 자료 활용	13.6	518.1	×

1) 기온은 일기온변화, 월별기온변화를 분석하였으며, 위성영상 분석을 활용하여 울릉도, 독도의 강수량을 추정하였으나, 연평균기온, 연평균강수량을 제시하지는 못함.
2) 2004~2008년의 기상관측자료를 이용하여 독도의 기온, 강수량, 풍향 등에 대해 자세한 기후 특성을 분석하였음.
3) 2005~2008년 1시간 평균 기온자료, 1시간 누적 및 일 누적 강수량 자료를 이용하여 분석함.
4) 지하수 유출 특성을 파악하기 위하여, 연강수량 자료만 정리하여 통계값을 제시함.
5) 연평균기온은 4개년(2006~2008, 2012)의 관측 결과와 연평균강수량은 7개년(2002, 2005~2007, 2010~2012)의 관측 결과를 정리하여 산출하였음.
6) 연구 방법 및 연구자료의 속성에 대해서는 비교적 간략히 설명하고 있음. 독도 관측자료 2004~2016년 자료를 바탕으로 분석하였고, 기상청 발간 『한국기후도 1981~2010』를 참고하여 타 지역의 기후 특성과 비교하여 정리하였음. 이 연구에서는 독도의 연평균기온, 연강수량의 연 변화(2009~2016년) 그래프를 제시하였음.

3. 독도 기후연구의 문제점과 필요성

대중적으로 알려진 독도 기후 특성과 독도 기후에 관한 학술 연구를 검토해본 결과, 크게 두 가지의 문제점이 확인된다.

첫째, 과거 기상관측자료가 부재했던 시기에 독도의 기후는 지리적으로 인접한 울릉도의 기후와 유사하다는 추정을 토대로 울릉도의 기후가 독도의 기후인 것처럼 오랜 시간 동안 대중에게 소개되며 사용되었다. 그러나 2010년대부터 독도의 기상관측자료가 축적되고 학계의 연구가 제한적으로나마 진행되면서 이러한 추정이 틀렸다는 것이 증명되었다. 그럼에도 여전히 정부 기관과 독도 관련 기관 홈페이지, 독도 관련 교재에서 찾을 수 있는 독도의 기후 정보는 실제 독도의 그것과는 다른 정보가 소개되고 있는 현실이다.

둘째, 독도의 기후 특성에 관한 기술은 대체로 연평균기온, 연강수량을 간략하게 수치로 제시하거나 '온난하다, 습윤하다' 등과 같은 서술적 표현에만 의존하고 있으며, 일반적으로 기후를 시각적으로 표현하는 기후 그래프(climograph)3)는 거의 사용되고 있지 않다. 이에 따라 월별 기온의 변화나 월별 강수량의 변화 등과 같은 상세한 독도의 기후 정보는 거의 알려지지 않았다. 또한 기술된 독도의 기후 특성이 인용되거나 소개되는 과정에서 정보를 옮기는 사람에 의해 표현이 변형되기도 하며, 서술적 표현에 의존한 기후 정보는 정보를 이용하는 사람마다 주관적으로 이해될 수 있으므로 독도의 기후에 관해 부정확한 정보가 지속해 생성될 수 있다. 현재까지 선행 연구 및 문헌 검토를 통해 확인한 바로는 2004년에서 2008년까지의 기상관측자료를 바탕으로 제작한 국토지리정보원(2015)의 기후 그래프(그림 3)가 유일한 것으로 확인되었으나, 이 그래프가 실제로 인용되거나 활용된 사례는 거의 찾을 수가 없었다. 그 이유는 이 그래프의 기상관측자료는 5년에 불과하여 명확한 기후 특성을 규명하기에 불확실성이 존재한다. 또한 사용된 기상관측자료의 마지막 관측 시점으로부터 15년이 흐른 현재에 이 그래프를 계속 사용하는 것은 무리가 있어 보인다.

 결과적으로 독도 기후에 관한 작금의 상황은 독도 교육의 현장에서 학습자, 교수자 모두에게 큰 혼란을 유발할 수 있으며, 우리 국토에 대해 배우고자 하는 시민, 독도를 방문하는 국내·외의 관광객들에게도 부정확한 정보를 전달 할 수 있다. 이러한 상황의 근본적인 원인은 독도에서 기상관측의 역사가 비교적 짧고, 관측된 자료에 결측치가 많아서 깊이 있는 기후연구를 진행하기에 자료가 충분하지 않았기 때문으로 생각된다. 이러한 상황은 앞으로 독도의 기상관측자료가 30년의 기후평년값을 논의할 수 있을 정도로 누적된다면 자연스레 개선될 수 있을 것으로 예상된다.

 그러나 독도에서 30년의 기상관측자료가 구축될 때까지 혹은 적어도 다음 평년4)의 기후자료가 생산되기까지는 최소 7년 이상의 기다림이 필요한

---

3) 본 연구에서 의미하는 기후 그래프(climograph)는 월평균기온과 월평균강수량을 같이 표현한 그래프로, 기상관측지점의 기온 및 강수량의 변화를 시각적으로 표현할 때 사용하는 그래프를 의미한다.
4) 기후평년값은 10년마다 산출되므로, 가장 가까운 기후평년값 산출 시기는 2030년까지 관측이 끝난 시점이다.

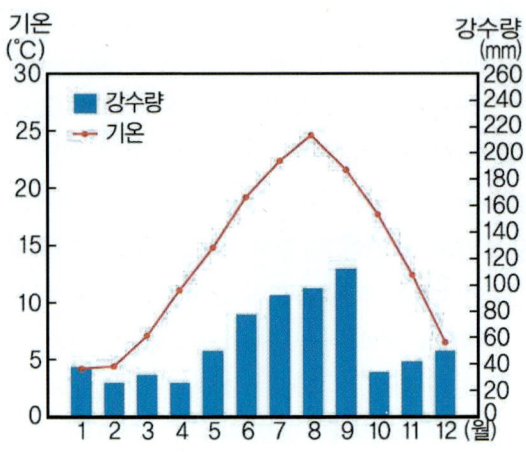

<그림 3> 독도 월평균기온과 월강수량의 분포(2004~2008년) (출처: 국토지리정보원, 2015)

현실이다. 따라서 더 이상 현재의 부정확한 정보가 지속해 재생산되거나 학습되는 것을 방지하고, 독도의 기후 특성을 더욱 정확히 이해하기 위해서는 더 긴 시간적 규모에서 수집된 기상관측자료를 통해 독도의 기후 정보를 생산할 필요가 있다. 즉, 현재의 시점에서 독도의 기후 특성을 규명하고 기후 그래프를 생산하는 것은 매우 중요하고 시급한 과제라고 할 수 있다.

Ⅲ. 연구목적 및 방법

본 연구는 독도의 기상관측자료를 활용하여 독도의 기후 특성을 기온과 강수량의 측면에서 규명하고, 독도의 기후 그래프를 생산하여 제공하는 데 그 목적이 있다.

독도의 기상관측자료는 기상청이 운영하는 기상자료개방포털에서 획득하였으며, 본 연구에 사용한 자료는 데이터의 품질관리가 이루어지고, 디지털 파일의 형태로 제공되는 최근 13년(2010년 1월 1일부터 2022년 12월 31일까지)의 일 관측자료를 활용하였다. 2010년 이전 시기에도 독도의 기상관측자료는 존재하나 자료에 결측이 많고 2009년 연말 현재의 기상측정 장비로 교체되기 이전의 자료이므로 데이터의 품질과 연속성을 고려할 때 제외하는 것이 적합하다고 판단하였다. 획득한 원자료는 기후통계지침(기상청 국가기후데이터센터, 2021)을 준수하여 월, 계절, 연 단위의 기후자료로 가공하여 사용하였다. 이 자료를 이용하여 독도의 기후 특성을 분석하고 기후 그래프를 생산하였다. 분석을 통해 도출된 독도의 기온과 강수량 특성 결과는 선행연구의 결과, 다른 관측지점의 기후 평년값(1991~2020년)과 비교분석을 통해 독도의 기후 특성을 자세히 논의하였다. 본 연구에서 활용된 기상관측지점의 상세 정보와 연구에 활용한 데이터의 범위는 표 3과 같다.

〈표 3〉 기상관측지점의 상세 정보

관측지점	지리적 좌표	해발고도(m)	관측유형	연구활용 데이터 범위
독도	N 37.23952° E 131.86983°	99	자동기상관측 (AWS)	2010~2022년
울릉도	N 37.48129° E 130.89863°	221	종관기상관측 (ASOS)	1991~2020년
포항	N 36.03201° E 129.38002°	4	종관기상관측 (ASOS)	1991~2020년
강릉	N 37.75147° E 128.89099°	27	종관기상관측 (ASOS)	1991~2020년

출처: 기상청 기상자료개방포털을 바탕으로 정리

Ⅳ. 최근 13년간 독도 기상관측자료의 특성과 데이터 처리

본격적인 자료 분석에 앞서 2010년 1월 1일부터 2022년 12월 31일까지 일 단위로 수집된 독도 기상관측자료의 특성을 이해하고, 결측값의 유무 및 정도를 확인하기 위해서 일평균기온과 일강수량의 시계열적인 변화를 시각적으로 표현하였다(그림 4). 원자료의 시각적 검증 및 기술통계의 값을 검토한 결과, 특별히 자료의 오류로 추정되는 값은 존재하지 않았다.

원자료에서 일평균기온은 -6.4~28.8℃의 범위를 보이고, 평균값은 13.8℃

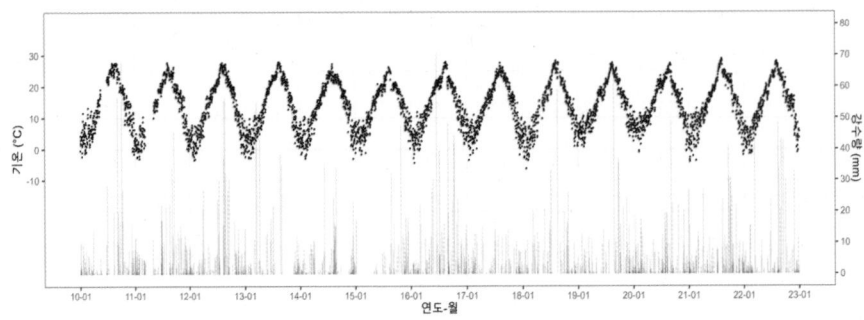

<그림 4> 2010~2022년 독도 일평균기온과 일강수량의 시계열 변화

로 나타났으며, 겨울철에 낮아지고 여름철에 상승하는 기온의 계절적인 변화가 연속적으로 잘 나타났다. 원자료에서 확인되는 일평균기온의 결측값의 수는 총 211개로 확인되었다(표 4). 월평균기온은 일평균기온의 총합을 자료의 수로 나누어 계산하며, 계절평균기온은 각 계절 동안 월평균기온의 총합을 자료의 수로 나누어 계산하며, 연평균기온은 산출된 1~12월의 월평균기온의 합계를 자료의 수로 나누어 산출한다. 따라서 일평균기온에 결측치가 많으면 산출되는 평균값에 영향을 미칠 수 있어 통계 분석 이전에 결측값을 적절히 처리해야 한다.

결측값의 처리는 기후통계지침(기상청 국가기후데이터센터, 2021)의 세부 조건을 준수하였다. 세부 조건은 1) 월 자료에 11일 이상의 관측값이 존재하지 않거나 2) 5일 이상의 관측값이 연속적으로 기록되지 않으면 해당 월의 평균기온은 산출하지 않았다. 이 조건에 부합하는 월은 전체 156개월 중 8개월(표 4 음영 표시)이었다. 그러나 기상관측자료에서 일평균기온은 결측이지만 일최고기온과 일최저기온이 제공될 때는 일최고기온과 일최저기온의 평균을 계산하여서 일평균기온으로 사용하여 결측값의 수를 줄였다. 이 방법을 통해서 2010, 2011, 2018, 2022년 중 월평균기온 계산에서 제외된 7개월을 제외하고는 월별 결측치의 수를 더욱 줄여 사용하였다. 결측치의 처리 이후 분석에 사용된 일평균기온의 자료에 존재하는 결측치의 수는 표 5에 제시된 것과 같다.

일강수량은 24시간 동안 측정된 강수량의 총합으로 측정되며, 일강수량의 단위 총합은 월강수량, 계절별강수량, 연강수량으로 계산된다. 연구 기간 독도의 일강수량 50mm 이상은 총 9회 관측되었으며 주로 8~10월에 나타났다. 일강수량의 최대값은 71mm로 2016년 6월 16일에 기록되었다. 일강수량은 여름부터 가을까지는 높은 편이고 그 외 다른 시기에는 상대적으로 낮은 계절적 패턴을 보인다. 원자료에서 확인된 일강수량의 결측치는 총 181개로 확인되었다(표 6). 결측값은 2011년 3~4월, 2013년 9~11월에 집중되어 나타나고 있으며, 그 외 나머지 연도는 10일 내외의 결측치가 분포하고 있다. 강수량 통계는 평균기온과 달리 단위시간 동안 측정된 강수량의 총합으로 계산되므로 보간법을 통해 값을 추정할 수 없다. 또한 특정 시기에 결측이 집중적으로 분포할 때는 월강수량, 계절별강수량, 연강수량의 값에 직접적인 영향을 미칠 수 있으므로 각 통계치를 계산하고 자료를 해석할 때 주의가 필요하다. 월강수량을 바탕으로 월평균강수량과 계절별평균강수량을 계산할 때는 결측값이 많이 분포하는 5개월(표 6 음영 표시)은 사용하지 않았다.

〈표 4〉 독도 기상관측자료(2010~2022년) 원자료의 결측값 수: 일평균기온

연월	2010	2011	2012	2013	2014	2015	2016	2017	2018	2019	2020	2021	2022
1	0	0	0	0	0	2	0	0	0	0	0	0	0
2	6	1	0	0	0	0	0	0	0	0	0	0	0
3	2	23	0	0	0	0	0	0	0	0	0	0	0
4	3	30	0	0	0	0	0	0	11	0	0	0	0
5	9	4	3	0	0	0	0	3	9	0	0	0	0
6	30	6	1	0	0	0	0	0	0	0	0	0	1
7	2	0	0	0	0	4	0	0	0	0	0	0	7
8	3	0	0	0	0	12	0	0	8	1	0	0	0
9	9	0	0	0	0	5	0	0	3	2	0	0	0
10	5	0	0	1	0	0	0	0	0	0	1	0	0
11	1	0	0	0	0	0	0	0	0	0	2	0	0
12	0	0	0	0	0	0	0	0	1	0	0	0	0
합계	70	64	4	1	0	23	0	3	32	3	2	1	8

* 음영 표시: 기후통계지침의 조건1 혹은 조건2를 만족하는 월
* 2015년 8월은 조건1에 해당하지만, 일최고기온, 일최저기온 관측값이 존재하므로 이를 평균하여 일평균기온을 산출하여 결측값의 수를 줄였음.

〈표 5〉 자료처리 후 독도 평균기온 계산 시 사용된 자료의 결측값 수

연월	2010	2011	2012	2013	2014	2015	2016	2017	2018	2019	2020	2021	2022
1	0	0	0	0	0	0	0	0	0	0	0	0	0
2	0	0	0	0	0	0	0	0	0	0	0	0	0
3	0	21	0	0	0	0	0	0	0	0	0	0	0
4	0	30	0	0	0	0	0	0	11	0	0	0	0
5	7	3	1	0	0	0	0	3	9	0	0	0	0
6	25	4	0	0	0	0	0	0	0	0	0	0	1
7	1	0	0	0	0	0	0	0	0	0	0	0	7
8	0	0	0	0	0	3	0	0	8	1	0	0	0
9	4	0	0	0	0	4	0	0	3	2	0	0	0
10	1	0	0	0	0	0	0	0	0	0	0	1	0
11	0	0	0	0	0	0	0	0	0	0	2	0	0
12	0	0	0	0	0	0	0	0	1	0	0	0	0
합계	38	58	1	0	0	7	0	3	32	3	2	1	8

* 음영 표시: 월평균, 계절평균, 연평균 기온 계산 시 제외

〈표 6〉 독도 기상관측자료(2010~2022년) 원자료의 결측값 수: 일강수량

연월	2010	2011	2012	2013	2014	2015	2016	2017	2018	2019	2020	2021	2022
1	0	0	0	0	0	0	0	0	0	0	0	0	1
2	0	0	0	0	0	0	0	0	0	0	0	0	0
3	0	19	0	0	0	3	0	0	0	0	0	0	0
4	0	21	0	0	1	3	0	0	3	0	0	0	0
5	0	2	1	0	0	1	2	0	3	0	0	0	0
6	0	4	0	0	0	0	0	0	0	1	0	0	0
7	1	0	0	0	0	0	0	0	1	1	0	0	7
8	0	0	0	0	0	3	0	0	7	2	0	0	0
9	4	0	0	30	0	4	0	0	2	0	0	0	2
10	1	0	0	31	0	0	0	0	1	0	0	0	0

11	0	2	0	15	0	1	0	0	0	0	0	0
12	1	0	0	0	0	0	0	0	0	0	0	0
합계	7	48	1	76	1	15	2	0	17	4	0	0	10

* 음영 표시: 월평균, 계절평균강수량 계산 시 제외

V. 독도의 기후 특성

1. 최근 13년 동안의 독도 기온과 강수 특성 분석

1) 기온과 강수의 월별 특성

2010년 1월부터 2022년 12월까지 월별로 산출한 평균기온과 강수량을 월별(1~12월)로 평균하여 13년 동안 월평균기온과 월평균강수량을 산출하여 제시하였다(그림 5, 표 7). 통곗값을 산출할 때 일 관측자료의 결측치로 인해 조건에 부합하지 않는 월은 제외하고 계산하여 일부 월은 자료의 수가 11~12개이다.

독도의 평균기온 변화는 월의 변화에 따라 명확한 상승과 하강의 패턴을 보인다. 가장 추운 달인 최한월은 1월로 평균기온 3.9℃였으며, 2월 평균기온(4.2℃)과의 차이는 0.3℃에 불과하여 그 차이가 크지 않았다. 3월부터 평균기온은 상승하기 시작하여 8월에는 25.2℃를 기록하여 평균기온이 가장 높은 최난월이 된다. 9월부터 평균기온은 다시 하강하기 시작하여 12월에는 6.1℃까지 낮아진다. 최난월과 최한월의 차이인 기온의 연교차는 21.3℃로 나타났다.

독도의 평균강수량도 월의 변화에 따라 변동하지만, 변동의 정도는 월평균기온에 비해 상대적으로 적은 편이다. 강수량은 8월에 81.6㎜로 가장 많았으며, 9월부터 강수량은 약간씩 줄어드는 경향을 보이면서 11월에는 50㎜ 미만으로 줄어든다. 12월의 강수량은 다시 약간 증가하여 51.6㎜를 기록하고, 이후 20~40㎜ 범위에서 약간 변동하다가 5월에 20㎜ 수준으로 감소하여 가장 적었다. 6월부터는 강수량은 다시 서서히 상승하는 패턴을 보인다. 강

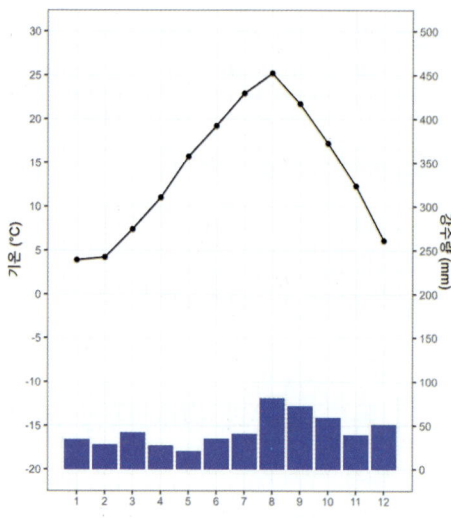

<그림 5> 독도의 기후 그래프: 월평균기온과
월평균강수량의 분포(2010~2022년)

〈표 7〉 독도의 월평균기온, 월평균강수량과 비율(2010~2022년)

월	1	2	3	4	5	6	7	8	9	10	11	12
평균기온 (℃)	3.9	4.2	7.4	11	15.7	19.2	22.9	25.2	21.7	17.2	12.3	6.1
평균강수량 (㎜)	34.3	28.4	42.4	27.1	20.7	35.3	40.9	81.6	72.6	59.4	39.7	51.6
평균 강수량 비율(%)	6.4	5.3	7.9	5.1	3.9	6.6	7.7	15.3	13.6	11.1	7.4	9.7

* 아래의 월을 제외하고는 월평균기온, 월평균강수량 산출 시 자료의 수(n)는 13
 - 월평균기온: 3, 6, 7월 (n=12), 4, 5월 (n=11)
 - 월평균강수량: 3, 4, 9, 10, 11월 (n=12)

수량의 변화를 비율로 살펴보면, 8월이 15.3%로 가장 높은 비율을 차지하였으며, 이어 9월, 10월 순으로 나타났다. 12월은 겨울임에도 강수량의 비율이 약 10%를 차지하며 높은 비율을 보여주었으며, 강수량이 가장 적은 5월은 약 4%에도 미치지 못했다. 그 외 나머지 월은 대체로 5~8% 비율을 보인다.

2) 기온과 강수의 계절별 특성

　월별로 산출된 평균기온과 강수량을 계절별로 구분하여 평균값을 산출하여 계절별 특성을 살펴보았다. 계절의 구분은 기상청의 기후통계지침(기상청 국가기후데이터센터, 2021)을 따라서 3~5월은 봄, 6~8월은 여름, 9~11월 가을, 12~다음 해 2월은 겨울로 구분하였다. 이 과정에서 2010년 1~2월, 2022년 12월은 각각 2009년 겨울, 2022년 겨울로 분류되는데, 각 시기의 대푯값을 산출하기에 2009년 12월, 2023년 1~2월의 관측자료가 부재하므로 해당 시기는 계절 평균의 통계치를 산출할 때 제외하였다. 또한 일강수량의 관측기록에 결측치가 많은 5개월(표 6 음영 표시)을 포함하는 계절인 2011년 봄, 2013년 가을도 계산에서 제외하였다.

　계절별 평균기온은 월평균기온의 변화와 유사한 경향을 보였으며, 평균기온이 가장 높은 계절부터 여름, 가을, 봄, 겨울 순으로 나타났다(그림 6의 (a), 표 8). 여름의 평균기온은 22.3℃로 비교적 낮았으며, 겨울 평균기온은 4.7℃로 높은 편이다. 계절 내 평균기온의 편차를 살펴보면, 여름에 비해 겨울철 평균기온이 더욱 큰 편차를 보인다. 가을 평균기온은 17.0℃로 봄 평균기온 11.5℃에 비해 높게 나타나는데, 이것은 해양의 영향에 의한 것으로 보인다.

　계절별 평균강수량의 분포는 강수량이 가장 많은 계절부터 순서대로 가을, 여름, 겨울, 봄으로 나타났다(그림 6의 (b), 표 8). 가을 평균강수량은 171.7㎜로 연강수량의 32.1%를 차지해 가장 많았으며 여름은 157.8㎜로 29.5%를 차지하고 있다. 그러나 두 계절은 평균강수량의 차이가 크지 않아 비슷하며, 여름~가을 동안 연강수량의 60% 이상이 집중되고 있다. 겨울에도 연강수량의 약 21%(114.2㎜)가 집중되며 비교적 많은 강수량을 보인다. 봄철 강수량은 91㎜로 전체의 17%를 차지해 가장 적었다. 강수일수는 일강수량이 0.1㎜ 이상인 날의 수로 정의되며(기상청 국가기후데이터센터, 2021), 계절별로 나타나는 평균 강수일수를 살펴보았다. 계절별강수량의 분포와는 달리 계절별 강수일수는 겨울철에 약 31일로 가장 많이 나타났으며, 가을, 여름, 봄 순으로 강수일수는 줄어들었다. 그러나 겨울을 제외한 나머지 세 계절의 강수일수는 약 20일 내외로 비슷하였다.

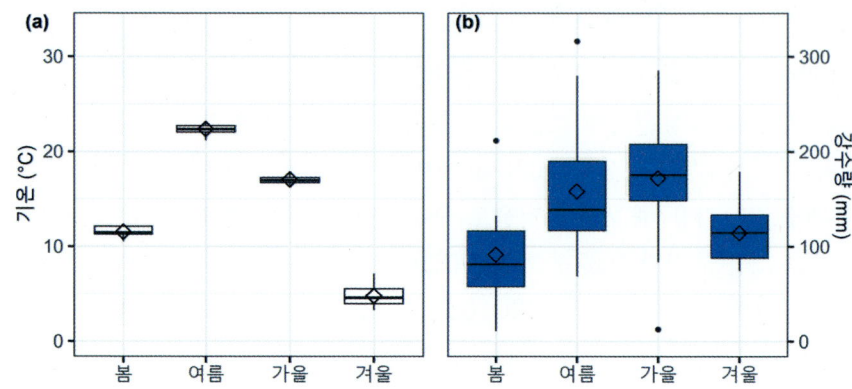

<그림 6> 독도의 계절별 평균기온과 평균강수량(2010~2022년) (a) 계절별 기온의 분포와 평균기온, (b) 계절별 강수량 분포와 평균강수량. 그래프의 ◇는 해당 계절의 평균값을 나타냄.

〈표 8〉 독도의 계절별 평균기온, 평균강수량과 비율, 평균 강수일수(2010~2022년)

계절	봄 (3~5월)	여름 (6~8월)	가을 (9~11월)	겨울 (12~2월)
평균기온(℃)	11.5	22.3	17.0	4.7
평균강수량(mm)	91.3	157.8	171.7	114.2
평균강수량 비율	17.1	29.5	32.1	21.3
평균 강수일수	19.0	19.6	22.4	31.1

* 계절별 평균기온 자료의 수(n): 10/11/13/12 (봄/여름/가을/겨울 순)
* 계절별 평균강수량 자료의 수(n): 12/13/12/12 (봄/여름/가을/겨울 순)

3) 기온과 강수량의 연변화

　2010년 1월부터 2022년 12월까지 월별로 산출한 평균기온과 강수량을 연별(2010~2022년)로 각각 평균, 합산하여 13년 동안 독도의 연평균기온과 연강수량의 변화를 살펴보았다(그림 7, 표 9). 연평균기온은 1~12월의 월평균기온을 총합한 후 자료의 수로 나누어서 계산하였고, 13년의 평균기온은 연평균기온을 다시 평균하여 계산하였다. 연평균기온을 산출할 때, 결측값의 존재로 인해 월평균기온이 없는 예도 있었는데, 해당 월은 주로 봄철 혹은 가을철이므로 극단의 값을 나타내지 않아 통계처리에 미치는 영향이 적으므로, 해당 월을 제외한 자료의 수로 나누어 연평균기온을 산출하였다. 연강수량은 일강수량을 합산하여 계산하였고 연평균강수량은 연강수량을 평균하여 계산하였다. 연강수량은 일강수량의 합산으로 계산되므로 결측값의 정도가 영향을 미칠 수 있으므로, 실제 기상관측일의 수를 같이 제시하였다.

지난 13년 동안 독도의 연평균기온은 13.9℃이며, 연평균기온이 가장 낮은 해는 2010년으로 13.2℃였으며, 가장 높았던 해는 2021년으로 14.7℃를 기록하였다. 2022년에 독도의 연평균기온은 비교적 큰 폭으로 하강하여 2012년의 수준으로 같아지기는 하지만, 전체적으로 연평균기온은 13년 동안 변동을 겪으면서 상승하는 경향을 보인다. 13년 동안 연평균기온은 0.52℃ 상승하였으며 1년에 0.04℃ 상승의 속도를 보인다. 다만 사용된 기상관측자료의 길이가 짧아서 기온 상승의 경향과 속도를 통계적으로 유의미하게 해석하기에는 무리가 있다.

독도의 13년 평균강수량은 519.2㎜이며, 연평균기온에 비하여 연변동성이 비교적 크게 나타난다. 연강수량은 평균강수량의 68% 범위($\mu + \sigma$)에 분포하는 경향을 보였지만 예외도 있었다. 2012년과 2016년은 각각 679.5, 758.5㎜를 기록하며 매우 습윤한 해였으며, 반대로 2015년과 2017년은 318, 337.5㎜로 매우 건조한 해였다. 다른 해에 비해 실제 기상관측일수가 적은 2011년, 2013년도의 연강수량도 13년 평균강수량보다는 낮았지만 68%의 범위에 분포하였다. 13년 동안 연강수일수는 54~122일의 분포를 보이고 평균적으로 93.7일로 나타났다. 2015년은 318㎜로 가장 적은 연강수량을 기록한 해였는데, 그해에 연강수일수는 겨우 54일에 불과했다. 2015년의 실제 기상관측일수는 350일로 15일이 부족한 것을 고려하더라도 매우 적은 강수일수를 보였다. 반면 가장 많은 강수량을 기록한 2016년은 연강수일수가 99일이었으며, 두 번째로 강수량이 많았던 2012년은 강수일수 108일을 기록하였다.

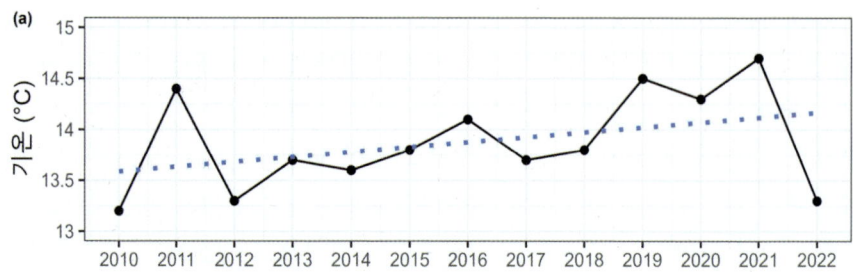

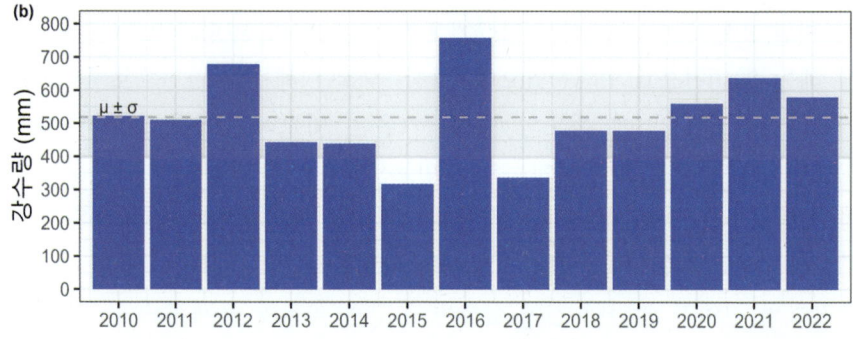

<그림 7> 독도의 연평균기온과 연강수량의 시계열 변화(2010~2022년). (a) 독도의 연평균기온과 변화(파란 점선은 선형 회귀선을 나타냄). (b) 독도의 연강수량 변화(가로 대시선과 음영 구역은 13년의 평균강수량(μ=519.2㎜)과 표준편차(σ=126.4㎜)의 범위를 나타냄)

〈표 9〉 독도의 연평균기온과 연강수량의 시계열 변화(2010~2022년)

연도	평균기온 (℃)	강수량(㎜)	강수일수	월평균기온의 수	강수량 실제 관측일수
2010	13.2	523.5	92	10	358
2011	14.4	510.5	94	10	317
2012	13.3	679.5	108	12	365
2013	13.7	443.5	67	12	289
2014	13.6	439.5	95	12	364
2015	13.8	318	54	12	350
2016	14.1	758.5	99	12	364

제 6장 최근 13년(2010~2022년) 동안의 독도 기후 특성: 기온 및 강수 257

2017	13.7	337.5	84	12	365
2018	13.8	479	82	10	348
2019	14.5	479	87	12	361
2020	14.3	561.5	122	12	366
2021	14.7	639	120	12	365
2022	13.3	581	115	11	355
13년 평균	13.9	519.2	93.7		

* 2010, 2011, 2018, 2022년은 결측값으로 인해 몇 개의 월평균기온이 산출되지 않았으나, 이들은 극값이 나타나는 월이 아니므로 연평균기온 산출에 큰 영향을 미치지 않아 해당 월을 제외한 자료의 수로 나누어 연평균기온을 산출하였음.
* 2010년: 5, 6월, 2011년: 3, 4월, 2018년: 4, 5월, 2022년: 7월 제외
* 2011, 2013년은 다른 해에 비하여 강수량의 실제 관측일수가 더 적음.

2. 독도의 기후 특성 논의

기상관측자료가 축적되기 시작한 2010년부터 본격적인 연구가 시작되고 독도의 기후 특성이 일부 밝혀지면서 기존에 알려진 독도 기후 특성 서술이 잘못되었음이 확인되었다. 그럼에도 불구하고 여전히 독도의 기후 특성 서술에는 울릉도의 기후 특성이 대체재로 사용되고 있거나 명확한 출처 표기 없이 무분별하게 인용, 사용되고 있어 독도의 기후 특성에 대한 정확한 정보를 찾고 구별하기가 쉽지 않다. 따라서 이전 장에서 밝혀진 독도의 기온과 강수량 분석 결과를 선행연구의 결과와 인접 관측지점의 기후평년 자료를 가져와 비교하여 분석하고, 독도의 기후 특성을 연평균기온과 강수량, 강수일수의 관점에서 논의하고 그 의미를 이해하고자 한다.

1) 독도의 연평균기온과 시계열 변화

본 연구에서 최근 13년 동안의 기상관측자료를 분석한 결과 독도의 연평균기온은 13.9℃임을 확인하였다. 독도 기후에 관한 선행연구(표 2)는 분

석에 사용한 기상관측자료의 시간적 범위에 따라 약간의 차이를 보이지만 13.6~14.0℃ 범위에 연평균기온이 분포한다고 보고하고 있으며, 본 연구의 결과는 선행연구의 결과와 대체로 조화를 잘 이룬다.

본 연구의 결과를 기후평년자료의 10년 주기값과 비교하기 위해서 2011~2020년의 평균기온으로 다시 계산하였고, 그 값은 13.9℃로 기존의 13년 연평균기온 값과 차이가 없었다. 같은 시기에 울릉도의 평균기온은 12.9℃로 독도보다 1℃ 낮은 기온을 기록하였다. 그러나 두 섬의 기상관측지점의 해발고도 차이(122m)에 따른 기온감률을 고려한다면, 실제로 울릉도와 독도의 연평균기온은 거의 차이가 없는 것으로 보인다.

본 연구의 독도 연평균 기온의 시계열 변화 그래프(그림 7의 (a))는 독도의 연평균기온이 연간 0.04℃의 속도로 13년 동안 0.52℃ 상승하였음을 보여준다. 독도 평균기온의 상승은 이영곤 외 3인(2010), 김종석·박종진(2017)의 연구 결과에서도 확인된다. 그러나 본 연구를 포함한 선행연구의 결과 모두 독도에서의 명백한 기온 상승을 통계적으로 유의한 수준에서 논의하기에는 사용된 기상관측자료가 매우 제한적이며, 기후변화 관찰을 위해서는 더 긴 관측자료를 활용한 연구가 별도로 필요하다. 그럼에도 실제 독도에서는 전지구적인 기후변화에 의한 평균기온의 상승은 발생하고 있을 것으로 예상된다. 지난 106년(1912~2017년) 동안 우리나라 주요 6개 도시의 기상관측자료 분석 결과를 살펴보면 우리나라의 연평균기온은 10년에 0.18℃의 속도로 상승하였다(국립기상과학원, 2018). 동해를 끼고 위치한 강릉, 포항, 울릉도에서도 지난 30년간 평균기온의 상승 경향이 명확히 관찰된다(표 10). 세 지점 모두 1991년부터 2020년까지 10년 주기로 구분하여 보면 시기별로 연평균기온은 소폭 상승하였고, 상승의 폭은 최근 시기인 2011~2020년에 더욱 크게 나타났다. 그러나 본 연구에서 확인된 2011~2020년 독도의 연평균기온은 13.9℃였고, 그 이전 시기인 2001~2010년의 독도 연평균 기온은 선행연구가 매우 제한적인 기상관측자료에 의존하고 있으므로 유의미한 평균기온의 상승을 논의하기는 어렵다.

〈표 10〉 강릉, 포항, 울릉도의 연평균기온(1991~2020년)과 독도의 연평균기온(2011~2020년)

관측지점	30년 평년값 (1991~2020)	10년 주기		
		1991~2000년	2001~2010년	2011~2020년
강릉	13.5	13.3	13.4	13.7
포항	14.6	14.4	14.5	14.8
울릉도	12.7	12.6	12.6	12.9
독도	–	–	–	13.9

출처: 기상청 기상자료개방포털과 본 연구의 결과를 바탕으로 정리

2) 독도의 강수량과 시계열 변화

본 연구에서 분석한 13년 동안 독도의 연평균강수량은 519.2mm로 선행 연구의 결과와 비교해볼 때 약간의 차이가 존재한다. 기존 연구는 분석에 사용한 기상관측자료의 측정 시기에 따라 독도의 연평균강수량을 518.1~672.6mm 범위로 제시하였다. 시기별로 구체적으로 살펴보면, 2000년대의 기상관측자료를 활용한 연구에서 독도의 연평균강수량은 620~670mm의 범위를 보였지만, 2010년대 기상관측자료를 활용하거나 두 시기를 동시에 포함한 연구는 독도의 연평균강수량이 510~520mm 정도로 낮다는 결과를 보여주었다.

독도의 연강수량 차이는 기상관측자료의 결측값의 유무에 따라 발생할 수도 있어 결측값을 고려한 해석이 필요하다. 왜냐하면 강수량은 기온과 달리 누적값을 사용하므로 자료의 결측이 많은 경우에 실제 강수량이 비해 작게 산출되는 경향이 있기 때문이다. 본 연구에서 사용한 기상관측자료에서는 2011년, 2013년을 제외하면 일 년 동안 관측장비의 결측일수는 2015년 15일, 2018년 17일로 비교적 크게 나타날 뿐 나머지 해는 거의 일 년 내내 기상정보를 정상적으로 관측하였다(표 6). 따라서 만약 결측일에 강수 현상이 있었고 정상적으로 관측되었다면 독도의 연평균강수량은 519.2mm보다 커질 수는 있으나 그 정도는 미미할 것으로 생각된다. 또한 본 연구보다 결측이 더 많았던 2004~2008년의 독도 연평균강수량은 본 연구의 결과보다 더 많은 강수량(672.6mm)을 기록했다(국토지리정보원, 2015). 구체적으로 보

면 3개월(1~3월)이 100% 결측이었던 2004년에도 연강수량은 722.5mm를 기록하였고, 2006년에는 결측일이 11~30% 미만인 달이 두 달(2월, 11월)이 있었음에도 연강수량은 772.5mm였다. 따라서 결측값의 유무는 연강수량의 값에 영향을 미칠 수 있지만, 2000년대와 2010년대에 나타나는 강수량의 현저한 차이를 직접 발생시켰다고 보기는 어렵다.

두 시기의 강수량 차이는 강수량의 변동성에 의한 것으로 보인다. 기후는 특정 장소에서 비슷한 시기에 관찰되는 장기간 대기의 평균 상태로 정의되지만 다양한 시공간적 규모에서 태풍, 엘니뇨 남방진동(El Niño-Southern Oscillation) 등에 의해 강수량의 변동이 발생할 수 있다. 본 연구의 독도 연강수량 값을 기후평년자료의 10년 주기(2011~2020년)에 맞추어 산출하면 평균강수량은 500.7mm이다. 이전 시기의 독도 평균강수량은 불연속적인 자료의 사용으로 인해 10년의 평균값을 정확히 알기는 어렵지만, 5년(2004~2008년)의 기상관측자료를 활용한 국토지리정보원(2015)의 결과를 대푯값으로 사용한다면 2001~2010년의 독도 평균강수량은 672.6mm로 추정할 수 있다. 이 두 시기의 평균강수량을 비교하면 2011~2020년 시기의 독도 평균강수량은 이전 시기에 비해 약 170mm 정도 적은 74.4% 수준에 불과하다. 동해를 접한 강릉, 포항, 울릉도에서도 2001~2010년 시기는 1991~2000년, 2011~2020년 시기에 비해 상대적으로 강수량이 많아 습윤하였으며, 평균강수량의 감소 비율은 다르지만 2011~2020년의 평균강수량은 직전 시기 대비 대략 90% 수준으로 낮아졌다(그림 8, 표 11).

제 6장 최근 13년(2010~2022년) 동안의 독도 기후 특성: 기온 및 강수   261

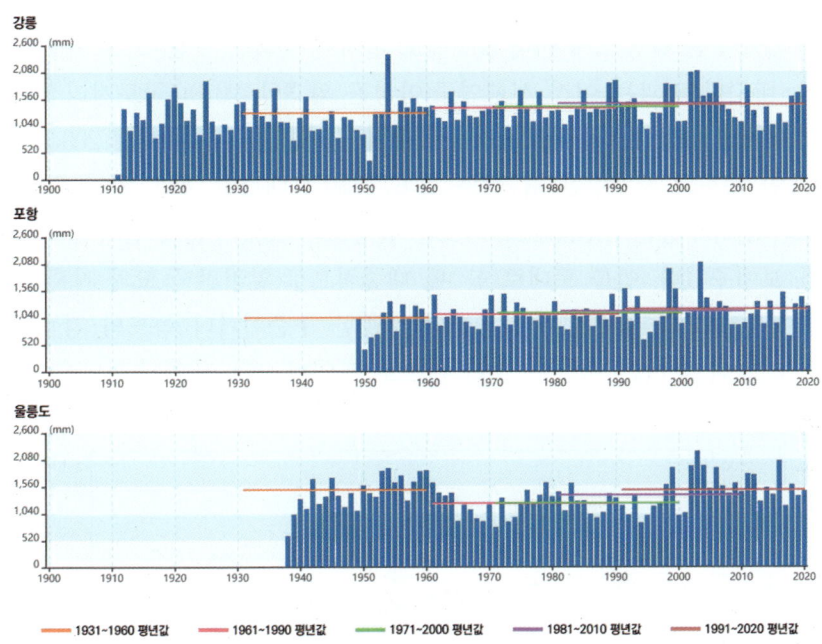

<그림 8> 강릉, 포항, 울릉도 연강수량의 시계열 변화(출처: 기상청, 2022)

〈표 11〉 강릉, 포항, 울릉도, 독도의 평균강수량 변화(1991~2020년)

관측 지점	30년 평균 (1991~2020)	1991~2000년	2001~2010년	2011~2020년	비율(2011~2020 / 2001~2010)
강릉	1444.9	1397.2	1545.9	1391.3	90.0
포항	1192.4	1178.3	1226.2	1172.5	95.6
울릉도	1480.6	1236	1665.6	1541	92.5
독도	–	–	672.6	500.7	74.4

출처: 기상청 기상자료개방포털, 국토지리정보원(2015), 본 연구의 결과를 바탕으로 정리

본 연구와 선행연구의 결과를 종합적으로 고려한다면, 독도의 연평균강수량은 500~700㎜ 범위를 보인다고 추정할 수 있다. 이 값은 울릉도의 연평균강수량(1991~2020년) 1480.6㎜에 비해 현저히 적은 33.8~47.3% 수준을 보인다. 본 연구에서 분석한 독도의 연강수량과 기상청에서 제공하는 울릉도의 연강수량을 시계열적 변화를 분석한 결과(그림 9)를 보면 독도의 연강수

량은 울릉도의 연강수량의 상승과 하강 패턴과 비슷하게 움직이면서도 독도의 강수량은 울릉도에 비해 50%에도 미치지 못하는 수준[5]으로 나타나고 있다. 비슷한 결과는 여러 선행연구(이영곤 외 3인, 2010; 국토지리정보원, 2015)에서도 확인된다. 국토지리정보원(2015)의 연구에 따르면, 2004~2008년 동안 독도의 강수량은 평균적으로 672.6mm가 내렸고, 같은 기간 동안 울릉도의 연강수량은 1,761.5mm로 독도는 울릉도의 40% 수준에 불과하다는 결과를 보여주었다. 이를 토대로 볼 때, 대중적으로 알려진 독도의 기후 특성 서술에서 독도의 강수량이 울릉도와 비슷한 수준이거나 독도의 강수량이 울릉도 보다 많다는 서술은 틀린 것으로 보인다.

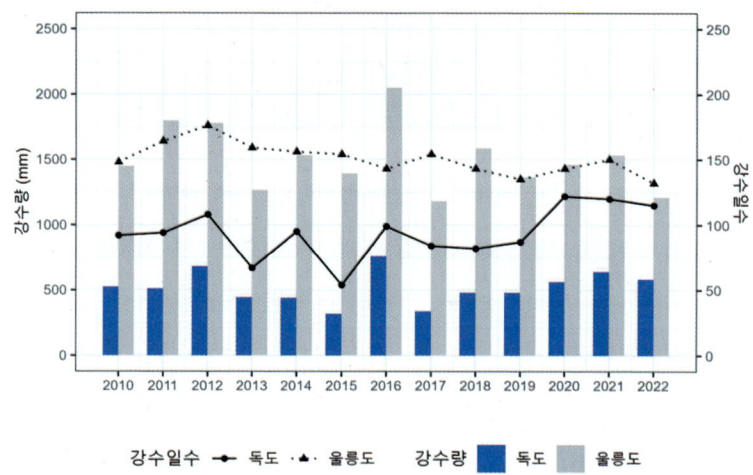

<그림 9> 독도와 울릉도의 연강수량과 강수일수의 시계열 변화(2010~2022년)
(출처: 울릉도의 자료는 기상청 기상자료개방포털, 독도의 자료는 본 연구의 결과를 바탕으로 직접 작성)

그렇다면 동해상에 지리적으로 비슷한 위도에 위치하며 해양의 영향을 크게 받음에도 불구하고 울릉도와 독도에서 강수량의 현저한 차이가 발생하는 이유는 무엇일까? 그 이유는 크게 두 가지로 설명될 수 있다.

첫째로, 강수에 영향을 미치는 지형적인 조건의 차이 때문이다(국토지리

---

[5] 2010~2022년 동안 독도의 연강수량은 울릉도의 연강수량의 22.8~48.0% 수준이었으며, 평균 34.5% 수준에 머물렀다.

정보원, 2015). 울릉도의 지형은 최고봉인 성인봉(986m)을 비롯하여 해발고도가 높은 산지로 이루어져 있어 장애물로 작용한다. 이동하는 공기는 장애물을 따라 상승하면서 수증기가 응결되어 지형성 강수를 발생시킬 수 있다. 이에 반해 독도는 해발고도가 가장 높은 서도의 대한봉이 168.5m이고 기상관측장비가 위치한 동도의 우산봉은 해발고도가 98.6m에 불과하다. 그러므로 수증기가 충분히 공급되더라도 응결이 발생할 만큼 상승하지 못해 지형성 강수가 발달하는데 불리한 환경이다. 따라서 울릉도와 독도가 같은 기압 시스템의 영향을 받더라도 두 지역에서 현저한 강수량의 차이가 발생할 수 있다.

두 번째로, 환경적인 요인들로 인해 독도의 강수량, 강설량의 정확한 측정이 어렵기 때문이다(문화재청, 2009; 국토지리정보원, 2015). 독도의 기상관측장비는 자동기상관측장비로 울릉도와 다르게 무인으로 운영되고 접근이 어려워 결측이 발생할 수 있고 관측장비를 안정적으로 운영하는 데 어려움이 많다. 또한 겨울철 폭설 등으로 인해 포집 영역이 막히거나 강한 바람으로 인해 강수량이 실제보다 과소 측정되는 경향이 발생할 수 있다. 이러한 문제점 때문에 문화재청(2009)의 연구는 기상관측자료를 직접 활용하기 보다는 위성영상을 이용하여 울릉도와 독도 주변의 강수량을 계산하는 것이 적합하다고 하였다. 문화재청(2009)의 연구는 독도의 연강수량을 정확한 수치로 제시하지는 않았으나 모든 월에서 독도의 강수량이 울릉도보다 많다는 결과(그림 1)를 제시한 유일한 연구였으며, 이에 반해 기상관측자료를 활용한 다른 선행연구는 모두 독도의 강수량이 울릉도보다 적다는 것을 보여주고 있다. 앞으로 독도에서 추가적인 기상관측장비가 설치되거나 더욱 정확하고 장기간의 기상관측이 이루어진다면 두 섬에서 강수량 차이가 발생하는 원인도 명확히 규명될 수 있을 것으로 생각된다.

3) 독도의 강수량 분포의 특성

선행연구에서 분석하거나 서술하고 있는 독도의 강수량 분포 특성은 다음과 같다. 독도 강수량의 월별 분포는 9월에 가장 많은 강수량이 나타나며 이어서 8월, 7월, 6월, 12월 순으로 나타난다(국토지리정보원, 2015). 한국민족문화대백과는 독도는 여름철에 강수량이 가장 많고, 겨울철 강수량은 22%로 비교적 많은 편이라고 서술한다. 또한 외교부 독도, 독도관리사무소, 독도재단은 겨울철에 독도의 강수는 대부분 적설의 형태로 내린다고 특징을 기술하고 있다.

하지만 본 연구에서 분석한 독도의 강수량 월별 분포 결과(표 7)는 약간 달랐다. 강수량이 가장 많은 월은 8월이었으며, 연강수량의 15.3%를 차지하고 있다. 다음으로 9월(13.6%), 10월(11.1%) 순이었고, 겨울에 해당하는 12월은 약 10%로 네 번째로 많았다. 반면에 국토지리정보원(2015)의 연구에서 세 번째, 네 번째로 많은 강수량을 보였던 7월과 6월은 각각 7.7%, 6.6%로 여섯 번째, 여덟 번째로 많았다. 계절별 분포에서는 가을(9~11월)이 32.1%로 가장 많았으며, 여름(29.5%), 겨울(21.3%), 봄(17.1%) 순이었으나, 가을과 여름의 차이는 약 3%로 그리 크지 않았다(표 8). 본 연구의 결과와 선행연구의 결과에서 최대 강수량이 나타나는 월은 8월과 9월로 각각 다르게 나타났는데, 이는 태풍의 영향으로 생각된다. 국토지리정보원(2015)의 월강수량 분포 분석 결과를 보면, 태풍의 영향 정도에 따라서 8~9월의 강수량은 아주 큰 편차[6]를 갖는다. 예를 들어 2007년에는 태풍 나리의 영향으로 9월 강수량이 무려 228.5㎜를 기록하였지만, 태풍의 영향이 없었던 2008년 9월에는 월강수량이 겨우 18.0㎜에 불과하였다. 본 연구에서도 8~10월의 강수량은 연도별로 편차가 비교적 크게 나타났다. 8월을 예로 살펴보면, 2012년 8월은 월강수량이 무려 211.5㎜를 기록해 여름철 평균강수량을 훨씬 뛰어넘었지만, 2010, 2011, 2017년 8월에는 월강수량이 30㎜ 미만으로 굉장히 건조하였다.

독도 강수량의 계절별 분포는 대체로 울릉도와 비슷하며, 한반도의 동해안에 있는 강릉, 포항과는 매우 다른 특성을 보인다(표 12). 국토지리정보원(2015)의 연구는 독도의 겨울철 강수량이 연강수량에서 차지하는 비율을 22%로 높다고 서술하고 있는데, 본 연구의 분석 결과도 이와 비슷한 21.3%이며, 울릉도의 겨울철 강수량 비율(22.9%)과도 대체로 비슷한 특징을 보인다.

대중적으로 알려진 독도의 기후 특성 서술에는 독도의 겨울철 강수는

---

6) 2004~2008년 8월, 9월 강수량의 범위(최소값~최대값): 32.5~177.5㎜, 18.0~228.5㎜

대부분 적설의 형태로 내린다고 설명하고 있으나, 실제 독도의 기상관측자료에서는 신적설의 기록이 측정되지 않기 때문에 강설량이 겨울철 강수량에 미치는 영향을 정확히 파악하기는 어렵다. 다만 인접한 울릉도는 우리나라에서 겨울철 강설량이 많은 대표적인 다설지에 속하므로 이와 비슷할 것이라고 추론할 수 있다. 그러나 앞서 울릉도와 독도 연강수량의 차이에서 살펴보았듯이 독도는 지형성 강수의 발달이 울릉도에 비해 불리하므로, 겨울철 강설이 발생하더라도 울릉도와 같은 정도의 강설이 발생하는지 명확하지 않으며, 앞으로 연구가 필요할 것으로 생각된다.

한편 독도와 울릉도의 여름철 강수량은 강릉과 포항의 그것과 비교하여 아주 적은 특징을 보인다(표 12). 강릉과 포항은 연강수량에서 여름철 강수가 차지하는 비율이 45% 이상인 것에 비해, 울릉도와 독도는 불과 30% 수준으로 낮다. 대신 앞선 두 도시에 비해 겨울철 강수량이 약 22%로 매우 높다. 이러한 경향은 한반도에서 일반적으로 나타나는 여름철 몬순에 의한 강수 집중의 경향과는 다르며 상대적으로 고른 강수의 분포 형태라고 할 수 있다. 이것을 토대로 판단할 때 동북아역사재단(2017)의 『독도 바로알기』 교재에 서술된 "연중강수량이 고른 편"이라는 표현은 대체로 옳다고 할 수 있다. 다만 '고르다'라는 표현은 굉장히 주관적일 수 있으므로 '한반도의 여름철 강수 집중경향에 비해'라는 표현이 추가된다면 좀 더 명확한 기후 특성이 전달될 수 있을 것으로 생각된다.

〈표 12〉 강릉, 포항, 울릉도, 독도의 계절별 강수량과 비율(1991~2020년)

관측지점	강수량(mm)				비율(%)			
	봄	여름	가을	겨울	봄	여름	가을	겨울
강릉	226.2	661.6	424.3	131.1	15.7	45.8	29.4	9.1
포항	226.3	557.6	306.1	101.1	19.0	46.8	25.7	8.5
울릉도	282.7	468.5	391.4	340	19.1	31.6	26.4	22.9
독도	91.3	157.8	171.7	114.2	17.1	29.5	32.1	21.3

출처: 강릉, 포항, 울릉도 자료(1991~2020년)는 기상청 기상자료개방포털, 독도는 본 연구의 결과를 바탕으로 정리

4) 독도 강수일수에 관한 논의

외교부 독도, 독도관리사무소, 독도재단, 경상북도교육청 사이버독도학교 등의 기관은 독도 기후 특성 서술에서 독도의 강수일수가 연간 약 150일 이상이라고 설명한다(표 2). 그러나 본 연구에서 확인한 독도의 강수일수는 13년 동안 연간 54~122일의 범위에 분포하였으며, 평균적으로 연간 93.7일이었다(표 9). 비록 기상관측자료에서 해마다 10일 내외의 결측치가 존재하고 결측치의 수가 달라 이 값이 반드시 실제의 강수일수를 정확히 나타낸다고 할 수는 없겠지만, 관측일수의 부족을 고려하더라도 연간 실제 강수일수는 평균적으로 100일 정도로 추정할 수 있다. 이 연구 결과는 국토지리정보원(2015)에서 분석한 2004~2008년 독도 평균 강수일수 100일[7]과도 유사하다.

그렇다면 기존에 알려진 독도의 강수일수 150일은 어디에 근거를 두고 있을까? 이 값은 울릉도의 강수일수를 사용한 것으로 판단된다. 기상청의 기상자료개방포털에서 확인한 울릉도의 30년(1991~2020년) 평균 강수일수는 146.3일로 우리나라에서 가장 많다. 또한 본 연구와 같은 기간 동안 울릉도의 연간 강수일수는 평균 150.5일(132~176일)로 모든 해에서 독도보다 많은 강수일수를 기록하고 있다(그림 9). 따라서 독도의 연 강수일수는 평균 100일 정도로 보는 것이 타당하고 기존에 사용 중이던 '강수일수 150일'은 시급히 수정되어야 한다.

5) 독도의 강수량과 강수일수의 의미

독도의 강수 특성을 종합하여 정리하면, 본 연구를 통해 분석한 독도의 연평균강수량(2010~2022년)은 519.2㎜이고, 기후평년자료에서 사용되는 10년 주기(2011~2020년)로 산출했을 때 평균강수량은 500.7㎜이다. 선행연구에서 밝혀진 연평균강수량은 시기에 따라 다르지만 518.1~672.6㎜ 범위에 있고 2000년대의 평균강수량은 672.6㎜로 추정하였다. 이처럼 시기에 따른 강수량의 차이는 더 큰 시공간적 규모에서 나타나는 강수량의 변동성으로 설명될 수 있다. 왜냐하면 이전 시기 대비 2011~2020년의 평균강수량 감소

---

[7] 2004년 83일, 2005년 96일, 2006년 104일, 2007년 114일, 2008년 103일

경향은 동해를 끼고 입지한 강릉, 포항, 울릉도에서도 모두 관찰되기 때문이다. 독도의 강수일수는 연간 93.7일이고, 실제 결측치와 기존 연구를 고려한다면 연간 평균 100일 정도로 예측된다. 독도의 연강수량과 강수일수의 결과는 우리나라의 연강수량의 분포(그림 10)에서 우리나라의 대표적인 소우지인 영남 지방과 비교할 때도 매우 적은 편에 속한다. 또한 이 결과는 독도의 강수량이 1,000㎜ 이상 혹은 1,200~1,400㎜ 내외이고, 강수일수 연간 150일 정도로 습윤하다고 서술하고 있는 대중적으로 알려진 독도의 기후 특성과는 상당히 다른 결과이다. 즉, 독도의 강수량 특성은 기존에 알려진 것보다 덜 습윤하다고 할 수 있다.

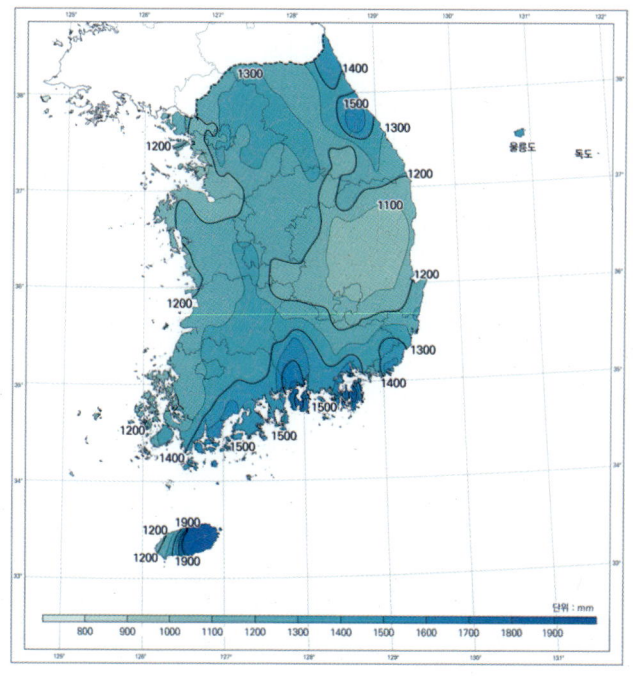

<그림 10> 우리나라의 연강수량 분포(1991~2020년) (출처: 기상청, 2022)

그렇다면 1,000㎜ 미만의 연강수량과 100일 정도의 강수일수는 독도의 기후가 건조하다는 것을 의미할까? 결론적으로 말하자면 반드시 그렇다고 단정하기는 어려울 것으로 보인다. 지리적으로 육지에서 멀리 떨어진 해양

에 있는 독도는 수증기의 지속적인 공급으로 습도가 높아 안개가 잘 발달할 수 있다. 독도의 안개 발생에 관해서는 구체적인 연구는 없지만, 김종석·박종진(2017)은 기상위성자료 분석과 수치예측모델을 활용하여 울릉도와 독도 주변에 안개가 많이 나타난다고 하였다. 그들에 따르면, 동해의 도서 및 주변 지역에 발생하는 해무나 이류무는 주로 여름철(6~8월)에 잘 발달하는데, 이것은 여름철 온난하고 습윤한 공기가 남서풍을 따라 상대적으로 한랭한 동해의 수면 위로 유입되어 발생한다. 지난 30년(1991~2020년)의 기후평년자료(기상청, 2022)를 보면, 인접한 울릉도는 연 안개일수가 44.6일로 강릉 17.5일, 포항 2.9일에 비해 월등히 많다. 또한 울릉도의 안개는 매월 발생하지만 일 년 중 주로 5~8월까지 매월 30시간 이상 발생하여 여름철에 안개 발생 시간이 긴 편이며, 일 년 동안 안개계속기간이 279.0시간에 달해 높은 편에 속한다. 이러한 대기 중의 수증기나 안개는 독도의 지표면이나 식생 표면에 접촉하면서 응결되어 수분을 공급할 수 있다. 또한 해양성 기후에 기인한 비교적 낮은 여름철 기온과 안개에 의한 일사의 차단은 지표나 식생의 표면에 함유된 수분이 증발하거나 증산하는데 불리한 조건을 형성하여 실제증발산량(Actual Evapotranspiration)이 적을 수 있다. 따라서 실제 강수량과 강수일수가 적다고 하더라도 독도의 생태계를 지탱할 만큼 충분한 수분공급이 이루어질 수 있다.

VI. 결론

대중적으로 알려진 독도의 기후 특성 서술은 과거 기상관측자료의 부재로 인해 울릉도의 기후 특성 자료에 의존하고 있으며 울릉도의 기후자료는 현재에도 독도의 기후 특성으로 지속해 사용되고 있다. 이러한 기후 특성 서술은 대체로 연평균기온, 연강수량을 제시하는 서술적 표현에 의존하여 매우 단순하며, 기후 특성 서술이 인용되어 사용될 때 기후 요소(기온, 강수량 등)의 값이 무분별하게 변형되어 주관적이고 신뢰도에 문제가 있다. 또한 교육 현장에서는 울릉도의 기후 정보가 독도의 기후 정보로 교재에 실려 학습되고 있어서 독도 기후에 대한 부정확한 정보가 지속해 확산하고 있다. 2010년대 이후 독도 기상관측자료의 축적으로 인해 독도의 기후 특성을 규명하려는 연구가 진행되기는 하였으나, 자료의 불연속성, 결측값의 존재 등으로 인해 독도의 기후 특성은 여전히 명확하게 알려지지 않았다.

따라서 본 연구는 최근 13년(2010~2022년) 동안 독도의 기상관측자료를 분석하여 독도의 기후 특성을 기온과 강수량의 측면에서 자세히 규명하고 독도의 기후 그래프를 생산하는 데 목적을 두었다. 본 연구는 독도의 연평균기온 13.9℃, 연평균강수량은 519.2㎜임을 밝혀내었고 월별, 계절별, 연도별로 기후 특성을 분석하고 독도의 기후 그래프를 제시하였다. 또한 분석한 결과를 기온과 강수량의 측면에서 대중적으로 알려진 독도 기후 특성의 서술, 선행연구의 결과, 동해를 접한 주요 관측지점의 기후평년자료와 비교하여 논의하였다. 본 연구의 결과는 대중적으로 알려진 독도의 기후 특성과는 상당한 차이가 존재함을 밝히고 기존의 기후 특성 서술은 시급히 수정되어야 함을 다시 한번 밝혔다. 한편, 본 연구의 독도 연평균기온 값은 기상관측자료를 이용하여 수행된 선행연구(주로 2000년대)의 결과와 유사하였으며, 본 연구의 연평균강수량은 더 적었다. 연평균강수량에 확인된 차이는 시기에 따른 강수량의 연변동성에 기인한 것으로 생각되며, 이러한 시기별 강수량의 차이는 동해를 연한 강릉, 포항, 울릉도의 기후평년자료에서도 확인된다.

본 연구도 기존의 선행연구보다는 긴 시간 범위의 기상관측자료를 사용했지만, 여전히 13년의 관측자료에 의존하고 있으며 일반적으로 기후 특성을 정의하는 데 사용되는 30년 자료에는 미치지 못한다는 한계를 갖고 있다. 더욱 명확한 독도의 기후 특성은 향후 독도의 기상관측자료가 축적됨에 따라서 자연스럽게 규명될 것으로 생각된다. 그럼에도 본 연구는 현재까지 수행된 독도의 기후 특성 연구 중에서 가장 길고 연속적인 기상관측자료를 활용하였으며, 앞으로 30년 기상관측자료의 축적까지 남은 시간을 고려한다면 이 연구의 결과는 상당히 큰 의미가 있다. 본 연구의 결과는 교육 현장에서 독도 교육자료로 직접 활용될 수 있을 뿐만 아니라 정부 기관, 독도 관련 기관에서 독도 기후 관련 자료를 바로잡고 홍보하는데 활용될 수 있을 것으로 기대된다.

참고문헌

⟨논문 및 도서⟩
국립기상과학원, 2018, 『한반도 100년의 기후변화』.
국토지리정보원, 2015, 『독도지리지』, 서울, 진한엠앤비.
기상청, 2022, 『한국기후도 1991~2020』.
기상청 국가기후데이터센터, 2021, 기후통계지침 2021, 기상청.
김종석·박종진, 2017, 『독도의 자연이야기 기상/해류』.
김현희 외 4인, 2018, 「한반도 최외곽 도서들의 식물지리적 특성」, 대한지리학회지, 53, 117-132.
동북아역사재단, 2011, 『우리 땅 독도를 만나다』.
동북아역사재단, 2017, 『(중학교) 독도 바로알기』.
동북아역사재단, 2022, 『독도 안내서』.
문화재청, 2009, 『한국의 자연유산 독도』.
이두현·박희두, 2014, 「정부 기관 기술 중심의 독도 기후 내용 분석」, 한국지리학회, 3, 97-110.
이승호, 2022, 『기후학』, 제3판, 서울, 푸른길.
이영곤 외 3인, 2010, 「최근 4년간(2005~2008) 울릉도와 독도의 강수 및 기온 특성」, 한국환경과학회지, 19, 1109-1118.
조병욱 외 5인, 2011, 「독도 서도 물골 지하수의 유출특성」, 지질공학, 21, 125-131.
최성길 외 13인, 2018, 『중학교 사회 2』. 비상교육.

⟨인터넷 자료⟩
경상북도교육청 사이버독도학교, http://dokdoschool.gyo6.net/kor/main.do
기상청 기상자료개방포털, https://data.kma.go.kr/cmmn/main.do
독도관리사무소, https://www.ulleung.go.kr/mdokdo/index.do
독도재단(K-독도), https://k-dokdo.com/
독도종합정보시스템, https://www.dokdo.re.kr/home/main/main.do
외교부 독도, https://dokdo.mofa.go.kr/kor/index.jsp
한국민족문화대백과사전, https://encykorea.aks.ac.kr/Article/E0015953#section-8
오마이뉴스, 2017.08.15., 『35년 된 '독도는 우리땅', 노랫말이 바뀐 이유』, https://www.ohmynews.com/NWS_Web/View/at_pg.aspx?CNTN_CD=A0002351193.

제 7장

하이브리드 전쟁과 독도 사이버 방어전략
- 러시아-우크라이나 정보심리전 사례를 중심으로 -

하대성

I. 서 론: 전쟁의 진화 및 양상 변화

2022년 2월 24일 발생한 러시아-우크라이나 전쟁이 우리에게 주는 시사점은 무엇인가? 코로나 펜데믹 이후 세상은 많은 학자들이 예상한 데로 미중 패권경쟁의 심화와 세계화의 퇴보, 국가주의 부활을 가져왔다.[1] 코로나 펜데믹의 확산과 더불어 시작된 전쟁은 3일을 넘기지 못할 것이란 많은 군사 전문가들의 예상을 뒤엎고 1년이 지난 지금까지 격렬한 공방을 이어오고 있다. 심지어 저항을 넘어 반격작전을 감행하여 2014년 빼앗긴 크림반도까지 수복하겠다는 의지를 국제사회에 천명하고 있다.[2] 무엇이 이러한 결과를 가져오게 했는가? 러시아의 침략을 비판하며 군사적 지원을 이끈 우크라이나의 힘은 무엇인가? 전쟁전문가들의 관심사는 약소국이 강대국을 상대로 어떻게 전쟁의 주도권을 잡을 수 있었는가에 주목하고 있다. 국제사

---
1) 김상배, 『미중 디지털 패권경쟁』, (서울: 한울, 2022), pp. 11-12.
2) "우크라, 8년전 빼앗긴 크림반도 곧 수복작전"...러, 핵무기 보복 시사", 조선일보(2022.08.19.), https://www.chosun.com/international/international_general/2022/08/18/RGFMW4O3V5E6JPZLUAS3Z6UVTI/(2023.03.12.)

회의 여론을 이끌고 군사적 지원을 얻어낼 수 있었던 원인은 정보심리전에서의 승리다.3)

국제정치적 시각에서 러시아-우크라이나 전쟁이 주는 시사점은 투키디데스 시대 이후로 변하지 않는 국제정치의 단면을 보여주고 있다는 점이다. 미국의 인도·태평양전략과 중국의 일대일로전략의 경쟁은 동아시아에서 충돌을 불가피한 것으로 전망하고 있다.4) 강대국의 영향력이 상존하는 한반도는 강대국들의 충돌로 전쟁과 평화가 공존할 수밖에 없는 지정학적 운명을 지니고 있다. 우리가 러시아-우크라이나 전쟁을 민감하게 인식해야 하는 이유이다. 강대국의 지배속성을 보여주는 국제정치 현실 속에 국제정치, 국제정세, 국제관계를 정확히 인식하고 이해할 수 있어야 한다. 그래야만 강대국을 활용하여 전쟁을 억제하고 평화를 지켜낼 수 있기 때문이다.

독도 문제는 세계 도서영유권 분쟁사례에 비추어 볼 때 경우에 따라서는 군사적 위기까지도 초래할 가능성이 있는 전형적인 도서영유권 분쟁의 특성을 지니고 있다.5) 2019년 중국, 러시아 군용기가 한국의 방공식별구역(KADIZ)을 무단 침범한 것은 28회로 중국 군용기가 25차례, 러시아 군용기가 13차례였다. 일본은 러시아 군용기의 독도 영공침범 때 한국공군의 경고사격을 문제 삼아 이를 영공침범 행위로 보고 주권을 침해했다고 주장했다. 이를 계기로 자위대법 제84조에 기반을 두고 독도 상공에서 충돌이 발생하는 경우 항공자위대 전투기를 긴급발진시킬 가능성을 방위백서에 명시했다.6) 결국, 일본은 독도해역에서 문제가 발생하면 군사적 행동을 하겠다는 도발적 표현을 명시한 것이다. 일본의 독도 영유권 주장이 구호가 아니라 군사적 실행 가능성을 내포했다는 점에서 직접적인 위협이다. 이미 동해 및 독도해역은 미국, 중국, 러시아, 일본의 전략적 군사적 각축장이 되고 있다. 우리는 이러한 위협에 대비한 대응방안이 없거나 있다고 하더라도 이런 위협을 예견하지 못했을 뿐만 아니라 기존의 대응책으로는 체계적이고 복합

---

3) 송태은, "러시아-우크라이나 전쟁의 정보심리전: 평가와 함의", 『주요국제문제분석』, Volume 2022, Issue 12(2022.), pp.1-2.
4) 정호섭, 『미중 패권경쟁과 해군력』, (서울: 박영사, 2021.), pp.369-376.
5) 하대성, "한국의 독도 위기관리와 DKD 모델", 『경북대학교 박사학위 논문』(2021.), p.18.
6) 앞의 논문. p.3.

적인 대응이 불가하다는 것을 인식하고 있다. 이것이 러시아-우크라이나 전쟁에 주목하는 이유이다.

다윗과 골리앗의 싸움처럼 약자가 강자를 이겼을 때 주목한다. 우크라이나가 러시아를 상대로 벌인 정보심리전은 정보심리전의 대가인 러시아로부터 배운 처절한 학습효과에 기인한다.7) 또한 서방과 IT기업, 해커집단, 일반 대중의 사이버 협공을 이끌어낼 수 있었기 때문이다. 반면 러시아가 펼친 정보심리전은 명분 없는 전쟁에 대한 국내외의 반발로 '특수군사적전'이란 명분은 전쟁의 실패요인으로 작용했다. 향후 벌어질 전쟁은 하이브리드 전쟁으로 대표된다. 전평시를 구분하지 않는 정보심리전이 하이브리드 전쟁의 요체이다. 정보심리전에 대한 효과적인 대응은 다양한 위협에 대비하고 전쟁을 미연에 방지할 수 있기 때문이다. 장차 독도 및 동해해역에서 벌어질 다양한 위협에 가장 효과적으로 대비할 수 있는 능력은 바로 정보심리전 역량에 있다는 것을 의미한다.

러시아-우크라이나 전쟁은 사이버 영역에서 벌어지는 정보심리전이 전쟁의 주도권을 달성할 수 있는 강력한 비대칭전력임을 입증하고 있다. 정보심리전은 전시 비무력적 군사활동으로 적국에 대한 정보 우위를 달성하고 의사결정에 혼선을 유발하며 적국의 전투 및 저항의지를 말살하여 전쟁의 주도권을 잡기 위한 중요한 전쟁수단이다.8) 러시아-우크라이나 전쟁은 괄목한 ICT 기술이 전쟁 양상에 미치는 영향을 실감하게 했다. 새로운 기술이 접목된 안보환경은 우리가 상상하는 것보다 훨씬 빠르게 변화하며 공간의 제약을 좁혀가고 있다. 정보심리전의 핵심은 바로 디지털 프로파간다(digital propaganda) 활동이다.9) 국제사회로부터 정치적 지지와 군사적 지원을 확보하기 위한 목적으로 전장 정보와 내러티브(narrative)를 유리하게 이용하여 사이버 전장에서 우위를 점하기 위한 군사적 활동으로 치열하게 전개되었다. 디지털 프로파간다 활동에는 초국가적으로 활동하는 익명의 해커집단과 IT기업, 일반 시민 등의 비국가행위자가 주요 행위자로 참가했다.

---

7) 송태은, 위의 논문, pp.16-17.
8) 앞의 논문, p.1.
9) 정보심리전 핵심 선전

이는 우크라이나가 러시아의 정보심리전에 대항하여 펼친 반격 정보심리전이 효과적으로 작용할 수 있게 한 원동력이 되었다.

중국과 러시아, 일본은 강력한 국제여론을 동원해 평화가 이미 장착된 동아시아 독도해역에서 전쟁게임을 벌이고 있다. 독도 및 동해해역에서 벌어지고 있는 문제의 본질은 한국의 영토인 동해에서 벌어지고 있는 현실이며 효과적인 대응이 필요하다는 사실이다.

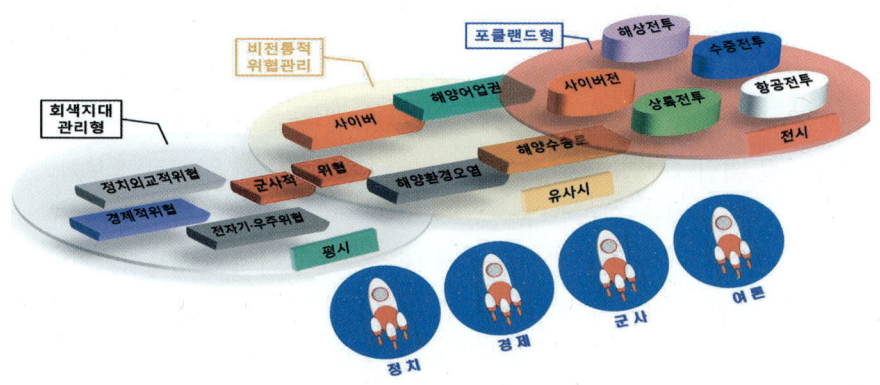

<그림 1> 한국형 독도방어 DKD 모델[10]

〈그림 1〉한국형 독도방어 DKD 모델에서 보는 것처럼 회색지대 위협과 비전통적 위협, 군사적 위협 모두 사이버 위협이 존재한다. 하이브리드전은 평시, 유사시, 전시를 구분하지 않고 정치, 경제, 군사, 여론 제 분야에서 사이버 위협에 대비할 수 있어야만 위기를 효과적으로 관리할 수 있다는 것을 의미한다. 도발에 대한 가장 효과적인 대응은 러시아-우크라이나 전쟁사례에서 본 것처럼 디지털 프로파간다 활동을 통해 한국에 유리한 전장정보와 내러티브를 활용하는 것이다. 무력사용이나 직접적인 대응보다는 국제적인 여론을 유리하게 작용할 수 있는 정보심리전을 전개할 수 있는 능력과 대비가 필요하다.

---

10) 하대성, 위의 논문, p.243.

이러한 배경에서 러시아-우크라이나 정보심리전 양상을 살펴보고 하이브리전 전쟁과 독도 사이버 위협요인을 분석하여 독도 사이버 방어전략을 구상해 보고자 한다.

본 연구에서 러시아-우크라이나 전쟁의 정보심리전 분석은 2022년 개전부터 2023년 2월까지 전쟁사례로 한정한다. 정보심리전의 승패는 개전 후 1년여 기간 동안 이미 결정되었기 때문에 구체적이고 상세한 분석은 선행연구들로 대신한다.

본 연구는 독도에 군사적 위기상황을 포함한 다양한 위협이 발생했을 경우 이에 대응하고 위기를 관리하여 전쟁을 예방할 수 있는 독도 사이버 방어전략을 구축하는 것이다. 이를 위해 먼저 러시아-우크라이나 전쟁의 정보심리전 사례와 전세를 분석하여 결정적인 승리요인을 도출한다. 동해와 독도해역에서 영향력을 행사할 수 있는 중국, 러시아, 일본의 사이버전략과 능력을 법과 제도적인 측면, 사이버기술 확보 측면에서 알아보고 한국의 사이버전략과 역량을 비교해 보고자 한다. 2010년대부터 독도와 동해해역에서 발생한 다양한 위협사례에 대한 한국 정부의 대응실태 분석을 통해 우리가 가진 한계와 문제점을 살펴볼 것이다.

중국은 정보전을 가장 중요한 전쟁수단으로 간주한다. 특히 마오쩌둥의 게릴라 전술이나 손자병법의 심리전처럼 전통적인 군사전략의 범주에 포함하여 다루고 있다. 열세한 전력으로 강력한 적을 상대로 싸우지 않고 이기는 전쟁전략을 수용하고 있는 것이다.

러시아는 하이브리드 전쟁 교리를 실제 전쟁에 적용하여 이론과 실제를 결합한 전쟁경험을 축적하고 있다. 에스토니아에 대한 사이버전(2007년), 조지아군에 대한 사이버전+군사력 투입(2008년), 크림반도 합병(2014년), 우크라이나 침공(2022년) 등을 통해 하이브리드 전쟁 교리를 적용한 수행능력이 진화하고 있다.

일본은 2014년 11월 '사이버 시큐리티 기본법'을 제정하고 급변하는 사이버 안보 환경에 대비하고 있다. 2015년에는 사이버 시큐리티전략을 마련하여 사이버 안보관련 최상위 지침서를 제정하였으며 2016년에는 외무성 산하 '사이버안전보장정책실'을 전담조직으로 편성하였다. 방위성은 2014년

'사이버 방위대'를 창설하고 미국의 사이버사령부를 모방한 통합부대 창설을 구상하였다. 2022년 3월 일본 방위성은 자위대 사이버방위대의 기능을 강화하여 약 540명 규모로 재편하고 사이버 공격수단을 개발하여 군사작전에 활용할 것이다.11)

    이글의 Ⅱ장은 러시아-우크라이나 전쟁에서 디지털 프로파간다 활동을 이해할 수 있는 하이브리드 전쟁과 정보심리전의 개념에 대해 설명한다. Ⅲ장에서는 러시아-우크라이나 정보심리전 전략과 실제 적용사례를 사이버 행위자 측면과 디지털 플랫폼의 무기화 측면에서 분석한다. 그리고 그러한 사례가 전세에 미친 영향을 조명하여 정보심리전의 요체를 확인할 것이다. Ⅳ장에는 먼저 동해와 독도 해역에서 영향력을 행사할 수 있는 미국, 중국, 러시아, 일본의 사이버전략과 능력을 법과 제도적인 측면, 사이버기술 확보 측면에서 알아보고 한국의 사이버전략을 비교 분석한다. 독도와 동해해역에서 벌어진 위협사례를 도출하여 한국의 사이버전략과 능력에 기반한 전평시 정보심리전의 독도 적용방안을 정책적 과제로 제시하고자 한다. 독도 사이버 방어전략은 동아시아에서 미국과 중국이 벌이는 패권경쟁 속에 장차 독도 및 동해해역에서 발생할 수 있는 다양한 위협과 영토분쟁을 효과적으로 관리하기 위한 사이버 정보심리전 역량을 키우는데 있다. 독도 사이버 방어전략을 통해 동아사아에서 약자인 한국이 강대국을 상대로 싸우지 않고 이길 수 있는 방책을 제공하여 한반도 및 동아시아에서 평화를 담보할 수 있어야 하기 때문이다.

---

11) "일본 '자위대 사이버방위대' 설치...540 명 규모", 한국경제 TV(2022.03.17.), https://www.yna.co.kr/view/AKR20220317073200073(2023.05.12.)

II. 하이브리드 전쟁과 정보심리전 개념 및 유형

1. 하이브리드 전쟁

모든 국가가 직면하고 있는 안보환경은 정보통신기술의 발달로 방패가 창을 따라가지 못하는 엄청난 속도로 빠르게 변화해 왔다. 제2차 세계대전에서는 비행기가 등장하여 전장을 땅과 바다에서 하늘로 확대시켰다.12) 지금은 우주와 사이버 영역까지 확대되는 변화를 겪고 있다. 전쟁의 방식 또한 정보통신기술의 발달에 따라 진화되어왔다. 전쟁이라는 전통적인 고강도 군사적 도발보다 저강도 군사적 도발을 통해 군사적 정치적 목표를 달성하는 새로운 전략전술의 등장이다.13) 회색지대 전략과 정보전, 미디어전, 심리전 등 다양한 수단을 동원한 하이브리드 전쟁 등이다.

회색지대 전략의 특징은 '살라미 전술'을 적용하여 상대방이 의도와 동기가 무엇인지 전혀 모르게 하여 전쟁으로 확산되지 않고 목표를 달성하는 것이다.14) 또한 선제적 조치로 기정사실화(Fait Accompli)하여 상대방이 적절한 대응을 하지 못할 뿐 아니라 사전 대비책을 강구하지 않으면 전략적 의도와 목적을 안다하더라도 대응할 수 없기 때문이다. 그래서 회색지대 전략은 애매모호함(Ambiguity)과 점진주의(Gradualism)로 대표된다.15) 대규모 군사 분쟁은 아니지만 제한적 물리력 사용과 함께 정보 조작, 정치 및 경제적 압박, 사이버전, 해양경비대 등 공권력을 동원하며 대리전도 수행된다.

회색지대 전략을 수행할 수 있는 의도와 능력을 갖춘 대표적인 국가는 중국과 러시아로 가짜뉴스로 대표되는 정보전과 심리전 등을 총체적으로 수행하고 있다. 중국은 '3전 교리' 즉 심리전과 여론전, 법률전을 기반으로 회색지대 전략을 수행하고 있다. 사실을 조작하여 상대국의 사기를 저하시

---

12) 데이비드 조던 외, 강창부 역, 『현대전의 이해』, (서울: 한울, 2014.), pp.111-113.
13) 앞의 책, p.26.
14) 홍규덕, "하이브리드 전쟁의 역설: 우크라이나 전쟁의 교훈", 『전략연구』, Volume 29, Issue 2(2022.), pp.55-57.
15) 양욱, "회색지대 분쟁 전략: 회색지대 분쟁의 개념과 군사적 함의", 『전략연구』 Volume 27, Issue 3, 2020. 11. pp. 12~14

키고 국내외 여론에 영향력을 확대하고 있다. 현지에서는 문화교류 목적의 공자학원 등을 통해, 사이버 영역에서는 인터넷을 통해 사회 통합을 저해하고 행정력을 저하시키는데 주안을 둔다.16)

중국은 이미 우리나라를 대상으로 회색지대 전략을 적극적으로 수행해 왔다. 미국의 종말 고고도 지역방어 시스템(THAAD) 성주 배치를 빌미로 무역 보복을 한 것이 대표적이다, 서해 및 동해, 남중국해 등에서 해상민병대(Maritime Militia)와 불법조업 선단을 동원하여 어장을 황폐화하고 환경오염을 일으키는 사례는 기정사실화 되고 있으며 뚜렷한 대응책을 마련하지 못하는 실정이다.17)

중국은 영유권 행사를 위해 남중국해 일대에서 회색지대 전략을 사용하고 있다. 남중국해 일대 암초와 환초를 매립하여 인공섬을 만들고 영유권을 주장하고 있다. 영유권 주장을 위해 인공섬에 비행장과 항구를 건설하면서 대공미사일 포대 등 군사시설을 함께 건설하여 군대를 주둔시켰다. 회색지대 전략의 특징인 살라미 전술과 점진적 접근, 동기와 의도를 모호화 하고, 종국엔 기정사실화 하는 단계를 철저히 적용한 것이다.18)

러시아는 컴퓨터를 통한 접속 루트 조작, 대중의 여론을 조작하는 심리전으로 SNS와 AI 시스템을 활용한 허위사실 유포와 기만 전략을 집중적으로 수행하고 있다. 러시아는 우크라이나 동부 돈바스에서 전쟁이 시작되기 전 여론조작, 심리전, 전자전을 수행했다.

회색지대 전략은 전쟁으로 확산되지 않을 정도의 저강도 도발을 통해 점진적으로 목적을 달성하는데 반해 '하이브리드 전쟁(Hybrid War)'은 국가는 물론 반군이나 테러 집단 같은 비국가 단체들이 정규전과 함께 비정규전, 사이버전을 수행하는 새로운 형태의 전쟁 개념을 의미한다. 베트남 전쟁도 정규전과 비정규전이 동시에 치러졌지만, 북베트남의 정규전 부대와 비

---

16) 정삼만, "해양에서의 회색지대전략의 이론과 실제(Gray Zone Strategy in Maritime Arena : Theories and Practices)", 한국해양전략연구소, Strategy21 통권 43호, Vol.21, No.1, 2018.06.01.
17) 하대성, 위의 논문, pp.202-203.
18) 조현덕, 이정태, "중국의 남중국해 영향력 확대를 위한 투트랙 전략-맞대응 및 회피전략을 중심으로", 『대한정치학회보』 제29권 4호(2021.11.), pp. 120-121.

정규전 부대가 분리되어 '복합전(Compound War)'으로 정의한다. 정규전과 비정규전이 혼합된 하이브리드 전쟁은 정규전과 비정규전 부대의 구분이 없으며 동시에 수행된다. 그리고 평시에도 경제 제재, 사이버 공격, 선전과 기만, 그리고 가짜 뉴스를 동원한 정보전 등이 수행된다. 하이브리드 전쟁은 재래식 전쟁과 달리 영역과 공간의 구분이 없다. 특정 정부의 전복이나 영토를 병합, 또는 상대국의 약점을 이용한 전략적 이익이 목표가 된다.[19]

하이브리드 전쟁의 기원은 2006년 7월 제2차 레바논 전쟁이다. 제2차 레바논 전쟁에 주목하는 이유는 비정규군인 헤즈볼라가 국가 수준의 정규전을 수행했다는 점이다. 이것이 하이브리드전의 기원이다. 헤즈볼라는 민간인 거주지역에 미사일 발사대를 설치하여 이스라엘 공군의 공격을 유도하여 많은 민간인 피해를 유도하였다. 정치적 목적을 위해 의도적으로 전쟁범죄 행위를 이용한 사례이다. 또한 지대함 미사일을 사용하여 이스라엘 해군 초계함 하니트(Hanit)를 격침시켜 하이브리드 전쟁의 개념을 정립하는 계기가 되었다.[20]

러시아는 제2차 레바논 전쟁을 통해 하이브리드 전쟁을 '신세대 전쟁(New Generation Warfare)'이란 이름의 교리로 정립했다. 현재 러시아의 총참모장인 발레리 게라시모프는 러시아의 하이브리드 전쟁 교리를 정립한 인물로 이를 '게라시모프 독트린'이라 부른다. 그는 2013년 발표한 논문에서 "선전포고 없이 이뤄지는 정치·경제·정보·기타 비군사적 조치를 현지 주민의 항의 잠재력과 결합시킨 비대칭적 군사 행동"으로 정의했다. 2014년 크림반도 점령, 2022년 우크라이나 침공 등을 주도한 인물로 러시아의 정보심리전 수행능력과 역량을 가늠할 수 있을 것이다. 러시아가 하이브리드 전쟁에 나선 것은 냉전 붕괴 후 미국이 독보적 군사력 우위에 선 미국에 대항하기 위한 전략적 필요성 때문이다.

러시아는 하이브리드 전쟁 교리를 실제 전쟁에 적용하여 이론과 실제를 결합한 전쟁경험을 축적하고 있다. 에스토니아에 대한 사이버전(2007년), 조

---

[19] 송승종, "러시아 하이브리드 전쟁의 이론과 실제", 『한국군사학논집』 Volume 73, Issue 1(2017.), pp. 69-71.
[20] 육군군사연구소, "2014년 러시아의 우크라이나 개입", 2015., pp.10-17.

지아군에 대한 사이버전+군사력 투입(2008년), 크림반도 합병(2014년), 우크라이나 침공(2022년) 등을 통해 하이브리드 전쟁 교리를 적용한 수행능력이 진화하고 있다. 전쟁 수행방식은 전쟁 이전부터 민간해커를 동원하여 사전 연습 대상을 지정하여 정부 웹사이트에 대한 디도스 공격을 감행하고, 전쟁 이후에는 지휘체계 무력화에 중점을 둔다. 무력화한 정부 웹사이트를 통해 가짜 뉴스를 퍼 날라 정보심리전을 전개한다. 언론기관, 인터넷 서비스 회사, 통신사, 금융기관 등에 대한 사이버 공격으로 국민들의 일상을 마비시키면서 불안과 공포를 조장한다. 외부로부터의 인터넷과 통신을 차단하여 외국 정부와 해외 언론들은 해당 국가에서 벌어지는 상황을 알 수 없도록 만들었다. 사이버 공격으로 공격여건이 조성되면 군사력을 투입하여 손쉽게 전쟁목표를 달성한다.

2. 정보심리전 개념

게라시모프독트린을 진일보시켰다고 평가받는 체키노프와 보그다노프(Chekinov and Bogdanov)는 '차세대 전쟁'에서 비군사적 수단 운영의 필요성과 전자전을 통한 정보우세를 매우 중요하게 다루고 있다.[21] 비군사적 수단으로 미디어, 종교조직, 문화단체, NGO, 해외로부터 자금지원을 받는 대중운동, 외국의 원조로 연구를 수행하는 학자들을 명시했다. 이들을 무력분쟁 이전부터 운영하여 협조된 공격에 활용해야 한다는 것이다. 전자전의 중요성을 강조하며 실제 공격이 이루어지기 이전에 강도 높은 선전선동을 전개하고, 적의 지휘통제통신 능력을 무력화해야 정보에서 우위를 점할 수 있다. 이를 통해 전자전은 전투작전의 중요한 형태로 부각된다.[22]

차세대 전쟁에서 주전장을 사이버 공간으로 전망한다. 사이버 공간에서 심리전과 정보전을 통해 군과 국민들의 사기를 떨어뜨려 저항의지를 말살하는 것이 대표적 특징이다. 특히 개전 단계에서의 중요성을 강조하고 있는

---

21) Chekinov, S. and S. Bogdanov. 2013. "The Nature and Content of a New-Generation War." Military Thought (October-December). p.17.
22) 체키노프와 보그다노프는 걸프전을 인류 최초의 차세대 전쟁으로 정의하고, 미국은 이미 선전선동을 목적으로 페이스북과 트위터 등을 통해 특화된 인터넷 '댓글부대(troll Farm)'를 동원하고 있다고 비난한다.

데 개전 전 수개월에 걸쳐 외교, 경제, 이념, 심리·정보 등 제 분야 수단들을 통합하여 협조된 비군사적 공세를 요구한다. 또한 주민의 단결을 와해하고 중앙정부에 대한 불만을 고조시키며 군대의 사기를 떨어뜨리는 전방위적 선전선동캠페인을 전개한다. 대중적 기만과 뇌물을 이용하여 대상국 관료 및 군장교들을 포섭하여 침투한 비밀공작요원의 무기, 자금, 물자 등의 공급자 역할을 맡긴다. 비밀공작 요원들은 테러, 도발 감행 및 혼란과 불안정 조성 등을 위해 활동한다.

군사적 단계는 군사력이 투입되기 전 공격여건 조성을 위한 전자전과 군사력 투입으로 이루어진다. 공격여건 조성을 위한 전자전은 대규모 수색 및 전복(subversive) 임무와 전자 녹다운으로 대표된다. 수색 및 전복 임무는 군부대, 핵심시설 등 주요 핵심표적을 찾기 위해 가용한 모든 첩보수집 수단과 방법이 사용된다. 이어서 '전자 녹다운(electronic knockdown)'을 통해 정부 및 군을 무력화한다. 전자전을 통해 공격여건이 조성되면 장거리 포병, 정밀유도 미사일, 드론 및 자동화 무기를 통해 포병 및 항공작전 등의 군사 공격이 이루어진다.

정보심리전, 전자전을 이용한 군사적 목표는 개전 초기단계에서 정부 및 군 통제소가 파괴되고 핵심 인프라가 심각한 피해를 당해 마비상태에 이르는 것이다. 마비상태에 이르면 적부대는 적시적절한 전개 및 배치가 불가능해진다. 군사공격을 통한 전쟁의 종결단계에서는 정규 지상군이 진입하여 잔여 저항지점을 고립하고 격멸한다.[23] 이러한 차세대 전쟁의 모습은 2014년 크림반도, 2022년 우크라이나에서 벌어진 상황과 유사하다.

정보심리전(information & psychological warfare)은 상대국보다 많은 정보를 가지고 상대국에 불리한 정보를 주어 합리적인 판단을 내리지 못하게 함으로써 전쟁 의지를 말살하는 중요한 전쟁수단이다. 정보전(information warfare)을 통해 적보다 많은 정보를 획득하고, 정치전(political warfare)을 통해 상대국의 여론에 개입하여 자국에게 유리한 여론을 조성할 수 있어야 한다.

정보심리전이 군의 작전으로 수행될 때 정보작전(IO: information

---

23) Chekinov, S. and S. Bogdanov. 앞의 논문. p.22.

operations)과 심리작전(PSYO: psychological operations)으로 구분한다. 정보작전은 적에 대한 정보를 수집하거나 적에게 불리한 정보를 주어 합리적인 판단을 내리지 못하도록 유도하여 아군에게 유리한 상황을 조성하는 것이다. 심리전은 적의 사기를 꺾고 전쟁 의지를 말살하며 아군의 사기와 결의를 높이는 전시 군사활동이다.[24]

전쟁에서 정보작전은 다른 군사수단에 비해 비용대 효과면에서 높은 가성비를 가지고 진입비용이 낮은 이점이 있다. 이는 전시와 평시의 구분을 모호하게 만들고 훨씬 더 위협적인 전쟁수단으로 진화해갈 것이다. 컴퓨터 네트워크에 대한 공격·방어·전과확대(exploitation), 전자전과 심리작전 등을 포함한다.[25]

정보작전은 의사결정에서의 오류를, 심리작전은 적에게 불리한 감정적 반응을 유도하는 것으로 완전히 구분할 수 없다. 작전목표를 공유하며 정보 수집 활동이 긴밀하게 연결되어 유사하고 중첩된 부분이 많기 때문이다.

2014년 크림반도 침공, 2016년부터 진행된 미국과 유럽국가에 대한 선거 개입 등 러시아의 평시 정보심리전은 주목받아왔다. SNS에 허위조작정보를 유통하여 선거에 개입함으로써 가져온 파급효과를 실감했기 때문이다. 이러한 행위는 사이버공격으로 국가 주권을 침해하고 민주주의 제도를 공격하는 것이다.[26] 미중 패권경쟁이 가속화되고 정치체제, 이념 및 가치의 영역으로 확대되면서 더욱더 주목받고 있다.

특히 러시아-우크라이나 전쟁에 주목하는 이유는 역사상 가장 복잡한 형태의 정보심리전 양상을 보여주기 때문이다. 행위자 측면에서 서방의 IT 기업, 국제적인 해커조직과 더불어 일반 시민들 조차 초국가 행위자로서 참여한 것이다. 이들은 사이버 심리전 공격에 참가하고, 일국에 유리하도록 여론을 만들어 감으로써 전쟁의 양상을 복잡하게 만들고 있다.

---

24) 송태은, "현대 전면전에서의 사이버전의 역할과 전개양상: 2022년 러시아-우크라이나 전쟁 사례", 『국방연구』, Volume 65, Issue 3(2022.), pp.217-220.
25) 최근대, "중국의 반접근 지역거부(A2/AD) 전략에 대한 분석: 정보작전 수행역량 강화를 중심으로", 『한국군사학논총』(2023.), p.40.
26) 하대성, "하이브리드 전쟁과 독도 사이버 방어전략", 2023년 경북대학교 평화문제연구소 춘계 평화포럼 발표자료(2023.04.07.)

3. 정보심리전의 유형

정보전은 지휘통제전, 첩보전, 전자전, 심리전, 해커전, 경제정보전, 사이버전 등 7가지 유형으로 구분한다.[27] 첫째, 지휘통제전은 지휘부에 대한 공격이다. 둘째, 첩보전은 전장 정보시스템을 구성하고 보호하며 필요 시 거부할 수 있어야 한다. 셋째, 전자전은 무선·전자 혹은 암호기술과 관련된 분야를 말한다. 넷째, 심리전은 상대국의 여론에 개입하기 위한 것이다. 다섯째, 해커전은 컴퓨터 시스템을 공격한다. 여섯째, 경제정보전은 경제적 우위를 점하기 위해 정보활동이다. 일곱째, 사이버전은 미래 전쟁으로 정의했다. 결국 정보전은 첨단 전자정보통신기술의 발달로 인해 구현되는 군사혁신 과정을 통해 나타난 개념이다. 따라서 정보전의 유형도 전자정보통신기술의 발전에 따라 변화되어갈 것이다.

정보작전에는 진짜정보, 허위정보와 허위조작정보 등이 있다. 허위정보는 예기치 않게 우연히 만들어진 잘못된 정보다. 허위조작정보는 누군가를 오도하기 위해 의도적으로 생산된 잘못된 정보다. 허위조작정보는 정확한 정보를 고의로 잘못된 맥락(wrong context)에 포함하여 메시지의 신뢰도를 높이는 방식으로 정보를 왜곡한다.[28] 이러한 여러 성격의 정보를 활용하는 정보작전은 다양한 전략적 효과를 가진다.

심리전의 대상은 상대국가와 대중이다. 특히 대중의 생각과 감정에 영향을 미치기 위한 선전선동과 심리작전을 이용한다. 심리전의 승패는 메세지에서 보여지는 내러티브의 공감력에 달려 있다.[29] 심리작전은 군사활동으로 평시, 전시, 우발사태(contingencies) 등 모든 상황에서 운용된다. 심리작전은 무력수단과 함께 사용되어 군사적 파괴력의 시너지 효과를 낸다.[30] 작전적 수준에서 심리작전은 전투 준비 차원에서 제한된 규모로 수행된다. 심

---

27) Martin Libichi, "What is information Warfare?", 『Strategic Forum』, No.28(1995.)
28) 송태훈, "세계전쟁 양상에 따른 정보작전(Imformation Operations) 변화 분석", 『군사연구』(2020.) p253-255.
29) Joseph D. Celeski, "Psychological Operations—A Force Multiplier." Special Air Warfare and the Secret War in Laos, Air University Press(2019) https://www.jstor.org/stable/pdf/resrep19555.19.pdf(검색일: 2023.7.10).
30) 송태훈, 앞의 논문, p267-269.

리작전은 국가 프로파간다 활동으로 국가의 모든 공적 활동이 포함된다.31)

지금 우리는 초연결(hyper-connected) 시대에 살고 있다. 초연결시대 정보심리전은 인터넷과 SNS 등 사이버 공간을 통해 수행된다. 작전공간이 우주, 사이버 영역으로까지 확대됨에 따라 민간과 공적영역, 전쟁행위와 범죄행위, 작전과 비작전공간의 경계가 불명확하게 되었다. 정보심리전의 행위자 역시 영역간의 경계가 불명확해짐에 따라 국가 외에 다양한 행위자가 등장하고 있다.32) 전평시 사이버 공간에서 다양한 비국가행위자가 정보심리전을 수행할 수 있게 된 것이다.

초연결 시대 정보커뮤니케이션 환경은 실시간 정보수집과 분석이 가능하다.33) 이러한 정보커뮤니케이션 환경에서 수행되는 정보심리전은 과거와는 비교할 수 없을 정도의 강한 영향력과 파괴력이 지니고 있다.

오늘날 정보심리전의 특징을 살펴보면 첫째, 실시간 효과적인 정보의 전송이 가능하다. 지금 만든 정보는 첨단 인터넷과 SNS 등을 통해 실시간 발신할 수 있으며 수억 명의 사람이 받아볼 수 있다. 다양한 전장 정보운영 시스템(수집-탐지-생산-분석-공유)을 구축하고, 특정한 정보와 메시지를 특정 대중에게 보낼 수 있게 된 것이다. 정보심리전은 개인정보 및 공간정보 인프라, SNS 계정 데이터에 접근할 수 있는 능력이 중요한 변수이다.

둘째, 정보통신기기, 사물인터넷 등을 통해 정보커뮤니케이션 환경에 손쉽게 접근할 수 있다. 언제 어느 때라도 휴대폰과 컴퓨터, 자동차 등을 이용해 인터넷과 소셜미디어에 접속한다. 이러한 네트워크의 초연결성은 최적화된 여론 환경을 조성하여 언제든지 정보심리전을 쉽게 활성화할 수 있다. 따라서 나의 정보커뮤니케이션 채널은 확보하고 적의 정보커뮤니케이션 채널은 차단하는 것이 정보심리전에서 승패를 가늠한다.

세계 대중을 실시간 연결하는 최첨단 수단은 소셜미디어 플랫폼이다. 이

---

31) 이정하, "러시아 연방의 정보-심리작전과 제귀 통제(Reflexive Control)", 『한국서양사연구회』, 제66권(2022.), pp.159-166.
32) 송태은, 앞의 논문 참조
33) 오늘날 정보커뮤니케이션 환경은 정보통신기기, 각종 사물인터넷(Iot), 대규모 데이터를 저장하는 센서(sensor) 및 먼 거리에서 사람과 사물의 움직임을 정밀하게 탐지하고 인식할 수 있는 인공지능(Artificial Intelligence, AI) 기술을 탑재한 지능형 감시기술의 확산으로 실시간 정보수집과 분석이 가능하다.

들 플랫폼 대다수는 서구의 세계적인 IT기업이 독점하고 있다. 효과적인 정보심리전 수행을 위해서 이들 IT기업과의 공조는 필요조건이다. 이번 전쟁을 통해 세계를 연결하는 통신 네트워크 핵심 인프라 중 인공위성의 역할이 주목받고 있다. 원래 인공위성은 기후, 트래픽 상황 등에 따라 데이터 전송에 지장을 초래할 수 있다고 평가되었다.34) 그러나 이번 러시아-우크라이나 전쟁에서 통신 인프라가 완전히 파괴된 우크라이나에 지원된 서방의 위성 인터넷 서비스를 통해 인공위성 인터넷의 안보적 중요성이 크게 부각 되었기 때문이다.

셋째, 정보심리작전을 수행할 수 있는 행위자가 엄청나게 많아졌다는 것이다. 휴대폰, 컴퓨터의 보급과 정보커뮤니케이션 환경의 발달로 누구나 행위자가 될 수 있다는 측면에서 정보심리전의 기능과 영향력이 그 어느 때보다 강화되고 확대되었다. 정보심리전 수행주체가 IT기업, 민간 프로그래머, 초국적 해커조직 등으로 다양하게 확대되었다. 수행방식 또한 민간기업의 트롤팜(troll farm)35)에 의한 대리공격과 직접 사이버 부대를 운영하는 방식을 두고 있다.36)

SNS의 가짜계정인 '소셜봇(social bots)'을 이용한 사이버 심리전을 '로보트롤링(robo-trolling)' 혹은 디지털 프로파간다로 부른다. 이러한 AI 알고리즘 기술을 적용한 사이버 심리전은 상대국의 여론을 조작할 수 있을 정도의 가공할 만한 파괴력을 가지고 있다.

---

34) Christian Bueger & Tobias Liebetrau, Jonas Franken, "Security threats to undersea communications cables and infrastructure -consequences for the EU." IN-DEPTH ANALYSIS, European Parliament(2022). https://www.europarl.europa.eu/Reg Data/etudes/IDAN/2022/702557/EXPO_IDA(2022)702557_EN.pdf(2023.07.02).
35) 민간기업에서 운영하는 악의적 댓글 부대로 고의로 선동적이고 도발적인 의견을 온라인 커뮤니티에 게시하여 분쟁과 혼란을 일으키는 조직을 말한다.
36) 허태회 외, "세계 주요 강대국들의 정보전 준비와 대응체계", 『국방연구』, Volume 49, Issue 1(2006.), pp.217-220.

Ⅲ. 러시아-우크라이나 전쟁의 정보심리전 실제와 전세

1. 실제(사례)
가. 사이버전 행위자 차원

이번 사이버전 행위자는 국가 행위자, 비국가 행위자, 초국가 행위자 등이 참가하여 매우 다양하다. 특히 공격의 배후에서 국가를 지원하는 비국가 행위자, 참전국을 지원하는 비국가 행위자 등 다양한 배경에서 역할을 하고 있다.

러시아의 사이버전 특징을 살펴보면 첫째, 민간 해커그룹을 이용했다. 이는 기존에 러시아가 사용해온 방식이다. 둘째, 국제사회가 오랜 논의를 결쳐 구축한 사이버 규범을 어겼다. 공격 제외대상인 에너지, 보건, 교육시설과 같은 비군사적 민간시설을 공격했다. 특히 병원과 학교, 난민 대피시설 등을 공격한 것이다.[37]

우크라이나도 미국을 동원해 러시아와 벨라루스를 공격했다. 미국이 우크라이나 사이버전의 대리세력으로서 사이버 공격과 방어, 사이버 정보작전을 수행하고 있다고 공개적으로 인정했다. 이는 우크라이나의 요청에 의해 수행된 집단적인 자기방어 조치로 직접적인 군사활동이 아니라고 언급했다.[38]

중국과 벨라루스는 러시아를 지원하기 위해 우크라이나에 사이버 공격을 감행했다. 특히 중국 정부와 연계된 것으로 의심되는 해커조직은 전쟁 전부터 우크라이나 웹사이트를 공격했다. 개전 후에는 전 세계를 대상으로 하고 있으며 나토 회원국에 대한 공격은 116%로 급증했다. 이는 2022년 3월 14일에서 3월 20일까지 중국 주소 IP의 사이버 공격을 분석한 결과이다.

---

[37] 해커그룹의 사이버 공격 작전은 2022년 6월을 기준으로 할 때 약 240여개로 알려져 있으며 이는 언론을 통해 알려진 것보다 훨씬 큰 규모이다.
[38] 2022년 6월 미 백악관 대변인 카린 장-피에르(Karine Jean-Pierre)는 우크라이나 사이버전에 대한 미국의 지원은 직접적인 군사활동을 하지 않는다는 약속을 위반한 것이 아니므로 러시아로부터 사이버 보복을 초래할 것으로 보지 않는다고 말했다.

개전 후 9월 초까지 집계된 러시아의 공격은 1,600건 정도로 전쟁 전과 비교하면 112% 증가했다. 우크라이나 기업에 대한 사이버 공격은 매주 1,500건으로 개전 전과 비교할 때 25% 증가했다. 러시아의 공격은 사이버전 역사상 가장 규모가 크고 가장 오랫동안 지속되었다고 평가한다. 하지만 서방의 지원으로 러시아의 사이버 공격은 상당히 제한적으로 전개되었다. 개전 초 감행한 러시아의 디도스 공격의 파괴력이 크지 않으며 범위 또한 우크라이나 영토를 넘어서지 못하고 있다고 미국의 사이버 보안회사가 밝혔다.

매우 흥미로운 것은 사이버전 역사상 가장 다양한 행위자들이 협공하여 사이버 심리전의 효과를 가져왔다는 것이다. 인터넷 해커들의 집단인 어나니머스(anonymous)는 러시아가 우크라이나를 침공한 날 사이버전 선전포고를 했다. 'IT Army of Ukraine'는 초국가 해커조직, 우크라이나 해커 등과 연대하여 디도스 공격을 수행했다. 다양한 해커조직의 사이버 협공은 러시아의 사이버 공격력을 적절히 제한하는 효과를 가져왔다.[39]

해커조직의 사이버 공격은 민감정보 유출과 와이퍼 공격이다. 민감정보는 고위 관료와 주요 기관에 대한 정보, 러시아 군인들의 개인정보를 유출한 것이다. 특히 이들의 개인정보를 공개하고 전범 재판소에 넘길 것을 주장했다. 와이퍼 공격은 러시아 국방부 웹사이트를 디도스로 공격해 우크라이나의 선전선동 메시지가 프린터에서 출력되게 했다. 또 관영매체의 웹사이트 마비, 러시아 TV 채널에서 우크라이나 지지 메시지나 노래가 나오도록 만들었다.

이번 사이버전은 대리전의 양상을 띠면서 해커조직 간 사이버전도 진행되고 있다. 미국의 첩보기관 동맹인 파이브아이즈(Five Eyes)가 親 러시아 해커조직의 사이버 공격을 경고하자 어나니머스는 즉각 Killnet의 가담자 146명의 개인정보를 공개했다. 이 밖에도 어나니머스는 러시아의 400개 이상의 CCTV를 해킹하여 러시아 대중에게 반전 메시지를 송출했다. 러시아 시민들의 휴대폰에 반전문자 메시지를 보내고, 일반인들도 어나니머스 사

---

39) "폭격·피란 실시간 중계…러·우크라 '틱톡 전쟁'," 조선일보(2022.03.02.) https://www.chosun.com/international/international_general/2022/03/02/L2V5AKOVMZE2FODNBDQLA357PM/?utm_source=naver&utm_medium=referral&utm_campaign=naver-news(2023.08.16.)

이버작전에 참가할 수 있도록 프로그램을 개발해 송출했다.40)

사이버 행위자 차원에서 비국가 행위자가 국가와 협력하여 사이버전에 가담하는 전례를 만들었다는 것은 매우 중요한 변화이다. 이러한 변화는 국제사회가 오랜 논의를 걸쳐 구축한 사이버 규범을 무력화하고 향후 사이버전에 대한 대응을 더욱더 어렵게 만들 것이다.

나. 디지털 플랫폼의 무기화

우크라이나는 러시아의 사이버 공격으로 파괴된 인터넷 인프라를 대신해 스타링크(Starlink) 위성 인터넷 서비스를 일론 머스크에게 요청했다. 일론 머스크에 의해 제공된 스타링크 위성 인터넷 서비스는 지금도 우크라이나 전역에서 인터넷 서비스를 지원하고 있다. 우크라이나는 스타링크 단말기 15,000대를 통해 하루 150,000명이 인터넷을 이용한다. 특히 우크라이나군은 스타링크 위성 인터넷 서비스가 지원되지 않는다면 군사작전을 수행할 수 없을 것이다. 정찰드론으로 표적을 식별하고 타격수단에 표적정보를 인계하여 정밀타격하는 표적탐지 및 타격체계는 스타링크 없이는 불가능하다. 또한 각 군을 연결하고 지휘하는 지휘통제통신시스템도 위성인터넷을 기반으로 운용되기 때문이다.41)

2022년 4월 14일 모스크바함 침몰 사건은 러시아에 굴욕감을 준 심리전 효과를 낳았다. 사용된 무기체계는 넵튠(Neptune) 미사일로 이 또한 스타링크 시스템에 의해 운용되었다. 러시아는 스타링크에 대한 전파방해 공격을 시도했으나 스타링크는 코드를 수정하여 공격을 무력화시켰다. 스타링크라는 위성인터넷 운영 플랫폼의 중요성을 여실히 보여주고 있다.

정보심리전 수행을 위해 사이버 공간에서 플랫폼 확보는 필수적이다. 서방의 IT 기업들이 대다수 플랫폼을 독점하여 우크라이나에 불리한 전쟁정보와 내러티브 확산은 제한되었다. 반면 러시아에 불리한 전쟁정보와 내러티브는 확산되었다. 세계의 유명 SNS 플랫폼은 페이스북, 구글, 유튜브, 틱

---

40) 홍규덕, 앞의 논문, pp.63-66.
41) "WP 머스크의 스타링크 위성 인터넷, 우크라 생명줄", 뉴시스(2023.09.20.), https://v.daum.net/v/20230920095914249(2023.09.25.)

톡 등이다. 이러한 매체가 러시아 관영매체의 기사를 차단했다. 서방의 IT 기업들은 우크라이나인이 사용하는 SNS 채널 네트워크를 폐쇄했다. 러시아가 우크라이나와 국제사회에 보내는 정보심리전 메시지가 제한되어 정보심리전의 한계를 가져왔다.[42]

비트코인 채굴 3위인 러시아는 스위푸트(SWIFT: 국제은행간통신협회결제망)에서 차단되자 가상화폐를 전쟁자금으로 동원했다. 미 재무부 해외자산통제국은 즉각 러시아의 가상화폐와 연관된 회사와 개인을 제재명단에 올려 제재했다. 러시아와 우크라이나는 대체불가토큰(NFT)을 이용해 전쟁자금을 모금하는 등 블록체인 기술을 이용한 가상화폐 영역에서도 디지털 플랫폼 경쟁이 벌어졌다.

2. 전세

러시아의 정보심리전이 효과를 거두지 못한 가장 큰 이유는 '명분 없는 전쟁'을 수행한 데 대한 국제사회의 반발이다. 이는 과거 지속적으로 서방과 동유럽에서 반복한 러시아 내러티브의 기만성에 대한 학습효과에 기인한다. 또한 세계 IT 기업이 러시아 發 담론이 국제사회에 확산되지 않도록 러시아 관영매체의 콘텐츠를 차단한 반면 우크라이나의 담론은 확산되도록 지원했기 때문이다.

반면 우크라이나는 2014년 러시아의 침공에 대한 학습효과로 인하여 효과적인 반격 내러티브를 시의적절하게 내보냈다. 젤렌스키 대통령은 이러한 내러티브를 효과적으로 프레이밍했고, 서방은 러시아의 군사정보를 우크라이나에 제공하여 우크라이나가 정보우위를 누릴 수 있게 하였다. 세계 IT기업이 우크라이나의 정보심리전 담론이 우세할 수 있도록 도왔고 우크라이나 시민들의 소셜미디어를 사용한 정보심리전 가담 등으로 러시아보다 성공적인 정보심리전을 이끌수 있었다.[43]

---

[42] 홍규덕, 앞의 논문 참조
[43] "Truth is Another Front in Putin's War", *The New York Times*, March 20, 2022. https://www.nytimes.com/2022/03/20/world/asia/russia-putin-propaganda-media.html?partner=naver(2023.03.21.)

러시아-우크라이나 전쟁의 정보심리전이 전세에 미친 영향을 정리해보면 첫째, 러시아의 명분없는 전쟁에 대한 국내반발을 들 수 있다. 러시아 정부는 전쟁 목표와 명분을 군인들에게 제대로 제공하지 않은 채 전쟁을 개시함으로써 명령불복과 사기저하 문제를 지속적으로 노출하였다. 러시아는 국내 반전여론과 자국 군대의 반발을 무마하기 위해 펼친 정보심리전이 전쟁의 실패요인으로 작용하게된 것이다. 전쟁 초기 우크라이나 공격을 '특수군사작전'이라고 주장함으로써 해외정보에 노출된 국민들을 설득하지 못한 데 기인한다. 러시아 군인들은 명령이행을 거부하거나 무기를 고의적으로 파괴시키는 등 전쟁의 목적과 명분을 상실하고 사기가 심각하게 저하되는 결과를 가져왔다.

러시아는 전쟁의 절대 조건인 국내 대중의 전쟁지지 여론을 얻지 못했고, 대규모 국내 반전시위가 일어나 소셜미디어의 국내 접속을 차단하고 언론을 검열하며 시위대를 탄압하게 되었다. 모스크바에서 3천 명이 넘는 러시아 시민이 체포되었고, 피터스버그에서도 2천 명 이상의 시민이 체포되었다.

둘째, 러시아 내러티브에 대한 학습효과에 대한 반감과 우크라이나 내러티브의 선전을 들 수 있다. 러시아의 내러티브에 대한 학습효과는 러시아의 정보심리전의 가장 큰 실패요인이다. 2016년 이후 서방을 대상으로 빈번하게 전개한 허위조작정보 활동을 통한 선거개입과 2014년 우크라이나 침공 이후 지속해온 우크라이나에 대한 심리전은 서방과 우크라이나로 하여금 러시아의 심리전 전술을 분석하고 연구하게 하였다. 러시아 관영매체의 보도나 러시아 정부의 주장은 정보로서의 가치를 상실한 것이다. 러시아發 가짜뉴스가 고도의 설득기제를 통해 생산되고 유포되어도 우크라이나와 서방은 러시아의 정보 자체를 신뢰하지 않은 결과를 가져온 것이다.

디지털 공간의 영향공작 활동을 분석하는 워싱턴 DC 소재 조사기관 Omelas는 2월 24일 러시아가 우크라이나로 진입하면서부터 러시아 미디어의 영향공작이 목표청중(target audiences)을 견인하지 못했다고 분석했다. 러시아 관영매체는 소셜미디어에 12,300개의 콘텐츠를 게시하여 130만 명의 청중이 있었으나 서방 매체는 총 116,000개의 콘텐츠를 통해 4천4백8십만 명의 청중이 있었다. 이는 러시아가 영어 정보에 있어서 서방을 압도할 수 없었던 데 기인한다.

　반면 우크라이나는 젤렌스키 대통령이 주도하고 우크라이나 시민들이 가세하여 반격 내러티브를 지속적으로 발신했고 전황에 대한 신속한 정보 제공을 통해 정보전에서도 우위를 누릴 수 있었다. '푸틴 vs. 민주주의의 대결', '작지만 강한 우크라이나', '용감하고 일치단결된 우크라이나 군과 시민', '거짓말쟁이 러시아'등의 공격적인 프레이밍을 지속적으로 내보냈다.44)

　셋째, 서방 IT 기업의 온라인 플랫폼 독점에 따른 결과이다. 이를 통해 러시아는 정보심리전을 제대로 전개하지 못하는 결과를 초래했다. 또한 러시아의 공격으로 통신이 파괴된 우크라이나는 일론 머스크(Elon Musk)의 스타링크(Starlink)와 미국 국제개발처(USAID)의 도움으로 우주인터넷 서비스를 제공받아 정보심리전을 전개할 수 있었다.

　Facebook, Instagram, YouTube, TikTok과 같은 소셜미디어를 운영하는 Meta나 Google이 RT, Sputnik, TASS와 같은 러시아 관영매체를 차단했다. 또한 이들 매체의 미국내 직원들을 모두 해고하는 등 세계적 IT 기업들이 온라인 공간에서의 러시아 發 내러티브 확산을 물리적으로 차단하는 조치를 취하였다. 우크라이나인을 대상으로 하는 Facebook, Instagram, Twitter, YouTube, Telegram, Odnoklassniki, VK 계정, 그룹, 페이지, 채널들의 네트워크가 모두 폐쇄되고 수상한 채널들도 삭제되었다.

　EU도 러시아 관영매체의 콘텐츠 송출을 금지했다. 심지어 우크라이나 에이스 파일럿의 러시아 전투기 격추 영상이 허위조작정보로 알려졌음에도 불구하고 트위터사는 우크라이나 정부가 게시한 해당 영상과 우크라이나 전대통령 페트로 포로센코(Poroshenko)가 게시한 2019년 국방부 영상에 오정보에 지정하는 "out of context" 플래그를 지정하지 않았다.45)

　마지막으로 서방의 우크라이나 정보심리전 지원이다. 서방은 전쟁 시작 전부터 러시아의 민감한 전쟁정보를 선제적으로 노출하고 전쟁에 대한 내

---

44) "Russia has the tanks and troops. Ukraine has zelensky," CNN. March 9, 2022. https://us.cnn.com/2022/03/09/opinions/volodymyr-zelensky-ukraine-message-house-of-commons-ghitis/index.html(2023.03.21.)
45) "40대 격추도, 전사도 모두 허구...키이우의 유령은 없었다", 연합뉴스(2022.05.03.), https://www.youtube.com/watch?v=Xd4bmdNq0Ck(2023.04.08.)

러티브를 장악하는 방식으로 러시아가 이번 전쟁의 내러티브를 정의하지(define) 못하게 막았다. 서방은 푸틴의 전쟁을 '실패하는 전쟁(a failing war)'의 이미지로 규정했고, 이러한 프레이밍은 우크라이나의 러시아에 대한 항전 의지를 증진시켜주는 효과를 가져왔다.

Ⅳ. 정보심리전의 독도 적용 및 방어전략

1. 한국의 정보심리전 전략과 대비태세

한국의 미래 정보전 대비 전략개념은 없다. 정보전 능력 측면에서 한국은 일본과 비슷하나 일본에 비교하여 훨씬 더 많은 사이버 침해사고와 범죄가 발생하고 있다. 특히 사이버테러 취약국으로 분류된 한국은 중국과 대만처럼 적극적인 대응과 대책 마련은 전무하다. 국방부, 국정원은 지속적으로 사이버테러나 가상적국으로부터의 사이버 위협에 대한 대응책 마련을 강조해 왔지만 구체적인 정보전 전략이 제시된 바 없다.[46]

법·제도적 측면에서 살펴보면 2013년 4월 '국가 사이버안전 전략회의'를 개최하고 청와대, 국가정보원, 국방부 등 정부부처가 "국가 사이버안보 종합대책"을 수립하여 4대 실천전략을 채택하면서부터 시작되었다. 청와대가 'Conitrol Tower'를 맡고 국가정보원이 총괄적인 실무를 담당하며 관련 행정기관이 소관 업무 분야를 담당하는 국가적인 대응체계가 구축된 것이다.

사이버정보 공유를 위한 'Smart 협력체계' 구축, 국가 기반시설에 대한 사이버침해에 대응하기 위한 위기대응훈련, 국가기반시설에 대한 망 분리 운영, 사이버안보 전문가 양성사업 및 영제 교육원 설립을 추진하였다.[47]

2014년 '초연결 Digital 혁명 선도국가' 실현 비전으로 '사물 인터넷 기본

---

46) 이용석; 정경두, "러시아 대 우크라이나 사이버 전쟁의 교훈과 시사점", 『국방정책연구』, Volume 137(2022.), pp.68-70.
47) 최영관, 조윤오 "우리나라 사이버 테러 실태 및 대응 방안에 관한 연구: 경찰 사이버보안 전문가를 대상으로", 『한국경찰학회보』, 19권(2017.), p. 210.

계획'을 확정하였고, '초연결사회 도래에 따른 사물 인터넷 정보보호 로드맵' 발표 등이 이어졌다. 2015년에는 'K-ICT Security 발전전략'을 발표[48]하고 "정보보호 산업의 진흥에 관한 법률"을 제정하였다.

2016년에는 "국민보호와 공공안전을 위한 테러방지법"을 제정하는 등 IoT 사회에 대비하기 위한 법·제도적 노력을 꾸준히 진행하였다. 그러나 관련법들이 정보 Service와 주요 기반시설 영역에만 제한적으로 적용되어 사이버공간 전체를 포괄할 수 없어 민·관·군 통합 사이버안보 추진을 위한 근거가 미흡했다.

정보보호 및 사이버전 대응 관련 법들은 개별 입법으로 사이버보안 활동에 혼란이 가중되어 정비가 필요했다. 정보보호 및 사이버전을 규율하기 위한 상위법을 제정하고 그 법에 따라 하위 관계법들을 제정하여 상하관계를 일치시키고 법률의 동일한 해석과 적용이 요구되었다.

2018년 12월 문재인 정부에서 처음으로 국가안보전략을 수립하고, 이를 근거로 2019년 4월 국가사이버안보전략을 발표하였다. 9월에는 사이버안보 관련 대한민국의 최상위 지침서인 국가사이버안보전략을 차질 없이 추진하기 위해 범부처 차원에서 이행할 국가사이버안보 기본계획을 확정했다. 정부는 사이버안보 6대 전략과제를 뒷받침하기 위해 기관별 실행계획을 18개 중점과제, 100개의 세부과제로 종합하고 2022년까지 단계적으로 추진할 계획이다.

전략과제	중점과제	세부 과제수
국가 인프라 안전성 제고	❶국가 정보통신망 보안 강화 ❷주요정보통신기반시설 보안환경 개선 ❸차세대 보안 인프라 개발	24
사이버공격 대응 고도화	❹사이버공격 억지력 확보 ❺대규모 공격 대비태세 강화 ❻포괄적 능동적 수단 강구 ❼사이버범죄 대응역량 제고	28
협력 기반 거버넌스 정립	❽민관군 협력 체계 활성화 ❾범국가 정보공유체계 구축 및 활성화 ❿사이버안보 법적기반 강화	16

[48] 미래창조과학부, "K-ICT 시큐리티 발전전략", https://www.kisa.or.krhoticenotice Vewsp!mode=view&p_No=4&b_No=4&d_No=1556(검색일: 2023.08.23.)

사이버보안 산업 성장	⓫사이버보안 투자 확대 ⓬보안 인력기술 경쟁력 강화 ⓭보안기업 성장환경 조성 ⓮공정경쟁 원칙 확립	14
사이버보안 문화 정착	⓯사이버보안 인식 제고 및 실천 강화 ⓰기본권과 사이버안보의 균형	9
국제협력 선도	⓱양다자간 협력체계 내실화 ⓲국제협력 리더십 확보	9
합 계	18	100

〈표 1〉 사이버안보 전략별 기본계획의 주요내용[49]

　기본계획의 주요내용을 살펴보면 첫째, '국가 핵심 인프라 안전성 제고' 측면에서는 국가 정보통신망과 주요정보통신시설의 보안환경 개선으로 생존성과 복원력을 강화하고 안전하고 편리한 차세대 보안인프라를 개발·보급하여 국가 핵심 인프라의 안전성을 높이겠다는 전략이다.
　둘째, '사이버공격 대응역량 고도화'의 경우 사이버공격을 사전에 효율적으로 억지하고 사고발생시 신속하고 능동적으로 대응할 수 있도록 민·관·군 합동 대응체계를 강화하는 등 사이버위협 대응역량을 지속적으로 고도화하겠다는 것이다.
　셋째, '신뢰와 협력기반 거버넌스 정립' 측면에서는 개인·기업·정부 간의 상호 신뢰와 협력을 바탕으로 국가 차원의 정보공유 시스템을 활성화하고 지자체, 중소기업, 정보보호지원센터 등과 협력하는 등 종합적인 사이버안보 거버넌스를 만들어나갈 방침이다.
　넷째, '사이버보안 산업 성장기반 구축'을 위해서는 사이버안보의 핵심 역량이 되는 기술, 인력 및 관련 산업의 경쟁력을 확보하기 위한 인력양성 프로그램, 연구개발 활동 등을 통해 혁신적인 보안산업 생태계를 만들겠다는 전략이다.
　다섯째, '사이버보안 문화 정착'의 경우 국민 모두가 사이버안보 중요성을 인식하고 실천하며 정책 수행 과정에서 기본권을 존중받고 국민들의 참

---

[49] "국가사이버안보전략 기본계획 확정…18개 중점과제, 어떤 내용 담겼나", 보안뉴스 (2019.09.03.), https://www.boannews.com/media/view.asp?idx=82713(2023.09.11.)

여와 신뢰를 보장할 수 있는 사이버보안 문화를 정착시킨다는 계획이다.

여섯째, '사이버안보 국제협력 선도'를 위해서는 다양한 국제협력을 통한 파트너십을 강화하고 국제규범 형성을 주도하는 등 사이버안보를 위한 국제협력을 내실화하겠다는 계획이 지난 번 발표된 6대 전략과제를 이행할 18개 중점과제에 포함됐다.

이를 통해 해킹, 정보 절취 등 증가하는 사이버위협에 대응하여 사이버공간에서 국민이 안전하고 자유롭게 활동할 수 있는 환경이 마련될 수 있는 기반이 조성되었으나 "사이버안보기본법" 제정은 여전히 표류 중이다.

2023년 윤석열 정부는 국가사이버안보전략서를 발표하며 사이버전에 대한 대응 중심의 수세적 개념에서 탈피해 선제적·능동적 작전개념으로 발전시키고 우수한 사이버 전문인력을 육성할 수 있는 시스템을 시급히 발전시켜야 한다고 강조했다.50) 그러나 역시 사이버안보기본법 제정과 함께 현재 통합방위법에 사이버안보 분야와 관련된 조항이 없어 법규 보완이 필요하다. 정부의 컨트롤타워 역할도 사이버안보 업무의 통제보다는 사이버안보 전략과 능력을 건설하는 것에 중점을 두어야 한다.

통합방위법 개정을 통해 국가 사이버 대응조직도 구성할 수 있어야 한다. 사이버작전사령부와 정부기관의 사이버 인력, 민간 보안인력 등을 포함하여 범국가사이버조직을 운용할 수 있어야 한다. 사이버예비전력을 지정하여 운용하는 방안도 포함되어야 한다. 사이버 통합방위사태 선포기준을 마련하고 단계별 자원 동원 및 대응체제를 구축해야 한다. 이들은 평시 사이버상황에 대한 정보공유와 합동훈련을 통해 즉응대응력을 유지할 수 있도록 법률에 명시해야 할 것이다.

국가정보원은 2020년 개정된 국가정보원법에 따라 사이버안보를 주된 직무로 명시하고 사이버범죄, 사이버테러, 사이버전 등에 대한 단계별 대응절차를 마련하고 있다. 이를 위해 NSC, 국정원, 국방부 및 정보통신부와 효율적인 업무분장과 기능 강화를 위해 체계적인 종합대응체계를 구축하고 있다.

---

50) "우리나라의 국가사이버안보전략, 사이버 보안 강대국 사례와 비교해보니", 보안뉴스 (2023.08.03.), https://www.boannews.com/media/view.asp?idx=120106

국방부는 현대 정보전의 중요성을 인식하고 정부의 대응태세보다는 진일보한 대응태세를 강구하고 있으나 미국이나 중국의 능력과 체계에는 미치지 못한다. 국방부는 사이버안보의 중요성을 반영하여 업무 소관부서를 조정했다. 사이버안보 정책업무를 기획조정실(정보화기획관에서 국방정책을 총괄하는 국방정책실(방위정책관)로 이관했다. 합참 역시 사이버 작전업무를 군사지원본부(사이버지휘통신참모부)에서 군사작전을 주도하는 작전본부(작전기획부)가 담당하도록 했다. 국방부, 합참 차원의 통합된 정보전 전담조직을 편성하고 전략개념과 교리 개발, 전문인력 양성이 요구된다.[51] 또 적의 사이버침해를 사전에 방지하기 위하여 민·관·군은 유기적인 정보공유체계가 갖추어져 있어야 한다. 정보공유의 시기와 수준이 법률로 규율되어 있어야 국가 행위가 법 안정성을 갖게 된다.

사이버기술 확보 및 연구개발은 2000년 1월에 '국가보안기술연구소(NSR)'를 설립하면서 시작되었다. 이를 통해 사이버전에 대비하기 위한 국가급 연구개발 수행체제를 마련했다.

우리나라는 국가 및 공공기관에 대한 보안관제를 통해 사이버공격 탐지·차단체계를 운영한다.[52] '국가 사이버안전 Center'는 단위 및 부문 보안관제 Center에게 사이버공격 탐지기술을 배포하고 국가안보에 위협이 되는 사이버 공격을 탐지·대응한다.

우리나라는 낮은 보안기술 경쟁력[53]을 갖고 있음에도 불구하고 새로운 보안기술을 확보하기 위한 R&D 투자는 미미하며, 정보보호 관련 인증제도의 도입 분야 등에서 미흡한 부분이 식별되고 있다.

국가차원의 사이버방호 역량 제고와 사이버전문 인력 양성을 위해 국가

---

51) "변재선 전 국군 사이버사령관, 사이버작전사령관에 전문가 보직시키고 사이버전 개념과 전략 장기간 연구해 발전시킬 연구집단 필요", 뉴스투데이(2023.06.27.), https://www.news2day.co.kr/article/20230627500126(2023.09.21.)
52) 보안관제는 각급 기관에서 수행하는 단위 보안관제 Center, 중앙행정기관에서 수행하는 부문 보안관제 Center(35개소), '국가 사이버안전 Center'에서 수행하는 국가 보안관제로 3단계 체계를 유지한다.
53) 국방기술품질원이 2016년 우리나라 사이버기술 수준을 평가한 결과 사이버감시정찰기술 74%, 사이버지휘통제기술 76%, 사이버방호 기술 80%, 사이버훈련 기술은 77%, 공통기반 기술 82%로 평가되었다.

보안기술연구소 산하에 '사이버 안전훈련 Center'를 설치하여 정보보안 실무교육, 사이버위협 대응훈련 등을 하고 있다. '사이버보안 인재 Center는 실전형 사이버훈련장을 운영하여 매년 2,000여 명의 국가 사이버보안 인력을 양성하고 있다. 정보보호 인력 수급정책을 살펴보면 보안설계, 단말보안, 사이버협력보안 등 사회 제 기능을 망라한 융합보안 전문 인력의 수요는 증가하고 있으나 정책적인 반영은 미흡하다.

국외협력활동 측면에서 살펴보면 사이버침해는 공격자를 특정하기 어렵고 타국과의 협력이 필수적이기 때문에 긴밀하고도 적극적인 국제공조는 필요한 조치다. 한국은 '부다페스트협약'54) 가입을 추진한 지 5년 만인 2023년 6월 유럽평의회로부터 정식 가입 초청서를 받았다. 협약 가입으로 디지털 증거 관련 국제 공조 수사 절차가 원활해지면 해외 거점을 둔 보이스피싱, 디지털성범죄, 랜섬웨어 공격 등 늘어나는 디지털 사이버 범죄 대응력이 강화될 것으로 판단된다. 국제공조가 가능해지면 조약 가입국 간의 긴밀하고 신속한 협조를 통해 사이버침해 공격자를 특정할 수 있게 된다.

2. 한반도 주변 강대국의 사이버전략과 능력

가. 미국

미국은 911테러 이후 2001년 "애국법(Patriot법)"이 제정되어 미국의 연방기관은 민간의 전화선, internet, 전자 Mail, Web Surfing 등 모든 전자통신에 대한 추적권한을 가지게 되었다.55) 더불어 국가안보 위험활동, 조직범죄, 누군가에 대한 살인, 중대하고 급박한 위험이 있는 경우 영장 없이도 전자감시를 할 수 있게 하였다. 2002년 애국법을 보완하기 위해 "공공안전과 사이버 보안강화법(The Public Safety and Cyber Security Enhancement Act of 2002)"이 제정되었다.

---

54) 2001년 11월 23일 유럽평의회(COE : Coundl of Europe) 주도로 체결한 "사이버 범죄조약(The Convention on Cyber Crime)"으로 일명 'Budapest 협약(Budapest Convention)'이라고 한다.
55) 패트리어트법의 정식 명칭은 Uniting (and) Sitrengthening America (by) Providing Appropriate Tools Required (to) Intercept (and) Obstruct Terror Act of 2001이다.

2002년 11월 25일 두 법을 묶어 "국토안보법(The Homeland Security Act)"을 제정했다. 이 법은 사이버테러[56]를 포함한 모든 테러로부터 미국의 기반시설을 보호하기 위해 총 17편으로 구성되었고 2편에 사이버보안, 10편에 정보보안을 별도로 규정하고 있다. 같은 해에 정보보호 및 대테러 업무를 총괄하는 국토안보부를 창설하였다. 특히 미국은 사이버보안과 관련된 조항을 무려 50여개의 법률에 포함시키거나 직접 법률로 공포했다.

2011년 국방부에서 발표한 "사이버공간에서의 국방부 작전전략(Department of Defense Strategy for Operating in Cyberspace)"[57]은 5가지 전략적 주도권(Strategic Initiative)을 제시하고 있다.

첫째, 사이버공간을 새로운 작전영역으로 명확히 인식하여 사이버공간을 최대한 이용할 수 있도록 조직하고 훈련하며 장비를 확보한다. 둘째, 사이버보안을 강화하고 새로운 작전개념을 채용하여 국방부의 Network와 System을 보호하기 위한 안전한 사이버공간 상태를 확보한다. 셋째, 미 정부기관 및 기구는 민간부문과의 협력을 통해 범정부차원에서 총력적인 대응을 한다. 넷째, 전 세계가 그물망처럼 연결된 정보화 시대에 개별국가의 능력으로 사이버공격에 대응 한다는 것은 쉽지 않기 때문에 동맹국, 협력국 및 민간영역과의 협력을 강화한다. 이를 통해 집단적 자위권과 집단적 억지를 구현하고자 하고 있다. 다섯째, 사이버안보역량은 개인의 역량과 밀접한 관계를 갖고 있기 때문에 우수인력을 확보하고 첨단 ICT 기술을 따라가기 위하여 HW적인 측면과 SW적인 측면에서 진보된 기술을 신속히 반영함으로써 지속적인 장비 Upgrade를 한다는 것이다.

오바마 정부는 사이버작전과 사이버작전 수행을 위한 법적 기반을 마련한 정부로 평가받고 있다. 첫째, "사이버정보공유 보호법(CISPA : Cyber Intelligence Sharing and Protection Act, 2012. 4)"이다. 이 법은 공공및 민간이 사이버위협에 공동으로 대처하기 위해 정보공유 기반을 마련하고자 제정된 법이다. 둘째, "국가 사이버안보보호법(NCSPA : National Cybersecurity

---

[56] 최영관, 조윤오 위의 논문 pp. 208-209.
[57] 2010년 수립된 "국가안보전략"과 4년 주기로 수립되는 "국방검토보고서(QDR)"의 사이버안보 내용에 기초하여 사이버 공간에서의 국방부 작전전략을 발표했다.

Protection Act. 2014.12)"이다. 이 법은 국토안보부 산하에 국가 사이버안보 및 통신 통합센터를 설치하여 사이버 위협정보를 공유하는 중 연방정부와 민간의 접점 역할을 수행하기 위한 법이다. 셋째, "사이버보안 강화법(CEA : Cybersecurity Enhancement Act. 2014)"이다. 이 법은 사이버위험을 감소시키기 위한 표준 및 절차수립을 보장하는 공공·민간 협력체계를 마련하고 사이버 안보 관련 연구개발과 교육, 인력양성, 인식제고, 기술표준 등을 추진하기 위해 제정되었다. 넷째, "사이버보안 인력평가 법(CWAA : Cybersecurity Workforce Assessment Act, 2014)"이다. 이 법은 국토안보부의 사이버안보 인력의 역량을 평가할 수 있도록 기반을 마련하고, 사이버안보 인력확보 전략과 역량강화 전략 등을 추진하기 위해 제정하였다.

2015년 12월 18일에는 "사이버보안법 (Cyber security Act of 2015)"이 제정되어 효과적인 사이버보안 정보공유 체계를 구축하고, 민·관의 정보공유 활성화를 꾀했다.

2018년 9월 20일 "미국의 국가 사이버전략(National Cyber Strategy of the United States of America)"을 발표했다. 미국이 추구하는 사이버정책의 핵심목표는 첫째, 연방 Network 및 정보 보호 둘째, 중요 Infra 보호 셋째, 사이버범죄 퇴치 넷째, 사이버침해 보고 개선을 위한 구체적인 조치 강구이다. 사이버 위협에 대한 보호 우선순위는 첫째, 국가보안 둘째, 에너지 및 전력 셋째, 은행 및 금융 넷째, 보건 및 안전 다섯째, 통신 여섯째, 정보기술 일곱째, 운송이다.

이를 위해 먼저 미국의 번영을 촉진해야 한다. 활기찬 Digital 경제를 육성하고 미국의 독창성을 유지하며 사이버보안 인력을 개발하고 확보한다. 둘째, 힘을 통해 평화를 유지한다. 책임 있는 국가 행동규범을 통해 사이버 안정성을 강화하고 사이버공간에서 용납할 수 없는 행위에 대해 확실한 거부의사를 밝힌다. 셋째, 안전한 인터넷 공간에 대한 선구자적인 영향력을 유지한다. 개방적이고 신뢰할 수 있는 안전한 인터넷을 유지하며 국제 사이버 역량을 구축한다.

미국은 사이버공간에서 미국의 우위를 지키면서, 국익의 안정을 해치거나 국익에 반하는 사이버공간에서의 행동을 파악, 대응, 교란, 저하, 억제한 것이다. 이를 위해 미국은 지구촌의 모든 국가들에 대하여 책임 있는 국가행동의 규범과 허용할 수 없는 사이버공간 행동의 속성을 파악하고 사이버공간에서 악의적인 행위자들에게 비용을 부과하여 미국의 사이버안정을 증진하겠다고 강조한다.

미국은 사이버공간에서도 물리적인 상황과 마찬가지로 영향력을 지속 증대할 것 이다. 미국은 인터넷의 개방성, 상호운영성, 보안, 신뢰성의 보존을 통해 미국의 이익을 강화한 것이며 이 목표를 달성하기 위해 전 지구적인 노력을 할 것이라고 천명하였다. 또한 Infra 및 유망 기술의 발달을 지원하고 국제적인 사이버역량을 구축하겠다고 하였다.

미 국가 사이버전략은 사이버공간을 지켜나가기 위해 미국의 Partner 국가들과 시민사회, 민간부문을 포함하는 여타 단체들과 협력하여 혁신, 개방, 효율을 높이는 정책을 수립하기로 하였다. internet Governance는 다중이해당사자(multi-Stakeholder) 모델을 지지하고 실체 없는 사이버보안 우려를 Digital 보호주의의 구실로 이용하는 것을 배격한다고 하였다. 미국은 또한 국제 Partner들의 사이버역량 구축에 최선을 다하여 Partner들의 국가 사이버보안 전략의 수립 및 집행, 사이버범죄 대치, 사이버보안기준 수립, 사이버위협으로부터의 중요 infra 보호를 지원하기로 하였다. Internet에서의 자유는 국가 사이버전략의 핵심 원칙이며 미국은 다양한 해외원조 Program을 통해 이를 촉진시키고 있다. 30개 국 정부로 구성된 자유 온라인 연합(Freedom Online Coalition)이 대표적 활동이다.[58]

미국의 사이버전략은 일부 국가의 악의적 사이버활동에 대처하고 있으며 미국 및 미국의 Partner들에게 사이버피해를 끼치는 사이버 행동교란에 대해서는 반드시 대가를 치르도록 하겠다는 의지를 밝히고 있다. 이는 중국이 일대일로 정책으로 연선국가에 대한 사이버지원과 사이버공동체 구축을 통해 세력화하는 것을 경고한 것이다. 이를 위해 Partner 국가 및 동맹국과의 협력을 통해 국제법과 평화 시에 적용되는 책임 있는 국가행동에 대한

---

[58] 시민사회, 민간부문, 기타 이해당사자들과의 협력과 다자간 외교를 통해 Internet 자유를 발전시키기 위해 30개 국 정부가 연합하여 결성. 연합 회원들은 외교적 노력 을 조정하고 시민사회 및 민간부문과 긴밀히 협력하여 전 세계 Internet 자유표현, 협회, 집회 및 개인정보보호의 기본 인권을 보호하기 위해 함께 노력하는 정부 단체이다.

자발적인 비구속적 규범을 준수할 것을 요구한다. 또 악의적 사이버활동으로 인한 갈등의 위험을 줄일 수 있도록 실질적 신뢰구축 조치의 이행을 지원하겠다고 명시하고 있다.

미 국방부가 2011년 5월 발표한 "사이버보안을 위한 국제전략"에서 사이버공간에 대한 기본원칙을 확립[59]하고 국제적인 공조체제를 강화하는 계기를 마련했다. 7월 발표한 "사이버공간에서의 국방부 작전전략"에서는 사이버공간에서 적극적인 방어를 하겠다고 명시했다. 오바마대통령은 2013년 대통령 행정명령 20호[60]를 발령하여 국가 기간망을 흔드는 사이버공격을 전쟁행위로 간주하고, 이러한 사건이 발생하면 경고 없이 무력으로 대응한다는 방침을 밝혔다. 미 국방부는 2015년 4월에 "국방 사이버전략(The DoD Cyber Strategy)"을 통해 사이버공간을 기존 물리적인 공간과 동일하게 취급하여 물리적인 군사력도 사용하겠다는 구상을 발표하였다.

미국의 사이버전 역량 구축은 1990년대 냉전이 종식되면서 시작되었고, 사이버전 수행 중심기관은 미국국가안전보장국(NSA)이었다. 핵심임무는 컴퓨터네트워크작전(CNO)으로 어떤 상황에서도 정보우위를 점하는 것이다. 911 테러 이후 각 정보기관에 분산되어 있던 사이버전 수행기구를 정부기관 및 민간기관과 국방 분야로 구분하여 통합하였다. 정부기관 및 민간분야는 국가 사이버보안처(NCSD)로 통합하였고, 국방 분야는 전략사령부 예하의 사이버사령부로 통합하였다. 〈그림 2〉 미국의 사이버전 수행기관에서 보는 것처럼 사이버안보 조정관을 통해 백악관으로부터 국토부와 국방부간의 유기적인 관계가 형성되도록 하였으며 각 군 사이버사령부까지 통합할 수 있도록 효율성에 주안을 두고 지휘관계를 구성하였다.

---

[59] 사이버공간에 대한 기본원칙은 세 가지로 첫째, 기본적 자유권(Fundamental Freedoms)의 보호 둘째, Privacy 셋째, 정보의 자유로운 흐름(Free Flow of Information)이다.
[60] 2012년 10월에 오바마대통령이 서명한 이 기밀지침은 2003년에 부시대통령이 서명한 기밀지침인 국가안보지침(NSPD)-38을 대체하는 것으로 NSA분석관인 Edward Showden에 의해 2013년 6월에 공개되었다.

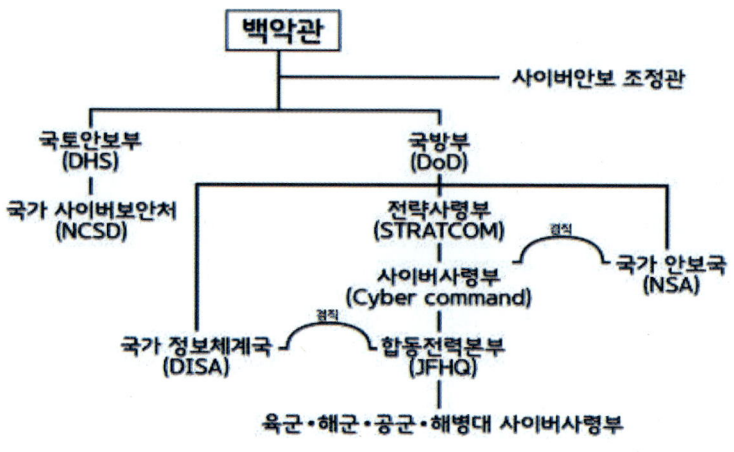

<그림 2> 미국의 사이버전 수행기관

나. 중국

중국의 사이버안보체계는 크게 3단계로 구분할 수 있다. 첫째, 정보화 도입 및 주력 시기로 1994년부터 2001년까지이다. 둘째, 정보보호, 정보 System 안전 확보 중점추진 시기로 2002년부터 2012년까지이다. 셋째, 사이버공간 안보 강조시기로 2013년부터 현재까지이다.

정보보호 및 정보System 안전 확보는 후진타오주석의 지시에 의해 시작된다. 최초 계기는 2003년 3월 "국가 정보화 영도소조" 산하에 '국가 Network 및 정보안전 협조소조'를 설립하도록 지시하면서 부터이다. 협조소조는 2003년 8월 정보안전 보장업무 강화에 관한 의견을 '27호 문건'으로 제시하여 보호제도, 연구개발, 법제구축, 예산편성 등 관련근거를 마련하는 계기를 만들었다.[61]

후진타오주석의 지시에 의해 2006년 5월 "2006-2020년 국가 정보화 발전전략"을 발표하고, 국가 정보보호 체계구축 및 능력 강화방안을 제시한다.

---
[61] 주요 내용은 첫째, 정보안 전등급 보호제도 실시 둘째, 암호기술의 바탕위에 Network 신뢰 체계마련 셋째, 정보보호기술의 연구 개발 강화, 정보보호 산업발전 추진 넷째, 정보보호와 관련된 법제 구축, 표준화 System 마련 다섯째, 정보보호 예산은 정보화 예산과 함께 편성 등이다.

2008년 3월에는 '공업정보화부'를 신설하여 국가 정보보호업무를 주관하도록 하였다. 이 과정에서 '국무원 정보화 판공실'을 해체하면서 부재한 Control Tower를 대신하기 위해 2011년 5월 "국가 Internet 정보판공실"을 설립하게 된다.

중국의 사이버공간 안보는 사이버전에 대비하고, 정보보호보다 Network 안전을 강조하고 있는 것이 특징이다. 이는 중국사회 전반에 절친 정보화의 가속화, 중국의 Internet기술 낙후, 중국의 Network 관리체계의 문제, 미국 등 사이버 대국과의 경쟁 문제, Edward Snowden 사건으로 중국 지도부 사이버안전 위기감이 고조된 때문이다. 시진핑주석은 2014년 2월 "중앙 사이버안전 및 정보화 영도소조"를 설립하고 획기적인 통합·집권형 사이버 안보체제 구축을 꾀한다. 2014년 4월에는 "총체적 국가안보관"을 발표하면서 '사이버 안전'이 국가안보의 중요한 요소로 등장하게 된다.

시진핑주석이 중앙 국가안전위원회 1차 회의에서 처음 사용한 '총체적 국가안보관'이란 개념은 내부로부터의 안보위협에 많은 경계심을 드러내고 있다. 이후 개최된 "중국공산당 제18기 중앙위원회 제4차 전체회의(18기 4중 전회)"에서 핵심 표제어는 '의법치국(依法治國)'이었다. 이를 배경으로 중국의 사이버안보 관련 법·제도가 확립되기 시작했다.62) 2015년 7월 '국가안전법'을 제정하였고, 2016년 11월 '사이버안보법'을 제정하여 2017년 6월부터 시행하였다.

'사이버안보법'은 첫째, 국가의 총체적 국가안전관을 실행하는 중요한 조치이며 둘째, 중국이 직면한 엄중한 사이버 안전의 위험에 대응하고 인민들의 절실한 이익을 지키기 위한 것이라고 설명하고 있다. 이 법은 총 7장 79개 조문으로 구성되어 있다. 주요내용은 첫째. 총칙에서 국가 사이버안보 전략을 수립하고 Network의 안전관리 체제를 구축한다. 둘째, 3장에서 Network 운영안전을 보장하기 위해 Network 안전등급 보호제도를 시행하고 Internet 실명제를 법제화 한다. 셋째, 주요 정보기반 시설의 운영보안을

---

62) 중국은 4중 전회를 계기로 당면 사회문제에 대한 법률을 체계적으로 제정하였고 법률 정비를 통해 반부패 운동이 안정적이고 지속적으로 이어질 수 있도록 했으며 사이버와 관련된 법률도 정비되기 시작한 것이라고 평가할 수 있다.

위해 보안심사를 의무화 하고 개인정보와 Data는 중국 내 저장을 원칙으로 한다. 넷째, 4장에서 Network 정보 안전을 위해 Network 운영자의 개인정보 수집절차와 유관기관 보고 의무화를 규정하였다. 다섯째, 경보 및 긴급대응을 위하여 Network 보안 Monitoring 정보 및 긴급 대응체제를 구축하도록 하였다.

2017년 6월에는 "Network 안전 법(網絡安全法)"을 시행하여 통신, 방송 등 일련의 전파 Service를 제공하는 기반정보 Network와 전력·물·가스 공급망, 금융·의료·사회보장 등 국민생활과 밀접한 중요업계의 정보 System, 군사 Network, 시(市)급 이상의 국가기관 정무 Web site, Service 이용자 수가 많은 Network Service 제공자 및 관리자의 Network System 등을 핵심 정보 Infra로 정하고 이에 대한 사이버규율 체계를 규정하였다.

중국의 사이버전략은 공격적이다. 2008년 이후 Network전과 전자전을 결합하여 Internet 폭탄 등의 공격수단과 전자기 엄폐물 등의 방어수단으로 구성되는 "망전일체전(網電一體戰) 전략"을 수립하였다. 방호용 사이버무기 체계로 Windows로 대표되는 미국 운영체제로부터 종속되지 않기 위해 '기린'이라는 독자적인 운영체계를 개발하여 사이버공격에 대한 방어망을 구축하였다. 2007년부터 중국 정부기관과 군, 보안업체들에게 보안상 이유로 '기린'을 사용하도록 통제했다. 중국에서 판매되는 Dell PC의 42%에 '우분투 기린'을 설치하도록 하였다.

중국은 사이버공격무기체계의 독자적인 개발과 운용 능력을 확보하고 있다. 중국산 Router 등의 기술을 확보하고 중간자 "역 추적 악성 공격무기 체계(Great Cannon, 萬里大砲)"등을 개발했다. 중국은 통합 Network 전자전(NEW Integrated Network Electronic Warfare)전략을 수립하고 ICT 기초에 관한 인력확보, 논문, 응용분야에 대한 기반역량이 갖추어져 사이버전 핵심 기술에 대한 완전한 자립이 가능한 국가로 평가된다.[63]

중국의 사이버공격은 이미 알려진 사례도 많을 뿐만 아니라 사이버공격

---

63) "中, 만리대포로 홍콩시위 지휘 사이트 집중 공격", 뉴시스(2019.12.06.), https://newsis.com/view/?id=NISX20191206_0000852792&fbclid=IwAR2XhLh4YLgqeVMRK-fTXgVQQZSZ8ZXbIkeldZfOpT081cjM0hJ8w-Crp7c(2023.09.21.,)

실행능력 면에서도 세계 최고 수준임이 입증되고 있다. 국가 차원의 사이버 부대를 직접 운영[64]하고 있으며 전 세계 모든 국가에 대한 해킹 및 정보수집 활동을 감행하고 있다.

중국은 경쟁국인 미국의 사이버방어체계를 무력화 시킬 수 있는 사이버 기술을 보유하고 있으며 전 세계에서 가장 많은 악성Code를 개발하고 공격을 수행할 수 있는 인력, 예산 및 기술력을 보유하고 있는 것으로 알려져 있다. 2007년 이후로 중국은 인민해방군 예하의 사이버공격 및 방어를 위한 대책수립에 투자를 아끼지 않고 있으며 총참모부 사이버사령부 예하에 상세 임무가 알려지지 않은 '61398부대' 등을 운영하고 있다.

중국 사이버무기체계의 특징은 첫째, 특수한 Internet 구조를 기반으로 한 독자적인 자산이 존재한다는 것이다. 중국 Internet은 국가통제 하에 있으며 1998년부터 운영된 중국의 Digital 공안체계인 Great Firewall을 기반으로 공격을 수행하는 Great Cannon을 보유하고 있다. 둘째, 사이버무기체계의 정보수집용과 공격용의 경계가 불분명하다. 중국 사이버작전 조직의 특성상 민·군 경계가 불분명하며 악성Code를 통해 개인정보 유출 등의 비군사적 작전과 국가차원의 정보수집, 능동대응 등 군사적 작전을 병행한다. 셋째, 강력한 Internet 통제정책을 통해 자국 내 감시정찰이 가능하다는 점을 들 수 있다.

〈그림 3〉 중국의 사이버전 수행기관은 '중앙 사이버안전 및 정보화 영도소조'에서 총괄하며 전략지원부대에서 전자전과 사이버전을 담당한다. 전략지원부대 3부는 평시 정보수집과 유사시 사이버공격을 담당하는 부대로 알려져 있다. 현재까지 확인된 바에 의하면 전략지원부대 2국 (61398부대)은 미국과 캐나다를 대상으로 정치, 경제, 군사정보를 수집하며, 4국(61419부대)은 한국과 일본을 대상으로 정보 수집을 하고, 12국 (61486부대)은 미국과 유럽의 신호정보를 집중 수집하여 산업기밀을 생산하고 있다. 전략지원부대 4부는 1990년에 설립되었으며 전자전과 Network 공격 등 사이버전을 중점적으로 연구하고 있으며 사이버무기체계와 관련된 기술을 전담 개발하고 있다.

---

64) 2009년 미국 내 34개 IT 기업을 공격 한 'Operation Aurora'의 배후가 중국이라고 Microsoft사에서 발표하였을 정도로 국가 차원의 사이버부대를 운용하고 있다.

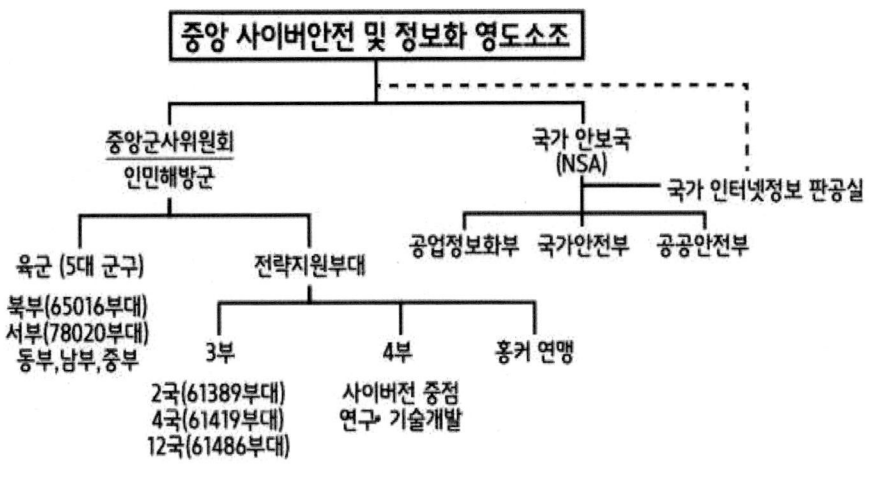

<그림 3> 중국의 사이버전 수행기관

다. 러시아

　러시아는 1996년 3월에 제정된 "컴퓨터 정보영역에서의 범죄에 관한 법(Crimes in the Sphere of Computer Information)]"에 비인가 컴퓨터정보에의 접근, 부당한 컴퓨터 Program의 제작·사용·배포, 컴퓨터 System 또는 Network 운영규칙의 위반 등 사이버범죄 대응을 위한 사안들이 포함되어 있다.
　이러한 형사법적인 규정은 타인의 사이버정보에 대한 불법적인 접근과 유해한 컴퓨터 Program의 제작·사용·유포 등의 범죄를 처벌하는 법적인 근거가 되고 있으며 컴퓨터 System 및 Network 운용 규정에도 적용되고 있다. 러시아는 1995년에 전화, Internet 통신에 대한 FSB의 감청을 허용하는 법을 제정하였고, 이를 위해 1996년 운영적 조사활동을 위한 시스템(SORM; System for Operative Investigative Activities)-1, 1998년에 SORM-2를 설립하였다. 정보통신부장관은 2000년 "130호 명령(전화기, 휴대폰, 무선통신, 무선호출망에서의 조사활동을 보장하는 기술적 수단의 도입)"을 법제화 했다. 2014년에는 SORM-3의 감청기능을 지원하기 위한 요구사항을 발령하고 2015년에는 SORM-3에 대응하는 장비들을 설치하였다.
　이외의 사이버 안보와 관련하여 러시아가 원용하고 있는 법은 2006년 7

월에 발효된 러시아 연방법인 "정보, 정보기술 및 정보보호법"이다. 이 법은 각 기관이 정보체계를 구축할 때에 보안대책을 구비하고 접근이 통제된 정보에 대해서는 비밀성을 지키며 동시에 적절한 정보 접근을 구현하기 위한 기술적, 법률적 조치들을 담고 있다. 그러나 러시아는 아직도 독립된 '사이버기본법' 없이 정부의 정보보안 Doctrine으로 대체하고 있다.65)

러시아는 사이버전과 관련하여 공식적인 문서를 발표한 적이 없다. 그러나 2000년 9월에 "러시아연방 정보보안 Doctrine (Doctrine of the Information Security of the Russian Federation)"을 발표하고 Internet 정책을 국가안보의 주요 의제로 간주한다고 선포하면서 개인의 권리도 제한할 수 있다는 내용을 포함하였다.66) 2007년 4월 러시아 해커들이 감행한 에스토니아의 전산망에 대한 사이버공격으로 Paradigm이 전환되었다는 것을 증명했다.

2016년 12월 승인된 "신 정보보안 Doctrine(President of the Russian Federation, 2016)"에서 주변국이 군사적 목적으로 러시아의 정보 Infra에 대한 영향력 확대를 추구하는 것'에 대한 우려를 나타냈다. 이 Doctrine은 사이버심리전에 대해 적시하며 이에 대한 후속 문건이나 법률을 제정하는 데 중요한 기반을 제공할 것이다.

러시아의 사이버전 수행기관은 연방보안국(FSB)67)가 사이버전 전담조직인 Alpha부대를 통해 통신감청과 국가통신을 관리하는 임무를 수행하며 사이버안보 관련기관을 총괄하고 있다. FSB는 국가기밀을 포함한 중요정보의 통제와 예방조치. 관련기관에 대한 보안기술과 암호 Service를 제공한다. 예하조직으로는 정보보안센터, 침해사고대응팀, 국가 사이버범죄 조정본부 등이 있다.

러시아는 세계 최초로 2002년 해커부대를 창설하여 사이버전문인력의 양성과 기술개발에 노력해 왔다. 특히 물리적인 전쟁 수단으로 사이버공격작전을 수행했다. 2008년 8월 조지아와의 전쟁에서 사이버공격작전의 요망

---

65) 김상배, "세계 주요국의 사이버 안보 전략: 비교 국가전략론의 시각", 『국제 지역연구』, 제3권(2017.), pp.67-108.
66) 위의 논문 참조
67) https://terms.naver.com/entry.naver?docId=645843&cid=43124&categoryId=43124,(검색일: 2023.8.23)

효과를 달성하지 못하자 러시아군에 해커기능을 강화한 사이버전 전담 부대가 창설되었다. 이후 다양한 분쟁에 개입하며 상당한 수준의 사이버 공격 역량을 갖추게 되었다. 특히 에스토니아, 조지아, 키르키스스탄, 우크라이나, 미국 등을 대상으로 사이버공격을 통해 공격역량을 확보했다.

러시아는 독자적으로 현존하는 모든 무기체계의 개발이 가능한 기술을 보유한 국가이며, 미국과 기술경쟁력 면에서 비교가 가능한 국가라고 할 수 있다. 러시아는 사이버전에서 승리를 거두기 위하여 공격과 방어수단을 총체적으로 개발하는 방향으로 사이버전 전략을 추진하면서 사이버무기체계의 개발 Program의 중요성을 강조하고 있다. 〈그림 4〉는 러시아의 사이버전 수행기관이다.

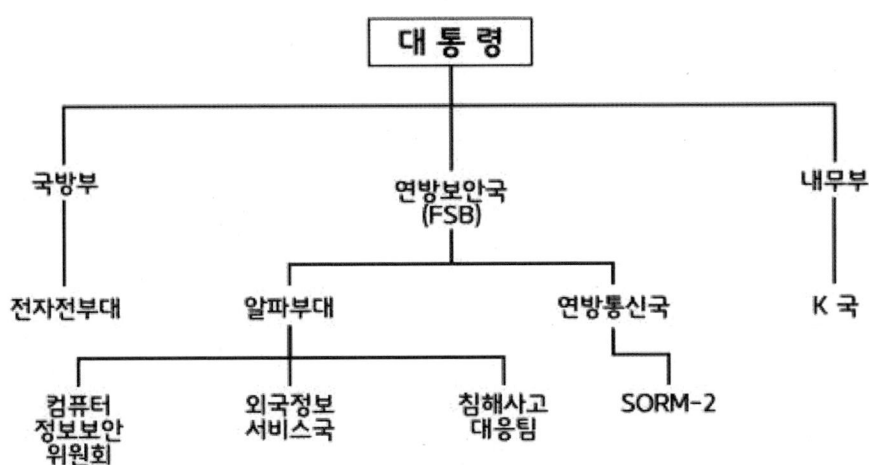

〈그림 4〉 러시아의 사이버전 수행기관

라. 일본

일본은 1997년 9월부터 관방성을 중심으로 사이버전에 대비하기 시작했다. 정부, 산업시설에 대한 사이버위협이 증가함에 따라 "대규모 산업설비·Network 보안대책위원회"를 설립한다.68) 1999년 9월부터는 국가전복 등

---

68) 다른 국가의 사례, 사이버테러 조직의 동향, 사이버대응 체제, 보호대책의 조사와 분석

을 꾀하는 컴퓨터 Network 부정접근을 근절하기 위하여 관방성·방위성·경찰청·금융감독청 등 13개 부처가 참석하는 "정보보안 관계 성·청 국장회의"를 설립하였다.69) 2000년 2월부터는 정부 차원의 대응체제를 구축하기 위해 국장급회의체인 '정보보안대책 추진회의', 정부와 민간 간 정책협의를 위한 학자·보안전문가·중요 민간시설의 대표자로 구성된 '정보보안부회'를 신설하였다. 2000년 12월에는 '사이버테러 대책에 관한 특별 행동계획'을 발표하고 내각 관방을 중심으로 관·민의 긴밀한 협력을 천명했다. 민간 주요 Infra 사업자와 지방자치단체는 자율적인 대책 강구를 주문했다.70)

전수방위(專守防衛)를 국방의 기본방침으로하는 일본은 2005년 각의에서 결정된 4가지 유형71)에 포함되지 않는 사이버위협에 대한 대응은 법적 근거가 없다. 이러한 문제점을 인식하고 2010년 방위계획대강을 통해 사이버 공격에 대한 위험을 안보 당면과제로 제시한다. "사이버 공격에 대한 대응태세 및 대응능력을 종합적으로 강화한다"는 방침이다. 2012년 9월 방위성은 "방위성·자위대에 의한 사이버공간의 안정적·효과적 이용을 위해"라는 제목의 지침을 발표했다. 방위성은 무력침공을 위한 공격여건조성작전으로 사이버공격이 발생했을 때 자위권을 발동해야 한다는 의지를 표현한 것이다.

사이버위협에 대한 국가적 대책마련은 2012년 아베내각이 등장하면서 구제화 되기 시작했다. 2013년 12월 국가안전보장전략, 2013 방위계획대강, 중기방위력정비계획을 발표하면서 사이버공간에 대한 위협을 국가안보상의 과제로 제시한다. 2013년 방위계획대강은 사이버 공간의 안정적 이용을 확보하는 대응방안으로 상시감시태세 구축, 침해사고 발생 시 피해 최소화, 신속한 피해복구 등을 제시하며 통합기동방위력 구축을 기본개념으로 제시했다.

을 통해 사이버전을 연구하였다.
69) 해커대책 등 정보통신 기반 정비에 관한 행동계획을 수립하고 시행하는 협의기구이다.
70) 김재광 등, "일본의 사이버위기 관련 법제의 현황과 전망", 『법학논총』, 제33권(2009.), pp.43-50.
71) 2005년 각의에서 결정된 무력공격사태는 ①선박 및 항공기에 의한 착륙 및 상륙침공, ②게릴라 및 특수부대에 의한 공격, ③탄도미사일 공격, ④항공공격 등이다.

2018년 발표한 新방위계획대강은 일본 방위에 있어 우주·사이버·전자파 등과 같은 첨단 군사영역에서의 방위력 강화가 '사활적으로 중요'하다는 인식이 반영되었다. 중국, 북한의 군사적 위협에 대한 대응과 더불어 안보환경의 질적 변화에 대한 대응역량 강화가 일본 방위력 강화의 핵심영역으로 급부상했음을 의미한다. 이를 위해 다차원통합방위력 구축을 기본개념으로 제시하였다.

사이버 영역에 대한 대처능력 강화를 위해 유사시 사이버 반격능력 보유와 사이버 공간에서의 자위대의 역할을 확대하겠다고 선언한 것이 특징이다.[72] 이는 2018년 국가안전보장회의(NSC)에서 제시한 '적극적 사이버 방어개념'을 채택한 것이다.[73] 단, 사이버 공격과 자위권 발동에 대한 일본 내 법적 논의가 제대로 이루어지지 않은 상태에서 진행되었다는 한계는 있다. 이러한 일본의 사이버 반격능력 보유는 미일안보조약에 의한 억지력에 더 이상 의존하지 않겠다는 뜻으로 풀이된다.

일본은 사이버보안 분야 기본법 제정 전까지 정보화 분야의 기본법인 "고도 정보통신 Network 사회형성 기본법(2000)"에 근거하여 정책을 시행했다. 도쿄올림픽 개최가 확정되자 이를 계기로 사이버보안 기본법 개정의 필요성을 느끼게 되었다. 2014년 11월 사이버안보를 위한 사이버보안의 기본이념과 국가 책무를 명확히 한 "사이버보안기본법"을 제정한다. 이 법은 사이버 보안 강화를 위한 다양한 조치들을 규정하고 있다.[74] 이를 통해 범국

---

72) 일본에 대한 공격 시 우주·사이버·전자파 영역을 활용하여 공격을 저지·배제한다고 명시하여 유사시 자위대가 적의 정보통신 및 네트워크를 공격하는 사이버 반격능력을 보유하겠다는 점을 명확히 하고 있다.
73) 2018년 "사이버시큐리티전략안"이 작성될 당시 국가안전보장회의(NSC)가 제시한 개념으로 공격조짐을 포착하여 유사시로 판단되면 사이버 공격을 받기 전에 상대의 능력을 상실케 하거나 저하시킨다는 의미의 '적극적 사이버방어' 개념이다.
74) 첫째, 사이버보안을 '전자적 방식, 자기적 방식, 기타 사람의 지각으로는 인식할 수 없는 방식으로 기록되거나 발신, 전송 또는 수신되는 정보의 누설, 멸실 또는 훼손방지 및 그 밖의 정보의 이전관리를 위한 필요 조치와 정보 System 및 정보통신 Network의 안전성·신뢰성의 확보를 위하여 필요한 조치가 강구되고 그 상태가 적절하게 유지 관리되는 것'이라고 규정하였다. 둘째, "사이버보안기본법"이 추구하는 기본이념을 제시하고 있다. 셋째, 사이버 관련 국가의 법률적 주체들에게 기본책무를 요구하고 있다. 넷째, 사이버보안 전략의 수립을 위한 정부의 임무는 사이버보안에 관한 시책을 종합적이고 효과적으로 추진하기 위해 사이버보안 기본계획을 수립하며 사이버보안 수행을

가적 사이버 보안을 추진하기 위한 법적 근거를 마련했다. 사이버보안을 강화하기 위한 활동의 투명성을 확보하여 국민들도 참여할 수 있도록 하였고, 사이버보안을 위한 국제협력에도 적극 참여 할 수 있도록 하였다.[75]

일본의 사이버전 수행조직은 2005년 내각 관방에 '정보보안 Center'와 '정보보안 정책회의'를 설치하여 정부 각 부처의 사이버방위 역량을 ' 정보보안 Center'가 조정하도록 하였다. 정부기관과 방위사업체를 대상으로 한 사이버공격에 대응하기 위하여 경시청에 '사이버 Force Center'와 ' 생활안전국'을 설치하여 사이버대응을 총괄하도록 하였다. 또한 같은 해 각 군 자위대에 사이버전 담당 System 방호대를 창설하였고, 2008년 7월에는 160여명 규모의 '자위대 지휘통신 System'로 확대하였다. 2015년 1월에는 내각 산하에 사이버보안센터 (NISC)를 설치하여 사이버공격을 담당하도록 하였다.

2014년 3월 자위대에 창설된 '사이버방위대'는 자위대지휘통신시스템대 산하에 90명 규모로 편성되어 방위성 및 자위대의 컴퓨터 시스템 상황에 대한 24시간 감시태세 및 침해사고 발생 시의 긴급 대응체제를 갖추게 되었다. 또 육해공 각 자위대가 개별적으로 실시해 오던 정보수집 및 대원 훈련 등의 임무를 일원화 하게 되었다.

2022년 3월 일본 방위성은 자위대 사이버방위대의 기능을 강화하여 약 540명 규모로 재편했다고 보도했다.[76] 임무는 사이버 공격 대처, 사이버 전문인력 양성, 실전적 훈련 지원, 정보통신 네트워크 관리·운영 등이다. 일본은 우주와 사이버, 전자파 등 3개 분야를 방위력 정비의 핵심축으로 삼고 있다. 향후 사이버방위대는 사이버방어를 넘는 공격수단을 개발하여 군사작전의 일부로 사이버전을 활용할 것이다. 〈그림 5〉는 일본의 사이버전 수행기관이다.

위한 예산을 확보하도록 하였다. 다섯째, 내각 관방장관이 본부장이 되는 '사이버보안전략본부'를 내각에 설치하였다. 여섯째, '사이버보안전략본부'의 대외 협력관계를 명시 하였다.
75) 박상돈, "일본 사이버안보법에 대한 고찰 : 한국의 사이버안보법제도 정비에 대한 시사점을 중심으로", 『경희법학』, 제50권(2015.), pp.161-165.
76) "일본 '자위대 사이버방위대' 설치...540명 규모", 한국경제TV(2022.03.17.)

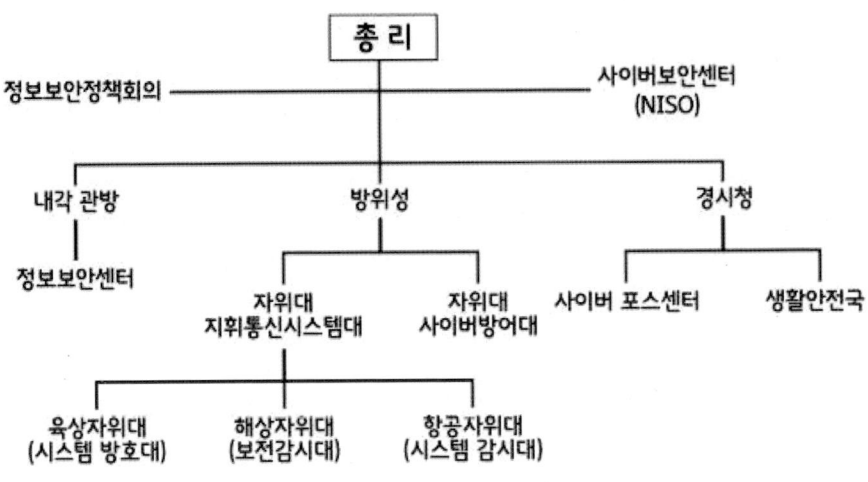

<그림 5> 일본의 사이버전 수행기관

자위대는 사이버전 역량을 확보하기 위하여 사이버요격 무기체계(Virus 형)를 개발한 바 있고, 2015년에는 미국과 사이버공격에 대한 방위조약을 체결하였다. 사이버전에 대비하기 위해 매년 약 5,000억 원 이상을 집행하는 등 정부예산을 과감히 투자하고 있으며, 방위성 지원 하 후지쯔에서 사이버 공격자를 추적하여 파괴하는 멀웨어(Malware)[77]를 제작한 바 있다. 방위성은 중장기적으로 사이버공격 대책에 대한 기획입안을 담당하는 '사이버기획조정관'을 신설하고 다른 나라에서 발생한 사이버 공격에 대한 정보를 수집, 분석하기 위해 정보본부에 전담요원을 배치하였다. 또한 사이버전 선진국들의 기술을 대거 도입하여 자체 사이버무기체계 개발 System을 구축 운영하고 있다.

---

77) 멀웨어는 위협행위자가 조직이나 개인을 혼란에 빠뜨리기 위해 배포하는 악성 소프트웨어이다. 이메일에 첨부되거나 사기성 링크에 포함되며 광고에 숨겨져 있거나 다양한 인터넷 사이트에 대기하고 있다. 멀웨어의 최종 목표는 컴퓨터와 네트워크에 피해를 주거나 악용하는 것이며 데이터나 돈을 훔치는 것이다.

3. 사이버 위협요인과 독도 방어전략

가. 사이버 위협요인

사이버위협의 유형은 사이버해킹, 사이버범죄, 사이버테러, 사이버분쟁, 사이버전쟁 등으로 구분된다. 사이버공간에서의 다양한 사이버위협들이 정치사회적인 효과를 유발하면서 개인 간의 사이버분쟁을 벗어나 국가 간의 사이버전쟁으로 확대될 수 있다는 것이 가능한 시나리오가 되었다. 이것은 정치적으로 동기화된 단순한 사이버위협이 대규모 군사작전을 유발시킬 수 있다는 의미이기도 하다.

국가정보원은 '2022년 사이버안보 위협 주요 특징 및 내년 전망'을 발표했다.[78] 2023년 사이버안보 위협의 주요 특징은 3가지로 특정했다. 첫째, 국내 해킹 피해가 지난해보다 5.6% 감소했다는 사실이다. 이는 국제사회의 사이버억지 조치가 이어지고 우리 정부의 대응이 강화된 결과로 보고 있다. 해킹 수단은 안보부처와 연구기관을 사칭하는 해킹메일이었으며 IT 솔루션의 보안 취약점 악용 공격도 빈번하게 발생했다.

둘째, 국가 배후 해킹조직은 국내 외교·안보 현안 및 첨단기술을 절취하는 공격이 지속되고 있다는 점이다. 주로 북한의 정보 절취 공격과 국제적 경쟁력이 있는 방산·원전·정찰자산 등의 첨단 산업기술 절취 행위가 늘어나고 있다.

셋째는, 국가간 사이버분쟁 및 랜섬웨어로 인한 글로벌 안보 불안감이 고조되고 있다. '러시아-우크라이나 전쟁'에 이어 '중국-대만'과 중동지역 갈등에서도 디도스 공격 등 다양한 사이버 분쟁이 발생하고 있다. 코스타리카 정부는 범죄조직의 랜섬웨어 공격으로 국가비상사태를 선포했고, 영국과 프랑스의 공공 의료 서비스가 차질을 빚는 등 랜섬웨어가 국가안보에 영향을 주기도 했다고 분석했다.

국가정보원이 선정한 2023년 사이버안보 위협은 5가지로 먼저 첨단기술·안보현안 절취 목적의 사이버첩보 활동이 심화될 것으로 전망한다. 북한

---

[78] "2023년 사이버 위협 전망 TOP 5", 아웃소싱타임스(2022.12.12.), http://www.outsourcing.co.kr/news/articleView.html?idxno=95471(2023.08.12.)

과 중국 등 국가 배후 해킹조직은 원자력·우주·반도체·방산 관련 첨단기술과 함께 한국·미국의 대북정책과 방위 전략 해킹을 지속하고 있다.

둘째, 사회 혼란 목적의 해킹 가능성 우려다. 지난 10월에 발생한 IDC 화재사고의 파급력을 학습한 해킹조직이 사회 혼란을 노리고 주요 기반 시스템에 대한 파괴적 사이버 공격을 자행할 가능성이 있다.

셋째, 공공·기업 대상 랜섬웨어 피해 확산 등 사이버 금융범죄가 빈발하고 있다. 글로벌 경제위기 아래 중소 병원·플랫폼 기업을 노린 랜섬웨어 유포와 데이터 공개 협박, 탈중앙화 가상자산(DeFi) 및 오픈뱅킹 등 신 금융서비스를 공략하고 있다.

넷째, 용역업체·클라우드 등 민간 서비스를 악용한 공급망 해킹이 지속되고 있다. 전산 용역업체를 해킹해 절취한 계정정보·소스코드를 고객사 침투 단서로 악용하거나 공공에 확대 중인 민간 클라우드의 보안취약점을 집중 공격한다.

다섯째, 사이버억지 정책 회피 목적의 다양한 해킹수법이 출현하고 있다는 점이다. 디지털 추적을 회피하기 위해 다크웹, 방탄호스팅 서버 이용이 일상화되고 타 조직의 악성코드를 모방하거나 인공지능 기술을 적용한 해킹도구가 등장하고 있다.

독도와 동해해역을 사이에 두고 벌어지는 한·일간 갈등은 회색지대에서 물리적·사이버 공간에서 저강도 분쟁의 형태로 나타나고 있다. 물리적 사실을 왜곡, 조작하여 사이버분쟁으로 발전하기 때문에 국가 간 사이버전쟁으로 확대되지 않도록 대비해야 한다. 예를 들면 회색지대 전략이 사용되는 모든 영역 즉 정치, 경제, 군사적 활동 등에서 명확한 인식과 대비책이 강구되어 있어야 한다.

첫 번째 사례는 위안부 판결이다.[79] 위안부 판결은 회색지대의 전략 중에서도 정치적 강압이 보다 강하게 나타난다. 이것은 위안부 판결이 한일관계의 악화와 외교관계에 대한 우려를 형성해 국내정치의 분열을 초래하거나 외교활동에 제한을 줄 수 있다.

---

79) "文 정부의 안보..오답만 선택하는 공부 못하는 학생", 뉴데일리(2021.02.03.), https://www.newdaily.co.kr/site/data/html/2021/02/02/2021020200096.html(2023.08.21.)

두 번째 사례는 강제징용 판결로부터 시작된 한국과 일본 간의 무역 갈등이다.[80] 여기에서는 정치적 강압도 작동하지만 경제적 강압이 보다 두드러진다. 강제징용 판결에 대한 보복으로 일본의 수출 제한이라는 경제적 강압이 한국의 불매운동, 관광금지 등의 일본에 대한 새로운 경제적 강압을 재생산해 양국의 경제적 손실을 만들어냈다.

세 번째 사례는 일본해상자위대 초계기의 근접비행 사건이다.[81] 이것은 군사적 활동을 중심으로 회색지대 전략이 나타나는 사례이다. 직접적인 군사적 충돌은 아니지만 레이더의 활용, 근접비행과 관련한 군사적 마찰이 정치적, 외교적 상황에 영향을 미치고 있는 사례로 볼 수 있다. 회색지대 전략을 보여주는 한·일간의 갈등 사례는 향후 독도/다케시마 분쟁에서 정치적 강압, 경제적 강압, 군사적 활동 등의 전략이 복합적으로 적용될 수 있다.

한·일간의 독도/다케시마 분쟁은 사실상 샌프란시스코조약 이후 이승만 라인을 선언한 1953년부터 시작되었고, 그 이후 수면 아래에서 갈등의 소지가 지속되었다. 독도를 둘러싼 한일 간의 전략적 경쟁은 보다 복잡한 성격으로 전개될 수 있다. 독도는 심각한 군사적 충돌과 같은 전쟁의 상황이 아니지만 영유권과 관련해 한일 양국 간에 분쟁의 소지가 있는 모호한 영역이다. 또한 외교부나 외무성이 정부의 입장을 대변하고 있기 때문에 행위의 주체를 국가로 볼 수 있다. 그리고 장기간에 걸쳐 지속적으로 영유권 주장과 이에 대한 항의를 반복하고 있다는 점에서 사이버분쟁의 위협에 대한 대비가 요구된다.

나. 독도 방어전략

한국의 디지털 환경과 사이버보안 여건은 양호하다. 그러나 사이버침해 위협 발생 시 공격의 주체를 특정하거나 피해를 최소화할 수 있는 능력과 태세는 미흡하다. 독도와 동해해역에서 벌어지는 모든 위협은 복합적으로

---

[80] 최은미, "강제동원문제를 둘러싼 한일갈등의 전개와 향후 전망", 『주요국제문제분석』, 제31호(2019), pp.3-15.
[81] "軍 '日초계기 경고음 증거 못 돼, 교묘한 가공' 정면 반박", 뉴시스(2019.01.22.), https://newsis.com/view/?id=NISX20190122_0000537667&cID=10301&pID=10300(2021.03.19)

작용한다. 하나의 위협에 그치지 않고 최종 정치적 목적을 달성하기 위해 연계할 것이다.

　러시아-우크라이나 전쟁의 정보심리전 사례를 통해 사이버영역에서 정보전과 심리전이 운용되는 특징을 살펴보았다. 향후 사이버전은 매우 다양한 행위자가 참가할 것이기 때문에 이러한 다양한 행위자를 평시부터 관리해야 한다는 점이다. 두 번째는 디지털 플랫폼을 장악하는 자가 정보심리전에서 승리할 수 있다는 점이다. 이미 플랫폼을 선점한 서방 국가 및 IT기업들과 국제적인 협력을 강화해 나가야 한다.

　이번 전쟁의 승패는 정보심리전의 우위에서 결정되었다. 앞서 Ⅲ장에서 우크라이나가 정보심리전의 우위를 점할 수 있었던 이유를 도출하였다. 먼저 전쟁의 명분이다. 명분 없는 전쟁의 문제를 지적하여 여론을 조성했다. 둘째, 정보심리전이 발신하는 내러티브의 대결이다. 러시아가 발신하는 가짜뉴스는 이미 학습을 통해 신뢰하지 않게 되었다. 반면 우크라이나는 철저한 대비를 통해 적시적절한 반격 내러티브를 발신하여 러시아와 내러티브 대결에서 우위를 점했다. 셋째, 서방 IT기업의 플랫폼 독점이 러시아의 정보심리전 효과를 차단했다. 또 스타링크 인터넷 시스템을 지원받아 우크라이나는 디지털 플랫폼을 유지할 수 있었다. 마지막으로 서방국가의 지원이다. 전쟁정보를 공유하고 민감정보를 노출하여 러시아의 가짜뉴스를 신뢰하지 않도록 만든 것이다.

　러시아-우크라이나 전쟁에서 도출한 정보심리전의 특징적 요소를 한국과 주변 강대국의 사이버전략과 능력에 대비하여 분석한 결과를 토대로 사이버 독도 방어전략을 제시하면 다음과 같다.

　첫째, 사이버전 대비 관련 법령체계의 정비 및 기본법 제정이다. 정보보호 및 사이버전 관련 법들이 개별 입법되어 상호 연계 및 상하관계가 정립되지 않아 동일한 법률의 해석을 기대할 수 없다. 다행히 문재인 정부에서 처음으로 국가사이버안보전략과 국가사이버안보기본계획을 확정하여 정책으로 추진할 수 있는 근거를 마련했다.

　윤석열 정부는 국가사이버안보전략서를 발표하고 사이버전 대응을 선제적이고 능동적인 작전개념으로 바꾸라고 주문했다. 그러나 법적 근거 없이는 사이버침해와 공격에 대응하는 전력과 노력을 통합할 수 있는 컨트롤타워를 둘 수 없고 효과적으로 대응할 수 없다. 2006년 17대 국회에서부터 사이버보안법이 발의되고 있으나 정치적 고려 등을 이유로 폐기되고 있다. 사이버기술의 급속한 발전으로 대응법 제정이 따라가지 못하는 것이 현실이다. 따라서 매 사안마다 대응법을 제정하기보다 사이버안보법을 기본법으로 제정하여 국가적 지향방향을 설정하는 것이 필요하다. 기본법을 통해 법의 해석과 유추에서도 일관성 있는 적용이 가능해 진다.

사이버안보를 국가가 모두 책임질 수 있는 범위를 벗어났다. 이번 전쟁의 특징에서 본 것처럼 다양한 사이버전 행위자를 통합할 수 있어야 한다. 사이버 관련 이해당사자들과 행정기관들이 모두 포함된 거버넌스를 구축할 수 있는 법적 근거가 필요한 것이다. 이 법안에 반대하는 사람들은 사이버 위기 관리와 조사활동을 위해 희생될 수 있는 국민의 기본권 침해를 우려한다. 따라서 컨트롤타워를 맡는 기관에 대한 법률적인 통제와 국회와 사법부의 견제장치를 요한다.

사이버보안법을 시행하고 총괄하는 조직은 위에 열거한 긍·부정적인 측면을 모두 충족할 수 있어야 한다. 이를 위해 국가안전보장회의 통제하에 두어야 한다. 현재 시스템은 사이버공격 대상이 누구인지에 따라 대응기관이 달라져 통합된 대응이 불가하다. 예를 들면 공공분야는 국가정보원이 군 관련 분야는 국방부에서 하고 조사는 경찰이 맡는 식이다. 사이버전을 수행하는 기관의 체계를 일원화하고 책임의 한계를 명시할 수 있게 조직을 편성해야 한다.

한국의 사이버전 수행조직(안)은 〈그림 6〉에서 보는 것과 같이 국가안전보장회의(NSC)에서 국가정보원과 국방부를 통해 전평시 사이버전 수행기관을 조정·통제하도록 한다. 또한 사이버협력단을 두어 민·관·군 협의체로 운영하면서 정보공유 및 국제적 공조와 협력체계를 구축한다. 국가정보원은 전·평시 정부 기관과 지방자치단체의 사이버조직과 역량을 조정·통제하고 국민의 기본권 침해가 발생하지 않도록 세부적인 법적 제도적 장치를 마련한다. 국방부는 전평시 사이버전의 핵심전력으로 사이버작전사령부와 군사안보지원사령부를 통해 연구개발, 전문인력 양성, 정보기술 등을 확보할 수 있어야 한다. 합동참모본부를 통해 사이버전을 통합방위작전의 핵심영역으로 구분하여 육해공군의 전력과 역량을 보호하고 대응할 수 있는 체계를 구축해야 할 것이다.

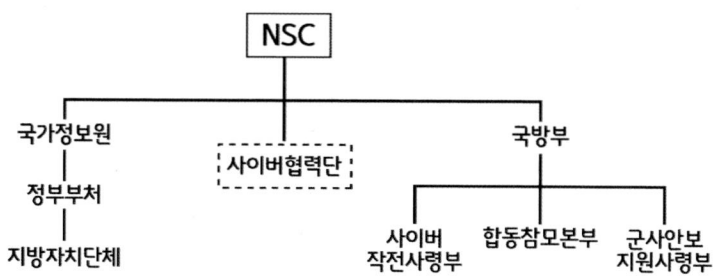

<그림 6> 한국의 사이버전 수행 조직

통합방위법은 물리적으로 적의 침투 및 도발이 발생한 지역 또는 위협에 물리적으로 대응하기 위한 것이다. 사이버공간에서 발생하는 불법적인 사이버 정보수집활동이나 사이버공격에 대한 대응은 제한된다. 이를 위해 통합방위작전의 영역에 사이버공간을 포함하고, 사이버영역에서 군의 역할과 기능을 명확히 보장해야 한다. 사이버전을 총력전으로 수행하기 위해 사이버사태에 대한 대응조직 편성을 명시해야 한다. 또 사이버 대비태세를 유지하기 위한 민관군 통합 사이버무기체계 연구개발, 인력확보 및 교육훈련 등의 내용을 규정해야 한다.

둘째, SNS를 활용한 독도 홍보전략을 수립하여 평시부터 메시지의 내러티브를 확보할 수 있어야 한다. 나라별로 일일 인터넷 사용시간은 태국인이 9시간 38분을 온라인에서 보내고 미국인은 웹서핑에 6시간 30분을 보내는 것으로 나타났다. 한국인은 5시간을 웹서핑에 보낸다. 인터넷 이용률은 서방국가가 90% 이상으로 세계 평균은 65.6%이다. 인터넷 성장세를 보면 아프리카는 18년 간 10,000% 성장했으며 북미는 219% 성장했다. 인터넷 보급률을 살펴보면 북미, 북유럽, 서유럽은 90%에 달하며 중앙 아프리카와 동부 아프리카는 20% 미만이다.

이러한 인터넷 보급률을 기준으로 전 세계에서 가장 인기 있는 운영체제는 안드로이드로 40.6%를 그다음은 윈도우가 36.7%를 차지했다. 검색엔진은 구글이 90.6%로 가장 많은 사람이 사용하고 있다.

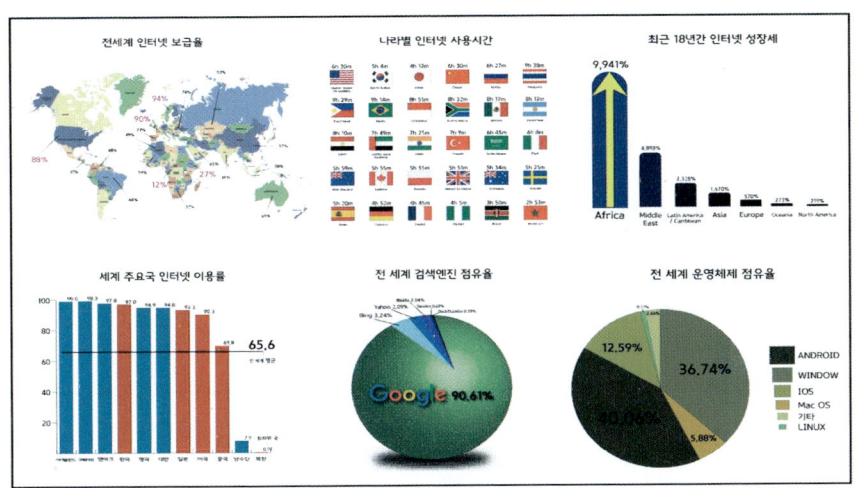

<그림 7> 인터넷 사용 트렌드

소셜미디어 트렌드를 분석해 보면 소셜네트워크(SNS)는 전 세계인들이 모이는 소통의 장이다. 많은 기업에서 SNS를 도입하여 마케팅이나 인재 채용의 수단으로 활용하며 업무 환경에 SNS를 도입해 생산성을 높이는 경우도 있다. SNS 중 가장 많은 사용자를 보유하는 것은 페이스북이다. 현재 10억 명이 사용하고 있는 것으로 분석된다. 소셜 미디어 사용율은 연령대가 높아짐에 따라 낮아지고 교육수준이 높을수록 많이 사용한다. 이는 교육을 많이 받은 사람이 컴퓨터, 네트워킹, 마케팅 관련 직업에 많이 종사하기 때문인 것으로 분석된다.

한국인이 가장 많이 사용하는 모바일앱은 유튜브이며 2위는 카카오톡, 3위는 인스타그램이다. 카카오톡은 월 평균 4,690만 명이 유튜브는 4,498만 명이 이용했다. 대표적인 SNS의 모바일앱 설치기기 수는 네이버 밴드 설치자 수가 1위로 2,548만 명이며 인스타그램은 2,162만 명으로 2위이다. 특히 한국인의 유튜브 시청 비율은 세계 1위로 전 국민의 90%인 4,700만 명이 시청했다.

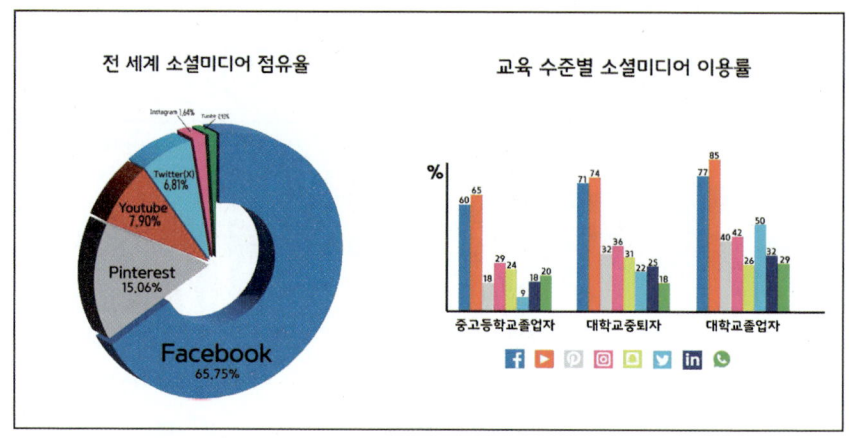

<그림 8> 소셜미디어 트렌드

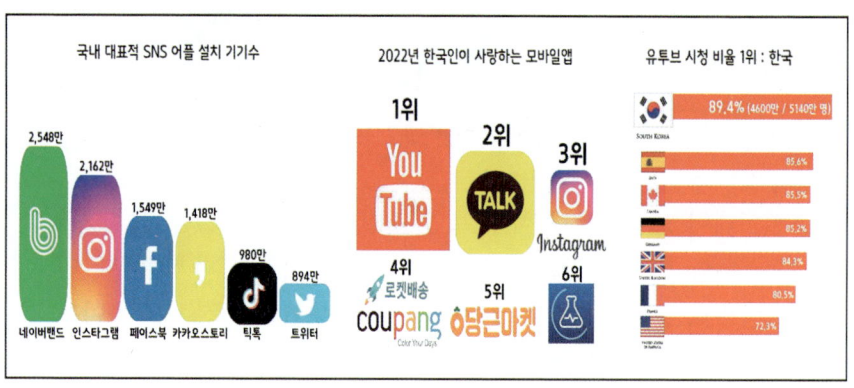

<그림 9> 한국인 소셜미디어 트렌드

　MZ세대는 SNS를 정보 전달 창구가 아니라 관계를 만들어 나가는 공간으로 인식한다. 따라서 독도 홍보컨텐츠는 SNS를 통해 평시부터 관리되어야 한다. 특히 한국인이 가장 많이 애용하는 유튜브와 인스타그램, 카카오채널을 이용하여 홍보하는 전략을 강구해야 할 것이다. 세계인들을 위해서는 가장 선호하는 페이스북과 유튜브를 이용해 홍보하는 전략이 필요하다.

　셋째, 정보기술의 확보와 연구개발 역량의 확보이다. 이번 전쟁에서 사용한 사이버 무기체계는 고도의 기술적 집약체이다. 러시아가 사이버 공격에 와이퍼 악성 코드와 디도스·문자스팸 등을 사용했다. 와이퍼란 컴퓨터에

침입할 경우 저장공간 내 모든 데이터를 삭제하는 유형의 악성 소프트웨어를 말한다. 미국 IT보안업체 멘티언트의 제이미 콜리어 컨설턴트는 와이퍼 공격 외에도 국방부와 최대 상업은행 프라이밧뱅크에 디도스 공격이 가해진 것을 확인했다고 밝혔다. 사이버 무기체계는 연구개발을 통해 대응기술을 확보할 수 있다. 따라서 사이버 무기체계에 대한 연구를 수행할 연구기관과 연구인력, 국가적 노력이 동반되어야 할 것이다. 이를 위해 민·관·군 연구소를 연계하여 연구를 전담할 수 있는 국가급 연구소 운영을 통해 사이버능력을 확보해 나가야 한다.

넷째, 사이버 전문인력 육성과 교육훈련 체계확보이다. 인원을 육성, 확보하고 교육 훈련을 체계화해야 한다. 사이버전은 총력적으로 다양한 사이버전 행위자가 참가한다. 따라서 사이버군 뿐만아니라 민간 정보보호 인력의 관리가 요구된다. 여기에는 화이트 해커 육성도 포함된다. 이를 위해 사이버예비군 제도를 적극 활용할 수 있어야겠다. 통합방위법에 사이버예비군을 명시하여 평시부터 관리하고 예비군 훈련을 통해 사이버전 능력을 키우고 유지할 수 있는 체계를 만들어야 한다. 또한 평시부터 민간 사이버 역량을 통합할 수 있는 다양한 거버넌스 형태를 강구하여 사이버전 수행조직에서 관리 및 유지 할 수 있도록 체계를 정립해야 한다. 유사시 사이버 총력전이 가능하도록 전문인력을 육성하고 교육훈련에 주안을 두어야 한다.

다섯째, 국제협력 체계의 구축이다. 2023년 한국은 부다페스트협약에 가입 초청을 받아 사이버 국제협력의 기초를 만들었다. 사이버침해는 국제공조 필요성이 날로 커지는 만큼 타국과의 협력이 필수적이다. 경찰은 지난 2020년 'n번방' 사건 당시 부다페스트협약 미가입국으로 수사에 어려움을 겪었다. 정부는 협약 가입을 통해 전세계 인프라를 활용해 사이버 범죄에 대응하겠단 방침이다. 우리나라의 사이버범죄협약 가입 추진은 안전하고 평화로운 사이버공간 구축을 위한 국제사회의 노력에 적극 참여한다는 의미가 있다. 이를 통해 최첨단 사이버범죄 수사기법과 사이버 대응 선진 모델을 구축하는 계기로 만들어야 한다.

V. 결론

지금까지 러시아-우크라이나 정보심리전 전략과 실제 적용사례를 사이버행위자 측면과 디지털 플랫폼의 무기화 측면에서 살펴보았다. 그리고 동해와 독도 해역에서 영향력을 행사할 수 있는 미국, 중국, 러시아, 일본의 사이버전략과 능력을 법과 제도적인 측면, 사이버기술 확보 측면에서 알아보고 한국의 사이버전략을 비교 분석했다.

한국의 사이버전 준비태세는 매우 미흡하다. 법과 제도적인 면에서 사이버기본법이 제정되지 않았고 사이버전 수행조직도 민·관·군 모든 자원을 통제할 컨트롤타워가 없는 실정이다. 러시아-우크라이나 전쟁사례를 통해 정보심리전은 효과대비 진입비용이 가장 낮은 전쟁수단임이 입증되었다. 우크라이나는 러시아와의 정보심리전에서 우위를 점할 수 있었기에 초기전쟁에서 공격을 효과적으로 막아낼 수 있었다.

사이버전 위협에 대한 대응능력을 갖추기 위해서는 첫째, 사이버보안 의식과 정보 인프라에 대한 보호역량이 필요하다. 인터넷 침해사건의 경우 다른 국가들보다 유독 한국이 가장 피해가 심한 이유는 국민 개개인의 보안의식이 희박하기 때문이다. 충분한 보안의식이 없는 상태에서 해킹에 무방비로 노출되어 있는 것이 현실이다.

둘째, 정보전과 사이버테러 공격에 대비한 민관군 대응역량을 총괄하고 결집시킬 수 있는 종합대응체계가 마련이다. 사이버 문제에 대한 관련 부처별 책임과 권한이 불분명하고 모호하여 위기시 신속한 대응능력과 기동성이 떨어진다.

셋째, 선진정보강국들과의 협력체계 구축이 요구된다. 사이버공격이나 사이버테러가 해외에서 발생하여 외국 사이버위협 대응기구와 국제협력을 강화하여 민간 및 정부차원에서 신속하고 효과적으로 대응할 수 있어야 한다. 이와 더불어 심층적인 협력체제로 발전하기 위해서는 사회협력 저변을 확대하고 다양화시켜 나가는 것이 필요하다.

넷째, 정보전 강대국들의 대응방향이나 대책을 따른 것도 중요하지만 미래 정보주권 선점을 위해 독자적인 마스트플랜과 전략이 필요하다. 정보전

상황에서 독자적인 정보안보 강화 전략과 마스트플랜을 준비하고 구체적인 로드맵과 추진전략을 수립해야 한다. 그렇지 않으면 머지않은 장래에 사이버공격과 사이버테러로 인한 국가적 위기를 초래하게 될 것이다.

독도 사이버 방어능력은 한국의 사이버전략과 대응능력에 기초한다. 한국의 사이버전략과 능력을 강화하기 위한 대책을 다음과 같이 제안한다.

첫째, 사이버안보법을 기본법으로 제정하여 사이버전에 대비한 국가적 지향방향을 설정해야 한다. 사이버침해와 공격에 효과적으로 대응할 수 있는 자원과 노력의 통합 근거가 되기 때문이다. 사이버기술의 발전에 맞추어 대응법률을 일일이 제정할 수 없기 때문에 기본법 제정을 통해 법의 해석과 일관성 있는 적용을 가능하게 해야 한다. 통합방위법은 통합방위작전 영역에 사이버공간을 명시하여 사이버전에서 군의 역할과 기능을 정의해야 한다. 이를 위해 사이버 대응조직을 편성하고 연구개발, 인력확보, 교육훈련 방법을 규정해야 한다.

둘째, SNS를 활용한 독도 홍보전략으로 평시부터 정보심리전에 대비해야 한다. 세계인이 가장 많이 사용하는 페이스북과 유튜브에 독도 홍보 계정을 개설하고 컨텐츠를 개발하여 홍보한다. 국내에서는 한국인이 가장 많이 사용하는 유튜브와 인스타그램, 카카오채널에 계정을 개설하여 컨텐츠를 올려 메시지의 내러티브를 확보한다.

셋째, 사이버무기계 개발을 위한 기술과 연구개발 역량을 확보한다. 와이퍼, 디도스 등 악성 코드는 매우 강력한 공격수단으로 피해가 크며 대응이 어렵다. 꾸준한 연구개발을 통해 사이버기술 능력을 확보하는 것이 중요하다. 따라서 국가적 차원에서 민관군 연구소를 연계하고 연구인력을 통합할 수 있는 국가급 연구소 설립이 요구된다.

넷째, 사이버 전문인력의 육성이다. 사이버전은 총력전이다. 전문인력의 양성은 꾸준한 훈련과 관리가 필요하다. 통합방위법에 사이버예비군 제도를 만들어 평시부터 민간 사이버 역량을 유지 및 관리할 수 있어야 한다. 이를 통해 민관군 통합 사이버인력 관리가 이루어져야 한다.

다섯째, 부다페스트협약 가입을 통해 국제협력 체계를 구축하는 것이다. 사이버침해에 대한 분석과 대응은 타국과의 협력이 필수적이다. 이를 통해 선진 사이버범죄 수사기법을 배우고 대응모델을 도입하여 사이버공간에서 안전하고 평화로운 이용 환경을 구축하는 것이 필요하다.

참고문헌

군사연구소, 『2014년 러시아의 우크라이나 개입』, 2015.
김상배, 『미중 디지털 패권경쟁』, 서울: 한울, 2022.
_____, 『버추얼 창과 그물망 방패』, 서울: 한울, 2018.
김선래 외, 『미중러 전략경쟁과 우크라이나 전쟁』, 다해, 2022.
데이비드 조던 외, 강창부 역, 『현대전의 이해』, 서울: 한울, 2014.
정호섭, 『미중 패권경쟁과 해군력』, 서울: 박영사, 2021.
조너선 E.힐먼, 박선령 역, 『디지털 실크로드』, ㈜로크미디어, 2022.
알렉스 캘리니코스 외, 『우크라이나 전쟁』, 책갈피, 2022.
이흥균, 『일본의 해양전략과 21세기 동북아 안보』, 한국해양전략연구소, 2002.
폴 케네디 저, 이일수·김남석·황건 공역, 『강대국의 흥망』, 서울: 한국경제신문사, 1989.
한용섭 외, 『미·일·중·러의 군사전략』, 서울: 한울, 2018.
B. H. 리델하트, 황규만한경구 역, 『현대육군의 개혁』, 일조각, 2001.

김상배, "세계 주요국의 사이버 안보 전략: 비교 국가전략론의 시각", 『국제 지역연구』, 제3권(2017.)
김재광 등, "일본의 사이버위기 관련 법제의 현황과 전망", 『법학논중』, 제33권(2009.)
박상돈, "일본 사이버안보법에 대한 고찰 : 한국의 사이버안보법제도 정비에 대한 시사점을 중심으로", 『경희법학』, 제50권(2015.)
송승종, "러시아 하이브리드 전쟁의 이론과 실제", 『한국군사학논집』 Volume 73, Issue 1(2017.)
송태은, "현대 전면전에서의 사이버전의 역할과 전개양상: 2022년 러시아-우크라이나 전쟁 사례", 『국방연구』, Volume 65, Issue 3(2022.)
_____, "러시아-우크라이나 전쟁의 정보심리전: 평가와 함의", 주요국제문제분석(2022.)
송태훈, "세계전쟁 양상에 따른 정보작전(Imformation Operations) 변화 분석", 『군사연
양욱, "회색지대 분쟁 전략: 회색지대 분쟁의 개념과 군사적 함의", 「전략연구」 Volume 27, Issue 3(2020.)
이정하, "러시아 연방의 정보-심리작전과 제귀 통제(Reflexive Control)", 『한국서양사연구회』, 제66권(2022.)

이용석; 정경두, "러시아 대 우크라이나 사이버 전쟁의 교훈과 시사점", 『국방정책연구』, Volume 137(2022.)

정삼만, "해양에서의 회색지대전략의 이론과 실제(Gray Zone Strategy in Maritime Arena : Theories and Practices)", 『Strategy 21』, 통권 43호, Vol.21, No.1(2018.)

조현덕, 이정태, "중국의 남중국해 영향력 확대를 위한 투트랙 전략-맞대응 및 회피전략을 중심으로", 『대한정치학회보』 제29권 4호(2021.11.)

최근대, "중국의 반접근 지역거부(A2/AD) 전략에 대한 분석: 정보작전 수행역량 강화를 중심으로", 『한국군사학논총』(2023.)

최영관, 조윤오 "우리나라 사이버 테러 실태 및 대응 방안에 관한 연구: 경찰 사이버보안 전문가를 대상으로", 『한국경찰학회보』, 19권(2017.)

최은미, "강제동원문제를 둘러싼 한일갈등의 전개와 향후 전망", 『주요국제문제분석』, 제31호(2019.)

하대성, "한국의 독도 위기관리 DKD 모델", 경북대학교 대학원 박사학위 논문(2021.)

      , 이정태, "독도의 전략적 가치와 독도방어 전략의 특수성", 『대한정치학회보』 제30집 3호(2022.)

      , "하이브리드 전쟁과 독도 사이버 방어전략", 2023년 경북대학교 평화문제연구소 춘계 평화포럼 발표자료(2023.04.07.)

허태회 외, "세계 주요 강대국들의 정보전 준비와 대응체계", 『국방연구』, Volume 49, Issue 1(2006.)

홍규덕, "하이브리드 전쟁의 역설: 우크라이나 전쟁의 교훈", 『전략연구』, Volume 29, Issue 2(2022.)

Chekinov, S. and S. Bogdanov. 2013. "The Nature and Content of a New-Generation War." Military Thought (October-December)

Christian Bueger & Tobias Liebetrau, Jonas Franken, "Security threats to undersea communications cables and infrastructure -consequences for the EU." IN-DEPTH ANALYSIS, European Parliament(2022)

Joseph D. Celeski, "Psychological Operations—A Force Multiplier." Special Air Warfare and the Secret War in Laos, Air University Press(2019)

Martin Libichi, "What is information Warfare?", 『Strategic Forum』, No.28(1995.)